Psicología
Psiquiatría
Psicoterapia

Últimos títulos publicados

186. S. F. Rief - *Cómo tratar y enseñar al niño con problemas de atención e hiperactividad*
187. E. T. Gendlin - *El focusing en psicoterapia*
188. L. S. Greenberg y S. C. Paivio - *Trabajar con las emociones en psicoterapia*
189. E. H. Erikson - *El ciclo vital completado*
190. A. T. Beck y otros - *Terapia cognitiva de las drogodependencias*
191. E. Joselevich (comp.) - *Síndrome de déficit de atención con o sin hiperactividad (A.D/H.D) en niños, adolescentes y adultos*
192. S. Haber (comp.) - *Cáncer de mama: manual de tratamiento psicológico*
194. E. Kalina - *Adicciones. Aportes para la clínica y la terapéutica*
195. R. O. Benenzon - *Musicoterapia. De la teoría a la práctica*
196. I. D. Yalom - *Psicoterapia existencial y terapia de grupo*
197. D. Páez y M. M. Casullo (comps.) - *Cultura y alexitimia. ¿Cómo expresamos lo que sentimos?*
200. G. Rinaldi - *Prevención psicosomática del paciente quirúrgico*
201. J. Freeman y otros - *Terapia narrativa para niños*
202. H. G. Procter (comp.) - *Escritos esenciales de Milton H. Erickson. Volumen I. Hipnosis y psicología*
203. H. G. Procter (comp.) - *Escritos esenciales de Milton H. Erickson. Volumen II. Terapia psicológica*
204. B. F. Okun - *Ayudar de forma efectiva* (Counseling)
205. G. A. Kelly - *Psicología de los constructos personales*
206. A. Semerari - *Historia, teorías y técnicas de la psicoterapia cognitiva*
207. E. Torras de Beà - *Dislexia en el desarrollo psíquico: su psicodinámica*
208. M. Payne - *Terapia narrativa*
209. B. Biain de Touzet - *Tartamudez. Una influencia con cuerpo y alma*
210. E. Joselevich (comp.) - *AD/HD: Qué es, qué hacer*
211. C. Botella, R. M. Baños y C. Perpiñá (comps.) - *Fobia social*
212. J. Corsi (comp.) - *Maltrato y abuso en el ámbito doméstico*
213. S. Velázquez - *Violencias cotidianas, violencia de género*
214. M. M. Linehan - *Manual de tratamiento de los trastornos de personalidad límite*
215. B. L. Duncan - *Psicoterapia con casos «imposibles»*
216. B. D. Friedberg y M. McClure - *Práctica clínica de terapia cognitiva con niños y adolescentes*
217. I. Caro - *Psicoterapias cognitivas*
218. M. Garrido, P. Jaén y A. Domínguez (comps.), *Ludopatía y relaciones familiares*
219. J. Navarro Góngora, *Enfermedad y familia. Manual de intervención psicosocial*
220. H. Fernández-Álvarez y R. Opazo (comps.), *La integración en psicoterapia. Manual práctico*
221. E. Kuipers, J. Left y D. Lam, *Esquizofrenia. Guía práctica de trabajo con las familias*
222. E. Joselevich - *¿Soy un adulto con AD/HD?*
223. J. Balbi - *La mente narrativa*
224. M. A. Álvarez y M. Trapaga - *Principios de neurociencias para psicológos*
225. E. Dio Bleichmar - *Manual de psicoterapia de la relación padres e hijos*
226. J. A. García Madruga y otros - *Comprensión lectora y memoria operativa*
227. C. F. Newman, R. L. Leahy, A. T. Beck, N. A. Reilly-Harrington y L. Gyulai - *El trastorno bipolar. Una aproximación desde la terapia cognitiva*
228. J. Corsi - *Psicoterapia integrativa multidimensional*
231. A. T. Beck, A. Freeman, D. D. Davis y otros - *Terapia cognitiva de los trastornos de personalidad*
232. K. J. Gergen - *Construir la realidad. El futuro de la psicoterapia*
233. B. Bertolino - *Terapia orientada al cambio con adolescentes y jóvenes*
234. C. Cunillera - *Personas con problemas de alcohol*
235. H. Chappa - *Tratamiento integrativo del trastorno de pánico*
236. A. Carr - *Psicología positiva*
237. L. Cancrini - *Océano borderline*

ARNOLD GESELL
(Director de la *Yale Clinic of Child Development*)
Y OTROS

EL NIÑO DE 1 A 5 AÑOS

Guía para el estudio del niño preescolar

Presentación de la edición castellana de Telma Reca

Coautores:

Primera parte:
Arnold Gesell

Segunda parte:
Henry M. Halverson, Helen Thompson, Frances L. Ilg,
Burton M. Castner y Louise Bates Ames

Tercera Parte:
Arnold Gesell y Catherine S. Amatruda

PAIDÓS

Barcelona
Buenos Aires
México

Título original: *The First Five Years of Life. A Golde to the Study of the Preschool Child*
Publicado en inglés por Harper and Brothers, Nueva York

Traducción de Eduardo Loedel
Supervisión de Telma Roca

Cubierta de Víctor Viano

© 1940 by Arnold Gesell. Printed in the United States of America
© 1956 de todas las ediciones en castellano,
Ediciones Paidós Ibérica, S.A.,
Av. Diagonal, 662-664 - 08034 Barcelona
www.paidos.com

ISBN: 978-84-493-0459-0
Depósito legal: B-1.915/2008

Impreso en Book Print Digital
Botànica, 176-178 - 08908 L'Hospitalet de Llobregat (Barcelona)

Impreso en España - Printed in Spain

INDICE

Sección I
EL NIÑO DE 1 A 5 AÑOS

PRIMERA PARTE

CAPITULO

SEGUNDA PARTE

ILUSTRACIONES

La galería de láminas que sigue, se encuentra a continuación de la pág. 90

PRESENTACIÓN DE LA EDICIÓN CASTELLANA

El niño de 1 a 5 años, conjuntamente con "Embriology of behavior", "Infancy and human growth" y su correlativa aplicación al campo de la crianza del niño, "The guidance of mental growth in infant and child", constituyen, con seguridad, la parte medular de la obra de Gesell. Contienen elementos de valor universal, y elementos que, eventualmente, podrán ser completados u objeto de interpretaciones distintas, pero que deben ser calificados como verdaderos pilares del conocimiento del niño en sus primeros cinco años.

Reside, a no dudarlo, el valor permanente de esta parte de la obra de Gesell en el hecho de que, en esta época de la vida, prevalece decididamente la importancia del substrato biológico en la determinación de la forma y sucesión de los fenómenos del desarrollo, y, por lo tanto, de los fenómenos de la conducta —entendida ésta en el más amplio sentido—, a través de los cuales es posible juzgar aquél. En efecto, sólo en los casos de extremadamente grave anormalidad del aspecto "relaciones personales" en la vida del niño pequeño (caso de los niños internados desde el nacimiento o durante el primer año de vida en hospitales o asilos, carentes de compañía materna o de substituto materno), se hace claramente visible la influencia que tienen sobre el desarrollo los factores no biológicos. En el niño que crece en un medio aproximadamente normal, el desarrollo se efectúa, en sus aspectos fundamentales, siguiendo etapas y adoptando formas que exteriorizan la maduración biológica de manera semejante para todos los niños que nacen con un haber biológico normal.

Fundamentan este estudio reiteradas y regulares observaciones de un mismo grupo de niños normales a lo largo de los años correspondientes, ocasionales observaciones de otros niños, y observaciones de niños no normales.

En la primera parte del libro se caracterizan las edades. Una descripción seriada del niño en distintos momentos del primer año de vida provee la base conceptual y de conocimiento concreto necesaria para ubicar los fenómenos del desarrollo de los años que siguen en una unidad de exposición total, y ofrecer en perspectivas el panorama de la evolución en conjunto.

En cuatro aspectos es estudiada la evolución del niño de 1 a 5 años: desarrollo motor, conducta adaptativa, desarrollo del lenguaje, conducta personal-social. Lo que presta interés y da singular valor a la obra es, precisamente, el criterio con que, trasuntando la posición teórica de Gesell, los fenómenos correspondientes son observados y descritos. No son simple o escuetamente presentados y enumerados en su sucesión —a tal edad tal actividad, a tal edad tal otra manifestación—, sino que son correlacionados entre sí y con la maduración biológica que los posibilita. A las veces, podemos pensar que, en el caso de determinados fenómenos, no es exclusivamente la maduración neuromotora lo que está presente, sino que hay, añadidos ya, elementos modificadores causales procedentes de la órbita de las relaciones humanas y las variaciones afectivas que éstas engendran en el niño. Pero en momentos en que, repetimos —salvo los casos de excepción apuntados y otros en que el cambio es menor, aunque proceda de influencias afines—, el factor biológico tiene importancia prevalente, la adopción del criterio de Gesell resulta una columna vertebral firme e irreemplazable, en torno a la cual cabe agrupar de modo organizado, coherente, los fenómenos de conducta observados.

En la 2ª parte, el desarrollo es descrito y analizado, no ya en forma seriada, por edades, sino de manera separada, por grupos de fenómenos observados. La evolución de la conducta motora, adaptativa, personal-social y el lenguaje, aparece así en forma clara. El niño desarrollándose y la función evolucionando son las imágenes nítidas, dinámicas, que emergen de la 1ª y 2ª parte, respectiva y sucesivamente.

En la 3ª parte vierte Gesell una sabiduría decantada por años de experiencia. La exposición minuciosa de la técnica precisa de examen de desarrollo del niño de 1 a 5 años, incluyendo fórmulas y ejemplos de protocolo de examen e informe, va precedida por un capítulo "Filosofía del examen del desarrollo", cuya lectura y meditación detenida nunca será suficientemente recomendada. El investigador que ha hecho un culto del examen preciso y objetivo, previene contra la interpretación o traducción ciega de los resultados en cifras o fórmulas definitivas, y contra lo que ese hecho entraña, como concepto del desarrollo y de juicio del desarrollo a través de tests. "El aficionado y el técnico limitado (el experto en pruebas mentales), dice Gesell, aplican frecuentemente sus tests psicométricos en forma estereotipada y miope. Ellos se consideran peritos 'científicos' porque, ¿no se les ha enseñado acaso que no deben variar los procedimientos ya establecidos?" "Los métodos de medición mental demasiado simplificados se apoyan excesivamente sobre la base de un concepto de inteligencia general. En modo alguno pueden hacer justicia a la rica variedad de individualidades y de las diversas características de crecimiento de los niños de 1 a 5 años". En el capítulo "Adaptaciones clínicas a las condiciones emocionales", también aparecen frutos preciosos de experiencia que deben tener en cuenta los que procuran efectuar valoraciones de desarrollo mental mediante el uso de tests.

La obra de Gesell e Ilg tiene, además, un propósito constante, que trasciende al de la investigación y conocimiento en sí mismos: es el de dilucidar la índole de los fenómenos observados y de las circunstancias en que se producen y causas que los determinan, para tratar de rodear al niño, en la vida corriente, de los elementos y condiciones que favorecen su evolución.

Como procedimiento de exploración del psiquismo, agrega a los standardizados el valiosísimo de la observación del juego espontáneo, frente a series de juguetes que representan posibilidades manipulativas, constructivas, de acción y selección propias de diferentes edades. Esta observación permite, no sólo un juicio sobre el desarrollo en sí mismo, sino sobre modalidades diferenciadas de la personalidad. Gesell le atribuye el valor de proporcionar datos sobre tendencias genéticas, diferencias sexuales en la conducta y el juego, y rasgos básicos de la personalidad.

Es indudable que es en aspectos de este tipo donde el criterio genético no es suficiente como juicio sobre los elementos contenidos en la actividad y determinantes de la conducta, ya que el juego expresa, no sólo el nivel y los caracteres genéticamente originados, los hechos de crecimiento y de variación individual intrínsecos, sino elementos de reacción y estructura afectiva relacionados con la experiencia.

Es una bella interpretación de base neurobiológica la que muestra la relación entre la conducta antagonista del niño de 18 meses y su grado de madurez de desarrollo. Por mayor inmadurez, es más dócil el de 1 año. La oposición al cambio del de 18 meses exterioriza un momento evolutivo que exige transiciones graduales y moderadas, justamente por ser capaz de mayor reconocimiento del cambio y tener, por ello, mayor sensibilidad a él. Es también profunda la reflexión relativa al significado que tiene la tendencia mimética del niño en la evolución: "Por otra de estas representaciones perceptuales y emocionales los demás seres de su mundo se vuelven menos oscuros y aislados".

El concepto genético evolutivo, aplicado a la educación, informa actitudes diferentes ante los fenómenos en los cuales el adulto tendía a intervenir activamente, en vez de observarlos y permitir que evolucionaran por sí mismos, tales como la educación del control esfinteriano, la adquisición de hábitos de independencia personal, etc. Pero este criterio es, asimismo, insuficiente para comprender el total de los fenómenos que aparecen en torno a estos procesos. En el estudio del "desprendimiento evolutivo", es decir, del proceso de progresiva independización del niño pequeño, también están contenidos fenómenos reactivos que no responden a determinación genética, sino que expresan elementos que surgen de estratos profundos de las relaciones personales del niño. En condiciones semejantes están algunas reacciones a la experiencia presente, tales como las reacciones de celos del niño de 3 años cuando nace un hermanito, registradas y comentadas por Gesell como hechos transitorios, dentro del marco del estudio genético de las reacciones emocionales, y que, muy comúnmente, vemos persistir y producir nuevos cambios, es decir, constituir núcleo de variaciones. Analizada desde este punto de vista, adviértese en la obra de Gesell la escasez de las referencias a los efectos duraderos o permanentes de la experiencia o a la proyección de los cambios que en cierto mo-

mento se producen, como expresión del efecto de circunstancias exteriores sobre la evolución. Esta insuficiencia relativa del enfoque de Gesell será tanto más perceptible cuanto más avance en edad el niño. Pero ello no invalida el valor total de la obra, como un estudio evolutivo genético, de máxima seriedad y solidez, con proyecciones de carácter educativo de alto valor.

Como posición teórica normativa, no podemos admitir el juicio de Gesell: "El estudio de la conducta no difiere del de la anatomía, puesto que ambos se relacionan con los conceptos de forma y configuración". Aunque estos conceptos estén presentes, hay muchos aspectos de la conducta que no pueden caber en tal juicio. Mas, entendiendo que esta obra —como tampoco otra alguna— no contiene —ni cabe pedir que contenga— todos los elementos posibles de juicio, y que el estudioso debe ampliar y profundizar continuamente su experiencia y su información, debe asignársele el valor de uno de los clásicos sobre el tema.

TELMA RECA

PREFACIO

Hace ya quince años que la Macmillan Company *publicó el antecesor directo del presente volumen:* The Mental Growth of the Preschool Child [1]. *Llevaba un subtítulo más largo:* A Psychological Outline of Normal Development from Birth to the Sixth Year, Including a System of Developmental Diagnosis [2]. *Aun cuando, como resultado de las experiencias e investigaciones acumuladas durante este período, el texto ha sido enteramente reescrito y ampliado, mencionamos este subtítulo, pues continúa representando el más exacto sumario del contenido del nuevo volumen.*

En las dos últimas décadas se han consagrado notables esfuerzos científicos y educacionales al estudio de los cinco primeros años de vida. Ya en 1923 el National Research Council *patrocinó una Comisión de Desarrollo Infantil destinada a fomentar y coordinar la creciente investigación en este campo. Más recientemente, la creación de centenares de escuelas nurseríes* (nursery school), *como parte de un programa educacional de emergencia, ha llevado los problemas de la higiene preescolar a un primer plano de importancia en los Estados Unidos.*

La Clínica de Desarrollo Infantil (Clinic of Child Development) *ha ocupado una posición de privilegio para participar en lo que en EE. UU. se ha convertido en un movimiento científico y social en favor del bienestar infantil. El estado social del niño preescolar ha sufrido ya una transformación revolucionaria que ha puesto el acento en la comprensión científica de la naturaleza y las necesidades del niño. Bien poco sabemos del niño, y siempre existe el peligro de hacer suposiciones sobre bases insuficientes.*

Esta obra, escrita con espíritu conservador, aspira a facilitar el acceso a los problemas del desarrollo psicológico en la primera edad. El tema central, al que se ha procurado tratar en forma bien concreta, está dirigido tanto a los estudiantes y a los especialistas como a los legos en general.

El contenido es resultado de una verdadera colaboración por parte de investigadores que tenían un interés a la vez teórico y práctico por las aplicaciones de la psicología y la medicina en la protección del crecimiento inicial. El profesor HENRY M. HALVERSON, *autor del capítulo sobre las características motrices en el niño preescolar, ha realizado extensos estudios sobre el desarrollo y los mecanismos de la presión, como así también sobre los fenómenos motores que con ella se relacionan. En su carácter*

---

[1] *El crecimiento mental del niño preescolar.* [T.]
[2] *Reseña psicológica del desarrollo normal desde el nacimiento hasta los seis años, con un sistema de diagnóstico del desarrollo.* [T.]

de Auxiliar de Investigaciones de Biometría, HELEN THOMPSON *ha dedicado durante varios años especial atención a los aspectos normativos y biogenéticos del desarrollo inicial de la conducta, y a ella se debe el capítulo sobre la génesis y el crecimiento de la conducta adaptativa. Por su parte,* BURTON M. CASTNER, *autor del capítulo sobre el desarrollo del lenguaje, ha tenido, como Examinador clínico, múltiples y variados contactos con los trastornos del lenguaje y las dificultades en la lectura durante los primeros años.*

La doctora FRANCES L. ILG, *de sólida preparación y experiencia en pediatría, a cargo de la Nurserí de Orientación de un servicio clínico anexo, ha contribuido, juntamente con* LOUISE BATES AMES, *Ayudante de Investigaciones, con un estudio de la conducta personal-social desde el punto de vista del desarrollo. Mrs.* AMES *ha prestado, asimismo, una valiosa ayuda en la preparación y ordenamiento de los manuscritos correspondientes a otros capítulos de la obra.*

La doctora CATHERINE S. AMATRUDA, *que en su carácter de Pediatra Investigadora a cargo del servicio infantil externo de la Clínica, ha tenido amplias oportunidades de diagnosticar y aconsejar en innumerables casos de lactantes y niños pequeños, ha contribuido con su experiencia práctica, tanto de las condiciones normales como de las atípicas, en los dos capítulos que se ocupan de la conducción del examen del desarrollo y de sus aplicaciones clínicas. También para las partes finales la doctora* AMATRUDA *ha proporcionado una serie de datos clínicos y de detalles técnicos relacionados con el equipo necesario para el examen y la manera de registrar sus resultados.*

Con la lectura del texto se hará evidente que su preparación ha exigido el más alto grado de cooperación entre los colaboradores que frecuentemente debieron reunirse a deliberar en equipo de estudio. Cada uno de los colaboradores desearía ser el primero en manifestar su reconocimiento a los demás, así como a la bibliografía en rápido crecimiento, que sólo parcialmente pudo presentarse en la lista de referencias escogidas. La investigación genética, en virtud de ocuparse de fenómenos continuados en el tiempo, se halla en absoluta dependencia de la labor realizada anteriormente. Por tanto, queremos expresar una vez más nuestro profundo reconocimiento por las contribuciones de quienes trabajaron en la Clínica antes que nosotros.

Al igual que en otros estudios previos, nos hemos valido del cine para analizar ciertas características de los modos de conducta. Los registros cinematográficos de nuestra Biblioteca de Investigación Fotográfica demostraron ser de inestimable valor, pues al perpetuar los datos observados con anterioridad, han permitido realizar un estudio comparativo ulterior.

Estamos muy agradecidos a la Fundación Rockefeller, que con sus generosas donaciones hizo posible el cumplimiento de un programa sistemático y estable en la investigación del desarrollo.

Concentrada en el primer año de vida, nuestra investigación nos ha obligado a prolongarla a los años siguientes, especialmente hasta los años

que preceden el ingreso en la escuela primaria. Las publicaciones anterio-
res de la Clínica de Desarrollo Infantil de Yale se han ocupado principal-
mente del desarrollo infantil. El propósito capital de este libro es destacar
la continuidad orgánica que une los años preescolares con la primera infan-
cia. Más estrictamente, desde un punto de vista biológico podemos afirmar
que los años preescolares incluyen todos los años comprendidos entre el
nacimiento y el sexto año molar. Sus capítulos intentan, pues, situar debi-
damente la posición relativa del primer año de vida, y establecer que las
normas de crecimiento y para la guía del niño son idénticas y aplicables
por igual en sus distintas edades, hasta el comienzo del período escolar.

Un volumen compañero de éste, The Psychology of Early Growth [3],
incluye una reseña normativa donde puede seguirse mes a mes la adquisi-
ción progresiva de patrones de conducta por parte del niño, desde la 4ª
hasta la 56ª semana.

Nuestro interés por los mecanismos del crecimiento nos ha llevado,
aparentemente, a subestimar el problema de la inteligencia; en todo caso,
hemos hecho un uso muy limitado de este término al referirnos al creci-
miento mental. Es que estamos convencidos de que los errores tan difun-
didos, provenientes de una preocupación demasiado estrecha por la psico-
metría de la inteligencia, sólo pueden ser corregidos con un estudio amplio
y plurilateral del proceso total del desarrollo infantil. Lo que llamamos
inteligencia o conducta adaptativa no es sino un aspecto de un intrincado
sistema de reacciones en crecimiento.

El crecimiento es un proceso de transformación, especialmente activo
en la edad preescolar. Además, cada niño tiene un modo de crecimiento
único. Por estas razones, necesitamos técnicas variables y elásticas, adap-
tables a la observación e interpretación del niño individual. Tales técnicas
son requeridas en los campos de la adaptación educacional, orientación
de padres y niños, psiquiatría infantil y pediatría clínica. Dado el giro
actual de la ciencia, son tan vastos los alcances de la biología aplicada en
el control del crecimiento humano, que en el capítulo final nos hemos atre-
vido a formular una pequeña profecía. Así que se perfeccionen los controles,
el período de la primera infancia y de la niñez adquirirán aún mayor
significación social.

Esperamos que el lector no haya de sentirse defraudado si no logra
encontrar, en el libro que ahora tiene entre manos, una ideología integral
que dé razón de las fuerzas y motivaciones ocultas del comportamiento
infantil. Creemos que es muy poco lo que se sabe de las complejas trans-
formaciones de la conducta de los primeros años, para atrevernos a garan-
tizar un sistema teórico elaborado. Antes que nada, debemos familiarizarnos
con el proceso del crecimiento natural y sus resultados. Afortunadamente,
este conocimiento significa un paso seguro en el camino hacia la com-
prensión de los misterios ocultos.

ARNOLD GESELL

---

[3] *Psicología del crecimiento inicial.* [T.]

PRIMERA PARTE

CAPÍTULO I

COMPRENSIÓN DEL NIÑO PREESCOLAR

En un sentido biológico, el período de la infancia humana se extiende desde la hora cero del nacimiento hasta mediar la tercera década de vida. Hace falta tiempo para crecer. Un joven americano necesita unos veinticuatro años para alcanzar la talla de la madurez. Puede resultar conveniente concebir este ciclo de crecimiento como una sucesión de cuatro etapas de seis años cada una: 1) los años preescolares, 2) los escolares, 3) los del colegio secundario y 4) los que preceden al estado adulto.

Pero ahora hemos comenzado a ver este ciclo de crecimiento en su verdadera perspectiva. Hasta el presente, y por profundas razones sociales, el sistema de instrucción pública ha tomado como base la edad media de doce años. Ésta es, sin duda, una época importante para la transmisión de la herencia cultural, pero tanto las exigencias de la sociedad como los recientes descubrimientos de la ciencia nos obligan a otorgar una nueva significación a los años preescolares, años fundamentales y los primeros en el ciclo de la vida, que, como tales, reclaman cierta prioridad en toda planificación social.

§ A. SIGNIFICADO SOCIAL DE LA EDAD PREESCOLAR

Una de cada ocho personas es un niño en edad preescolar. En los Estados Unidos hay dieciséis millones de niños de menos de seis años, lo cual representa alrededor del trece por ciento de la población total. En las últimas décadas la proporción de los niños preescolares ha disminuido; ha aumentado, en cambio, la proporción de adultos en edad madura y de ancianos. Por otra parte, los matrimonios sin hijos o con un hijo solamente son cada vez más frecuentes. Estas tendencias de la población no hacen sino aumentar la importancia del niño preescolar.

Las condiciones ambientales que rodean a los preescolares de una nación varían enormemente. Muchos de estos niños vienen al mundo sin ninguna protección médica, y no son pocos los que también se desarrollan sin vigilancia médica, al cuidado de padres que no han recibido de la sociedad ninguna idea de las normas más elementales para la crianza de los niños.

En el otro extremo está, en cambio, el bebé que nace en un hospital, salvaguardado por una asistencia médica anterior, incluso, a su nacimiento. Este niño privilegiado es alimentado, pesado y bañado; se lo saca a tomar sol y aire; se lo vacuna y se lo examina y se lo vuelve a examinar a intervalos prescritos o periódicos. A los 2 años, un automóvil lo conduce diariamente a una escuela nurserí. Y a los 5, ingresa en un jardín de infantes progresivo. Entretanto, su madre ha sido preparada para atender tanto a su bienestar psíquico como físico.

En las zonas rurales y poco pobladas, más de 5.000.000 de niños en edad preescolar se encuentran faltos de alimentación, ropa, vivienda e instrucción adecuadas. Alrededor de 75.000 niños asisten a unas 2.000 escuelas nurseríes de emergencia, establecidas merced a las donaciones federales de ayuda. Otro número igual de niños asiste a diversas clases de nurseríes diurnas, nurseríes de tránsito y nurseríes de jardín de infantes. Algunos miles asisten a nurseríes de laboratorio y escuelas de tuición. Sólo un niño de cada cuatro en edad apropiada, asiste a un jardín de infantes costeado por el Estado.

Existen unas 1.500 instituciones y 350 agencias de colocación infantil, que se hacen cargo, anualmente, de alrededor de 250.000 niños carentes de cuidados y sostén. Por lo menos una cuarta parte de ellos está constituida por preescolares. El número de niños nacidos anualmente fuera del matrimonio, puede calcularse, aproximadamente, en 65.000. (A razón de un nacimiento ilegítimo por cada treinta y cinco, para la población total, y uno por cada sesenta y uno para la población blanca.) El índice de mortalidad entre estos niños es unas tres veces mayor que entre los demás; pero aquellos que sobreviven crean arduos e intrincados problemas de regulación social, lanzando el más exigente de los desafíos a la comprensión y al diagnóstico psicológicos.

Una Comisión surgida de la Casa Blanca como resultado de la Conferencia para la Protección y Salud de la Infancia, estimó en más de 10.000.000 el número total de niños deficientes en los Estados Unidos. Son diez los tipos principales de impedimentos que se presentan. Helos aquí enumerados en orden creciente de frecuencia: 1) deficiencia visual, 2) epilepsia, 3) incapacidad motriz, 4) insuficiencia cardíaca, 5) tuberculosis y pretuberculosis, 6) deficiencia en el lenguaje, 7) sordera y deficiencia auditiva, 8) trastornos nerviosos y de la conducta, 9) deficiencia mental e infradotación, 10) desnutrición.

En la gran mayoría de los casos, las deficiencias mencionadas ya están presentes en el nacimiento o aparecen durante los primeros cinco años de vida. Dentro de ciertos límites, estas deficiencias pueden ser prevenidas, y dentro de límites mucho más amplios, pueden ser mejoradas en la infancia y en los primeros años de la niñez. Ya sea que se clasifiquen estos impedimentos como físicos o mentales, ellos involucran, inevitablemente, problemas de comprensión y de orientación psicológicas.

El grave problema de los accidentes físicos también demuestra tener su aspecto psicológico. Los accidentes de la calle, pero sobre todo los accidentes de la casa —quemaduras, caídas, intoxicaciones, asfixia, heridas ocasionadas en el juego— exigen su cuota, desproporcionadamente elevada durante la edad preescolar. Gran parte de estos accidentes tienen su origen en factores psicológicos controlables en padres y niños, y otros muchos en la natural limitación de la inmadurez infantil. He aquí una razón más, tanto social como personal, para alcanzar una mejor comprensión del niño preescolar.

En esta obra nos ocupamos, principalmente, de los aspectos normales del crecimiento mental. No intentaremos aquí, por consiguiente, realizar una consideración sistemática de los procedimientos clínicos especiales, requeridos para el diagnóstico precoz de las deficiencias más graves en el desarrollo infantil [1]. Durante la infancia y la primera niñez, sin embargo, no siempre es posible trazar una línea claramente divisoria entre los síntomas normales y los anormales. Además, en los primeros años de vida, los defectos muchas veces aparecen disimulados bajo un plausible exterior de "simple inmadurez". La debilidad, insuficiencia e inadecuación son pasadas por alto, o bien son menospreciadas con demasiada ligereza, en la confianza ciega de que el niño habrá de "superar" sus dificultades. La esperanza resulta cómoda cuando se sospecha una imperfección. Para reducir estos errores de interpretación es necesaria la aplicación prudente de normas críticas de desarrollo.

Ocurre, también, que muchas veces se yerra en el sentido contrario. Lo normal se toma por anormal. Por una natural inquietud o por excesiva preocupación, los padres atribuyen desmesurada importancia a síntomas de desarrollo que, en realidad, son benignos. Los progenitores juzgan equivocadamente al niño porque sólo ven su debilidad, insuficiencia e inadecuación y se olvidan de su inmadurez. Este tipo de falsa interpretación es el más común de todos y sólo puede ser superado por una apreciación más inteligente del *proceso* del crecimiento mental.

Agreguemos a esto las incontables interpretaciones erróneas que todos nosotros hacemos, diariamente, nada más que por pura ignorancia de la naturaleza y las necesidades de la psicología infantil. Nos faltan conocimientos acerca de las formas en que el niño crece y aprende. Aceptamos el hecho de que un niño no es un adulto en miniatura, pero no sabemos lo suficiente acerca de los rasgos que lo diferencian del adulto.

Si bien es cierto que un estudio racional de los problemas de la psicología infantil puede desterrar muchas concepciones falsas, no es menos cierto que no puede ser infalible. Siempre está la tentación de abusar de los últimos datos científicos. El excesivo entusiasmo por la medición de la inteligencia, por ejemplo, ha tendido a cegarnos con respecto a otros importantísimos factores de la economía infantil. Las diferencias individuales, en cuanto a la configuración de la personalidad, las predisposiciones emocionales y las características connaturales de crecimiento exigen una

---

[1] Sobre este tema puede consultarse el *Diagnóstico del desarrollo normal y anormal del niño*, de A. GESELL y C. AMATRUDA. [T.]

mayor consideración, particularmente si se trata de niños en edad preescolar. La adopción superficial de las doctrinas del reflejo condicionado y del hábito aprendido ha conducido, de igual manera, a objetivos y métodos erróneos para el cuidado infantil. Las modernas escuelas nurseríes, inclusive, están demasiado influidas por una psicología convencional del aprendizaje, así como por los modelos tradicionales de la instrucción pública. El niño preescolar corre serio peligro de ser considerado como un escolar en miniatura.

La única defensa contra este peligro es un mayor conocimiento de la higiene y las necesidades distintivas del desarrollo en la primera infancia. Existen profundas razones sociales para que nuestra comprensión de los niños preescolares sea ahondada y humanizada. El período comprendido entre el primero y el tercer año es peculiarmente propicio para una comprensión y tratamiento errados. Y entre los tres y seis años lo más probable es que sometamos al niño a tests de rendimiento, edad mental, cociente de inteligencia, etc., en forma seudotécnica y perniciosa para su bienestar evolutivo.

El movimiento de las escuelas nurseríes como experiencia educacional y social ha aportado datos de inestimable valor en lo referente al niño preescolar. Sin embargo, sería un error generalizar la escuela nurserí agregándola a nuestro actual sistema de escuelas graduadas como una categoría subprimaria, a manera de nueva estratificación, y sujeta a la misma administración que las escuelas primarias. Nuestro sistema escolar ya está demasiado estratificado. Debemos organizar nuestra protección social de la edad preescolar sobre nuevos modelos que preserven las fuerzas constructivas de la vida en el hogar y vivifiquen la responsabilidad paterna.

Esto significa que los problemas del ingreso escolar, del jardín de infantes y pre-jardín de infantes y de la escuela nurserí no pueden resolverse con éxito si se los considera independientemente de los problemas del bienestar infantil. La protección adecuada del niño preescolar exige una continua vigilancia, que debe empezar por el nacimiento y el período prenatal. Desde el punto de vista de la regulación social, esta protección sólo puede alcanzarse mediante la coordinación de la asistencia médica, la orientación de los padres y la enseñanza especial impartida en los centros de salud y orientación. La planificación social ya ha reconocido la importancia de la casa y la influencia que un contorno doméstico favorable puede tener en la vida infantil. Los programas progresivos de retorno a la casa pueden resultar, al fin de cuentas, una saludable compensación de la expansión física en el sistema escolar público.

Todas estas consideraciones apuntan al tema de nuestro capítulo: La comprensión del niño preescolar. Es difícil separar la causa del efecto. Por ciegas e impersonales que parezcan ser las fuerzas sociales, es cosa cierta que nuestra comprensión y valoración del niño preescolar tendrán un efecto determinante sobre la forma del ámbito finalmente creado para él. En su carácter de ciencia, la Psicología realiza una contribución social al ayudar a especificar las condiciones ambientales óptimas para el niño preescolar. Ni aun la arquitectura de una escuela nurserí o de un centro para la salud infantil puede ser verdaderamente funcional, si antes no definimos las características de conducta y las exigencias evolutivas de los niños en las distintas edades. La comprensión adecuada del niño preescolar promoverá la adopción de medidas sociales en su salvaguardia. Una aplicación demasiado limitada de la técnica psicológica producirá, en cambio, el efecto opuesto.

§ B. EL CRECIMIENTO: UN CONCEPTO CLAVE

La higiene del niño preescolar debe ser concebida en función del crecimiento, y con más razón aún, su higiene mental. Sus innumerables modos de conducta crecen tan velozmente y sufren tantas y tan incesantes transformaciones, que quedan muy pocos puntos absolutos para guiarnos. Debemos volvernos, entonces, en busca del principio de la relatividad inherente a todo desarrollo. Los conceptos corrientes de hábito, inteligencia, capacidad mental, no pueden ajustarse a esta organización en permanente transformación. El niño está continuamente perdiendo hábitos o modificándolos; su "inteligencia" es el dinámico producto final de factores múltiples y cambiantes; todas sus aptitudes se relacionan con una sola aptitud integral, a saber, la aptitud de crecer.

El crecimiento se convierte, así, en un concepto clave para la interpretación de las diferencias individuales. Existen, sí, leyes de continuidad y de maduración que explican las semejanzas generales y las tendencias básicas del desarrollo infantil. Pero no hay dos niños (con la sola excepción parcial de los hermanos gemelos) que crezcan exactamente de la misma manera. Cada niño tiene un ritmo y un estilo de crecimiento tan característicos de su individualidad como sus facciones.

El crecimiento deja de ser una noción mística o una abstracción vacía cuando empieza a ser utilizado en forma concreta, como principio interpretativo. El propósito de este libro es reseñar el proceso y los productos del crecimiento mental inicial. Se ha procurado redactar esta reseña en forma lo bastante concreta como para que sirva de guía práctica para la observación y estimación de los niños como individuos.

El capítulo siguiente (Capítulo II) se ocupa, a manera de introducción, de la naturaleza del crecimiento mental. Se sostiene allí la tesis de que el crecimiento mental es un proceso de formación de patrones, una *morfogénesis* progresiva de patrones de conducta. Este punto de vista nos permite concebir la mente en términos objetivos, como un complejo orgánico vivo, capaz de asumir formas y de seguir direcciones. Estamos convencidos de que esta concepción de la mente como un sistema en crecimiento, nos coloca en mejor posición para observar y comprender las determinantes de la conducta infantil. Si no consideramos lo que se llama psiquis como una entidad estructural, lo más probable es que la dotemos con atributos anímicos y pasemos por alto la esencia formativa del proceso de crecimiento.

Los capítulos tercero y cuarto esbozan una rápida visión del proceso dinámico del crecimiento que incluye todo el período preescolar, desde el nacimiento hasta los seis años. Para que este panorama no adoleciese de generalizaciones y vaguedades, se han considerado separadamente diez niveles cronológicos sucesivos, de la siguiente manera: 4, 16, 28, 40, 52 y 80 semanas; 2, 3, 4 y 5 años. En cada edad se han caracterizado los rasgos de conducta y el estado de madurez de un niño típico, normal. El resultado ha sido una serie de retratos psicológicos.

A fin de que los retratos puedan ser fácilmente comparados, en cada cuadro se han descrito sucintamente cuatro campos básicos de la conducta: a) características motrices, b) conducta adaptativa, c) lenguaje, d) conducta personal-social. Esta disposición ofrece la ventaja de que los cuadros pueden ser examinados de izquierda a derecha o de arriba abajo. Aquel que desee recoger toda serie de datos correspondientes a uno cualquiera de los campos de la conducta (el del lenguaje, por ejemplo) puede escoger las diez secciones destinadas a este campo y leerlas una a continuación de la otra.

Hemos incluido el período de la primera infancia en este estudio preliminar, para destacar la uniformidad esencial de los mecanismos evolutivos en todas las edades. El feto, el infante y el niño están gobernados por las mismas leyes de crecimiento. En realidad, nuestra comprensión del niño sería mucho mayor si tuviéramos en cuenta que sus problemas evolutivos son, en esencia, los mismos de la primera infancia.

Desde el punto de vista de la mecánica del desarrollo, no sólo las diversas edades son similares, sino también los diversos campos de la conducta. La postura y la locomoción, el lenguaje, la conducta adaptativa y la conducta personal-social obedecen a leyes comunes. Por consiguiente, si pudiéramos reconocer en el campo de la conducta personal-social los mismos resortes que gobiernan el desarrollo de los primeros pasos, esto nos sería de gran utilidad, por ejemplo, para solucionar los problemas disciplinarios.

Resta, por fin, una última e importante razón por la cual el período de la primera infancia debía ser incluido en nuestro análisis. No podremos apreciar psicológicamente con justicia la individualidad de los niños en edad de nurserí a menos que sepamos más acerca del crecimiento mental de estos mismos niños durante los dos primeros años de vida. Ya vendrá el tiempo en que las nurseríes llevarán un registro de los antecedentes de sus alumnos. Un sistema integral de asistencia del desarrollo debe empezar por el nacimiento.

Para realzar el carácter concreto de nuestro estudio del desarrollo hemos incluido aquí ilustraciones fotográficas. Estas fotografías nos muestran a niños de distintas edades, tanto en situaciones naturales como normativas.

Ya retratado, el niño, como un todo en sí mismo, a través de una serie de cuadros, la Segunda Parte se ocupa de reseñar concretamente las zonas específicas de observación y de examen psicológico. Estas zonas, por razones de conveniencia práctica, se han agrupado en cuatro capítulos que corresponden a los cuatro mayores campos funcionales de la conducta, a los cuales ya hemos aludido. En total, se han considerado unas ochenta situaciones conductales.

Allí se describe brevemente cada situación; se detallan las condiciones para efectuar las observaciones y los procedimientos para administrar los tests, y se estudia la significación psicológica de la situación.

Los datos básicos consisten en el registro detallado de los exámenes tomados sucesivamente, a los 18 meses, 2, 3, 4 y 5 años, a los mismos niños, en un grupo llamado "grupo normativo". Estos niños habían sido estudiados durante todo el primer año de vida, a intervalos equivalentes al mes lunar. El grupo fue cuidadosamente escogido por su homogeneidad, según se ha explicado en otra parte (39). Los datos adicionales se obtuvieron en edades de prueba intermedias y básicas, con un grupo más variado, aunque normal, de niños examinados bajo dirección clínica. La incidencia de los datos de la conducta para estos dos grupos aparece, expresada en porcientos, todo a lo largo del texto y en los Esquemas Evolutivos reproducidos en § 1, páginas 363-383.

Allí se encontrarán descritas todas las situaciones de la conducta, a los efectos de la observación y la aplicación clínica, como así también el detalle del procedimiento para la administración de las pruebas, y un estudio del significado psicológico de las observaciones recogidas, con especial referencia a sus implicaciones evolutivas. Las tendencias y gradaciones de la conducta a medida que aumenta la edad, se han expuesto en sumarios tabulares de series genéticas.

Este método de exposición ofrece, a nuestro juicio, varias ventajas. Sólo da cabida a un material concreto, sucinto y de fácil referencia; destaca los factores de crecimiento en el comportamiento infantil; provee de valiosa información, tanto al profano como al estudiante del desarrollo, e incluye, al mismo tiempo, los procedimientos de observación y de prueba, expuestos con precisión suficiente como para permitir su aplicación clínica por parte de examinadores experimentados.

Tanto para la observación ordinaria, como para las tareas más delicadas del diagnóstico del desarrollo, es indispensable una indagación genética de este tipo. La única forma de eludir los errores de los métodos mecánicos de la psicometría es dar vigencia crítica y correctiva a la interpretación del desarrollo. La importancia de esta interpretación se estudia en un capítulo aparte, sobre la "Filosofía del Examen del Desarrollo", y en los capítulos acerca de los problemas prácticos de la labor clínica y de la técnica clínica (Tercera Parte).

Nuestro estudio de los simples (?) procedimientos de prueba del examen del desarrollo llama la atención por los múltiples sentidos de las respuestas del niño. En la bullente edad preescolar, estas respuestas se hallan profundamente influidas por factores de madurez y rasgos de individualidad. El examen psicológico formal ha de considerarse, no como una serie de tests de rendimiento, sino como un eficaz instrumento para liberar la conducta significativa que, en todo momento, reclama los más diversificados análisis, más bien que el registro escueto de éxitos y fracasos. Tales análisis sólo pueden ser cumplidos mediante una aplicación deliberada de los conceptos y datos evolutivos.

Cada niño posee un modo único de desarrollo, y, en la medida de lo posible, debemos tratar de caracterizar las diferencias individuales entre los niños de edad preescolar. Los capítulos finales de este libro se ocupan de ese problema. Aun en el campo prodigiosamente complicado de la formación de la personalidad, los factores de crecimiento son los determinantes primarios. La individualidad del niño como persona está reflejada en su carrera evolutiva y en sus características de crecimiento. Como en todas partes, aquí también el Crecimiento es un concepto clave.

CAPÍTULO II

LA NATURALEZA DEL CRECIMIENTO MENTAL

El crecimiento mental es una realidad más bien esquiva. El crecimiento es un proceso tan sutil que no puede percibirse, y en cuanto a la mente, ya sabemos que es completamente insustancial para la visión ordinaria. Y aun así, el tema de este libro es, precisamente, ¡el crecimiento de la mente en los primeros años! ¿Cómo nos arreglaremos para que esta esquiva realidad lo sea menos?

Ante todo, debemos concebir el crecimiento no como una abstracción vacía, sino como un proceso vivo, y tan genuino y lícito como la digestión, el metabolismo o cualquier otro proceso fisiológico. Debemos, asimismo, concebir "la mente" como uña y carne con el organismo vivo. Como tal, la mente posee forma, contorno, tendencia y dirección, es decir, tiene "arquitectura". Se halla tan configurada como el cuerpo, con el cual se identifica, y esta configuración se pone de manifiesto en los modos de reacción, en los patrones de conducta. El crecimiento mental es un proceso de formación de patrones de conducta que determina la organización del individuo, llevándolo hacia el estado de madurez psicológica.

La metafísica de la relación cuerpo-mente no tiene por qué interferir aquí o confundirnos. Nosotros sostenemos, simplemente, que existen leyes de crecimiento y mecanismos evolutivos que tanto se aplican al cuerpo como a la mente. El crecimiento es un proceso de formación de patrones, ya sea que lo consideremos en el terreno físico o en el mental. El embriólogo se interesa, específicamente, en las transformaciones de la estructura corporal; el psicólogo genetista, en las transformaciones de la conducta. Tanto el embriólogo como el psicólogo investigan la forma de las cosas ya en transformación.

Sea un ejemplo: El embriólogo descubre en el diminuto embrión humano, hacia la cuarta semana de vida intrauterina, un par de "brotes" exactamente detrás de los arcos bronquiales o región cervical del tronco. Son brotes de miembros. Crecen. Véanse las notables transformaciones de este par de muñones minúsculos: 1) Las células penetran en los muñones, determinando su alargamiento; 2) Algunas de estas células se transforman, determinando la formación de un esqueleto o armazón de tres segmentos (futuro brazo, antebrazo y mano) ; 3) El segmento exterior (futura mano), toma la forma de una paleta; 4) Aparecen cinco lóbulos en el borde de la paleta; 5) El esqueleto penetra en cada lóbulo y los provee de tres o cuatro segmentos óseos.

De este modo, la paleta se ha convertido en una mano con cinco dedos. Al esqueleto del brazo y de la mano se ligan músculos y tendones; las fibras nerviosas penetran en el tejido muscular; las terminaciones nerviosas se ramifican en las articulaciones, y millares de órganos terminales, como otros tantos centinelas, se establecen en la piel sensible que envuelve la mano y el brazo en crecimiento.

Pronto, muy pronto, este brazo y aun los dedos, ejecutan movimientos característicos, espontáneos, reflejos e inducidos. ¡La mente ha empezado a crecer! Porque, ¿qué otra cosa son, sino patrones de conducta los movimientos característicos? Y el crecimiento mental es un proceso de formación de patrones de conducta.

Aun en la etapa del brote, cuando el embrión sólo tiene cuatro semanas, ya hay formación de patrones de conducta: el corazón late. Dos semanas después, aparecen lentos movimientos anteroposteriores de brazos y piernas. Antes de la duodécima semana de vida intrauterina, los dedos se doblan con un movimiento reflejo de asir. Empiezan a tener lugar movimientos posturales de más en más complicados: el tronco se encoge y se estira; los brazos y las piernas flexionan, se extienden, rotan, la cabeza se mueve lateralmente y de arriba abajo. Entretanto, el embrión —ahora, más exactamente, feto— tiene cinco meses lunares y un sorprendente repertorio de modos o patrones de conducta.

Ahora, el futuro bebé mide 30 cm de largo y su peso es de 450 g. pero su organización corporal y conductal está muy avanzada. Ya es inconfundiblemente humano en sus rasgos. Lejos de hallarse comprimido por los límites del útero, lleva una existencia parcialmente libre en su medio fluido. Sus actitudes posturales recuerdan, de alguna manera, las que más tarde habrá de adoptar en la cuna. Realiza movimientos de látigo con brazos y piernas; su piel es sensible y reacciona al estímulo, y hay, por fin, movimientos rítmicos del pecho, pre-respiratorios, a modo de preparación para el nacimiento, en que, cinco meses más tarde, el aliento de la vida posnatal se agolpará en sus pulmones.

Es bueno destacar el hecho de que, ya a tan temprana edad, haya alcanzado el feto tan elevado nivel de organización conductal. Parece como si la naturaleza apresurase el crecimiento del organismo en previsión de alguna contingencia o un nacimiento prematuro. Afortunadamente, si las complicaciones del parto no son demasiado serias, una criatura nacida ocho semanas antes del término normal puede sobrevivir y alcanzar un desarrollo relativamente normal de su conducta.

Ya a los cinco meses el feto se halla en posesión de los doce billones (o más) de células nerviosas que constituyen el sistema nervioso humano. Esto es, el equipo completo; el máximo que el individuo podrá llegar a tener nunca. Muchas de estas células han establecido ya vínculos funcionales entre ellas mismas y con las fibras musculares; muchas más células, en especial aquellas de la corteza cerebral, todavía están abandonadas. A medida que el feto se convierte en infante y el infante en niño, estas células se van organizando como patrones de respuesta o sistemas de reacción. Son estos patrones neurales los que determinan la conducta. Sobre ellos influyen la constitución de la sangre, las hormonas endocrinas y los reguladores electro-químicos; pero, en esencia, la formación de patrones mentales está indisolublemente identificada con la formación microscópica y ultramicroscópica de patrones de las células nerviosas.

Esta formación neural de patrones invade el organismo entero. Las fibras y fibrillas de las neuronas proliferan en la extensa región gastrointestinal, en las paredes de los vasos sanguíneos, en el aparato respiratorio, en el sistema genitourinario, en los esfínteres del recto y de la vejiga, en las glándulas mucosas, sudoríparas, lagrimales y salivales, y, por fin, en las glándulas de secreción interna. Una vasta red de neuronas autonómicas y simpáticas organiza, de este modo, las funciones vegetativas y viscerales.

Otra vasta red de neuronas sensoriales proporciona innumerables regiones sensibles a la piel y membranas mucosas, a la superficie de las articulaciones y tendones y a una docena de órganos especiales de los sentidos. Neuronas motrices con infinidad de colaterales se ramifican entre la musculatura de la cabeza, cuello, tronco y extremidades. Esta red constituye el sistema sensorio-motor.

Una tercera red de neuronas relacionadas con la memoria, el lenguaje, la ideación y con la experiencia pasada y la inmediatamente futura, interviene en las formas voluntarias, simbólicas e imaginales de la conducta.

Estas tres redes neurales son, en realidad, un mismo tejido, puesto que el organismo es un todo integral que crece como unidad más que por fracciones separadas. Y es esta sola estructura la que preserva la unidad del organismo y da sostén y forma a la individualidad psicológica de feto, infante y niño.

Y es lícito hablar de la individualidad del feto, porque aun los niños recién nacidos manifiestan significativas diferencias individuales en · sus procesos fisiológicos, en sus reacciones a los estímulos internos y externos, en sus modos de alimentarse y dormir, en su perceptividad y en su actividad durante la vigilia. Estas manifestaciones neonatales de individualidad son, con mucho, los productos finales del crecimiento mental inicial cumplido durante el largo período de la gestación.

El período neonatal dura alrededor de cuatro semanas. Al cabo de este tiempo, el muñón umbilical se desprende y el niño ya se encuentra muy adelantado en su adaptación fisiológica al medio posnatal. Por primera infancia entendemos el período comprendido entre el nacimiento y los dos años. Los años subsiguientes, hasta el sexto, se ha convenido en denominarlos años preescolares. Este período concluye con la irrupción molar a los 6 años. Después de la segunda dentición el niño ya está listo, por lo común, para la escuela primaria.

Estos períodos convencionales están justificados, en cierta medida, por apreciables diferencias en la madurez mental. Pero desde el punto de vista biológico, no existe solución de continuidad en el homogéneo proceso del crecimiento mental. Ni aun el nacimiento significa una ruptura única y brusca, puesto que el feto *in utero* ya ha anticipado considerablemente las reacciones de la vida neonatal inicial. Se prepara de antemano; la misma disposición y vinculaciones de sus neuronas señalan al futuro. En su forma preliminar y provisoria, estas vinculaciones se establecen mediante la formación intrínseca de patrones, anterior e independiente de la experiencia real. Este tipo de formación de patrones, preliminar y anticipatoria, es la maduración mental. No sólo tiene lugar *in utero,* sino a lo largo de todo el ciclo del crecimiento mental.

El medio modela los patrones preliminares, determina la ocasión, intensidad y correlación de muchos aspectos de la conducta, pero no engendra la progresión básica de su desarrollo, la cual está determinada, en cambio, por los mecanismos inherentes de maduración.

A estos mecanismos se deben las características del crecimiento de la conducta, universales para cada especie, y también las semejanzas entre el crecimiento humano y el infrahumano. En todos los seres vertebrados la dirección general de organización de la conducta va de la cabeza a los pies. Esta ley de la dirección evolutiva se pone claramente de manifiesto en la serie de patrones motores que adquiere el infante. Primero son los labios, a éstos siguen los músculos de los ojos, luego los del cuello, brazos, tronco, piernas y, finalmente, los de los pies.

He aquí un sucinto sumario de la marcha y el rumbo del desarrollo preescolar:

En el *primer cuarto* del primer año, el niño adquiere control sobre los doce pequeños músculos que rigen el movimiento de los ojos.

En el *segundo cuarto* (16-28 semanas), adquiere dominio sobre los músculos que sostienen la cabeza y dan movimiento a los brazos. Tiende la mano en busca de objetos.

En el *tercer cuarto* (28-40 semanas), adquiere el control sobre manos y tronco, es capaz de sentarse y toma y pasa los objetos de una mano a la otra.

En el *último cuarto* (40-52 semanas), extiende su dominio a las piernas y los pies, y a su índice y pulgar. Hurguetea y arranca objetos. Se para erguido.

A los *dos años,* camina y corre; articula palabras y frases; posee control sobre sus esfínteres anal y urinario; adquiere un sentido rudimentario de identidad y de posesión personal.

A los *tres años,* se expresa con oraciones, usando las palabras como instrumento del pensamiento; demuestra una positiva propensión a comprender el medio que lo rodea y a ajustarse a los requerimientos culturales. Ya no puede decirse de él que "no es más que un bebé".

A los *cuatro años,* formula infinidad de preguntas, percibe analogías y manifiesta una activa tendencia a conceptualizar y generalizar. En la rutina hogareña es casi totalmente independiente.

A los *cinco*, ya ha alcanzado la madurez de su control motor. Salta y brinca, y habla sin articulación infantil. Puede narrar, incluso, un largo cuento. Prefiere el juego con compañeros, y siente un orgullo social por sus prendas personales y éxitos. Es un pequeño ciudadano, conforme y seguro de sí mismo, en su mundo limitado.

El crecimiento psicológico alcanzado en los cinco primeros años de vida es prodigioso. Tanto por sus alcances como por su velocidad, las transformaciones operadas durante los años preescolares exceden a las de cualquier otro lustro.

El propósito de los capítulos próximos es precisar los pasos y etapas a través de los cuales el niño experimenta estas transformaciones evolutivas. Nuestra primera tarea consistirá en caracterizar los niveles ascendentes de madurez en función de los modos típicos de conducta. Estas caracterizaciones nos proporcionarán una serie de cuadros normativos que señalarán las direcciones y tendencias del crecimiento psicológico. A fin de que las líneas de crecimiento resulten más evidentes, cada cuadro abarcará, por vez, los cuatro campos principales de la conducta, que son, a saber: 1) Características Motrices, 2) Conducta Adaptativa, 3) Lenguaje, 4) Conducta personal-social.

1. Por *Características motrices* se entienden las reacciones posturales, la prensión, locomoción, coordinación general del cuerpo y ciertas aptitudes motrices específicas.

2. La *Conducta adaptativa* es una categoría conveniente para incluir todas aquellas adaptaciones de carácter perceptual, manual, verbal y de orientación, que reflejan la capacidad del niño para acomodarse a las nuevas experiencias y para servirse de las pasadas. La adaptatividad incluye la inteligencia y diversas formas de constructividad y utilización.

3. El *Lenguaje* abarca toda la conducta relacionada con el soliloquio, la expresión dramática, la comunicación y la comprensión.

4. La *Conducta personal-social* incluye las reacciones personales del niño frente a otras personas y frente a los estímulos culturales; su adaptación a la vida doméstica, a la propiedad, a los grupos sociales y a las convenciones de la comunidad.

Estos cuatro campos principales de la conducta agrupan la mayoría de los modos visibles de la conducta infantil. No hay que creer, por supuesto, que estos cuatro sectores se hallan netamente diferenciados. El niño siempre reacciona como una unidad en sí mismo. El órgano e instrumento subyacente de su comportamiento, debemos recordarlo nuevamente, es una estructura única. Nuestra clasificación por categorías responde, pues, a una simple conveniencia de orden práctico, ya que facilita la observación y el análisis para el diagnóstico. Es necesario cierto criterio para justipreciar el sentido psicológico de una conducta dada. Los valores de la conducta se superponen parcialmente y cambian con la edad. Un modo de conducta puede ser considerado "adaptativo" a una edad y "motor" en otra. Las respuestas a un test de conducta pueden contemplarse e interpretarse desde dos o más aspectos distintos en cualquier edad dada. Tómese por ejemplo el siguiente test: *Dibujar una raya horizontal en respuesta a una demostración previa.* Antes que nada debemos observar si el niño insiste en hacer un trazo vertical o si ya posee la madurez motriz requerida para el movimiento lateral. Este es un valor *motor*. También podemos fijarnos en la atención con que sigue la demostración y el discernimiento con que comienza y termina su trazo. Este es un valor de conducta *adaptativa*. Pueden registrarse, incluso, expresiones verbales o emocionales accesorias, también dotadas de valor sintomático. Es evidente que muchos tests de conducta podrían ser asignados indistintamente a dos o más categorías. Las clasificaciones adoptadas en este libro responden a una conveniencia clínica, pero de ningún modo suponen un desconocimiento del carácter unitario de la vida mental normal.

El crecimiento mental es un proceso de organización. Es sintético y se manifiesta en conjuntos unitarios de patrones. Todos los renglones de la conducta exigen interpretación debido al omnipresente factor de la relatividad evolutiva. Las apreciaciones psicométricas no cualitativas de la conducta como un conjunto de aptitudes absolutas, impiden la recta comprensión psicológica del niño de corta edad.

En las señas descriptivas y normativas que siguen a continuación se ha tratado de llamar la atención sobre los contenidos evolutivos que colorean la conducta en los diferentes niveles cronológicos. La mente del niño no crece por simple extensión lineal. Su individualidad persiste, pero su concepción de la vida y de sí mismo se transforma a medida que madura. No es simplemente que se vuelva más "inteligente", en un estrecho sentido de esta tan maltratada palabra. Conforme crece, el niño cambia. Su sentido de la personalidad, su apreciación de su propia posición personal, su asertividad de esta posición, sufren profundos cambios evolutivos, evidenciados sobre todo en la conducta personal-social, pero también manifiestos en el lenguaje y en la conducta "adaptativa". Toda la tarea de la comprensión del niño preescolar se vuelve más interesante y productiva si dirigimos la atención no hacia sus aptitudes, sino hacia los procesos de organización del crecimiento.

CAPÍTULO III

EL PRIMER AÑO DE VIDA

Las transformaciones evolutivas que tienen lugar durante el primer año de vida exceden, con mucho, las de cualquier otro período, si se excluyen las del período de gestación. "La pobre criatura recién nacida, como un náufrago en medio de las olas, yace desnuda sobre la tierra". Pero en el breve lapso de un año, el inerme bebé se yergue sobre sus dos pies y ya anda y explora y lo escudriña todo. Se ha convertido en un individuo complejo, capaz de emociones diversas, de relámpagos de lucidez y de largos y tenaces esfuerzos. Al año de edad, su personalidad y sus aptitudes diversificadas son el producto de una época de crecimiento en extremo veloz.

Tan multiformes son estas transformaciones mentales, que resulta difícil apreciarlas en su correcta proporción y perspectiva. Aunque sumamente rápido en la primera infancia, el proceso evolutivo no difiere de aquellos de años ulteriores. Desde el punto de vista del proceso, el infante avanza psicológicamente con el mismo paso con que llegará más tarde a la niñez y a la juventud. Manifiesta, en esencia, el mismo tipo de impulso, la misma selectiva capacidad para servirse de la experiencia y la misma propensión a la abstracción y a la generalización, en su marcha de lo conocido a lo desconocido, de lo familiar a lo nuevo.

Cuanto más minuciosamente se examina su conducta, más se asemeja ésta, en su dinámica, a las elaboraciones de la mente madura. El desarrollo de la conducta vincula el incesante entretejerse de patrones y de componentes de patrones. El organismo está continuamente haciendo cosas nuevas, pero éste "aprende" a hacerlas de una manera conocida, es decir, reincorporando en un nivel superior lo que antes había recibido en otro inferior. La estructura de la mente se va configurando mediante una especie de punto cruzado en espiral. Este proceso de reincorporación es el crecimiento mental. Los métodos de crecimiento del infante anticipan y estimulan, de este modo, los de los años ulteriores. El infante es un anticipo de su yo ulterior. Las características del crecimiento mental en el niño de la escuela nurserí y jardín de infantes son las de la primera infancia.

Este capítulo y el siguiente tienen por objeto delinear este principio fundamental de continuidad, subrayando toda su importancia. Ambos ca-

pítulos constan de diez reseñas esquemáticas correspondientes a diez niveles cronológicos progresivos, desde las cuatro semanas hasta los cinco
años. Puesto que la velocidad inicial de maduración es relativamente tan
grande, es natural que al primer año de vida correspondan cinco niveles
de maduración. Estos planos señalan el período neonatal y cuatro trimes-
tres o cuartos, subdivididos sobre la base del mes lunar. Cinco planos
adicionales hacen justicia, en forma equivalente, a los cuatro años siguientes. Mediante el sumario de las características de la conducta en
estas edades nodales, es posible abarcar el curso del desarrollo de su continuidad progresiva. En los sumarios se ha hecho referencia a los niveles
cronológicos contiguos a fin de completar la definición y aguzar la perspectiva.

Los sumarios han sido escritos en un estilo un tanto informal, con
el propósito de esbozar al niño en su totalidad y no fragmentos aislados
de su conducta. Para hacer la comparación más fácil y exponer los hilos
conductores del desarrollo, cada caracterización trae una consideración
por separado de los cuatro campos principales de la conducta, a saber:
1) características motrices, 2) conducta adaptativa, 3) lenguaje, y 4)
conducta personal-social.

Esta disposición, como ya se dijo, permite la confrontación cruzada
entre una edad y otra, en cualquiera de los campos de la conducta que
se elija. Se combinan, con ella, las ventajas de un doble examen longitu-
dinal y transversal. La caracterización total de los niveles cronológicos
forma una figura transversal. Pero cualquier campo dado de la conducta
puede seguirse sucesivamente, de una edad a otra, mediante una lectura
selectiva. Puede suceder que el lector estudioso desee leer dos veces estos
sumarios: primero, siguiendo la guía cronológica, tal como se ha dispuesto
en el texto; luego, por campos de conducta, leyendo primero todas las secciones correspondientes a las características motrices (págs. 34, 37, 39,
41, 44, 48, 53, 60, 67, 74) y luego las correspondientes a los otros tres
campos.

El propósito principal de estos esquemáticos sumarios es brindar
una visión panorámica de todo el período preescolar. Lo cual no impide,
sin embargo, que los esquemas también puedan ser empleados con propósitos prácticos y clínicos. Los sumarios se convierten así en puntos de
referencia para estimar la madurez de la conducta observada en niños
de edad preescolar y niños atrasados, con un retardo general o parcial en
los niveles preescolares. Se puede llegar a una estimación aproximada
por el simple método de la mejor correspondencia. Una vez registrado el
cuadro de la conducta de un niño dado, se coteja con cualquiera de los
esquemas cronológicos disponibles. Después de dos o más confrontaciones,
el examinador ya está en condiciones de establecer cuál esquema corresponde mejor, total o parcialmente, al cuadro de la conducta estudiada.
Sólo resta, después, realizar una estimación comparativa aproximada, que
estará por arriba o por debajo de la edad nodal escogida como la más
apropiada.

Aunque sean una suma de hechos, estas reseñas son algo más que meros inventarios. Son caracterizaciones de la madurez. Confiamos en que el lector podrá, con su ayuda, formarse una imagen orgánica del niño como unidad viviente, aun cuando éste haya debido ser retratado como tipo un tanto generalizado. Así que la mente crece, más bien que de tamaño, cambia de forma; en su configuración, siempre es personalista y orgánica. En la siguiente serie de esquemas no deben buscarse incrementos lineales de una sola función intelectual, sino los modos progresivos de madurez. Tampoco deben buscarse absolutos estáticos; en el crecimiento mental *nada es*, todo *deviene*.

§ A. CUATRO SEMANAS

De todos los seres, es el hombre el que se encuentra más desvalido al nacer. En cierto sentido, podría decirse que no ha nacido completamente hasta las cuatro semanas de vida. Es necesario este tiempo para que pueda realizar un ajuste fisiológico activo con el medio posnatal. Aun así, todavía puede haber signos de una organización algo precaria en su despertar caprichoso, sus reacciones sobresaltadas, y la respiración irregular, así como también en sus estornudos, sofocaciones y propensión a la regurgitación o vómito a la menor provocación. Esta "inestabilidad" es relativamente normal a esta tierna edad, debido a que la red vegetativa del sistema nervioso todavía no se halla completamente organizada.

Frecuentemente, el neonato parece hallarse en una especie de zona intermedia entre el sueño y la vigilia. Está casi dormido. Parece como si el sueño fuese un modo de conducta en extremo complicado y el ritmo del sueño y el de la vigilia necesitaran cierto tiempo para definirse claramente. Y en verdad, crece tan rápido en todos los campos de la conducta, que de un día a otro ya aparecen variaciones y fluctuaciones. Tampoco se ajusta a un programa fijo en sus actividades y deseos espontáneos, y se halla mal preparado para una rutina demasiado rígida.

Sin embargo, las características de la conducta del infante de cuatro semanas no son, de ningún modo, caóticas o amorfas. Por el contrario, encajan perfectamente en una serie genética. El siguiente sumario muestra claramente cómo los patrones de las cuatro semanas están evolutivamente relacionados, por un lado, con los del período fetal, y por el otro, con los del bebé de 16 semanas.

CARACTERÍSTICAS MOTRICES

A las cuatro semanas, cuando está despierto, el bebé yace sobre la espalda, por lo común con la cabeza vuelta hacia un lado preferido. Sólo momentáneamente la coloca en su posición media. Casi invariablemente tiene extendido el brazo del lado hacia el cual ha girado la cabeza. El otro brazo lo flexiona, dejando descansar la mano sobre o cerca de la **región** céfalo-torácica. Esta combinación de cabeza desviada, un brazo extendido y el otro flexionado, es lo que se llama actitud de reflejo-tónico-cervical (r. t. c.) que domina la vigilia del infante durante unas doce semanas.

A veces el bebé de cuatro semanas prorrumpe en reacciones bruscas, enderezando momentáneamente la cabeza y extendiendo las cuatro extremidades. Otras veces agita el aire con movimientos de molinete, más o menos simétricos, de los brazos. Pero la actitud asimétrica de r. t. c. es la base de la mayor parte de su conducta postural. Y en verdad, el r. t. c. es parte del plan fundamental del sistema total de reacciones. Ya se había hecho parcialmente presente en el período prenatal, ayudando al feto a acomodarse al contorno de la cavidad uterina. A las 16 semanas cede el lugar a modos de conducta más simétricos, desempeñando el papel de una precondición para el crecimiento de estos últimos modos.

Conducta adaptativa

Los músculos más activos y eficientes son, a las cuatro semanas, los de la boca y los de los ojos. El más ligero toque en la región de la boca hará que se cierren los labios y luego se frunzan; también hará con la cabeza además de buscar algo, especialmente si la criatura tiene hambre. Reflexivo, deliberado o consciente, esto representa una forma de conducta adaptativa. La capacidad de mamar y deglutir ya la tenía aun antes del nacimiento.

El control sobre los doce pequeños músculos que mueven y fijan los globos de los ojos se va haciendo mayor durante el período neonatal. Al bebé de cuatro semanas le complace permanecer con la vista inmóvil durante largos ratos, como en una especie de arrobamiento. Ociosamente contempla, por separado, las masas de grandes dimensiones, como las ventanas, cielorrasos, personas, etc.

Su campo visual se halla delimitado por la actitud postural de r. t. c. Por consiguiente, no hace caso de un anillo suspendido en el plano medio; pero si se desplaza el anillo lentamente dentro de su campo visual, lo sigue con un movimiento combinado de ojos y cabeza, a través de un pequeño arco de menos de 90º. A las 16 semanas "ase" el anillo prestamente con los músculos de los ojos, que trabajan ahora con mayor independencia de la cabeza en la persecución del objeto en movimiento.

Sin embargo, la capacidad de "asir" de los ojos supera, a las **4** semanas, la de las manos. La aprehensión ocular precede a la prensión manual. Por lo general, ambas manos se encuentran cerradas (aun estando abiertos los ojos). No hay además de asir las cosas. Y sin embargo, la formación de patrones de prensión ya está muy adelantada, pues si tocamos la mano del niño (con el mango de un sonajero) aumenta la actividad del brazo y la mano se cierra o se abre.

Lenguaje

El niño de 4 semanas presta gran atención a los sonidos. Si se hace sonar una campanilla mientras se encuentra ocupado con su actividad postural, ésta cesa en seguida. Se trata aquí de un patrón de conducta significativo, una especie de fijación auditiva o "contemplación" del sonido. Con el tiempo, la percepción del sonido se volverá discriminativa para las cosas: oirá el ruido de pasos y lo comprenderá. Y un poco más tarde todavía, escuchará y comprenderá el sonido de las palabras.

Salvo para el llanto, casi no efectúa articulación ninguna. El carácter y la intensidad del llanto varían según las causas y circunstancias. Sus vocalizaciones son pobres y faltas de expresión; pero mira y produce ruiditos guturales, precursores del balbuceo.

Conducta personal-social

A las 4 semanas el niño fija la vista transitoriamente en el rostro que se inclina dentro de su campo visual. Su actividad facial puede ablandarse y aun iluminarse ante el contacto social, pero una mirada breve y atenta es el principal signo de reacción "social". Puede realizar, también, una respuesta comparable a la voz humana. Tiende a calmarse cuando lo alzan, y lo mismo si está calentito y bien arropado. Probablemente experimente una oscura sensación de seguridad al ser sostenido con mano firme y tranquila. Este tipo de respuesta táctil y sensación de protección debe asentarse como un precoz elemento genético de valor social.

§ B. DIECISÉIS SEMANAS

A las 4 semanas de edad el período neonatal está llegando a su fin. Con cada nueva semana el niño avanza más profundamente en el medio doméstico. A las 16 semanas ya comienza a evadirse gradualmente del abrigado contorno de su cuna. Sus períodos de vigilia son más largos y mejor definidos. Incluso puede alborotar en demanda de atención social. Los rasgos de individualidad se tornan más evidentes y surgen los primeros conflictos originados por presiones excesivas o inoportunas del medio. Su incorporación cultural ya está muy avanzada.

Las transiciones evolutivas rara vez son repentinas. Las dieciséis semanas marcan, sin embargo, un punto decisivo en el desarrollo. Ellas inauguran un período de rápida organización cortical con las consiguientes transformaciones y con nuevas correlaciones de la conducta sensoriomotriz, especialmente en la coordinación de las reacciones oculares y manuales.

CARACTERÍSTICAS MOTRICES

El r. t. c. empieza a perder su preponderancia. La cabeza, más móvil, ocupa con más frecuencia el plano medio. Y lo mismo brazos y manos, ya que sus movimientos se encuentran, en gran parte, correlacionados con la posición de la cabeza y los ojos e incluso bajo su control.

Los seis pares de músculos fototrópicos de los ojos han progresado enormemente en las últimas doce semanas, debido a una creciente red de conexiones neurales. Pequeños como son, empiezan a ser obedecidos, sin embargo, por los músculos mucho mayores de la postura y la prensión. En consecuencia, un anillo colgado delante de la vista del niño determina un movimiento general de acercamiento incipiente, en el que están comprendidos la cabeza, los hombros y los brazos.

Aunque las piernas y los pies se encuentran en situación muy subsidiaria, ya existen anticipos de sus futuros deberes. Cuando se sostiene al niño en la posición erguida, extiende las piernas reiteradamente, soportando una fracción de su peso.

La musculatura del tronco se halla en vías de organización. Le complace sentarse apoyado en la almohada y levantar la cabeza, que ya no necesita sostén. Le gusta mirar adaptativamente a su alrededor. Digamos de paso que éste es un buen ejemplo de cómo un solo rasgo de la conducta (control de la cabeza) puede tener una doble significación: motriz y adaptativa.

CONDUCTA ADAPTATIVA

El r. t. c., ahora en vías de desaparición, sirvió, durante su primacía, para canalizar los pasajes de la atención visual. Por etapas graduales llevó, de una fijación difusa y fugaz sobre el brazo extendido, a la prolongada inspección de la mano. A las 16 semanas el niño mira atentamente su sonajero.

Las manos pronto estarán listas (gracias a la incesante formación de patrones de las redes naturales) para asir el sonajero ante el estímulo visual; aun ahora su mano libre se acerca al sonajero como si estuviera atareada en su manipulación.

Comparada con su primitiva contemplación de la ventana a las 4 semanas, su capacidad perceptual ha progresado prodigiosamente. Si se le tiene en la falda, lanza ojeadas periódicas a un cubo situado delante de él, sobre la mesa; puede distinguir, incluso, una bolita de 8 mm. de diámetro. No sólo dedica miradas de preferencia a su propia mano, sino también a la mano protectora del adulto.

LENGUAJE

El bebé de 16 semanas barbulla, cloquea, runrunea, hace gorgoritos y ríe. Estos son los productos fundamentales del aparato oral y respiratorio que permitirán, finalmente, el habla articulada. En el variado juego vocal que caracteriza a los meses subsiguientes, se harán presentes otros usos más refinados de este aparato.

A las 16 semanas, sin embargo, el bebé no se halla completamente engolfado en sus primitivas vocalizaciones. Al oír un ruido familiar, gira la cabeza. Pero es aún más significativa la atención que presta a la voz humana.

CONDUCTA PERSONAL-SOCIAL

El rostro, las manos y la voz de la madre se hallan ya dentro de la perspectiva del niño de 16 semanas. "Reconoce" a la madre y a otros familiares que lo atienden, con múltiples manifestaciones inarticuladas pero correspondientes a otros tantos patrones bien precisos, establecidos a través de la alimentación, el baño, el vestido y las expresiones de cariño. Es capaz de sonreír vivamente al contacto social y de ponerse serio a la vista de un extraño.

Le encanta la posición sedente. Sus ojos se iluminan, el pulso se torna más fuerte y se acelera la respiración cuando se lo pasa de la posición supina horizontal a la perpendicular sedente. Su goce sobrepasa, probablemente, la satisfacción de un triunfo atlético, cuando consigue dominar casi completamente el equilibrio de la cabeza. Esto es más que una reorientación física, es una nueva orientación social. Un año después le aguarda un nuevo ensanchamiento de su horizonte: su dominio alcanzará también a las piernas y entonces podrá penetrar mucho más profundamente en el medio social.

§ C. VEINTIOCHO SEMANAS

Cuna, cesto "moisés", silla, corralito, nurserí, patio de juegos, jardín de infantes, escuela: he ahí la serie ambiental que corre paralela con el progreso evolutivo del niño preescolar. De igual modo que el bebé de 16 semanas iba abandonando la cuna gradualmente, el de 28 semanas empieza a dejar el "moisés" por la silla. Ya puede contarse entre los que se sientan. Sólo necesita el ligero apoyo de los brazos de la silla o de la madre. Bien pronto podrá mantener su equilibrio sedente sin ayuda de nadie.

Ya está tan bien adaptado en los planes vegetativo y postural, que gran parte de su vigilia la pasa en activas manipulaciones y búsquedas del mundo físico que lo rodea, de su mobiliario fijo y de sus objetos separados (y separables).

CARACTERÍSTICAS MOTRICES

A las 28 semanas el niño se halla, cronológica y evolutivamente, en una etapa intermedia en el camino hacia el completo dominio de la posición erguida. A las 56 semanas podrá pararse perfectamente sin ayuda; a las 28 semanas se sienta sin ayuda, pudiendo mantener erguido el tronco, quizá hasta un minuto entero.

Perfeccionado el equilibrio sedente, su iniciativa prensoria ante los objetos se vuelve menos bilateral. Si tiene un cubo a la vista, se inclina prestamente sobre él y lo toma con la mano inclinada, participando el pulgar en la operación. Luego lo pasa de una mano a la otra, una y otra vez. Esta alternación de un mano por vez señala una significativa conquista motriz sobre la bilateralidad de las 16 semanas.

La acomodación ocular se halla más avanzada que la manual. Puede percibir una cuerda, pero es incapaz de tirar de ella; sigue una bolita con la vista, pero cuando quiere asirla, coloca la mano torpemente encima de ella y por lo general no consigue tomarla.

CONDUCTA ADAPTATIVA

Aunque todavía marchan los ojos en la delantera, ojos y manos funcionan en estrecha interacción, reforzándose y guiándose mutuamente. Mientras que el niño de 16 semanas se dedica a la inspección de los alrededores, el de 28 inspecciona objetos. Y si el objeto se encuentra dentro de su radio de acción, generalmente va a parar a sus atareadas manos. En el trimestre anterior, la cabeza se había vuelto de más en más activa; en éste, toca el turno a las manos. No bien ve un cubo, se apodera de él; tienta los bordes y superficies, al tiempo que lo aprieta; se lo lleva a la boca, donde nuevamente experimenta sus cualidades; se lo saca; lo mira, al tiempo que se lo saca; lo hace girar mientras lo mira y mira mientras lo hace girar; vuelve a llevárselo a la boca; se lo vuelve a sacar para examinarlo; lo lleva una vez más a la boca; lo pasa a la otra mano; lo golpea, lo palpa con la mano libre, vuelve a cambiarlo de mano y nuevamente a la boca; lo deja caer, lo recoge, lo lleva a la boca, y así sucesivamente, comenzando y recomenzando el ciclo con ligeras variantes, todo, en el tiempo necesario para leer este párrafo.

La conducta manipulatoria-perceptual es de gran actividad a las 28 semanas. No se trata de una recepción pasiva. Es adaptatividad dinámica combinada con búsqueda utilitaria. Si así lo quiere el lector, es inteligencia.

LENGUAJE

A las 28 semanas, el bebé chilla y cacarea. A las 16, runruneaba, y a las 4 ¡apenas miaba! Ha habido considerable progreso desde aquellos ruiditos neonatales, emitidos por una garganta usada casi exclusivamente con fines alimentarios.

En las doce últimas semanas se ha complacido efectuando gran cantidad de vocalizaciones espontáneas y emitiendo vocales, consonantes y hasta sílabas y diptongos. Ya está casi listo para la emisión doble y precisa de *mu, ma* y *da*, que lo llevarán a decir sus primeras "palabras".

A esta altura, el bebé ha entablado una cantidad de relaciones sociales con ciertas personas específicas del medio, con sus expresiones faciales, ademanes y actitudes posturales, y con los acontecimientos de la rutina doméstica. Ha incorporado a su propio sistema psicomotor determinadas respuestas bajo la forma de predisposiciones motorizadas en correspondencia con estos acontecimientos, y con las personas y objetos con ellos relacionados. Pero, por el momento, los acontecimientos prácticos, los objetos físicos y los tonos e inflexiones de la voz le interesan más que las palabras. Sin embargo, toda esta experiencia práctica es requisito previo para la comprensión de las palabras. De hecho, ya *es* comprensión; es decir, comprensión en el plano del criterio práctico.

CONDUCTA PERSONAL-SOCIAL

A las 28 semanas el bebé es relativamente reservado, por las razones que ya se han sugerido. Habiendo adquirido tan notable dominio de ojos, cabeza, boca, brazos y manos, no dispone de mucho tiempo para los espectadores. Experimenta un intenso placer en el ejercicio de sus flamantes facultades neuromotrices. Es capaz de utilizar largo rato un solo juguete, en forma extravertida. Si fuera sociable, remitiría excesivamente su actividad sobre los demás, en tanto que así, con esta mayor independencia, se halla en mejores condiciones para consolidar y correlacionar sus conquistas evolutivas. Por esta autosuficiencia nos recuerda, en cierto modo, al niño de 18 meses, sumamente afecto, también, a sus propios recursos. La diferencia más ostensible en estos dos niveles cronológicos es de orden postural: 28 semanas es sedente; 18 meses es ambulatorio; pero a los dos les preocupa mucho la iniciativa privada por sólidas razones evolutivas.

Esto no significa, sin embargo, que a las 28 semanas busque el aislamiento. A esta edad el niño está continuamente aprendiendo el contenido social elemental de los sucesos domésticos, bien que principalmente en función del valor que ellos entrañan para él.

Pero esto lo hace socialmente prudente, pues sus contactos con los demás se saturan de expectativa y conformidad. Antes de extenderse a reciprocidades sociales más complicadas, necesita establecer previamente las bases de una experiencia concreta. Todavía carece de un fundamento suficientemente sólido para prestar gran atención a las palabras. No le interesa demasiado que los extraños sean extraños, mientras no defrauden sus expectativas normales. Pero no puede malgastarse, precisamente ahora, en explorar el medio social. Por el momento tiene asuntos de más importancia entre manos. Es para llenar las necesidades evolutivas por lo que debe mantener esta especie de reserva. Al menos por un tiempo.

§ D. CUARENTA SEMANAS

Las cuarenta semanas marcan la transición a lo que es casi una época, dado el crecido número de nuevos y característicos modos de conducta que se hacen presentes en el complejo evolutivo. La posición supina, de tanta aceptación durante todo el primer cuarto de año, es apenas tolerada ahora, salvo durante el sueño. El bebé de 40 semanas elude velozmente la horizontal, bien sea rodando, o levantándose por sí solo a la posición sedente. También puede pararse, asiéndose a la valla de su corralito. Adquiere un nuevo interés por la casa e incluso llega a gozar con sus cortas expediciones por el mundo exterior. Manifiesta un insólito interés por las palabras, tanto en calidad de receptor como de emisor. En la prensión, manipulación y actividades de investigación revela muchos signos significativos de discernimiento y conducta elaborativa. A esta altura no sólo ha penetrado más en el círculo familiar, sino que él mismo empieza a ser considerado más positivamente como parte integrante de ese círculo. He aquí, pues, una nueva prueba de los importantes cambios psicológicos operados.

CARACTERÍSTICAS MOTRICES

Las cuarenta semanas marcan el comienzo del último cuarto del primer año. Las avanzadas más distantes del centro del organismo empiezan a ser incorporadas al sistema nervioso en expansión: punta de la lengua, yemas de los dedos y dedos del pie. En el primer cuarto, la boca y los ojos; en el segundo cuarto, la cabeza, el cuello y los hombros; en el tercer cuarto, el tronco, los brazos y las manos; en el último cuarto, las piernas, los dedos y los pies; he ahí el orden general de avance de la maduración neuromotriz y de la emancipación funcional.

Las piernas ya sostienen el peso total del cuerpo; pero el equilibrio independiente no llegará hasta finalizar el año. El equilibrio en la posición sedente, sin embargo, es perfectamente dominado. Estando sentado, el niño puede volverse de costado, inclinarse en ángulos variables y recobrar el equilibrio. Tan pronto pasa de la posición sedente a la inclinada, como de la inclinada a la sedente. Hallándose inclinado, retrocede, se balancea o gatea.

La prensión ostenta nuevos refinamientos, el pulgar e índice revelan una movilidad y extensión especializadas para hurguetear, revolver y arrancar. La yema del pulgar está en oposición con la del índice.

CONDUCTA ADAPTATIVA

La conducta adaptativa refleja, a las 40 semanas, nuevos refinamientos en la mecánica de la masticación y de la manipulación. Los labios demuestran mayor adaptación al acercarse al borde de una taza y la lengua coopera con mayor eficacia en la regulación o expulsión de un bocado. A las 40 semanas el bebé es capaz de coger una miga con presión en forma de pinza. El inquisitivo dedo índice despliega gran actividad palpando y explorando. De este modo realiza nuevos descubrimientos en la tercera dimensión y en el aspecto táctil de las cosas.

Todavía se lleva cosas a la boca, como a las 28 semanas; con toda seguridad, la lengua contribuye más, ahora, a la experiencia sensoria bucal, que en la época anterior; pero la importancia de la boca como órgano sensorio terminal ha empezado a disminuir. Manifiesta, en cambio, un marcado interés táctil y visual por los detalles. Posee la suficiente capacidad analítica para segregar un detalle del resto y considerarlo por separado, y también para reaccionar combinativa y sucesivamente frente a dos detalles o a dos objetos. En presencia de más de un objeto, demuestra tener cierta conciencia de que son más de uno, una oscura sensación de dos, de continente y contenido, de cima y fondo, de lado y lado, e incluso de causa y efecto.

Su apreciación de estas relaciones es primitiva, ambigua, equívoca y embrionaria. No es, en modo alguno, conceptual; pero es activa y representa un sensible avance hacia la forma ulterior de inteligencia conocida con el nombre de intelecto y juicio. Genéticamente, este discernimiento tiene mucho en común con otros modos de conducta más evolucionados, y está ya a gran distancia de la mentalidad sencilla y unilateral correspondiente al nivel de madurez de las 28 semanas.

Lenguaje

La expansión a distancia de la red neuromotriz comienza a incorporar tanto los músculos accesorios del habla como los de la masticación. En realidad, estos músculos coinciden en una medida muy significativa. La creciente destreza de labios y lengua y de la musculatura para la masticación y la deglución, combinada con su facultad imitativa, favorece la vocalización articulada. No debe sorprendernos que las palabras surjan de una matriz de conducta alimentaria, exactamente del mismo modo en que el "blu-blu" hace su aparición, aun cuando la boca está ocupada con alimentos. El "blu-blu" consiste en un barboteo audible producido por una activación de la lengua, comprimida entre los labios. La protusión de la lengua es otra de sus actividades que tiene implicaciones fonéticas.

El bebé de 40 semanas, lejos de ser reservado, demuestra cierta sensibilidad para las impresiones sociales. Tiende a imitar ademanes, gestos y sonidos. Responde a su nombre, y hasta "entiende" el ¡No, no! Aunque completamente incapacitado para una verdadera comprensión del significado de las palabras, su interés social es tan grande que inevitablemente lo lleva al lenguaje. Además, ya posee una o dos "palabras" en su vocabulario articulado.

Conducta personal-social

El bebé de 40 semanas ya está perfectamente asentado en la rutina de la vida cotidiana. Duerme toda la noche, hace dos siestas y se toma tres o cuatro mamaderas al día. Ya está acostumbrado a algunos sólidos y acepta otros nuevos si se le introducen con tacto. Come las galletitas por sí mismo y él solo se sostiene la mamadera.

Ahora le queda un margen de energías para los contactos sociales, y aunque capaz de jugar una hora entera o más sin compañía, le gusta tener gente a su alrededor. Y aun cuando hace adiós con la mano, preferiría que la gente se quedara. Su reciente sensibilidad al medio social le permite aprender algunas "gracias" infantiles, como tortitas de manteca. En la manipulación de los juguetes a veces modifica su conducta bajo el estímulo de la demostración.

Sonríe ante su propia imagen en el espejo, pero puede mostrar timidez ante un extraño, especialmente si éste no respeta su conciencia y sensibilidad social. Esta misma capacidad de reconocer un extraño es, por sí sola, un síntoma de mayor madurez social.

§ E. UN AÑO

Desde el punto de vista del desarrollo, el primer cumpleaños representa, más que una etapa culminante, una etapa intermedia. El niño de un año todavía debe perfeccionar los patrones que hacen su aparición en el cuadro de las 40 semanas y que no se definirán completamente hasta los 15 meses.

El niño de 15 meses puede adoptar la posición erguida sin ayuda; camina solo; puede poner una pelota dentro de una caja, una bolita dentro de un frasco y construir una torre con dos cubos; garabatea espontáneamente, habla en jerigonza, se expresa con ademanes, utiliza la cuchara y se pone las ropas sencillas.

Es interesante destacar que el niño de un año está al borde de todas estas habilidades, las cuales se hallan, por entonces, en una etapa intermedia o naciente.

Al año de edad podemos preguntarnos, a veces, si el bebé estará destinado a ser cuadrúpedo o bípedo; pero si conservamos presentes las características de la conducta de un niño de 15 meses, podremos comprender mejor la siguiente descripción de su actuación y comportamiento. Hasta la locomoción en cuatro pies demuestra ser una preparación para la postura erguida característica del hombre.

Características motrices

El niño de un año gatea y, por lo común, con gran presteza. Puede hacerlo sobre manos y rodillas o en cuatro pies, a la manera plantígrada. Pero pese a su pericia en el gateo no puede resistir el impulso de levantarse sobre los pies, y una vez que ha adoptado la actitud plantígrada, ya casi está listo para pararse por sus propios medios. Puede lograr pararse sin ayuda, pero ordinariamente no alcanza un equilibrio estable hasta cuatro semanas después. Por ahora se desplaza de costado, agarrándose a algún sostén; camina, sí, pero no sin apoyo. Sus modos de prensión se acercan a la destreza del adulto. La prensión fina es hábil y precisa y casi posee ya la facultad de soltar las cosas voluntariamente. La componente flexora o del asir de la prensión está ahora compensada por la componente extensora inhibitoria del soltar. Este control inhibitorio le permite soltar una pelota con ademán de lanzamiento.

CONDUCTA ADAPTATIVA

El bebé de un año muestra una naciente apreciación de la forma y el número. En situación de prueba y frente a un agujero redondo y otro cuadrado, revela una perceptividad especial para el agujero redondo. Es probable que introduzca un dedo o una varita en el agujero. Utilizando su flamante aptitud para soltar puede colocar un cubo dentro de un recipiente. Ya empieza a geometrizar el espacio y es capaz de poner un objeto sobre otro momentáneamente, forma ésta de orientación que presagia la construcción de torres. Su orientación manual respecto a las relaciones espaciales también le permite, mediante la adaptación de sus manipulaciones, sacar una bolita de un frasco, si bien torpemente. En la situación con todos los cubos, coloca un cubo detrás del otro sobre la plataforma o la mesa. He ahí el rudimento genético de la numeración.

Su conducta adaptativa refleja una nueva sensibilidad para los modelos imitativos. Aunque sólo acerca el lápiz al papel, su respuesta adaptativa mejora mediante la demostración de un garabato. También muestra progresos en el juego social con la pelota bajo el estímulo de dame-y-toma.

LENGUAJE

El bebé de un año manifiesta un alto grado de reciprocidad social. Escucha las palabras con mayor atención y repite las palabras familiares bajo la influencia de la repetición e imitación. Ya empieza, incluso, a subordinar la acción a la palabra, entregando la pelota obedientemente, a la orden: "Dámela". Es probable que haya agregado, también, dos o tres palabras más a su vocabulario o que trate de atraer la atención, si no con palabras, por medio de toses o chillidos. Cuando se aproxima a su imagen en el espejo, lo hace sociablemente, acompañando a menudo el contacto social de vocalizaciones. Estas vocalizaciones pronto desembocarán en una elocuente jerga y en la multiplicación del vocabulario articulado.

CONDUCTA PERSONAL-SOCIAL

El niño de un año goza de una importante posición social en el seno de la familia. Frecuentemente ocupa, incluso, el propio centro del grupo. El bebé manifiesta una significativa tendencia a repetir las acciones que le han sido festejadas. Él mismo se complace tanto con esto como su auditorio. A través de estas situaciones, comienza oscuramente a sentir su propia identidad, que habrá de convertirse, más tarde, en el núcleo de un creciente sentido de la personalidad. Por ahora es capaz de miedo, cólera, afecto, celos, ansiedad y simpatía. También puede estar dotado de un sentido estético elemental. Reacciona frente a la música. Le gustan los sonidos sueltos repetidos rítmicamente. Puede poseer un primitivo sentido del humor, y así se ríe ante ruidos inesperados o incongruencias sorpresivas.

En cuanto a su conducta doméstica, se está volviendo algo más independiente. Se alimenta con sus propios dedos, roza el plato con la cuchara y luego le pasa la lengua, y cuando está saciado lo expresa con un ademán. Por lo general, mueve el intestino con regularidad y ayuda a vestirse.

Pero su comportamiento no es exclusivamente reservado. Frecuentemente adopta una actitud sociable, y si es necesario, recurre a las vocalizaciones u otros medios para atraer la atención sobre sí. Revela una considerable perceptividad de las emociones de los demás y una creciente capacidad para influir sobre estas emociones o adaptarse a ellas. Tal es el aspecto adaptativo del mecanismo personal-social de la vida. Es índice tanto de inteligencia como de personalidad.

CAPÍTULO IV

DE UNO A CINCO AÑOS

El flujo del desarrollo se profundiza con la edad y también, en cierto sentido, se hace más lento. A medida que aumenta la edad se requiere un lapso más largo para alcanzar un grado de madurez proporcional. El infante necesita doce semanas para pasar del nivel de madurez de 24 semanas al de 36 semanas. Un niño de nurserí necesita doce meses para pasar del nivel de 2 años al de 3 años. El niño de jardín de infantes precisa dos años para avanzar del nivel de 4 años al de 6. En cada uno de estos ejemplos, el intervalo se halla en la relación de 2 a 3. Hay, pues, algo de verdad en la paradoja de que cuanto más jóvenes más pronto envejecemos. Por consiguiente, sólo serán necesarios cinco cuadros de madurez para reseñar el curso del desarrollo de la conducta, para el período comprendido entre el primero y el quinto año de edad.

Tan profundamente influido está el desarrollo por la edad fisiológica y cronológica, que debe ser estimado siempre en términos comparativos. No disponemos, pues, de unidades absolutas de medida. Estamos aquí bajo el dominio del principio de la relatividad. Para interpretar los hechos evidentes del crecimiento mental, debemos percibirlos y juzgarlos comparativamente. Sólo mediante confrontaciones en serie podremos alcanzar una visión de la génesis continua en la formación de modos de conducta. A fin de facilitar estas comparaciones, en las siguientes reseñas de los niveles de madurez, se hará repetida referencia a la edad mayor y menor adyacentes, designándolas con letras mayúsculas, sugiriendo así identidad personal. Para conservar la continuidad, en cada nivel cronológico serán sumariadas las cuatro categorías principales de la conducta, como en el capítulo precedente.

§ A. DIECIOCHO MESES

Muchos cambios tienen lugar entre el año y los 18 meses. El niño crece entre 5 y 7 cm, aumenta su peso en algunos kilos y dobla el número de dientes. De modo que a los 18 meses posee una docena de dientes, mide de 75 a 80 cm y pesa de 9 a 12 kg. Duerme casi tanto como al año, unas trece horas, o sea, más de la mitad del día; pero por lo común con una sola siesta en lugar de dos.

Los progresos en el control general del cuerpo son enormes. También realiza considerables progresos en los campos de la conducta adaptativa y social. Pero estos últimos son menos evidentes. A menudo son tan fragmentarios superficialmente que no puede apreciarse su importancia evolutiva en la medida necesaria. Existe el peligro de subestimar la complejidad psicológica de esta primera y difícil transición de la infancia a un estado maduro. Este pasaje requiere una consideración paciente y mucho estudio. Y es éste, por muchos conceptos, el período menos comprendido del desarrollo infantil inicial.

CARACTERÍSTICAS MOTRICES

La diferencia más notable entre UNO y Dieciocho es postural. Dieciocho ha logrado, por lo menos, un dominio parcial de sus piernas, mientras que UNO difícilmente puede pararse sin ayuda de algún apoyo. A los 15 meses el bebé puede pararse perfectamente, con prescindencia de toda ayuda; pero hasta los 36 meses no posee el equilibrio necesario para pararse en un solo pie. Dieciocho avanza velozmente con paso tieso, extendido e impetuoso, que no es correr, exactamente, pero que es superior a caminar o hacer pinitos. Se sienta en su silla infantil con la mayor soltura, y puede treparse a una silla de adulto. Con ayuda, puede subir escaleras. Y para bajar no necesita ayuda, haciéndolo o bien por sucesivas "sentadas" en cada escalón o gateando hacia atrás, vuelto de espaldas. Pero en la locomoción sobre el piso rara vez gatea. Desde algún tiempo era capaz de avanzar empujando una silla; ahora ya puede arrastrar un juguete con ruedas mientras camina. Tales hazañas están mucho más allá de las posibilidades de UNO, cuyo mejor medio de locomoción es el gateo en cuatro pies o sobre manos y rodillas, y que todavía no ha alcanzado completamente la posición erguida. Pero ya durante sus primeros pasos, UNO puede sostener un juguete, a manera de apoyo auxiliar, determinando así una precoz coordinación entre modos de conducta posturales y manuales.

Manualmente, Dieciocho es lo bastante diestro para colocar un cubo sobre otro a la primera tentativa. Su soltar prensorio, sin embargo, es exagerado y necesita varias pruebas para construir una torre de tres. UNO puede sostener un cubo en una mano mientras trata de agarrar otro, y, en cierto momento, apoyar uno sobre el otro. Pero su soltar adaptativo es torpe y, por consiguiente, rara vez construye torres, aunque puede, de esa manera, "dejar caer" un cubo dentro de una copa. Dieciocho puede arrojar una pelota, mientras que UNO la hace rodar, la proyecta o la aleja mediante un simple movimiento extensor. El codo de Dieciocho es más diestro, lo cual le permite volver las hojas de un libro, si bien de a dos o tres por vez.

Conducta adaptativa

El niño de un año se halla en el umbral de la percepción discriminatoria entre espacio y forma. Presta preferente atención al agujero redondo de la caja de prueba; los trozos del crayón le atraen momentáneamente y acerca la bolita al frasco combinativamente. Sondea la tercera dimensión con el índice y la varita, y en la utilización de los cubos y en el juego con la taza y la cuchara, da muestras de un naciente sentido del arriba y de la verticalidad, así como del continente y lo contenido.

Para el de dieciocho, este discernimiento es espontáneo y elemental. Ya domina, en un plano práctico, incontables relaciones geométricas del medio físico que lo rodea. Sabe dónde están las cosas, dónde estaban. adónde van y a qué pertenecen. Dibujos que para el de un año son, sin duda, meros borrones, están configurados para él. Señala los dibujos de un auto, un perro o un reloj. Si así se le ordena verbalmente, se señala la nariz, los ojos o el pelo. (Si fuera capaz de introspección y memoria, probablemente nos diría que su percepción de las cosas comunes se halla mucho más individualizada a los 18 meses que al año, esto es, que está más separada de la situación postural total. Pero es sumamente improbable que la imagen perceptual de su nariz o de sus ojos tenga una individualidad claramente definida).

Su sentido de la verticalidad, incipiente al año, ha madurado mucho, de modo que ahora puede apilar dos y hasta tres cubos en alineación vertical. Si se le hace un trazo vertical, lo imita. A los dos años alcanzará un dominio semejante de la geometría horizontal, reflejado, del mismo modo, en las construcciones con cubos, en el comportamiento con el crayón y el papel y también al alimentarse, pues al ponerse la cuchara en la boca ya no levanta más que el extremo del mango.

Los alcances de la atención son, sin duda, más amplios que seis meses atrás. Ahora le interesan el mucho y el más. Le gusta reunir muchos cubos en un rimero o destruir éste convirtiéndolo en muchos cubos dispersos. Le gusta almacenar y disponer de cuatro, seis o más cubos que le hayan sido dados uno por uno. Comparativamente, el niño de un año es de mentalidad unitaria y seriada. Posee un modo típico de uno-por-uno: toma un cubo después del otro, y los coloca sobre la mesa o plataforma repetidamente. Esta es una anticipación genética del número. El niño de 18 meses no sabe contar, pero se interesa notablemente por los conjuntos, lo cual es, también, un requisito evolutivo previo para la matemática superior.

Su madurez perceptual se refleja en la forma significativa en que señala su comportamiento. Aunque todavía incompleto, móvil, mercurial, frecuentemente da pruebas de reaccionar en función de episodios perceptualmente delineados. Si se sienta en una silla, lo hace con un gesto decisivo de *fait accompli*. Cuando devuelve el material de prueba al examinador, no es sin un aire de *asunto concluido*. No hace adiós con la mano como una gracia infantil, sino con un sentido de cosa terminada. Tiene también el sentido de los finales; el fin sobreviene cuando dice *gracias*, o informa que se ha ensuciado o mojado, o cuando seca un charco. Este espontáneo interés en *completar* una cadena de los hechos muestra un sensible adelanto con respecto al mero sentido de serie del niño de un año. Es parte de la psicología evolutiva de la percepción. Representa una etapa del crecimiento.

LENGUAJE

La conducta del lenguaje abarca tanto la comprensión como la comunicación. Al año, el niño no es muy articulado. De ordinario, sólo puede decir una o dos palabras, aparte de *dadá y mamá*, que apenas tienen valor comunicativo. Sin embargo, percibe en los demás y comunica a los demás una amplia gama de estados emocionales: dolor, placer, miedo, cólera, disgusto, cariño, ansiedad, etc. Gran parte de su expresividad emocional es altamente egocéntrica. La distinción que efectúa entre él mismo y los demás es bien escasa. Sus vocalizaciones apenas comienzan a tener implicación social. Cuando se acerca a su imagen en el espejo, lo hace física y vocalmente; y ya sabemos que es capaz de toser para atraer sobre sí la atención.

Dieciocho también es de naturaleza ensimismada, pero sus comunicaciones, por medio de ademanes y palabras, son mucho más frecuentes y diversas. A veces hasta puede jactarse de un vocabulario de 10 palabras bien definidas. Articula lo bastante para decir *papa* cuando tiene hambre y *no* cuando está satisfecho. Acompaña el *no* con una sacudida de la cabeza, anterior, por otra parte, a la palabra. Ya empieza a usar palabras junto con los ademanes y aun en lugar de éstos. Llega, incluso, a abandonar la media lengua, prefiriendo *gracias* a *ta ta*.

Las frases de tres palabras deben esperar aún otros seis meses. Pero en un nivel preverbal, ya ha pasado por la fase e incluso por párrafos enteros de emisión, en los "charlas" inflectivas y expresivas de su fluida jerigonza. Para la mayoría de los niños esta jerga es una matriz evolutiva del habla.

Su comprensión del significado de las situaciones se encuentra, de igual modo, más bien en el plano de la jerga que en el plano articulado. Así, capta el valor general de las situaciones familiares y aun el de las situaciones nuevas. (Por ejemplo, en el examen del desarrollo comprende en una medida significativa lo que se quiere decir de él, aunque es muy poco lo que entiende de cuanto uno trata de *decirle*.) Sin embargo, responde a órdenes simples como *Pon la pelota sobre la silla*, o *Abre la boca*. Reconoce muchas figuras que es incapaz de nombrar. Las palabras recién están empezando a tomar un estado auxiliar, libre y flotante. Pero esto no le acarrea dificultades, puesto que sólo distingue parcialmente entre él mismo y las cosas que le interesan.

Conducta personal-social

El niño de un año tiene un sentido fragmentario de la identidad personal y casi ningún sentido de posesión personal. Dieciocho, en cambio, empieza ya a reclamar lo *mío* y a distinguir entre *tú* y *yo*. Estas distinciones son en extremo elementales. De ordinario, le agrada mucho el juego espontáneo y ensimismado, y las excursiones locomotrices. Sin embargo, puede observar a un recién llegado, niño o adulto, con concentrado interés. Aun cuando Dieciocho es independiente en sus juegos, puede llorar si un compañero se va, o seguirlo. También le gusta hacer pequeños mandados, en la casa, buscando o llevando cosas. La satisfacción que le producen parece ser en parte social, pero principalmente kinestésica.

Tanto el temperamento como su experiencia reciente influyen considerablemente en su acomodación a las situaciones sociales, pero en general es más bien reacio a los cambios de la rutina y a toda transición brusca. El bebé de un año, comparativamente, es en apariencia más dócil.

Dieciocho es disidente; no porque tenga propensión a rebelarse, sino porque su haber de diferenciaciones perceptuales y conceptos embrionarios es tan pobre y precario, que se aferra a sus bienes mentales con la misma fuerza con que se cuelga de su madre o aprieta un objeto en la mano. Para él los cambios repentinos son como precipicios. Y trata de evitarlos echándose al suelo, retrocediendo, corriendo para esconderse, gritando o luchando y lanzando golpes al aire. Su oposición, más que agresiva, es autoconservadora. Por eso prefiere golpear el aire y no al intruso. Cuando se haya tornado socialmente más maduro, seguramente le dará una palmada.

El egocentrismo de la llamada conducta oposicionista a los dieciocho meses, revela la inmadurez social de ese nivel cronológico. Si aparentemente el niño de un año es más dócil, esto ocurre solamente porque es, todavía, menos maduro. La tendencia conservadora de Dieciocho constituye, sin embargo, una condición normal del crecimiento. Su psicología exige, por regla general, transiciones graduales y moderadas. No le llegan ni la disciplina severa, ni los retos, ni la persuasión verbal. Las palabras significan demasiado poco.

La negatividad del niño de dieciocho meses ha sido exageradamente magnificada, debido a que los adultos le han atribuido carácter contradictor a un tipo de modo de conducta cuya significación, más que de carácter emocional, es evolutiva.

El sentimiento de culpa en Dieciocho, o no existe, o es sumamente rudimentario. Por esta misma época empieza a adquirir control voluntario de sus esfínteres. Carece de fuertes escrúpulos urinarios o fecales porque le faltan conocimientos. Alrededor de los 15 meses ya había empezado a atribuir las mojaduras a su propio comportamiento, emitiendo una comunicación sumaria *después* del hecho. A los 18 meses, o más tarde, efectúa la comunicación *antes* del hecho. A la vez que síntoma, éste es un medio de control personal-cultural; pero no realiza una distinción ni verbal ni intelectual entre los productos del intestino y los de la vejiga.

Sus conocimientos sociales no son mucho más brillantes que su percepción de las funciones de eliminación. Se halla autoembebido (sin egoísmo) debido a que en las demás personas no percibe individuos como él mismo. *Él* es el individuo omnicircundante en cuyo interior otros seres asumen formas oscuras y variables.

Y sin embargo, saca partido de sus deficiencias. ¿Cómo? Por un mimetismo inconsciente y mediante la personificación dramática. Ya al año, repetía las gracias festejadas ¡y hasta representaba torpemente ciertas acciones como las de peinarse, escupir ¡y fumar! A los 18 meses estas representaciones son menos toscas y más imitativas. Dieciocho reproduce más perfectamente lo que ve. Finge leer el diario. Al año siguiente su juego imitativo se torna de más en más elaborado y frecuente. Por obra de estas reconstrucciones perceptuales y emocionales, los demás seres de su mundo se vuelven menos oscuros y aislados. Con lo cual su egocentrismo disminuye gradualmente.

§ B. DOS AÑOS

En el período preescolar la velocidad media del crecimiento mental es tan grande que todas las edades parecen edades de transición. Los dos años no hacen excepción a la regla. Pero cuando se compara UNO, DIECIOCHO y DOS, se hace evidente que la diferencia es mucho mayor entre Uno y DIECIOCHO, que entre DIECIOCHO y DOS. Al lado de DIECIOCHO, Uno parece completamente infantil, mientras que DOS constituye, en muchos aspectos, una versión mejorada y más elaborada de DIECIOCHO. El análisis minucioso revela, sin embargo, que las pequeñas diferencias entre DIECIOCHO y DOS poseen implicaciones evolutivas más profundas que lo que superficialmente parece. El progreso evolutivo en la conducta del lenguaje es particularmente significativo. El niño de dos años da múltiples señales de estar convirtiéndose en un ser pensante, de estar entrando al estado sapiente que corresponde a la posición erguida que ya casi domina plenamente.

Desde los 18 meses, ha ganado 5 cm en altura, 1 kg y medio en peso y cuatro dientes. (Altura, 81 a 88 cm; peso 10 a 13 kg; dentadura 16). Duerme unas trece horas y por lo común hace una siesta de hora y media a dos horas, por tarde.

En su antropología física todavía hay rastros de primitivismo. Las piernas son cortas, la cabeza grande; hay un bamboleo residual en su paso, desequilibrio en su estática y una inclinación hacia adelante en la postura del cuerpo. Probablemente el hombre de Neanderthal lo superaba en simbolismos pantomímicos, pero el moderno bebé de dos años muestra una precocidad en el habla que lo sitúa proféticamente, en posición de gran adelanto con respecto al hombre primitivo. De igual modo, su vida emocional posee gran complejidad, profundidad y sensibilidad. Esto exige delicados cuidados, pues su personalidad está empezando a adquirir difíciles orientaciones en un momento en que la capacidad neuromotriz se halla todavía muy inmadura.

CARACTERÍSTICAS MOTRICES

Dos tiene, decididamente, mentalidad motriz. La mayor parte de sus satisfacciones y las más características son de orden muscular. Y así, disfruta enormemente de la actividad motriz gruesa. En este aspecto se parece a DIECIOCHO, pero ha realizado, en cambio, importantes progresos en materia de control postural. Dos posee rodillas y tobillos más flexibles, un equilibrio superior, y puede, en consecuencia, correr, mientras que DIECIOCHO avanza con andar vacilante, tieso y plano. Dos ya no necesita ayuda para subir y bajar escaleras, pero se ve forzado a usar los dos pies por cada escalón. Puede saltar desde el primer escalón sin ayuda, adelantando un pie al otro en el salto. Si así se le ordena, puede acercarse a una pelota y patearla. (DIECIOCHO se acerca a la pelota, pero nada más.) Puede apresurar el paso sin por ello perder el equilibrio, pero todavía no puede lanzarse a correr y efectuar giros rápidos o detenerse súbitamente.

Por sus gustos es, en gran medida, un acróbata, pues le deleita el juego fuerte y de revolcones, tanto solitario como en respuesta a estímulo. Tiene tendencia a expresar sus emociones de alegría bailando, saltando, aplaudiendo, chillando o riéndose de buena gana. Hormiguea en los músculos fundamentales la sensación del movimiento.

Los músculos accesorios, sin embargo, no están, en modo alguno, ociosos. Menea el pulgar y mueve la lengua. Le gusta hablar, aunque obviamente no tenga nada que decirse a sí mismo o a los demás. Parlotea sus palabras de adquisición reciente, de igual modo que charlaba en el "moisés" por razones neuromotrices similares. Su musculatura oral ha madurado. DIECIOCHO mastica con atención y esfuerzo; Dos, casi automáticamente.

El control manual ha progresado de manera parecida. DIECIOCHO vuelve las páginas de un libro con movimientos rápidos y de a dos o tres por vez; Dos las da vuelta una por una, con control modulado y un soltar más perfecto. DIECIOCHO construye torres de tres; Dos las hace de seis cubos. Éste es un índice matemático del progreso experimentado en la coordinación motriz fina, tanto en los flexores para asir como en los extensores para soltar. DIECIOCHO no puede cortar con un par de tijeras, mientras que Dos sí. También puede ensartar cuentas con una aguja. DIECIOCHO sostiene el vaso de leche con las dos manos y algo precariamente; Dos lo retiene con seguridad (a menudo con una sola mano) e incluso, con cierta indiferencia, si bien la mano libre permanece apoyada en tensión simpática. Como a los 18 meses, todavía inclina la cuchara excesivamente, pero no hasta estar bien dentro de la boca. Dos sujeta el mango con el pulgar y dedos radiales en posición supina (la palma para arriba) y también con la palma para abajo. Dos permanece sentado en la silla durante ratos más largos. Con estos indicios motores fundamentales, pone en evidencia su creciente facilidad para el progreso cultural doméstico.

CONDUCTA ADAPTATIVA

Dos construye torres dos veces más altas que DIECIOCHO. Esto denota un progreso real en el terreno de la atención. Pese a su afición a la actividad física, Dos es capaz de engolfarse en tareas reposadas durante más tiempo que DIECIOCHO. Se acomoda mejor a las situaciones planteadas en el examen del desarrollo. También se ha ampliado el radio de acción de su memoria. Busca los juguetes perdidos. Recuerda lo que pasó ayer, en tanto que DIECIOCHO vive mucho más en el momento presente.

La conducta perceptual e imitativa de Dos demuestra un discernimiento más fino. A los dieciocho meses hacía corresponder con presteza la pieza redonda con el agujero redondo. A los 21, es capaz de insertar una pieza cuadrada de canto en el agujero rectangular de la caja de pruebas. Reconoce muchas figuras. Pronto estará listo para realizar las primeras identificaciones de algunas letras del alfabeto. Empieza a hacer distinciones entre negro y blanco. Aunque puede conocer los nombres de algunos colores, todavía no está en condiciones de efectuar discriminaciones de color. Tiene sentido de la unidad como opuesta a muchos y más. Señala una serie de objetos acompañando el ademán con vocablos numéricos, hecho éste precursor de la ulterior facultad discriminatoria de contar.

A los dos años es estrecha la interdependencia entre el desarrollo mental y el motor. A esta edad el niño parece pensar con sus músculos. Interpreta lo que ve, y a veces lo que oye. Cuando escucha que el lobo abre la boca, en el cuento que le están contando, él también la abre. Este mimetismo es característico también de DIECIOCHO, pero en Dos se halla más íntimamente relacionado con las palabras. Dos habla frecuentemente mientras actúa, y al mismo tiempo ejecuta lo que dice. Su problema evolutivo parece consistir, no tanto en seguir la acción a la palabra, como en aislar más completamente la palabra de la acción. Usándolas juntas se las arregla, con el tiempo, para separarlas mejor. Es éste el ubicuo proceso de segregación o "individualización", que actúa aquí en un plano psicomotor.

La ineptitud que revela para doblar y plegar un papel, ilustra, inmediatamente, la pobreza de su imaginación directriz y la formatividad de su geometría manipulatoria. Todavía no es capaz de mover las manos libremente en distintas direcciones. Su conducta adaptativa se halla canalizada (y delimitada) por las líneas estructurales ya maduras o en maduración, de su sistema neuromotor.

Sus modos de movimiento manifiestan una facilidad enteramente nueva para las maniobras horizontales. Comparable con ella es la facilidad que muestra DIECIOCHO en el control vertical: tiende a imitar un trazo en el papel, mediante un movimiento vertical, y construye torres verticales de cubos. Dos ya empieza a imitar también los trazos horizontales y a construir hileras horizontales de cubos que representan otros tantos trenes. En cuanto a la precisión de coordinación, tren y torre presentan las mismas dificultades; pero en configuración, el tren es mucho más difícil. Éste requiere un equipo neurológico adicional. Supone, por lo menos, "dos años de edad".

En la infancia y primera niñez, se requieren unos seis meses de crecimiento neurológico para que el niño pueda hacer algo distintivamente nuevo en su trabajo con los cubos, según lo muestran las siguientes gradaciones genéticas:

Edad	Novedad introducida
0 mes	Al contacto con el cubo, lo coge, pero no puede verlo.
6 meses	Coge el cubo directamente al verlo.
12 meses	Pone un cubo encima del otro.
18 meses	Coloca tres cubos, uno encima del otro.
24 meses	Coloca tres cubos en una fila o tren.
30 meses	Coloca un cubo a modo de chimenea sobre el tren.
36 meses	Construye un puente de tres cubos.

Dos representa una interesante etapa en la anterior serie evolutiva. Es un hecho interesante que necesite un año de madurez antes de poder combinar la componente vertical de la *torre* (v) con la componente horizontal del *tren* (h) en la suma $h + v = puente$.

Aunque Dos se encuentra limitado, de este modo, en sus actividades constructivas por su configuración motriz, ya ha empezado a usar esta configuración como un ser pensante. A los 18 meses empujaba una silla por la habitación y se trepaba a ella. Esto constituía un fin en sí mismo. Ahora, a los 24 meses, se convierte en el medio para un fin. Dos empuja la silla hasta un lugar determinado, y se sube a ella para alcanzar un objeto que, de otra manera, no podría agarrar. Es también un razonador deductivo, por lo menos en un plano masivo-muscular. Hasta qué punto se eleva también a un plano más alto, nos lo dirá su conducta del lenguaje.

LENGUAJE

El habla articulada se halla en un estado de creciente actividad. El bebé de dos años bulle con palabras. Puede poseer hasta mil palabras, aunque en algunos casos, sin embargo, sólo dispone de unas pocas. De ordinario, la jerga se ha desvanecido casi completamente, aunque bajo la influencia de una fuerte excitación, cuando tiene que comunicar alguna gran noticia, puede mezclar la jerigonza con las palabras. ¿Qué ha pasado con la jerga de los 18 meses? Aparentemente se ha hundido en los planos subvocales y subconscientes de las funciones, donde subsiste como un sustrato organizador para el ordenamiento de las palabras, frases e inflexiones.

El término medio en América, a los dos años, posee un vocabulario de alrededor de 300 palabras, aunque éstas son, para el niño, de un valor desigual; en tanto que algunas apenas son algo más que sonidos nuevos, otras llenan el papel de oraciones completas, aun cuando se las use aisladamente. Predominan considerablemente los nombres de cosas, personas, acciones y situaciones. Los adverbios, adjetivos y preposiciones se hallan en minoría. Los pronombres *mio, mi, tú* (tíos, tía) y *yo* empiezan a ser usados más o menos en el orden dado. En tanto que su sentido del yo no es tan absolutista como a los 18 meses, de ningún modo se halla éste suficientemente definido por la verbalización conceptual. Se siente mucho más inclinado a llamarse a sí mismo por su nombre: "Pedro tira tobogán" (*Peter slide down*) en vez de "Yo me tiro". (Y recíprocamente, en la prueba psicológica, comprende mejor al examinador si éste se dirige a él directamente con un vocativo, "Pedro, patea la pelota", en vez de "Tú, patea la pelota".)

Con la misma frase el niño expresa la intención y la acción, pues mientras se desliza por el tobogán es muy probable que empiece a monologar: "Pedro se tira". También puede suceder que diga más elaboradamente, "Juan se tira", "Mami se tira", "Pedro se tira", y así sucesivamente, cantando. El soliloquio se ha convertido en canto. Mediante esta repetición con variaciones no sólo practica la mecánica de la articulación, sino que escoge las partes más salientes del habla. "*Pedro se tira*" es una unidad orgánica de la que *tira* debe ser desprendida (individualizada). La jerga puede haber desaparecido, pero no el cantito, que frecuentemente la hacía musical. De manera que él canta sus frases. Le gustan los patrones sonoros, simples, que, por cierto, yacen al pie de la sintaxis y que pertenecen a la música y a la poesía. No es de extrañar, pues, que le gusten las canciones de *Mi madre la oca*, con su retiñir y su retintín, saturados de patrones sonoros para los dos años.

Al niño de dos años le gusta escuchar tanto por razones de lenguaje, como por razones sonoras. Escuchando, adquiere cierto sentido de la fuerza descriptiva de las palabras. Por este motivo, le gustan los cuentos que le hace un tercero sobre él mismo o las cosas familiares. Así, se afirman sus conocimientos sobre el sentido de las palabras: "Pedro subió la escalera". "Pedro se tiró por el tobogán" Al tiempo que escucha, revive todo esto en resurrecciones motrices. "Yo vi largarse a Pedro, Pedro me vio a mí". A través de estas locuciones elementales comienza a captar el significado de los verbos transitivos y el doble valor de los pronombres según quien sea el que los use. "Yo" quiere decir "tú" cuando tú dices yo. "Yo" se refiere a "mí", cuando soy yo quien habla. He aquí una desconcertante paradoja que el niño de dos años necesita algún tiempo para resolver. Nada extraño es que se confunda, pero a la larga, un año más adelante, los pronombres y los verbos transitivos con sus sujetos y complementos reversibles, lo ayudarán a identificarse a sí mismo como "Yo, Pedro".

Cuando cuenta sus propias experiencias, lo hace con toda fluidez aunque sin usar un tiempo pretérito definido; el pasado se convierte en presente. Su sentido del tiempo está dado por una sucesión de acontecimientos personales. Aquí, nuevamente, se le podrá ayudar, hablándole, a alcanzar en su debido tiempo la comprensión de lo *pasado*. De igual manera con la multiplicidad, expresada por los plurales, y con las relaciones físicas (en, bajo, etc.) expresadas por preposiciones. Su comprensión no depende, sin embargo, del vocabulario. Ella depende de cierta madurez neuromotriz que será la que, a su vez, le hará usar las palabras adecuadas en el lugar preciso. Dos usa estas palabras aisladamente, en frases y en combinaciones de tres o cuatro, a manera de oraciones. Pero ni piensa ni habla en párrafos. Desde el punto de vista intelectual su mérito más alto es, quizá, su capacidad para formular juicios negativos: "A no es B". ("Un cuchillo no es un tenedor".) Esto representa un extraordinario progreso, comparado con el simple rechazo del ademán o la sacudida negativa de la cabeza. ¡Ha empezado a decir *no* en el elevado plano de la lógica! Encontrar la correspondencia entre objetos y palabras le produce un genuino placer. Y un juicio negativo expresa una nueva conciencia de discrepancia cuando palabras y objetos no coinciden.

CONDUCTA PERSONAL-SOCIAL

Uno sólo posee un sentido fragmentario de la identidad personal; DIECIOCHO empieza a reclamar "mío" sin tener un sentimiento bien definido de la posesión personal; Dos ya usa la palabra "mío", manifestando un interés inconfundible por la propiedad de cosas y personas. En total, Dos es todavía egocéntrico en buena medida. Incluso puede parecer más "egoísta" que DIECIOCHO porque tiene un sentido de sí mismo más vigoroso. Su uso diferencial de los pronombres es, como hemos visto, rudimentario; pero el solo hecho de que los use está indicando que ya hará, a su tiempo, distinciones bien precisas entre él y los demás. Cuando ve su imagen en el espejo, se reconoce y se nombra. Puede llegar a decir, incluso, "Soy yo", pero es más probable que exclame: "Vean al nene", o: "Ése es el nene de mamá". Aunque ahora la percibe más clara y distintamente que a los 18 meses, la madre todavía forma gran parte de sí mismo. Cuando DIECIOCHO y Dos son observados uno al lado del otro en situación de prueba, Dos frecuentemente refiere los objetos a la madre en una forma cuasi social que no es característica de DIECIOCHO. Cuando juega con otros niños, se vuelve principalmente sobre sí mismo. Sus contactos con otros compañeros son casi exclusivamente físicos, pues los contactos sociales son escasos y breves. Por lo general, se limita a juegos solitarios o de tipo paralelo.

Ésta es condición natural del crecimiento. Si el niño tuviese una mentalidad demasiado sociable, nunca podría llegar a dominar las complicaciones de los elementos gramaticales y de la estructura de la oración. El significado de las palabras debe llegarle primariamente a través de sí mismo y sólo secundariamente a través de los demás. De ordinario demuestra una saludable reserva con respecto a los extraños, no es fácil de persuadir y obedece a sus propias iniciativas. Y con todo, ha adquirido un alto grado de conformidad con las convenciones domésticas. Ayuda a vestirse y a desvestirse. Encuentra las sobaqueras de sus vestidos, se saca medias y polainas, y aunque todavía es incapaz de desatar el nudo de los zapatos, empieza a interesarse por el abotonamiento y desabotonamiento de las ropas. Utiliza la cuchara sin derramar demasiado. Si se lo levanta durante la noche, no moja la cama y los "accidentes" diurnos se vuelven más raros. Realiza una distinción verbal entre las funciones urinarias e intestinales. Esta capacidad se halla en relación con su mayor control voluntario.

Su conciencia del grupo familiar se manifiesta de diferentes maneras. A veces esconde los juguetes para asegurarse que podrá usarlos más tarde, reflejando así un creciente sentido de posesión. Demuestra cariño espontáneamente, esto es, por propia iniciativa. Obedece los encargos domésticos simples, y le alcanza las pantuflas a abuelito. Se ríe contagiosamente y hasta se complace en rasgos de humor elementales para diversión de compañeros o mayores, creando situaciones socialmente incongruentes por medio de algún exabrupto. Muestra síntomas de compasión, simpatía, modestia y vergüenza. Si se le reta, hace pucheros y sonríe si se le alaba. Da muestras de "culpabilidad" cuando ha tenido un accidente en el control diurno de sus esfínteres. Ladea la cabeza como "en desgracia", o bien opta por acusar al hermanito o... ¡al perro! Este sentimiento de culpa no es tan profundo, probablemente, como parecería desprenderse de los signos superficiales, pues el niño de dos años tiene mucho de mimo y está siempre listo para dramatizar las expresiones emocionales de los adultos en su medio social. Pero hasta un rudimentario sentimiento de culpabilidad aumenta los peligros para el desarrollo de su personalidad, en un medio de disciplina excesiva.

La pereza es una característica de los dos años que parece estar en cierta contradicción con un sentido comprensivo de la culpa. Su haraganería probablemente representa una indiferencia normal frente a las exigencias sociales. Haraganea cuando la motivación es débil, o en las comidas, hora en que se le hacen diversas exigencias a su coordinación motriz. La pereza es una forma de actitud deliberada capaz de cumplir una función evolutiva, sin que en sentido alguno pueda considerársela un vicio o una debilidad, sino más bien una suerte de negativismo u obstruccionismo protector.

Las contradicciones en la conducta personal-social de Dos tienen su origen en el hecho de que éste se halla en vías de transición desde un estado presocial a otro más socializado. Oscila entre la dependencia y la reserva. Sus "negativismos" y sus ambigüedades se deben a los mismos factores que crean la confusión en el uso y aplicación de los pronombres. Todavía no ha alcanzado a realizar una completa distinción entre él y los demás. Pero su juego dramático es mucho más elaborado que a los 18 meses; penetra más profundamente en el medio cultural. Sea varón o mujer, a los dos años la criatura se siente inclinada a dramatizar la relación madre-hijo, por medio de muñecas u otras formas cualesquiera. Algo oscuramente, está empezando a comprender esta relación, lo cual significa que él mismo se está convirtiendo en algo separado de su madre. Sólo con el aumento de esta separación puede llegar a adquirir una noción adecuada del yo. Su yo se fortalece, por lo tanto, al aumentar sus percepciones sociales. Tal es la paradoja del desarrollo social.

Pero aun con su actual inmadurez tiene alguna noción de su posición en la jerarquía social. Por ejemplo, su inconfundible actitud de mayor hacia DIECIOCHO. Nosotros pudimos observar cómo una tierna niñita de dos años se inclinaba sobre un bebé de 18 meses y lo tomaba de la mano para conducirlo fuera de la sala de observación. Al asirle la mano, lo había hecho con cierta rudeza y no tardó en soltarlo. El alcance de su atención demostró aquí ser menor que el de su actitud social, pues siguió avanzando sola y diciendo ternezas, sin advertir que DIECIOCHO se quedaba atrás.

§ C. T R E S A Ñ O S

Tres es una edad deliciosa. La primera infancia caduca y Dos cede paso a un estado superior. La transición no es brusca, pero se hace evidente en muchas primorosas anticipaciones de madurez, serias para el niño y divertidas para nosotros. Desde un punto de vista psicológico, Tres tiene más afinidades con Cuatro que con Dos. No es tan entendido como CUATRO, pero ya ha trascendido los infantilismos de Dos, que a veces rememora, aunque más bien a manera de revisión que como parte de su verdadero carácter. Sus músculos mayores tienen suficiente primacía todavía para brindarle considerable placer; pero nunca está más en carácter que cuando su imaginación egocéntrica realiza una incursión antropomorfista en un nuevo realismo de la experiencia. Una incursión semejante es la del niño (citado por Mitchell) que imaginaba ser un caballo, al tiempo que trotaba al lado de su padre, y trataba de hacer racional este absurdo, diciendo: "Los caballitos sí van de las manos de sus padres".

Para entender al niño de tres años no debemos olvidar su ignorancia casi completa del gran mundo allende la nurserí. Esta inocencia es causa de su pintoresca seriedad, sus confusiones intelectuales, sus salidas desconcertantes. Pero su dominio de las oraciones se halla en rápido aumento; posee una fuerte propensión a reaplicar y a extender su experiencia y cada vez es más consciente de sí mismo como una persona entre personas.

Todos estos factores se combinan para hacer de los tres años una edad modal, un giro decisivo en el camino ascendente hacia el jardín de infantes y la escuela primaria.

CARACTERÍSTICAS MOTRICES

A Tres, como a Dos, le gusta la actividad motriz gruesa, si bien menos exclusivamente. Se entretiene con juegos sedentarios durante períodos más largos, le atraen los lápices y se da a una manipulación más fina del material de juego. Ante una caja de truco con una pelota dentro, trabaja tenazmente para sacarla, y una vez que lo consigue, prefiere estudiar el problema a jugar con ella. Esto refleja un cambio en los intereses motores, pues Dos no vacilaría en jugar con la pelota.

Tanto en el dibujo espontáneo como en el dibujo imitativo, Tres muestra una mayor capacidad de inhibición y delimitación del movimiento. Sus trazos están mejor definidos y son menos difusos y repetidos. Aunque no podrá dibujar un hombre hasta los 4 años, puede hacer trazos controlados, lo cual revela un creciente discernimiento motor. También en la construcción de torres muestra un mayor control. Dos construye torres de seis o siete cubos, Tres las hace de nueve o diez. Este mayor dominio de la coordinación en la dirección vertical se debe aparentemente a la maduración de un nuevo equipo neuromotor, antes que a un ensanche de los alcances de la atención. Aunque dotado de mayor control en los planos vertical y horizontal, tiene una curiosa ineptitud en los planos oblicuos. Puede doblar un pedazo de papel a lo largo y a lo ancho, pero no en diagonal, aun con la ayuda de un modelo. Una ineptitud semejante se pone de manifiesto en los dibujos imitativos. La naturaleza no ha hecho madurar, todavía, el soporte neuromotor necesario para el movimiento oblicuo.

Tres es de pies más seguros y veloces. Su correr es más suave, aumenta y disminuye la velocidad con mayor facilidad, da vueltas más cerradas y domina las frenadas bruscas. Puede subir las escaleras sin ayuda, alternando los pies. Puede saltar del último escalón con los dos pies juntos, mientras que Dos salta con un pie adelante. De igual modo, Tres puede saltar con los pies juntos desde una altura de hasta 30 cm. Tres ya pedalea un triciclo, mientras que Dos y DOS Y MEDIO andan en autos de juguete a propulsión primitiva. La razón de estas conquistas estriba en el sentido más perfeccionado del equilibrio y en el progreso cefalocaudal. En el andar de Tres hay menos balanceo y vacilaciones; ya está mucho más cerca del dominio completo de la posición erguida, y durante un segundo o más puede pararse en un solo pie.

CONDUCTA ADAPTATIVA

En discernimiento, la conducta de Tres supera, por mucho, la de Dos. Sus discriminaciones, sean manuales, perceptuales o verbales, son más numerosas y categóricas. Su coordinación motriz es superior. Y en consecuencia, hace gala de un nuevo sentido del orden y arreglo de las cosas y aun del aseo. Dénsele cuatro cubos para jugar y espontáneamente tenderá a alinearlos en un preciso cuadrado de cuatro. Si se colocan cuatro cubos en fila, en forma de tren, y se pone una "chimenea" sobre el cubo de uno de los extremos, tenderá a equilibrar la distribución de las piezas poniendo otra chimenea en el extremo opuesto. Aunque de ordinario no sabe señalar los colores, tiene sentido de la forma. Es capaz de hacer corresponder las formas simples e inserta con facilidad un círculo, un cuadrado o un triángulo en los tres agujeros correspondientes de la tabla de formas, aun hallándose en posición invertida. Pero su percepción de la forma y de las relaciones espaciales depende todavía en gran medida de las adaptaciones posturales y manuales gruesas. Sus estímulos visomotores más finos no son todavía lo bastante fuertes para permitirle copiar una cruz modelo, aun cuando la cruz sólo consista en un trazo vertical y otro horizontal. Para reproducirla necesita que alguien haga los dos trazos delante de su vista y sólo así llega a trazar las dos rayas. De igual modo, para construir el puente de tres piezas, también necesita demostración. Seis meses más adelante ya bastará con el modelo. Por ahora también le basta con el modelo para copiar un círculo. Pero necesita demostración para agregar la chimenea al tren que ya construía a los dos años.

Todo esto significa que Tres constituye un estado de transición en el cual empiezan a tener lugar muchas individualizaciones perceptuales. El niño trata de desprenderse a sí mismo, sus preceptos y nociones, de la vasta red de la cual él es parte y en la que está aprisionado. Su floreciente vocabulario lo ayuda en la tarea de desenredar esta maraña intelectual. Continuamente nombra las cosas, con un aire de juicio incisivo. Da voz a su discernimiento con "ete", "éche", "ayí". Estas expresiones frecuentemente repetidas son índice de un proceso de clasificación, identificación y comparación. Su aplicación experimental de las palabras obedece a un impulso semejante. Sus frecuentes preguntas: "¿Qué es écho?", "¿Dónde va éto?", revelan una incansable tendencia hacia la clarificación perceptual. Se muestra sensible el carácter incompleto de los fragmentos ("Fix"). Reconoce el carácter parcial de las dos mitades de una figura cortada, y cuando las mitades están separadas las une, aun cuando una de las mitades haya sido rotada 180º.

Esta capacidad de reorientación indica una organización mental más fluida, correlacionada quizá con la mayor flexibilidad de sus manipulaciones y su tendencia empírica más desarrollada. Sin embargo, conserva todavía algo del dogmatismo motor de Dos. Es capaz de insistir con un modo motor no adaptativo, a diferencia de CUATRO, que lo modifica para adaptarse a las necesidades del problema. Gran parte de su geometría práctica es todavía somáticopostural y no visomanual. Por ello trabaja con todas sus fuerzas para resolver problemas espaciales que cederían a un análisis más delicado.

Aun así, la fluidez del juego motor es más característica que la reacción totalizada. Dígase la palabra justa, y él modificará su juego motor para seguir la palabra. Esto representa un enorme progreso psicológico. No sólo responde a las preposiciones como *en, sobre, debajo*, sino que también se aviene a realizar encargos complejos relacionados con su tarea. La prontitud para adaptarse a la palabra hablada es una característica sobresaliente de la psicología y madurez del niño de tres años. Esta facilidad no debe interpretarse como una característica exclusivamente social. Es parte de todo el mecanismo del desarrollo intelectual y la causa de la encantadora seriedad de Tres.

LENGUAJE

Jerigonza a los 18 meses, palabras a los 2 años, frases a los 3; he ahí reseñado el orden de crecimiento. Este esquema, sin embargo, simplifica demasiado las fuerzas evolutivas en actividad. Las palabras a los 2 años difieren de las palabras a los 3 años. A los 2, las palabras apenas son algo más que patrones laringolinguales, arraigados en un patrón total de acción, o meras formaciones por hábito. Dos adquiere palabras; Tres las usa. A los 3 años, las palabras están separadas del sistema motor grueso y se convierten en instrumentos para designar preceptos, conceptos, ideas, relaciones. El vocabulario aumenta rápidamente, triplicándose, después de los 2 años, para alcanzar un promedio de casi mil palabras. Pero las palabras de Tres se hallan en etapas de desarrollo muy desiguales. Algunas son meros sonidos sometidos a prueba experimental. Otras tienen un valor musical o humorístico. Y otras, por el contrario, son portadoras de un significado bien preciso. Muchas se encuentran en estado larval, pero el niño posee un método de crecimiento para madurarlas. El soliloquio y el juego dramático, que tanto le complacen, tienen por fin ese proceso de maduración, incubando palabras, frases y sintaxis. El niño es, a un tiempo, actor y locutor y pone sus representaciones al servicio del lenguaje. Interpreta al repartidor, al plomero, las escenas del almacén y la visita del médico, pero no tanto por un impulso teatral como para crear una matriz donde poder cristalizar las palabras habladas y el pensamiento verbalizado. Esta combinación de teatralización y lenguaje parece a menudo sin objeto y tortuosa. Muchas de sus preguntas son aparentemente insustanciales. Los cantos que improvisa de mañana al despertar parecen, de igual modo, sin sentido. Pero toda esta conducta cobra un nuevo valor cuando la consideramos como un mecanismo evolutivo para alcanzar el habla, para precisar las palabras.

En consecuencia, Tres se halla menos absorbido por la acción que Dos, estando sus actividades contrabalanceadas en un equilibrio más lábil. Esto le permite hacer seguir la acción a la palabra y la palabra a la acción en su monólogo. Pero las palabras también van dirigidas a él, y mientras aprende a escuchar, escucha para aprender. A veces basta una sola palabra de la madre para que el curso entero de su actividad se reorganice instantáneamente, con velocidad asombrosa.

Cuando la palabra de alguien que no es él mismo ha alcanzado este mágico poder de transformación, el niño ya ha abandonado los llanos de la primera infancia. El progreso realizado, desde el punto de vista de la madurez psicológica, es notable. El valor cultural de este adelanto es tan significativo que el nivel de madurez de Tres parece constituir una verdadera mutación si se lo compara con el de Dos. En el campo de la conducta del lenguaje, Tres se parece mucho más a CUATRO que a Dos. Pero en realidad no existe tal mutación, puesto que Dos se convierte en Tres por un proceso gradual.

CONDUCTA PERSONAL-SOCIAL

Con Tres se puede tratar. Él sabe, con una claridad que a Dos le falta, que él es una persona y que nosotros somos personas. Y es capaz de negociar transacciones recíprocas, sacrificando satisfacciones inmediatas ante la promesa de un beneficio ulterior. Son típicos su fuerte deseo de agradar y la docilidad con que se aviene a la gran mayoría de las exigencias del examen mental. Por lo común permanece sentado en su silla, esperando la tarea siguiente. En caso de salir, regresa muy pronto, especialmente si no se le ponen dificultades y sólo se le sugiere que debe volver más tarde. A veces su espíritu de colaboración es tan positivo, que puede llegar a decir con una sonrisa: "¿Está bien así?" Esto no es blanda sumisión, sino, por el contrario, una activa adaptabilidad. Por ello el examinador siente que él es, en verdad, un examinador y el niño un examinado. Con Dos no existía este tipo de acuerdo. Para llegar a situaciones de observación, el examinador tenía que valerse entonces de ciertas tácticas. Más que hacia el examinador, la simpatía de Dos se orientaba hacia el material del examen, y cuando aquél le decía "Gracias", repetía esta palabra como un eco. Tres recibe esta misma palabra en silencio, como parte de un convenio social.

Él mismo usa palabras para expresar sus sentimientos, sus deseos y aun sus problemas. Presta oído atento a las palabras y las indicaciones surten efecto. Si así se le pide, realiza pequeños encargos en la casa o por los alrededores. Ayuda a la madre y coloca la botella de la leche en el umbral de la puerta, atendiendo la recomendación de tener cuidado y no romper la botella. A esta altura debe poseer cierto sentido del yo y de la posición que ocupa, porque manifiesta cierto desdén ante las proposiciones simples e infantiles como: "A ver, a ver: muéstrame tu naricita".

Pero su noción del yo personal y de otros yo personales es imperfecta y fragmentaria. Mientras por un lado tiene para su madre referencias llenas de sonrisas y cariño, altamente sociables, por el otro es capaz de dirigir violentos ataques contra un objeto físico, una silla, un juguete, como si fuese un salvaje animista. Sus estallidos emocionales por lo común son breves; pero puede experimentar una ansiedad prolongada y es capaz de celos. Los celos agudos pueden hacer que el chico se revuelque por el suelo, chille y patalee. La aparición de un rival bajo la forma de un hermanito, puede despertar una violenta angustia y sensación de inseguridad.

Dado que su experiencia emocional sólo se halla integrada en parte, sus temores están, a menudo, altamente localizados. Puede tener horror a los zapatos de goma. Puede temblar ante el movimiento de un juguete mecánico y padecer terrores nocturnos bien definidos. Existe una cualidad fragmentaria y pasajera en sus reacciones emocionales.

Habla mucho consigo mismo, a veces a manera de práctica experimental del lenguaje, pero también como si se dirigiera a otro yo o a una persona imaginada. Proyecta su propio estado mental sobre los demás. Sabiendo lo contagiosa que es la risa, trata de hacer reír a los demás mediante su propia risa. Capta las expresiones emocionales de los otros. Su deseo de agradar y adaptarse lo familiariza con lo que el medio social espera de él. Su mimetismo dramático viene a cumplir la misma finalidad.

Pero aquí, como en todas partes, la naturaleza busca el equilibrio. Y así, estas reacciones sociales están contrabalanceadas por otras muchas, egoístas y autoconservadoras. Aunque manifiesta un interés creciente por el juego con otros niños, todavía le gustan los juegos de tipo solitario y paralelo. Su cooperación es incoherente, vacilante y fragmentaria. Esto no significa que sea superficial o que carezca de valor. Su naturaleza social crece poco a poco y estas breves experiencias sociales le llevarán, con el tiempo, a un mayor discernimiento. Ya ha empezado a comprender lo que significa esperar cada uno su turno. Le gusta esperar e incluso le gusta compartir sus juguetes.

A los tres años el término medio se halla bien acomodado a las exigencias normales de la vida hogareña. Se alimenta solo y raramente necesita ayuda para terminar una comida. Derrama muy poco y puede servirse agua de una jarra. Puede llegar a demostrar interés inclusive en tender la mesa. Su propensión natural a imitar y a adaptarse hacen, de ordinario, que sea obediente. Gracias a su nueva sensibilidad para las palabras se le puede manejar "por distracción", y hasta cierta medida con el razonamiento. Sus rebeliones, aunque violentas, son menos infantiles y menos frecuentes. Se sobrepone a los berrinches mucho más pronto que en edades anteriores. Aunque poco frecuente, puede succionarse el pulgar cuando está fatigado o fastidiado. Cuando desea resistirse se vale comúnmente del lenguaje, en lugar de los métodos más primitivos de patalear, morder y arañar. Como ésta, da otras muchas muestras de facilidad para adecuarse a las exigencias culturales.

Demuestra mayor interés y habilidad para vestirse y desvestirse; sabe desprender los botones de adelante y de costado, y sabe desatar y quitarse los zapatos y los pantalones. Dos no sabe sacarse los pantalones, ¡sólo sabe bajárselos! Este renglón diferencial de la conducta, considerado desde el punto de vista normativo, resulta sumamente significativo. Tanto refleja las limitaciones posturales de Dos como las perceptuales.

Tres ya empieza a dormir toda la noche sin mojarse. Y en grado considerable puede atender él solo sus necesidades durante el día. Todavía hace una siesta de una hora o más, pero al acostarse no depende tanto de la compañía de muñecas y animalitos de juguetes. Su lenguaje da múltiples pruebas de su adecuación al apremio cultural. Formula preguntas de este tipo: "¿Está bien eso?", "¿Hay que hacerlo así?". Muchas veces hace a los adultos preguntas cuyas respuestas ya conoce. Este es un tipo de interrogación práctica y experimental. Tan fundamental y natural es la tendencia hacia la adaptación cultural, que la persistencia marcada de dificultades en la conducta después de los 3 años es índice de un funcionamiento deficiente.

Si bien en un nivel primitivo y minúsculo, el tercer año de vida señala una especie de adolescencia. Merced a su dominio recientemente adquirido sobre las palabras como herramientas, como vehículos del pensamiento y como sustitutos, incluso, de la ira y la oposición ciegas, Tres ha empezado a superar las trabas de la infancia. Las palabras empiezan a ser aceptadas, también, como medio de cambio. Esto torna su conducta más sociable. De igual modo que el adolescente después de los trece, el niño ingresa en una vida social mucho más amplia. Pero también, como al adolescente, no siempre le resulta fácil cortar las amarras. Tras breves aventuras por su flamante independencia, regresa de buen grado al abrigo de la protección parental. El mundo exterior está lleno de cosas maravillosas y extrañas. Mucho es lo que hay por descubrir y asimilar y muchas son las generalizaciones por hacer. Los problemas del sexo no han adquirido todavía gran complejidad, pero existen otros muchos problemas de auto-orientación. Si constitucionalmente es inestable y si su modo de crecimiento presenta fluctuaciones amplias y erráticas, será en este momento cuando se hará presente la falta de adaptación del niño. Nuevamente nos recuerda aquí al adolescente de años ulteriores.

§ D. CUATRO AÑOS

TRES era una edad de transición. Cuatro ya está muy avanzado en el nuevo camino. Por su mismo carácter transitorio, TRES era más prístino e ingenuo. Cuatro es más refinado y hasta algo dogmático, debido a su manejo vocacional de palabras e ideas. Su seguridad verbal puede engañarnos, haciéndonos atribuirle más conocimientos de los que en realidad posee. Su propensión a hablar, a producir, a crear, lo tornan altamente reactivo para el examen psicológico. Estos interesantes rasgos lo vuelven, también, más transparente a la observación.

CARACTERÍSTICAS MOTRICES

Cuatro corre con más facilidad que TRES. Puede, asimismo, alternar los ritmos regulares de su paso. Es capaz de realizar un buen salto en largo a la carrera o parado, mientras que TRES sólo puede saltar hacia abajo o hacia arriba. He aquí otro ejemplo en que el dominio de la dimensión vertical precede notoriamente al de la horizontal. Cuatro también puede brincar (salto con rebote sobre uno y otro pie), al menos a la manera del pato cojo. Pero no puede saltar en un solo pie y mucho menos todavía realizar los tres tipos de salto sucesivamente. Puede, sin embargo, mantener el equilibrio sobre una sola pierna durante mucho más tiempo que TRES. Puede mantenerse en equilibrio sobre un pie durante varios segundos, y por regla general, seis meses más tarde ya salta en un solo pie. Prueba del progreso en el equilibrio corporal son sus excelentes desempeños en la barra de equilibrio de 6 cm de ancho. Es rara la vez que debe bajar ambos pies para recuperar el equilibrio.

A Cuatro le gusta realizar pruebas motrices siempre que no sean muy difíciles. Le gusta salir airoso. Este marcado interés por pruebas y proezas constituye, en cierto modo, un nuevo síntoma evolutivo que ofrece una clave a la psicología del niño de cuatro años.

Sus nuevas proezas atléticas se basan en la mayor independencia de la musculatura de las piernas. Como en todas partes, aquí también se ve la obra del principio de individualización. Hay menos totalidad en sus respuestas corporales, y piernas, tronco, hombros y brazos no reaccionan tan en conjunto. Esto hace que sus articulaciones parezcan más móviles. Mientras que a los 2 ó 3 años se limitaba a arrojar una pelota en posición propulsada (con gran participación del torso), ahora puede llevar el brazo hacia atrás con mayor independencia y ejecutar un potente tiro de voleo.

También le proporcionan placer las pruebas que exigen una coordinación fina. Toma una aguja a manera de lanza, y con buena puntería la introduce en un pequeño agujero, sonriendo ante el éxito. Se abotona las ropas y hace el lazo de los zapatos con toda facilidad. Sus ademanes demuestran mayor refinamiento y precisión. Al dibujar, es capaz de dedicar una atención concentrada a la representación de un solo detalle. La copia del círculo es más circunscrita que a los 3 años, y es característico de su ejecución que la realice en el sentido de las agujas del reloj, más adecuado para su naturaleza cada vez más marcadamente diestra. En la manipulación de objetos pequeños como la bolita, sin embargo, la preferencia unilateral no es tan dominante.

El dominio motor de la dimensión oblicua es todavía imperfecto. Cuatro es incapaz de copiar un rombo de un modelo, aunque sí puede combinar un trazo vertical y otro horizontal para formar una cruz. Puede trazar sobre el papel, entre líneas paralelas distantes un centímetro, un contorno de forma romboidal. Imitando una demostración previa, puede doblar tres veces una hoja de papel, haciendo un pliegue oblicuo la última vez. Existe un adelanto concreto con respecto a TRES, en quien el eje oblicuo está oscurecido por un punto muerto neuromotor.

CONDUCTA ADAPTATIVA

Un corderito estaba mamando. "¿Qué es lo que le daba la madre al corderito?" El chico de la ciudad de 4 años que contestó: "Nafta", reveló un poder intelectual mayor de lo que parece a primera vista. Él sabía en forma concreta, si bien algo vaga, que la nafta es una fuente de energía. La nafta hace que las cosas, incluidos los corderitos, marchen. Cuatro posee una capacidad de generalización y de abstracción que ejercita con mucha más frecuencia y deliberación que TRES. TRES generaliza, por cierto, relaciones tales como *en, sobre, debajo,* etc.; distingue entre *uno* y *muchos,* y busca y encuentra parecidos entre los objetos físicos; pero no formula las muchas y variadas preguntas con que Cuatro acosa a los mayores.

Estas preguntas del niño de 4 años reflejan no tanto una sed de información, como un inveterado impulso hacia la conceptualización de las multiplicidades de la naturaleza y del mundo social. TRES es enumerador, clasificador. Así también es Cuatro, pero no sin un oscuro propósito de generalizar y ordenar su experiencia. Ya empieza a sentirse a sí mismo, incluso, como uno solo entre muchos. Se halla menos circunscrito que TRES. Posee una conciencia definida de clase, de su propia clase. Una vez, durante un examen psicológico, hizo esta pregunta: "¿Ustedes castigan a los chicos que no terminan?". Pregunta reveladora, índice de que el niño de 4 años se da cuenta de su posición equivalente a la de los demás niños que concurren a la Clínica bajo circunstancias similares. Esta comprensión denota una actitud intuitiva fundamental que penetra toda su vida intelectual y eleva el nivel de su vida social.

Sus procesos intelectuales, sin embargo, son estrechos en alcance. Su comprensión del pasado y del futuro es muy escasa, y aun tratándose de cuentos manifiesta muy poco interés por el argumento. Puede contar hasta cuatro o más de memoria, pero su concepto numérico apenas si va más allá de *uno, dos* y *muchos*. Puede tener un compañero de juegos imaginario, pero antes que organizadas, las relaciones con este compañero son más bien fragmentarias. Aun en su juego teatral no mantiene el mismo papel por mucho tiempo. Puede, como *dramatis personna*, dar un beso de despedida a su mujer antes de irse al trabajo, pero al momento siguiente se halla pescando a la orilla de un arroyo. A menudo sus preguntas son igualmente caleidoscópicas; pero de todas maneras le sirven igualmente para aclararle sus confusiones.

Nosotros no nos damos cuenta exacta de la vastedad de su *terra incognita*. Una vez se le oyó decir a un niño inteligente de 4 años, mientras construía una casita de juguete: "Las casas no tienen cola". Este lúcido juicio era la serena conclusión de una mente inquisitiva. La mentalidad de Cuatro es más activa que profunda. Su pensamiento es de tipo consecutivo y combinativo más que sintético. Frente a las dos líneas paralelas de Binet, exclama: "Ésta es la grande; ésta es la chica". En vez de realizar un juicio comparativo sumario, efectúa dos juicios consecutivos. De igual modo, en trance de realizar una elección estética entre lindo y feo, se refiere, por turno, a cada uno de los miembros del par comparado.

Tan literal es su pensamiento, que las analogías usadas en un cuento tienden a confundirlo, y así y todo, es capaz de crear de su propia experiencia motriz metáforas tan frescas y sorprendentes, que sugieren fantasía poética (¡al adulto!). Cuando escucha un cuento, éste puede conmoverlo literalmente, en un sentido muscular, puesto que el niño tiende a reproducir mediante su actitud corporal y sus ademanes lo que está oyendo.

En sus dibujos existe una primitiva mezcla de simbolización e ingenuo positivismo. El dibujo típico de· un hombre consiste en una cabeza con dos apéndices, y a veces, también con dos ojos. Por lo general el torso no aparece hasta los CINCO. Existe una tendencia a separar las partes individuales en cuánto son dibujadas. Puede alcanzarse la unidad mediante el trazado de un círculo para rodear las partes.

Cuando se le presenta un dibujo incompleto de un hombre, puede suplir tres partes ausentes. Si le agrega los ojos, entonces comenta: "¡Ahora puede ver!" Con igual criterio positivo representa los movimientos de una pala de vapor, a través de la imitación dramática.

De las diez formas de prueba, hace corresponder ocho. Imita la construcción de una puerta de cinco cubos, insertando un cubo diagonalmente, a manera de llave dè arco. Cuando juega espontáneamente con los cubos construye tanto en la dimensión vertical como en la horizontal, da nombre a lo que construye y a veces lo utiliza dramáticamente. Le gusta crear y producir de primera intención. Le gusta pasar de una cosa a otra más que repetir. Su mente es vivaz y abarca un vasto terreno.

Lenguaje

En Cuatro, los interrogatorios alcanzan su culminación. Un niño despierto de 4 años puede elaborar e improvisar preguntas casi interminablemente. Tal vez ésta sea una forma evolutiva de práctica de la mecánica del lenguaje, puesto que el niño de 4 años todavía tiende a articular de una manera algo infantil. Su misma volubilidad sirve para hacerlo más fluido y fácil.

A veces es evidente que charla sólo para ganarse el beneplácito social y para atraer la atención. También le gustan los juegos de palabras, especialmente si tiene un auditorio delante. Se divierte con los más absurdos desatinos y es capaz de perpetrarlos deliberadamente nada más que por puro sentido del humor. Por ejemplo: "¡Me voy a perdiz!", en vez de "me voy a París".

Los *por qué* y los *cómo* aparecen frecuentemente en las preguntas, pero a Cuatro las explicaciones no le interesan gran cosa. Mucho más le interesa observar la forma en que las respuestas se ajustan a sus propios sentimientos. Sin embargo, a diferencia de TRES, no suele hacer preguntas cuyas respuestas ya conoce. Gran parte de sus interrogatorios son, virtualmente, un soliloquio por medio del cual proyecta una construcción verbal detrás de otra, recordando sus imágenes y volviendo a formular otras relaciones. No construye estructuras lógicas coherentes, sino que combina hechos, ideas y frases sólo para reforzar su dominio de palabras y oraciones. Tan profusas como sus preguntas, son sus declaraciones y continuos comentarios en los que suele usar correctamente (y a veces con marcada incorrección) expresiones tales como: "*Ni siquiera* lo conozco. *Por poco* le aciertas. *Bien*, ahora voy a hacer *alguna otra cosa*, algo diferente. Ellos son *como* el otro, *pero* el otro es más grande. Aquel *también*". La gramática de estas frases involucra un considerable grado de pensamiento abstracto y de relaciones, puesto que los elementos que las forman son mucho más recónditos que los sustantivos, verbos y preposiciones. Lo sorprendente es que Cuatro llegue a dominarlos tan rápido. ¿Cuánto tiempo necesitó la raza para alcanzar nada más que la "simple" noción de *también*?

Más que verboso, Cuatro es verbal. También es, en cierto modo, prolijo. Tiende a complicar las respuestas. "¿Quién araña?" "El gato", dice CINCO, que sabe que sólo se desea esa respuesta. Pero Cuatro no se conforma con mencionar al gato, sino que nos cuenta también ¡de un perro! Esta forma de pensar asociativo es un tipo evolutivo de prolijidad, perdonable en el niño preescolar.

El lenguaje de Cuatro es meridiano. No le gusta repetir las cosas. En todo caso, dice lisa y llanamente: "Eso ya lo dije antes". Cuatro tiene mucho de charlatán y algo de irritante. Puede sostener largas y complicadas conversaciones; puede contar una extensa historia entremezclando ficción y realidad, y puede, finalmente, embrollarse y confundirse tan inevitablemente como los adultos en las discusiones de guerra y de crímenes. He aquí un ejemplo:

Arturo (4 años de edad): "Los soldados son malos. Ellos matan a la gente."

Beatriz (4 años de edad): "Los soldados no son malos. Pero si alguien hace algo malo, ellos lo fusilan. Si una persona mala caza un pajarito, entonces los soldados lo fusilan."

Arturo (poco convencido): "Muy bien. Y si Inglaterra caza un pajarito, entonces los soldados fusilan a Inglaterra".

No es de extrañar que Bernard Shaw quisiera volvernos a Matusalén. La quinta parte del *Pentateuco Metabiológico* de Shaw está fechado en el año 31.920 de Cristo. En época tan remota, los niños recién nacidos serán tan maduros al nacer como nuestros jóvenes de diecisiete años, y esos mismos niños serán adultos (de acuerdo con los patrones actuales) a la edad de cuatro años. ¡Habrá que revisar entonces nuestras normas de desarrollo preescolar!

CONDUCTA PERSONAL-SOCIAL

Cuatro representa una interesante combinación de independencia y sociabilidad. Su confianza en sí mismo y en los hábitos personales, su seguridad en las afirmaciones, cierto espíritu de "sargento" y su enfático dogmatismo, contribuyen a hacerlo parecer más firme e independiente que TRES. Durante el examen manifiesta, asimismo, cierto tipo de madurez que falta en TRES. A diferencia de TRES, es muy poco probable que Cuatro abandone la mesa, si bien es cierto que en el transcurso de la prueba no se cansará de menearse y mover los pies de un lado a otro. De ordinario, no encuentra ningún inconveniente en pasar a la sala de examen sin la compañía de la madre y durante el examen hay muchas menos sonrisas para el examinador. TRES muestra una tendencia mucho mayor a la sonrisa comunicativa, debido al tipo normal de dependencia social que Cuatro se halla ahora en trance de superar. Ante las pruebas individuales Cuatro realiza las tareas indicadas con más cuidado; demuestra mayor sistema, efectúa más comentarios sin que nadie se lo pida, y tanto puede llegar a explayarse en sus comentarios y preguntas, que finalmente será el examinador el examinado. Todo esto le confiere a Cuatro una agradable, si no siempre convincente, plausibilidad.

En la vida hogareña requiere mucho menos cuidados. Ya puede vestirse y desvestirse casi sin ayuda, hace el lazo de los zapatos (pero es incapaz de atarlos), se peina solo, bajo la vigilancia materna, y solo se cepilla los dientes. En las comidas le gusta elegir él mismo el plato; puede mostrarse muy locuaz sin por ello dejar de comer. Necesita muy pocas recomendaciones, y en verdad hasta puede tender la mesa con toda corrección.

En muchos casos, Cuatro ya no hace siesta. Si las siestas continúan, éstas son largas, de una hora a hora y media. Por las noches trata de dilatar el momento de irse a la cama, pero una vez que se acuesta se duerme en seguida y no necesita llevarse juguetes u otras cosas consigo. Duerme ininterrumpidamente durante toda la noche sin tener que levantarse.

Cuatro va al baño por sí mismo y es muy poca la ayuda que precisa. Maneja sus ropas sin grandes dificultades. Lé gusta ir al baño cuando hay otros en él, para satisfacer una nueva curiosidad que empieza a surgir.

También sus juegos reflejan una mezcla equilibrada de independencia y sociabilidad. Los juegos de tipo solitario y puramente paralelo le divierten mucho menos que a TRES. Realiza mayor número de contactos sociales y pasa más tiempo en una relación social con el grupo de juego. La asociación en grupos para jugar en lugar del juego paralelo, es característica de Cuatro. Prefiere los grupos de dos o tres chicos. Comparte la posesión de las cosas que trae de su casa. Sugiere turnos para jugar, pero no sigue, en modo alguno, un orden consecuente. Por el contrario, a menudo tiene arranques repentinos y "tontos", portándose desastrosaménte con toda deliberación. Pero eso no se debe tanto a impulsos antisociales como al deseo de provocar reacciones sociales en los demás. Le divierte provocar tales reacciones y puede ser un verdadero "sargento" para dar órdenes a los demás. Sus interpretaciones teatrales son menos caprichosas e inconexas que las de TRES, pero los cambios de escena son realizados a menudo al tuntún, y la personificación es descuidada.

Cuatro es hablador. Sus frases están saturadas con el pronombre de primera persona. Sin embargo, mucho de esta charla egotista tiene indudables implicaciones y contenidos sociales. Es excelente para encontrar pretextos: "Yo no puedo hacerlo porque mamá no me deja". "Yo no puedo hacerlo porque no quiero". Lo significativo es que, de alguna manera, le interese dar estos pretextos. Y este interés es social. Demuestra cierta conciencia de las actitudes y opiniones de los demás. Su autocrítica y autoestimaciones también tienen implicaciones sociales: "Estoy loco" "Ya dije que no sé" "Ya lo dije demasiadas veces". "Tengo buenas ideas, ¿no es cierto?" "¿Lo hice pronto, no?" "¡Claro que puedo!" "¿Quieres ver qué rápido encuentro las cosas?" "¡Yo sé todo!" "Yo soy vivo". "¿No soy más vivo que tú?" Cuatro también critica a los demás: "Mamá, ¿no es gracioso cómo habla?" o: "No se dice 'haiga'", etc.

A despecho de sus crecientes poderes de razonamiento y su capacidad crítica, se halla inclinado a lo que se ha dado en llamar temores irracionales, tales como el miedo a la oscuridad, el miedo a los viejos, el miedo a los gallos, a las plumas y a los copos de algodón. Los temores de este tipo pueden servir para recordarnos que Cuatro no está todavía tan maduro como su lenguaje parecería indicar.

Cuatro también tiene fama de embustero. Sus embustes, al igual que sus aires de sargento, sus aseveraciones dogmáticas, sus pretextos, sus racionalizaciones y sus payasadas, surgen todos de su conciencia del medio social y de una comprensión social en maduración. Por el momento deben ser considerados como síntomas evolutivos, comúnmente de connotación favorable. Dada su inmadurez, Cuatro es incapaz de realizar una distinción realista entre la verdad y la fábula. Sus valientes incursiones por lo desconocido le suplirán, con el tiempo, una adecuada orientación social, siempre que sus desviaciones de la "verdad" no sean demasiado groseramente manejadas por sus mayores, que a su vez debieron pasar por un estado comparable de confusión cuando tenían 4 años.

§ E. CINCO AÑOS

El período de la primera niñez está próximo a su fin a los 5 años. El niño de 5 años puede no estar listo para los aspectos técnicos o abstractos de la lectura, la escritura y las cuentas, hasta dentro de otros dos años más. Pero de todos modos, ya no se cuelga a las faldas de la madre. Puede soportar y aun disfrutar el alejamiento de su hogar exigido por el jardín de infantes. Es más reservado e independiente que Cuatro, sumergido todavía profundamente en exploraciones elementales del mundo físico y social. Cinco posee una comprensión más aguda del mundo y de su propia identidad. Recíprocamente, la sociedad le reconoce una madurez social en germinación y le ofrece de más en más oportunidades para su desenvolvimiento en grupos. Los gobiernos fascistas no han juzgado al niño de 5 años demasiado joven para vestir uniforme e incorporarse a regimientos y batallones, donde se lo adiestraba para la conducta de grupo que más tarde habría de exigírsele. Cinco tiene más de "hombrecito" que CUATRO.

CARACTERÍSTICAS MOTRICES

Cinco es más ágil que CUATRO y posee un mayor control de la actividad corporal general. Su sentido del equilibrio es también más maduro, lo cual hace que en el campo de juegos parezca más seguro y menos inclinado a tomar precauciones que CUATRO.

CUATRO puede brincar como un pato rengo. Cinco brinca sin dificultad y también salta. Se conduce con mayor confianza en sí mismo y más desenfado. Puede superar la barra de equilibrio de 4 cm de ancho, a una altura de 60 cm o con una pendiente de 30 cm. Puede pararse sobre un solo pie y aun puede llegar a conservar el equilibrio en puntas de pie durante varios segundos.

Estos signos de madurez motriz, aparte de su sentido del equilibrio bien desarrollado y de una mayor adaptabilidad social, demuestran que Cinco es un alumno más apto que CUATRO para la enseñanza de la danza y de ejercicios y pruebas físicas.

Sus actitudes posturales espontáneas dan la impresión de una relativa terminación y acabamiento. En buenas condiciones de salud sus actitudes posturales muestran una gracia natural. También la facilidad y economía de movimientos se hacen presentes en sus coordinaciones más finas. Puede coger una docena de bolitas, una por una, y dejarlas caer hábilmente dentro de un frasco, en el término de unos 20 segundos, con una típica preferencia por una de las manos.

En comparación con CUATRO, Cinco muestra mayor precisión y dominio en el manejo de las herramientas. Cinco maneja bien el cepillo de dientes y el peine y sabe lavarse la cara. CUATRO necesita una vigilancia mucho mayor que Cinco en estos hechos domésticos. Cinco haraganea menos, y esto se debe, en parte, a su mayor madurez motriz.

De igual modo, Cinco maneja el lápiz con más seguridad y decisión. Es capaz de dibujar una figura reconocible de un hombre. Sus trazos rectos muestran un progreso en el dominio neuromotor de los siguientes ejes: vertical hacia abajo, horizontal de izquierda a derecha y oblicuo hacia abajo. El vertical es el más fácil y el oblicuo el más difícil. Todavía tiene dificultades con las líneas oblicuas requeridas para la copia del rombo, pero le resulta igual copiar un cuadrado o un triángulo. Demuestra interés y aun cierta competencia en el lavado de los platos. Cuando baila, lleva mejor el compás con la música. Todas estas habilidades motrices nos dan la pauta de que el sistema neuromotor se halla muy adelantado en su evolución. Los niños prodigios de la música pueden acercarse al nivel adulto de virtuosismo motor ya a los cinco años.

CONDUCTA ADAPTATIVA

La relativa madurez motriz de Cinco se refleja en la forma libre, adaptativa, en que resuelve problemas simples que implican relaciones geométricas y espaciales. Ya no se confunde con el problema de la tarjeta de visita cortada en diagonal, y no le cuesta reorientar las dos mitades, formando un rectángulo con los dos triángulos. Resuelve los problemas planteados por el tablero de formas de Goddard, correcta y expeditivamente, acomodando el movimiento a la percepción, y sólo raramente emplea el método kinestésico de la prueba y el error, todavía frecuente en Tres y Cuatro. Puede insertar sucesivamente una serie de cajas, unas dentro de las otras, realizando inmediatamente juicios prácticos respecto al orden de sucesión y orientación.

Otras habilidades características descansan sobre una capacidad comparable de percepción de orden, forma y detalle. Es capaz de guardar sus juguetes en forma ordenada. Cuando hace el dibujo de un hombre, éste muestra diferenciación en las partes y cierto aspecto de cosa terminada, desde la cabeza a los pies. Al dibujo incompleto de un hombre le agrega ojos y aun orejas. En caso de dibujar una bandera, traza el asta, las franjas y las estrellas: es realista.

Resulta significativo que en sus juegos le guste terminar lo que ha empezado. CUATRO es mucho menos sensible a lo incompleto e inconcluso. CUATRO es prolijo y suele irse por las ramas. Tanto en la actividad mental como en la conversación, Cinco muestra mayor acabamiento y autocrítica.

También en la captación de los números Cinco hace gala de un mayor discernimiento. Mientras que CUATRO sólo tenía los conceptos de uno, dos y muchos, Cinco puede contar inteligentemente diez objetos, y es capaz de hacer algunas sumas simples y concretas dentro de la magnitud de su edad (5). Y sabe decir su edad.

En Cinco, el sentido del tiempo y de la duración se hallan más desarrollados. Sigue la trama de un cuento y repite con precisión una larga sucesión de hechos. Es capaz de llevar a efecto un plan de juego programado de un día para otro, lo cual se halla correlacionado con una apreciación más vívida del ayer y el mañana. Manifiesta un recuerdo más claro de lugares remotos y un interés más preciso por ellos. Más aún, es capaz de recordar una melodía. Y cuando pinta o dibuja, siempre la idea precede a la obra sobre el papel.

Esta relación entre idea y ejecución es mucho más ambigua en CUATRO. En verdad, CUATRO suele ponerle dos o tres nombres diferentes al mismo tiempo. El arco psicomotor de CUATRO es fluido y permeable en ambas direcciones. Cinco es más ejecutivo, más sensato, más exacto, más responsable, más práctico. Es, en suma, más adulto.

En Cinco existe una vena de seriedad que lo torna menos inclinado a las fábulas fantásticas y a los grotescos cuentos de hadas que otros niños de mayor madurez, cuyos pies están firmemente plantados en la realidad. Siempre está listo y ansioso por conocer realidades, pero no se halla igualmente dispuesto para la doble tarea de discernimiento que le impone lo excesivamente novelesco. Su modo de dibujar refleja el mismo realismo. Con el primer trazo del lápiz ya apunta a un objetivo definido, mientras que CUATRO (como Polonio con las nubes) va cambiando su interpretación del dibujo a medida que éste progresa, dándole nombres distintos según conviene a los trazos, *después* que éstos han sido ejecutados. Esta diferencia entre ambos condensa un significativo progreso intelectual. Agréguese a este apego al realismo un aumento en su capacidad de atención, y quedarán explicados muchos de los rasgos distintivos de la psicología de Cinco. Aunque intelectualmente parece bien orientado, el examen cuidadoso de sus juicios y nociones verbales revela sorprendentes formas de inmadurez en su pensamiento.

LENGUAJE

También en el lenguaje Cinco está mucho más adelantado que CUATRO; habla sin articulación infantil. Sus respuestas son más sucintas y ajustadas a lo que se pregunta. Sus propias preguntas son más escasas y serias. Cuando pregunta, lo hace para informarse y no simplemente por razones sociales o para practicar el arte de hablar. Lejos de ser un aprendiz experimental en este arte, sus preguntas son perfectamente razonables: "¿Para qué sirve esto?" "¿Cómo funciona esto?" "¿Qué quiere decir eso?" "¿Quién los hizo?" (refiriéndose a los objetos de prueba).

Las preguntas de Cinco resultan menos molestas que las de CUATRO porque tienen más sentido. Cinco tiene verdadero deseo de saber. Sus preguntas y respuestas revelan un interés por los mecanismos prácticos del universo. Cinco es pragmatista. Sus definiciones están hechas en función utilitaria. *Un caballo es para andar; un tenedor, para comer.* Los cuentos de hadas con un exceso de irrealidad lo molestan y confunden. Cinco es serio y empírico. Su imaginación no tiene las alas que tenía un año atrás o que desarrollará algunos años más adelante. Cinco ve y escucha los detalles. Esto se muestra por sí solo en el lenguaje. Es capaz de aislar una palabra y preguntar su significado, en tanto que Cuatro reacciona frente a la frase entera, incapaz de analizar las palabras componentes.

En esencia, el lenguaje ya está completo en estructura y forma. Cinco ha asimilado las convenciones sintácticas y se expresa con frases correctas y terminadas. Usa toda clase de oraciones, incluyendo oraciones complejas con oraciones subordinadas hipotéticas y condicionales. El uso de las conjunciones es algo más libre que en Cuatro, pero en general la frecuencia relativa de los elementos gramaticales es igual que para Cuatro. El vocabulario se ha enriquecido con varios centenares de palabras (1.500 para Cuatro, contra 2.200 para Cinco, término medio); el uso es más preciso y mucho más depurado. Cinco sigue los hábitos lingüísticos, más que el curso ingenuo del pensamiento que determina el orden de las palabras en Dos.

Cuatro es algo más literal y concreto que Cinco. Habiendo oído decir de un par de guantes que "uno" era tan bueno como el "otro", Cuatro quiso saber cuál era uno y cuál era el otro. Cinco es capaz, en cambio, de la abstracción necesaria. El siguiente diálogo muestra también que Cinco tiene todavía un pie en los Cuatro cuando de cerebración abstracta se trata:

Cuatro: Yo sé que Poncio Pilatos es un árbol.

Cinco: No, Poncio Pilatos no es un árbol.

Cuatro: Sí, era un árbol, porque ahí dice: "El sufrió bajo Poncio Pilatos", así que tiene que ser un árbol.

Cinco: No; estoy seguro de que Poncio Pilatos era una persona y no un árbol.

Cuatro: Yo sé que era un árbol, porque él sufrió bajo un árbol, un árbol muy grandote.

Cinco: No, no; era una persona, pero una persona muy "*poncioñosa*".

El juego teatral de Cinco rebosa de diálogo y comentarios prácticos relacionados con los acontecimientos cotidianos del trabajo, la cocina, el almacén, el transporte, el garaje. Un niño inteligente de 5 años puede llegar, incluso, a dramatizar los fenómenos naturales, haciendo intervenir al sol, a la luna, las estrellas, el viento, las nubes, etc., como personajes. El diálogo tiene papel preponderante en estas personificaciones, lo cual constituye más un esfuerzo para aclarar las ideas y captar relaciones mediante las palabras, que una pura complacencia en la ficción. Aun las representaciones de la muerte, la violencia, las enfermedades, operaciones quirúrgicas y accidentes, carecen de contenido emocional, ajustándose a los hechos.

La preocupación por las situaciones colectivas en el grupo de juego refleja un esfuerzo intelectual por comprender la organización social. Pero mucho de lo que dice es, en esencia, una forma de "monólogo colectivo" y no está dirigido a las relaciones causales o lógicas. Hasta la edad de Siete o más tarde aún, no aparecen estas relaciones en la conversación. El genuino intercambio de ideas permanece limitado. Aunque Cinco va en camino de aclarar el mundo donde vive mediante el uso discriminatorio y aun analítico de las palabras, su pensamiento se halla tan ceñido a su propio ser que no puede suprimir su punto de vista ni siquiera provisoriamente, a fin de poder comprender por reciprocidad el punto de vista de los demás. Distingue la mano derecha y la izquierda en su propia persona, pero no en las demás personas. También le falta capacidad sintética. Necesitará llegar a Siete o más antes de entender el simple mecanismo de una bicicleta y de comprender por qué no puede andar sin pedales, cadena y engranajes. Carece del poder del razonamiento explícito. No hace distinción alguna entre lo físico y lo psíquico; confunde la causalidad física con la motivación psicológica. Tan egocéntrico es (en el sentido de Piaget), que no tiene conciencia de sí mismo ni noción de su propio pensar como un proceso subjetivo independiente del mundo objetivo. De aquí su animismo. De aquí su inocencia intelectual, profundamente primitiva, a despecho de la engañosa madurez y facilidad en la gramática y el lenguaje.

CONDUCTA PERSONAL-SOCIAL

Dentro de su capacidad, Cinco goza de una independencia y facultad de bastarse a sí mismo relativas. Fácilmente podríamos imaginarnos un pueblito liliputiense de niños de 5 años que se gobernase a sí mismo, con sólo un grado moderado de control externo. Cinco ya está lo bastante maduro para adaptarse a un tipo simple de cultura (Quizá sea por esta razón que la expresión "hombrecito" lo caracteriza con toda propiedad.)

En la casa es obediente y puede confiarse en él. Normalmente, es muy poco el trabajo que da para dormir, ir al baño, vestirse o cumplir con las obligaciones cotidianas. Le agrada barrer, y lavar y secar los platos. Con los compañeros de juego más chicos que él y con los hermanitos se muestra protector. En los hogares de pocos recursos, Cinco demuestra, frecuentemente, una notable competencia y responsabilidad en el cuidado de un bebé.

Si se pierde en una gran ciudad, sabe decir su nombre y dirección. Y mientras lo van a buscar, juega a las damas con el agente de policía. Los adultos a veces se admiran de su "calma". Si manifiesta indiferencia frente a situaciones luctuosas o trágicas, es sólo porque su organización emotiva se halla limitada por un auto-embebecimiento, ya señalado en sus reacciones intelectuales. No conoce algunas emociones complejas, puesto que su organización es todavía muy simple. Pero en situaciones menos complicadas, da claras muestras de rasgos y actitudes emocionales llamativos: seriedad, determinación, paciencia, tenacidad, cuidado, generosidad, sociabilidad manifiesta, amistad, equilibrio, orgullo en el triunfo, orgullo de la escuela, satisfacción en la producción artística y orgullo en la posesión. Tiene cierta capacidad para la amistad. Juega en grupos de dos a cinco con nueva sociabilidad. También juega con compañeros imaginarios. Durante las comidas se muestra muy sociable y hablador. Disputa menos que Cuatro. La rivalidad lo acicatea, impulsándolo a una mayor actividad. Pero es tratable y muestra una docilidad positiva. De su lenguaje surge, incluso, una vena de cordialidad y tacto.

El triciclo y el monopatín son los juguetes favoritos para la calle. En la casa, lo son el lápiz y las tijeras, cada vez con más atractivos. Su horizonte se ensancha; le gusta ir de excursión y a veces llega a realizar colecciones de objetos.

Cinco, aún más que Cuatro, prefiere el juego asociativo a los juegos de tipo solitario y paralelo. Los compañeros le atraen decididamente y le gustan las empresas de conjunto, dedicándose a la construcción de casas, garajes y estaciones, y a proyectar "ciudades" enteras. Aunque carece todavía de una apreciación depurada de la cooperación, demuestra sensibilidad ante las situaciones sociales. Le gustan las ropas. Le gusta disfrazarse. Le gusta impresionar a sus compañeros. También empieza a darse cuenta de que estos compañeros a veces hacen trampas en los juegos. Y a su vez, él mismo comienza a fraguar ligeros engaños y fruslerías. Posee un sentido elemental de la vergüenza y la deshonra, y también de su posición relativa. Tiene mayor conciencia que hasta ahora de las diferencias culturales o de otra índole entre los dos sexos. Es susceptible de ansiedad y temores "irracionales", pero más típica de su vida emocional es la estabilidad y una buena adaptación, del mismo modo que en el aspecto intelectual. La seguridad en sí mismo, la confianza en los demás y la conformidad social son los rasgos personal-sociales cardinales a los cinco años.

CAPÍTULO V

ESTUDIO GRÁFICO DE LA CONDUCTA PREESCOLAR

La conducta tiene forma. El estudio de la conducta no difiere del de la anatomía, puesto que ambas se relacionan con los conceptos de forma y configuración. En la investigación de las manifestaciones casi calidoscópicas del desarrollo preescolar, es perfectamente natural que hayamos re: currido a la ayuda del ojo actínico de la cámara. La cámara· apresa los perfiles visibles de la conducta infantil y nos proporciona múltiples indicios de actitudes, esfuerzos y satisfacciones subyacentes.

Las ilustraciones incluidas en este capítulo fueron escogidas de entre una vasta colección de fotografías de acciones y de registros cinematográficos. Se perfila en ellas una reseña del curso del desarrollo mental inicial. Como los grabados son mudos, deberá ser la imaginación auditiva del lector quien suministre los sonidos de objetos y voces que acompañan las muchas actividades allí reproducidas. Pero los aspectos visibles de un modo de conducta se tornarán más notorios, sobre todo si se estudian los grabados a la luz de los dos capítulos anteriores. Las fotografías se han dispuesto en serie, de modo tal que puedan brindar una idea de la progresión y distintas etapas de la madurez. A los principales niveles cronológicos se les ha dedicado una página compuesta. Las más de las fotografías fueron tomadas en condiciones naturales, en las situaciones cotidianas del hogar, el patio de juegos y la escuela de nurserí. Otras fotografías representan situaciones provocadas durante el examen del desarrollo. A continuación damos una lista de láminas según el orden en que éstas aparecen.

Lámina I. Un recién nacido.
Láminas II y III. El primer año de vida.·
Lámina IV. Dieciocho meses.
Lámina V. Dos años.
Láminas VI y VII. Tres años.
Lámina VIII. Cuatro años.
Lámina IX. Cinco años.
Láminas X y XI. Individualidad en la infancia.
Lámina XII. Conducta con cubos.

Lámina XIII. Conducta adaptativa.
Lámina XIV. Conducta con pinturas y arcilla.
Lámina XV. Dibujo de un hombre.
Lámina XVI. Conducta con lápiz y escritura.
Lámina XVII. Posición y lanzamiento.
Láminas XVIII y XIX. Equipo y materiales de examen.
Lámina XX. Disposiciones para la visión unilateral en los exámenes del desarrollo.

Lámina XXI. Disposiciones para la visión unilateral en la nurserí de orientación de la Clínica de Desarrollo Infantil de Yale.

Las reproducciones pueden ser analizadas con vistas al detalle individual, o bien se las puede examinar comparativamente, con proyecciones tanto hacia adelante como hacia atrás. Para orientación del lector será suficiente un breve comentario.

La lámina I simboliza y describe a la vez. Sugiere, en efecto, la inmadurez y promesa del período neonatal. Es, asimismo, el retrato de un individuo, la propia hija del escultor, a las tres semanas de edad.

Las láminas II y III describen los cuatro campos principales de la conducta a través de los cuatro cuartos del primer año de vida. Estas reproducciones fueron escogidas para ilustrar los incrementos del desarrollo que se tornan ostensibles aproximadamente a las 16, 28, 40 y 52 semanas. Estos incrementos de la conducta pueden reconocerse mejor leyendo la página transversalmente. Si, por el contrario, se lee una sola columna de arriba abajo, se tendrá idea de las distintas manifestaciones de la conducta en un mismo nivel cronológico.

La lámina IV da una impresión cabal de lo que es un bebé a los 18 meses. Resulta evidente el predominio de la actividad postural. Este niño, que, dicho sea de paso, aparece nuevamente a los 5 años en las láminas X y XI, es evidente que disfruta con la ejercitación de sus habilidades posturales en maduración: rastrillando, empujando el rodillo, agachado, montado a caballo. Parte de esta actividad demanda un buen esfuerzo, puesto que la coordinación postural se halla en un período de formación. Sus contactos sociales en la vereda y el patio son vívidos pero breves.

Las reproducciones de la lámina V demuestran un inequívoco progreso en la madurez general. La actividad motriz gruesa ya no tiene tanta primacía. Manos y dedos están mucho más atareados. La atención dirigida hacia las actividades constructivas es más duradera. En los juegos el niño es reservado y toma más por sentado a los adultos. El niño de dos años es menos ingenuo que el de dieciocho meses.

Los 3 años requieren una doble ilustración para poder poner de manifiesto todas las características transicionales de este nivel cronológico. La lámina VI ilustra un interés diversificado, tanto en la actividad física gruesa como en la manipulación más fina. A los 3 años el niño se procura aquellas actividades independientes que determinan una utilización creciente tanto de los músculos fundamentales como de los accesorios. La lámina VII muestra que ya está dispuesto también para una moderada actividad en grupos. Las reproducciones demuestran que el interés parece repartirse igualmente entre el juego individual y el paralelo. Sin embargo, resulta evidente la existencia de cierta cooperación, pues es capaz de respetar los turnos en el juego y el altercado sobre el vagón expreso encuentra pronta solución (reproducciones j y k).

A los 4 años (lámina VIII), el juego en conjunto se torna evidente. El niño ha alcanzado las alturas de la imaginación dramática. Las actividades son más complejas. Mientras que a los 2 años se contenta con dejarse deslizar por el tobogán, a los 4 también le divierte treparlo. Cuatro no es excesivamente lógico: bloquea la puerta y sale por la ventana.

Lámina IX. A los 5 años el niño es menos incongruente en sus juegos y actividades. Ahora da término a las empresas que emprende. Es más serio y también más lógico. Ya está listo para las actividades constructivas. En el aspecto motor se halla tan maduro, que muestra considerable disposición para las ocupaciones sedentarias.

Las láminas X y XI nos recuerdan que el niño de 5 años también fue, en un tiempo, un bebé. La individualidad de la infancia persiste en el semblante, en el comportamiento motor y en las características personalsociales. Cada niño, a la hora del té, desempeña un papel diferente, pues cada uno es, desde el punto de vista de la conducta, un individuo distinto. El proceso de crecimiento ha determinado notables transformaciones, pero los rasgos constitucionales de individualidad han permanecido intactos. La niña A es todavía zurda y simpática como era en la infancia. El niño D era y es comunicativo. El niño B era y es reservado. (Más adelante volveremos a referirnos a estos niños más extensamente, en el Capítulo XIII, páginas 342 a 365).

El adelanto evolutivo de la conducta adaptativa desde los 15 meses hasta los 5 años, se halla perfectamente ilustrado en las láminas, XII y XIII. A los 15 meses arroja los cubos sobre el tablero o construye una precaria torre de dos. A los 4 levanta una torre de diez, y a los 5, ya domina diez formas geométricas diferentes, y mientras se halla ocupado con una es capaz de prestar atención anticipada a una segunda.

Las láminas XIV y XV nos llevan al campo de la producción artística, desde los toscos borrones y garabatos de los 2 y 3 años hasta las concepciones plásticas y representaciones gráficas de casas y hombres.

La lámina XVI sirve para recordarnos que los años preescolares son preparatorios para la escuela. La manipulación adaptativa del delgado cilindro en la segunda de las tres hileras, demuestra que este complicado acto motor requiere una profunda y gradual organización de la coordinación postural, manual, digital y ocular.

Lámina XVII. También el lanzamiento demuestra ser un acto más complejo de lo que parece a primera vista. Al año, el niño está en el umbral del soltar simple. A los 3, realiza una tosca combinación de lanzamiento con liberación, pero sólo al final del período preescolar consigue movilizar y focalizar esta liberación, dándole fuerza de proyectil.

Muchos de los modos de conducta en crecimiento del niño preescolar pueden observarse con ventaja en situaciones naturales. Pero para una mayor economía y exactitud de las observaciones, se hace necesario disponer de objetos de estímulo uniformes y de un equipo de observación adecuadamente controlado. Objetos y equipo pueden verse en las láminas XVIII a XXI. El material de examen y demás accesorios se han descrito detalladamente en los §§ 5 a 7, páginas 392 a 401.

No es nuestro propósito dar demasiados consejos al lector, pero nos permitimos sugerirle que al examinar las fotografías, junto con el estudio del detalle, procure obtener una visión panorámica del conjunto. Aunque más superficial, esta visión dará rápidamente una certera perspectiva de los giros y tendencias del desarrollo. El estudio más cuidadoso de las reproducciones individuales proporcionará detalles significativos en lo referente al cambiante perfil de los modos de conducta. Inevitablemente, el lector habrá de percibir las diferencias individuales de los niños retratados. Artistas y hombres de ciencia tienen este problema común: captar esa caracterización diferencial que se llama individualidad.

Por ello hemos creído lo más adecuado para portada de nuestra serie de fotografías, la reproducción de la escultura de Paul Manship de su propia hijita. Este mármol es notable por su belleza y realismo. Y también, podría agregarse, por su atrevimiento. Cuando se exhibió por primera vez en el Museo Metropolitano de Árte de Nueva York, produjo revuelo y no pocos comentarios entre aquellos que sostenían que "un bebé tan pequeño no podía ser tema apropiado para una obra de arte". Rara vez en la historia del arte han intentado pintores o escultores representar una criatura tan tierna. Ni aun entre las numerosísimas y diversas imágenes de Cristo las hay, según se nos informa, que lo muestren en edad tan temprana. La *Pauline* de Manship es, por lo tanto, una realización artística única.

Mucho del encanto de este mármol se debe a su veracidad. El tema no está sobreidealizado. Y si es simbólico, ello se debe a que produce la impresión de un verdadero bebé a la edad de tres semanas. Produce, incluso, aunque de mármol, una idea de acción. Los dedos aparecen separados, en una posición de incoherencia característica; uno de ellos toca la mejilla, que cede bajo su presión.

Esta reproducción en mármol, como bien lo señaló un crítico sagaz, muestra respeto por la personalidad naciente y registra un aspecto pronto superado, "ese aire de infinita sabiduría que se desvanece al desarrollarse la inteligencia... Podemos afirmar, sin temor a equivocarnos, que un trabajo con tanta frescura y vitalidad debe contarse entre aquellas obras de arte que saldan su deuda con la naturaleza, al abrir los ojos a tantas cosas importantes y significativas de la naturaleza que nunca habían sido vistas realmente".

LÁMINA I. NEONATO

a

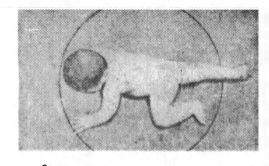

e

MOTRIZ

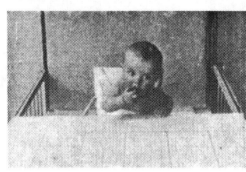

b

f

ADAPTATIVA

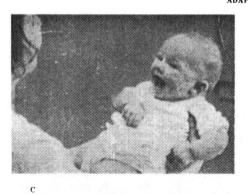

c

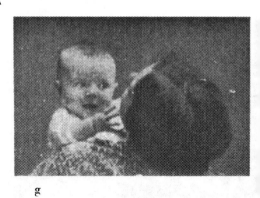

g

LENGUAJE

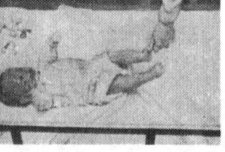

d

h

PRIMER CUARTO: 16 SEMANAS   PERSONAL SOCIAL   SEGUNDO CUARTO: 28 SEMANAS

LÁMINA II. EL PRIMER AÑO DE VIDA: PRIMERA MITAD

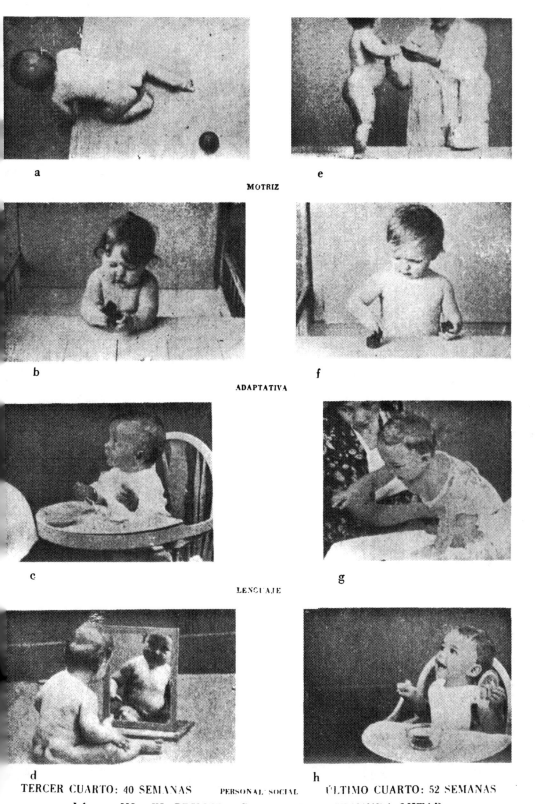

a	e

MOTRIZ

b	f

ADAPTATIVA

c	g

LENGUAJE

d	h

TERCER CUARTO: 40 SEMANAS   PERSONAL-SOCIAL   ÚLTIMO CUARTO: 52 SEMANAS

Lámina III. EL PRIMER AÑO DE VIDA: SEGUNDA MITAD

LÁMINA IV. DIECIOCHO MESES

LÁMINA V. DOS AÑOS

LÁMINA VI.   TRES AÑOS

a

b

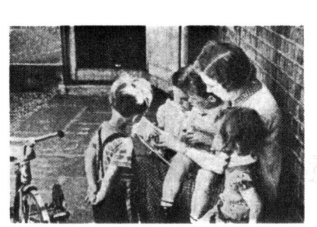

c

d

e

f

g

h

j

k

LÁMINA VII. TRES AÑOS

a

b

c

d

e

f

g

h

Lámina VIII. CUATRO AÑOS

a   b   c

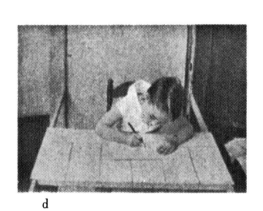

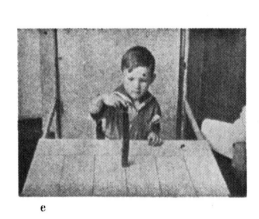

d   e

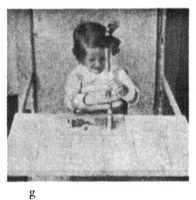

f   g   h

Lámina IX. CINCO AÑOS

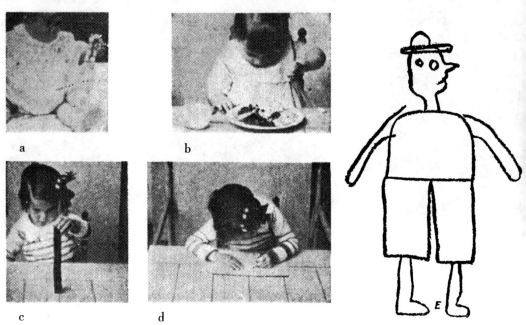

a   b

c   d

Un rasgo motor de individualidad profundamente arraigado. Esta niña mostró ser notoriamente zurda.

    a) en la manipulación (36 semanas de edad);

    b) al tomar la cuchara (80 semanas);

    c) en la construcción con cubos (260 semanas o 5 años);

    d) al dibujar (también 5 años).

Produce un dibujo de hombre típico del zurdo. (E)

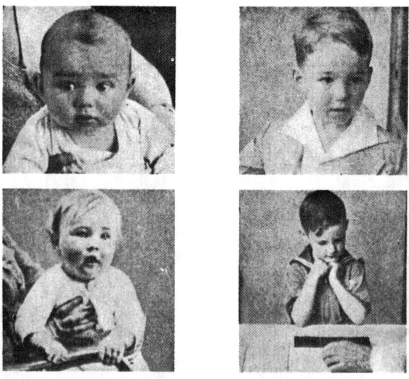

Dos de los niños cuya individualidad fue estudiada en la infancia y a los 5 años.

LÁMINA X. INDIVIDUALIDAD EN LA INFANCIA

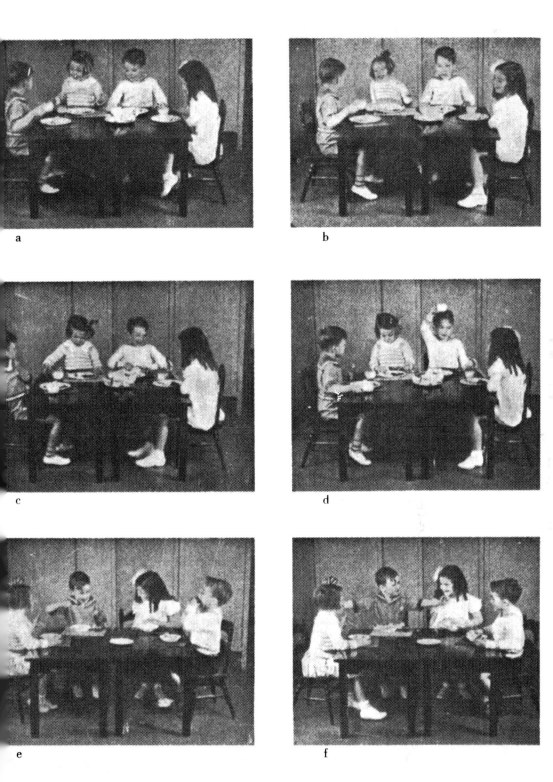

a   b

c   d

e   f

LÁMINA XI. INDIVIDUALIDAD EN LA INFANCIA

TRES CUBOS EN LA TAZA

ARROJA LOS CUBOS
QUINCE MESES

TORRE DE DOS

LLENA LA TAZA

FALLA EN EL TREN
DIECIOCHO MESES

TORRE DE TRES

FALLA EN EL PUENTE

TREN SIN CHIMENEA
DOS AÑOS

TORRE DE SEIS

CONSTRUCCION DEL PUENTE
POR IMITACIÓN

TREN CON CHIMENEA
TRES AÑOS

TORRE DE NUEVE

CONSTRUCCIÓN ESPONTÁNEA
DEL PUENTE

PUERTA
CUATRO AÑOS

TORRE DE DIEZ

LÁMINA XII. CONDUCTA CON CUBOS

COLOCA DOS PIEZAS
DIECIOCHO MESES

COLOCA TRES PIEZAS
DOS AÑOS

IDENTIFICA TRES FORMAS COLOREADAS
TRES AÑOS

AGREGA PIERNAS, BRAZOS Y OJOS AL HOMBRE INCOMPLETO
CUATRO AÑOS

COLOCA TODAS LAS PIEZAS EN LA CAJA DE FORMAS
CINCO AÑOS

LÁMINA XIII. CONDUCTA ADAPTATIVA

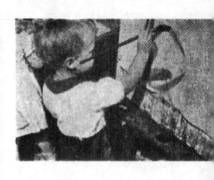

DOS AÑOS

TRES AÑOS

CUATRO AÑOS

CINCO AÑOS

LÁMINA XIV. CONDUCTA CON PINTURAS Y ARCILLA

B-3   C-23   B-12   C-34

C-48   C-48   C-48   C-48

C-44   B-23   C-9   C-43

TRES AÑOS   **CUATRO AÑOS**   **CINCO AÑOS**   **SEIS AÑOS**

Lámina XV. DIBUJO DE UN HOMBRE

(Véanse páginas 172 a 173).

DOS AÑOS

CINCO AÑOS

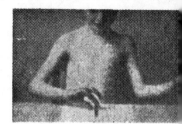

SEIS AÑOS

TOMANDO EL LÁPIZ

DOCE MESES

DIECIOCHO MESES

DOS AÑOS

TRES AÑOS

CUATRO AÑOS

CINCO AÑOS

I 3 años: garabatos.
II 5 años: letras de imprenta.
III 6 años: escribe.

SEIS AÑOS

ESCRITURA

LÁMINA XVI. CONDUCTA CON LÁPIZ Y ESCRITURA

DOCE MESES   DIECIOCHO MESES   DOS AÑOS

TRES AÑOS   CINCO AÑOS   CINCO AÑOS

SEIS AÑOS   SEIS AÑOS   SEIS AÑOS   SEIS AÑOS

LÁMINA XVII. EQUILIBRIO Y LANZAMIENTO

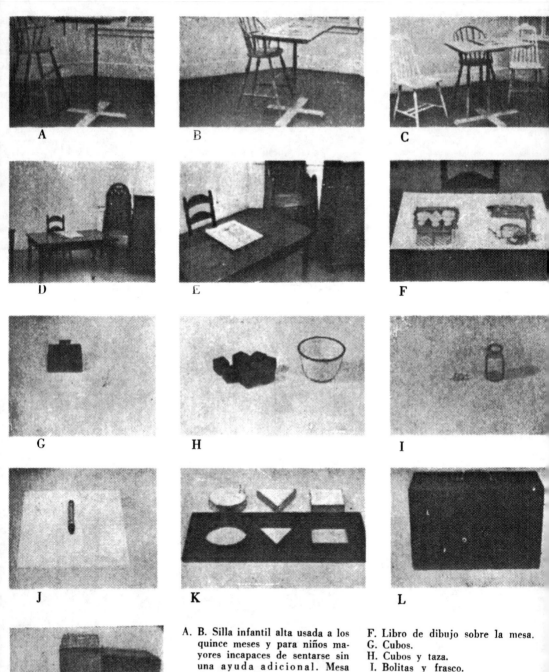

A. B. Silla infantil alta usada a los quince meses y para niños mayores incapaces de sentarse sin una ayuda adicional. Mesa de examen. Nótese el sistema de unión a la silla. La altura de la mesa es graduable.

C. Pieza con silla alta preparada para el examen.

D. E. Moblaje corriente para el **examen.**

F. Libro de dibujo sobre la mesa.

G. Cubos.

H. Cubos y taza.

I. Bolitas y frasco.

J. Papel y crayón.

K. Tablero de formas y piezas.

L. Caja de prueba y cuadrado. (De frente al niño.)

M. Caja de puzzle y pelota. (De frente al niño.)

LÁMINA XVIII. EQUIPO Y MATERIALES DE EXAMEN

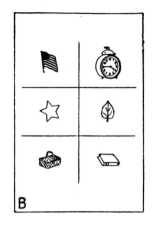
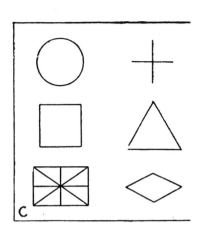

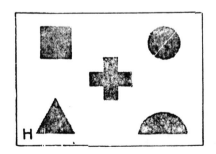

A. B. Tarjetas con figuras de Gesell.
C. Formas geométricas.
D. Hombre incompleto.
E. Haciendo burbujas.

F. Tarjeta humorística.
G. Laberinto en el jardín.
H. Formas coloreadas.
I. Tarjeta de orientación de Castner.

LÁMINA XIX. MATERIALES DE EXAMEN

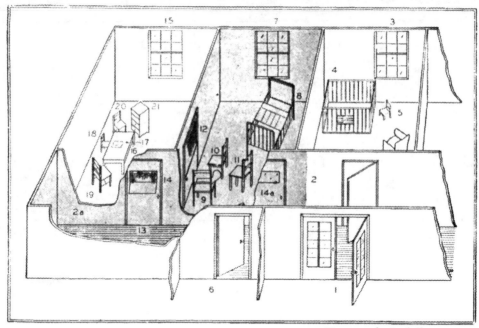

Diagrama de Paul Hartmann

El diagrama muestra una disposición simple pero eficaz para el examen del desarrollo de bebes y niños preescolares. El niño entra por 1, atraviesa el vestíbulo (2) que comunica con la sala de recibo (3) (y también con el baño), por 6. Esta sala tiene por moblaje algunas sillas para adultos, un corralito (4) y una silla infantil (5). La sala de observación (7) ha sido oscurecida parcialmente cerrando las persianas. El registrador se instala en la silla equipada con un brazo para escribir (9) y el observador se sienta cerca de éste, detrás del panel de visión unilateral (12) que comunica con la sala de examen (15). A esta sala se entra por la puerta (13) también equipada con una ventana de visión unilateral (14). La sala de examen se halla provista de una mesa de examen (16) donde se ve el libro de figuras (17) y la silla infantil (18) en posición. La madre se sienta a la derecha (19) y el examinador a la izquierda (20), con acceso directo al gabinete de examen (21).

12

PANEL DE PUERTA CON VISIÓN UNILATERAL

8a

LADO OPACO DEL PANEL

LADO TRANSPARENTE DE PANEL

LÁMINA XX. DISPOSICIONES PARA LA VISIÓN UNILATERAL EN LOS EXÁMENES DE DESARROLLO

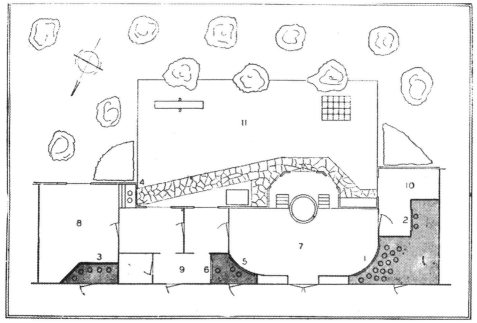

El diagrama muestra la disposición general y dependencias adecuadas para una nurserí de orientación. Mediante esta distribución se ha proporcionado visión unilateral para estudiantes individuales, para los padres y para grandes grupos de observadores. 1) Amplia sala de observación equipada con sillas de tamaño graduable, tal como se ve en 1'. Desde aquí se domina una vasta perspectiva de la sala de juegos (7). 2) Es una dependencia de la vasta sala que proporciona una vista de la cocina (10). Otra amplia sala de observación (3) da sobre el cuarto de juegos de los más pequeños (8). 4) Sala que comunica con el patio de juegos (11). 5) Es una pequeña casilla de observación reservada para miembros del instituto. Se halla provista de una pantalla de visión unilateral que domina la nurserí principal (7) y de un *miroir diaphane* "Argus" Bte. France-Etranger de visión

unilateral. En las fotografías pueden verse: 3a) Disposición de las sillas para un grupo reducido de observadores en la cámara de observación; 3b) Vista exterior de la cámara de observación con un friso de madera decorado y las pantallas disimuladas con nubes convencionales pintadas en ellas; 3c) Los niños vistos desde la cámara por los observadores.

3a   3b   3c

LÁMINA XXI.   DISPOSICIONES PARA LA VISIÓN UNILATERAL EN LA NURSERÍ DE ORIENTACIÓN DE LA CLÍNICA DE DESARROLLO INFANTIL DE YALE

SEGUNDA PARTE

CAPÍTULO VI

DESARROLLO MOTOR

Los cinco primeros años de vida están estrechamente relacionados con el surgimiento de una profusa variedad de habilidades motrices gruesas y finas, a partir de las reacciones originarias. Lo interesante del desarrollo de estos complejos movimientos es que su carácter automático hace mayor, más bien que menor, su adaptabilidad a las exigencias nuevas. La velocidad de perfeccionamiento en cualquier habilidad depende, en gran medida, de la capacidad del organismo para anticipar las respuestas mediante adecuados ajustes posturales compensatorios. Una vez adquiridas y mecanizadas, las habilidades posturales no sólo permiten una mayor libertad para la acomodación a las nuevas situaciones, sino que sirven también como preparación fundamental para el desarrollo de las habilidades superiores y más refinadas de los años posteriores. La escritura, por ejemplo, es una actividad tan altamente especializada que sólo puede llevarse a cabo con éxito cuando ciertas aptitudes adquiridas anteriormente, tales como la prensión fina y el equilibrio sedente, se hallan tan mecanizadas que no interfieren con la acción de escribir.

§ A. LA ORGANIZACIÓN DE LOS MOVIMIENTOS

Podemos considerar, entonces, los primeros años de la niñez como un período de integración y estabilización de los modos básicos de conducta, fundamentales para el desarrollo de las actividades más evolucionadas. En la misma medida en que todos los movimientos suponen adecuaciones del organismo total a las condiciones del medio, todas las formas de la conducta motriz constituyen, en realidad, actividades posturales. En este sentido, cualquier forma de locomoción o prensión es, en esencia, una serie estrechamente tejida de sucesivas adecuaciones posturales.

Nuestro propósito es, por consiguiente, estudiar el desarrollo motor en función de la postura. La postura puede ser estática o dinámica. La postura estática o fijación postural consiste en esas actitudes corporales estabilizadas, mediante las cuales el niño alcanza estación y seguridad:

Está relacionada con el equilibrio, la erección y las actitudes motrices asumidas por el cuerpo y sus partes. La postura dinámica se relaciona con las traslaciones y readaptaciones del juego postural en la realización de movimientos efectivos. Con mucho, la mayor parte de nuestro estudio se centrará en las dos divisiones principales de la postura, a saber: locomoción y prensión. Y más que sobre las normas de edad, haremos recaer el acento sobre las sucesiones e interrelaciones de conducta, de modo que se haga más patente la continuidad del desarrollo.

Por lo común, las habilidades se desarrollan concurrentemente. A veces, ya sea por desaliento o por la supervivencia de otra "dirección", o por otras causas, la habilidad en una actividad puede llegar a un estadio en el que no existen progresos inmediatos apreciables. En estas ocasiones, y aun durante períodos de rápido progreso, el niño puede retroceder a una forma de conducta más primitiva a fin de favorecer sus propósitos. Los niños, por ejemplo, frecuentemente recurren al gateo durante las etapas iniciales de la marcha y aun también más tarde. Bajo cierto número de condiciones, también retroceden hacia las formas de prensión iniciales. La regresión en estos casos demuestra una propensión, más o menos temporaria, a usar un modo de conducta más simple o más adecuado. Las observaciones subsiguientes muestran que al renovarse la actividad, el sujeto no ha perdido nada de su anterior capacidad, puesto que sus aptitudes dependen primordialmente de la madurez de su sistema neuro-motor.

Muchos músculos, que generalmente actúan en grupos, intervienen en la realización del movimiento voluntario aparentemente más simple. Su curso se halla determinado por los estímulos visuales y las indicaciones propioceptivas de los músculos en acción. Los grupos musculares también funcionan como una unidad en la producción de los movimientos componentes de una actividad complicada. Los movimientos componentes de una actividad dada difieren de los de otra en relación con el grado de semejanza o desemejanza de las actividades. La marcha y la carrera, por ejemplo, tienen muchos movimientos componentes en común, en tanto que la escritura y el salto apenas poseen unos pocos. En este capítulo hemos clasificado las actividades de acuerdo con su similitud objetiva y sus relaciones genéticas. No nos es ajeno el hecho, sin embargo, de que debido a la superposición de los modos de acción, algunas de esas actividades podrían ser incluidas en dos o más categorías a la vez, y es por esta razón que las categorías no se excluyen mutuamente.

Nuestro estudio se basa principalmente en los datos obtenidos en la Clínica de Yale, pero también hemos recogido liberalmente información de otras fuentes (ver Referencias). Los datos de Yale tanto incluyen estudios normativos como cinematográficos. La capacidad y características motrices del niño pueden observarse fácilmente en forma naturalista e incidental. Su comportamiento motor queda inevitablemente de manifiesto en la manera en que se conduce, en la forma de sostener la cabeza, "en la forma en que se porta". Su modo de sentarse, de pararse, de caminar y de correr da una idea de la madurez y suficiencia de sus movimientos.

Si han de estimarse también otras aptitudes especiales, tales como el salto, el equilibrio en un solo pie, el lanzamiento de una pelota, etc., entonces se improvisan situaciones de pruebas sencillas. Al final de este capítulo se especifican los procedimientos para tales situaciones. Cuando se pone a prueba una aptitud motriz definida, es necesario no descuidar ninguna de las condiciones accesorias. Junto con los tests de dibujos, de la conducta con cubos, pueden observarse los modos de prensión y el desempeño manipulatorio.

En los pasajes siguientes se han escrito en bastardilla las edades típicas a fin de que el lector pueda percibir con toda facilidad la progresión de la edad en la maduración de las aptitudes motrices. Aunque se han dado las edades sin más calificaciones, sólo son aproximadas y no deben tomarse demasiado estrictamente. Los renglones de la conducta motriz que poseen mayor utilidad normativa reaparecerán en los esquemas evolutivos (ver § 1, págs. 365-383). Los valores de madurez para el primer año de vida se hallan consignados con mayor detalle en las tablas normativas de un volumen anterior (39).

§ B. POSTURA ERGUIDA

Control de la cabeza. La primera etapa en el desarrollo de la actitud sedente y la locomoción consiste en lograr el dominio de los músculos de la cabeza y del cuello, de modo que la cabeza no sólo pueda mantenerse erguida, sino que también ayude a compensar los cambios operados en la postura del cuerpo. Los primeros pasos en el control de los movimientos de la cabeza se manifiestan en la conducta del infante en las posiciones supina y prona. En tanto que al nacer es muy escaso el control de los movimientos de la cabeza, a las *16 semanas* el infante puede rotar la cabeza de un lado a otro, hallándose en posición supina, y en la posición prona puede levantar la cabeza hasta quedar el plano de la cara casi perpendicular. Cuando se sostiene al bebé sentado, éste puede mantener la cabeza firmemente erguida. A las *20 semanas* realiza adecuados movimientos compensatorios de la cabeza al ser llevado de la postura supina a la sedente. A esta edad también mantiene la cabeza erguida cuando, al sostenerlo, se inclina hacia adelante. A las *24 semanas* los músculos del extremo anterior del cuerpo están tan bien desarrollados, que en posición prona puede sostenerse sobre los brazos extendidos, mantener la cabeza fácilmente erguida y rotarla.

Postura sedente. El estudio de la postura sedente de los infantes demuestra que la organización neuro-motriz del tronco avanza en la dirección cabeza-pies. La marcha general del desarrollo va desde una espalda uniformemente redondeada hacia la alineación recta del tronco. Hasta las *12 semanas* la espalda se halla uniformemente redondeada. A las *16 semanas* esta curvatura se limita más a la región lumbar. A las *28 semanas* la mayoría de los infantes mantienen el tronco erguido, al menos momentáneamente, y a las *36 semanas* lo mantienen erguido por períodos indefinidos. A las 36 semanas también pueden inclinarse hacia adelante como para asir algo y recuperar la posición erguida. A las *40 semanas* pueden conservar el equilibrio al girar hacia un lado y a las *48 semanas* pueden girar sobre sí mismos en la posición sedente y bajar de la posición parada a la sentada, tomándose de un sostén. Esta seguridad de la postura sedente queda aún más claramente manifiesta en el hecho de que a las 44 semanas los infantes pueden pasar de sedente a prona y de prona a sedente. En realidad, es por entonces cuando la cifosis lumbar empieza a desaparecer para ser finalmente reemplazada por la lordosis lumbar.

Desde el punto de vista evolutivo, la posición sentada representa una etapa de transición entre las posturas supina y parada. Cuando la organización neuro-motriz del tronco ha alcanzado la etapa en que el infante, estando sentado, puede girar sobre sí mismo y puede recobrar la postura erguida después de inclinarse hacia adelante, las piernas ya pueden soportar completamente el peso del cuerpo. Sin embargo, la falta de una relación funcional orgánica entre el tronco y piernas le impide pararse.

Postura de pie y locomoción erguida. Los renglones de la conducta en la serie evolutiva de la postura sedente también representan otras tantas etapas en la conquista de la postura de pie y erguida. Existen, sin embargo, renglones adicionales que también parecen ser requisitos previos para la postura erguida. Cuando se sostiene a los infantes en la posición erecta, frecuentemente manifiestan posturas anticipatorias de la posición de pie y de la marcha. A las *16 semanas*, la cabeza permanece erguida y puede compensar el balanceo del cuerpo. A las *20 semanas*, puede soportar momentáneamente una considerable fracción de su peso. A las *32 semanas*, puede sostener el peso total durante breves lapsos. A las *36 semanas*, si se lo sostiene por las axilas, puede soportar su peso sobre los dedos de los pies, en posición parada, aunque tiende a doblarse hacia adelante a la altura de las articulaciones de la cadera.

Resulta interesante observar que el atiesamiento de las rodillas tiene lugar antes que la extensión completa de las piernas a la altura de las caderas. A las *40 semanas*, el infante puede levantarse sobre las rodillas. También puede permanecer de pie, tomándose de un sostén. A las *48 semanas* puede levantar un pie mientras soporta su peso con el otro, lo cual representa un anticipo inmaturo de la capacidad del niño de 3 años para mantenerse momentáneamente en equilibrio sobre un solo pie. Por esta época también puede levantarse hasta ponerse de pie, tomándose de la baranda del corralito. Estando parado, el peso del cuerpo descansa sobre toda la superficie de la planta.

La primera mitad del segundo año se señala por un significativo progreso en el control postural. A los *15 meses*, el niño puede alcanzar la posición de pie sin ayuda alguna. Contrarresta vacilaciones y balanceo colocando los pies bien separados.

A los *18 meses* ha realizado un notable progreso. Posee un buen equilibrio sedente y es capaz de sentarse solo en una silla que llegue a la altura de la rodilla, si bien con dificultad; se trata aquí de una verdadera proeza, pues es necesaria la orientación del cuerpo hacia la silla sin la ayuda de la vista. Su progreso en la estabilidad lo demuestra el hecho de que la distancia entre los pies se ha reducido ahora considerablemente y de que puede caminar de costado y hacia atrás. Para pararse necesita, sin embargo, una gran concentración de su esfuerzo. Se para con los dos pies apoyados en el suelo y no puede levantar ninguno, salvo cuando camina. Cuando trata de patear una pelota, se limita a dar un paso hacia ella. A menos que se le impida, da un paso antes y después del lanzamiento, proyectando la pelota con un simple movimiento del brazo hacia adelante.

De los *18* a los *24 meses* realiza grandes adelantos en la automatización de la postura parada. Tanta es su estabilidad, que ya intenta mantener el equilibrio en un solo pie mientras opera con el otro. A los 20 meses, por ejemplo, puede pararse en un pie con ayuda. A los 24 meses, trata de caminar sobre una barra de equilibrio de 10 cm de alto por 6 cm de ancho. Puede recoger objetos del suelo sin caerse, sostener objetos sin dejarlos caer y, cuando se le enseña cómo, pararse durante cierto tiempo con los talones juntos. El grado de mecanización de la postura erguida se torna aún más evidente en el hecho de que puede correr, patear una pelota, subir y bajar tres escalones por sí solo, saltar desde una altura de 30 cm con un pie delante y sentarse con toda facilidad. Se ha notado, incidentalmente, que los niños de esta edad frecuentemente pisan la silla al sentarse.

A los *3 años* necesita muy poco esfuerzo consciente para pararse. Puede mantener el equilibrio fácilmente con los talones juntos. Corre y juega displicentemente. Puede erguirse solo estando en cuclillas y mantener el equilibrio momentáneamente en puntas de pie. A los 30 meses intenta pararse en un pie, a los 3 años puede conservar esta posición momentáneamente y a los 42 meses puede prolongarla hasta dos segundos, sin ayuda. A los 3 años su control postural está tan bien desarrollado que puede dar pasos de marcha o de carrera sobre la punta de los pies, puede caminar en línea recta, caminar hacia atrás largas distancias, y es lo bastante osado para tratar de pasar la barra de 6 cm. Puede saltar de una altura de 20 cm y saltar sobre el piso verticalmente con los dos pies juntos. También puede tomar una pelota grande con los brazos tiesos, extendidos hacia adelante y arrojarla, sin perder el equilibrio.

Desde el momento en que el niño es capaz de pararse por sí solo, empieza a realizar un uso progresivo de las ventajas que esta postura le ofrece. Hacia los *4 años* ya ha adquirido fuerza, facilidad y soltura en el uso de las piernas, lo cual le da gracia a sus movimientos. Ya está en vías de ser todo un atleta y le enorgullece intentar acrobacias motrices que exigen un delicado equilibrio. Puede conservar el equilibrio en un solo pie desde cuatro a ocho segundos, y aún más tiempo. Puede transportar un vaso de agua sin derramar una sola gota. Puede saltar desde una altura de 70 cm con los pies juntos. Camina un buen trecho sobre la barra de 6 cm antes de perder el pie. Se agacha y toma impulso para saltos en alto de cinco centímetros y saltos en largo de veinte a veinticinco centímetros. Da saltos en puntas de pie, levantando los dos pies al mismo tiempo, a razón de siete u ocho veces en cinco segundos. También puede atajar una pelota grande con los brazos flexionados a la altura de los codos, llegando incluso a mover los brazos de acuerdo con la dirección de la pelota. Ya empieza, además, a asumir la actitud adulta en el lanzamiento.

A los *5 años* el niño es todo un experto en la ejecución de complicadas actividades musculares sinérgicas. Al mismo tiempo que demuestra una mayor soltura en el control de la actividad general del cuerpo, revela menos prudencia que a los 4 años. Un índice de la madurez de su sentido del equilibrio nos lo ofrece su capacidad de pararse indefinidamente en un solo pie y de mantenerse varios segundos en puntas de pie. En tanto que a los 4,5 años sólo puede dar de cuatro a seis saltos en un solo pie, a los 5 años puede recorrer, de este modo, una distancia de unos cinco metros y distancias mucho mayores aún, caminando en puntas de pie. En el lanzamiento a distancia adopta la postura adulta.

A los *6 años* puede pararse alternativamente en cada pie, con los ojos cerrados. Puede efectuar tres reverencias sucesivas graciosamente, con los talones juntos. Puede saltar desde una altura de treinta centímetros y caer en puntas de pie. Puede recorrer quince metros en nueve segundos, saltando sobre un solo pie; realizar un salto en largo sin impulso de unos noventa centímetros, y un salto en alto sin impulso, de veinte centímetros.

§ C. MARCHA Y CARRERA

Marcha y carrera. A las *20 semanas*, el infante en posición supina puede darse vuelta de costado mediante la rotación de la parte superior del cuerpo, la torsión de las caderas y la proyección de las piernas hacia ese costado. Es una verdadera conquista, puesto que representa el primer cambio grueso en la postura corporal. A las *28 semanas* ya está en condiciones de arrastrarse, sosteniendo el peso de la parte superior del cuerpo con uno o los dos brazos. Puede adelantar una rodilla al costado del tronco, pero no puede levantar el abdomen. La locomoción empieza hacia las *32 semanas* aproximadamente. Gira sobre sí mismo utilizando los brazos a manera de eje. A las *36 semanas* ya logra elevarse hasta la posición de gateo, pero antes de las *44 semanas* no puede avanzar sobre manos y rodillas. Es en esta etapa cuando comienza la sincronización de los movimientos contralaterales de brazos y piernas. Las mediciones antropométricas del desarrollo posnatal demuestran que durante las treinta primeras semanas existe un rápido crecimiento en largo y peso, con apenas un ligero cambio en las proporciones del cuerpo. A partir de ese momento, el aumento de la estatura se debe, principalmente, al aumento de la longitud de las piernas. De manera que el aumento del cociente entre la longitud de las piernas y la estatura comienza por el tiempo en que el infante empieza a estar listo para gatear. El rápido alargamiento de las piernas continúa durante todo el período en que el niño va adquiriendo habilidad en las distintas clases de locomoción. A las *50 semanas* ya puede gatear sobre manos y pies; la postura y el movimiento de esta locomoción en cuatro pies se aproxima estrechamente al andar bípedo.

Aunque ya en la primera semana existen movimientos incipientes de pasos, éstos se hacen mucho más frecuentes y marcados alrededor de las *16 semanas.* Para entonces el infante también realiza movimientos de empuje con los pies cuando se le ejerce presión en las plantas. A las *28 semanas* esboza impulsos de bailar y brincar cuando se le sostiene en la posición erguida. La flexión y extensión de las piernas va acompañada por un levantamiento de los brazos. A las *48 semanas* el infante anda o camina con la ayuda de un sostén. El período en que los infantes empiezan a caminar solos varía desde antes del año hasta los 18 meses.

La inestabilidad del equilibrio corporal durante las primeras etapas del andar independizado se halla contrarrestada por la elevación exagerada de los brazos, la ancha base de sustentación y el centro de gravedad bajo, debido a la longitud relativamente pequeña de las piernas y a la flexión de caderas y rodillas. Con la adquisición de respuestas sustitutivas compensatorias, como, por ejemplo, los movimientos apropiados de la cabeza, tronco y brazos, el andar se hace más fácil. Existe un acelerado aumento en la velocidad de la marcha, un aumento gradual en el largo de los pasos, una disminución de la altura, el ancho y el ángulo del paso y un pasaje del apoyo de toda la planta del pie en el piso al de solamente el talón y los dedos. Los brazos son bajados gradualmente hasta quedar suspendidos en posición laxa, moviéndose contralateralmente con respecto a las piernas.

El desarrollo de la marcha, así como el de otras aptitudes motrices, depende de la habilidad para realizar las adecuaciones corporales apropiadas en respuesta a los estímulos visuales y a los propioceptivos provenientes de músculos, tendones y articulaciones. Relacionado con esto se halla el hecho de que el aumento del tamaño y la complejidad del cerebro corre paralelo al desarrollo postural. Dicho órgano crece lentamente durante los primeros meses, alcanzando prácticamente su tamaño completo antes del quinto año. El promedio de crecimiento alcanza el máximo durante la segunda mitad del primer año y la primera mitad del segundo año. De modo que el mayor aumento tiene lugar por la época en que el niño empieza a adquirir control sobre la postura erguida y las actividades manuales y locomotrices.

Durante el período comprendido entre los *12 y 18 meses,* la marcha reemplaza al gateo como medio de locomoción. Pese a las dificultades que ello trae aparejadas, parece existir una imperiosa urgencia por adoptar la postura erguida. No es infrecuente, sin embargo, que un niño perfectamente capaz de caminar se dé a gatear o a caminar sobre las rodillas en muchas ocasiones. Al principio el niño camina con ayuda de un soporte. Cuando se lo lleva de las manos sus primeros pasos son cortos y erráticos, dependiendo su equilibrio considerablemente del sostén. Gradualmente, sin embargo, va ensanchando su base de sustentación, adquiriendo mayor confianza en su propia capacidad de equilibrio. Durante las primeras etapas de la marcha sin ayuda, su andar puede calificarse de esparrancado y patituerto. Proyecta la cabeza y la parte superior del tronco hacia adelante y camina con los pies muy separados (13 cm, de acuerdo con Shirley [112]), apoyando toda la planta del pie. Los pasos consecutivos varían considerablemente en tiempo y en largo, caracterizándose por la desviación de las puntas hacia afuera. Los pies son levantados a una altura relativamente grande. A los *18 meses* hace pinitos. Sus pasos son más largos, el ancho del andar se ha reducido a unos 8 cm y la altura del paso también ha disminuido en cierto grado. Ahora puede caminar de costado y hacia atrás. Puede pasar de la marcha a la posición sedente y de nuevo a la marcha. Puede arrastrar un juguete con ruedas, empujar una silla por la pieza y, bajo vigilancia, caminar por la calle. Sin embargo, se da vuelta en forma precaria todavía, describiendo una trayectoria más o menos circular. Puede ascender gateando un tramo de escalera de tres escalones (altura de los escalones: 16,25 cm; ancho: 27,5 cm) o caminando, siempre que se le sostenga de una mano. En ambos casos levanta el pie hasta una altura excesiva, debiendo bajarlo, luego, hasta el escalón. Para descender gatea hacia atrás, o bien se da de golpes sentándose sucesivamente en cada escalón. Puede tomar una pelota situada sobre una mesa, trepándose a una silla para adultos. Puede treparse a una tabla de 9,37 cm de altura y bajarse de un taburete de 25 cm de alto.

Desde los *18 meses a los 2 años* realiza importantes progresos en el control de la postura erguida. A los 20 meses sus pasos son perfectamente uniformes en cuanto a altura, ancho y largo (alrededor de 20 cm), y tiempo. El adelanto en la estabilidad lo demuestra el hecho de que el ancho de la base de sustentación se ha reducido más aún. Todavía apoya, sin embargo, toda la planta del pie. A los 21 meses ya empieza a correr. Puede subir caminando y sin ayuda una escalera de tres escalones, pero usando los dos pies para cada escalón; puede bajar caminando, pero con ayuda. Ya puede bajarse, también, de una silla para adultos. A los 2 años recorre considerables distancias si no se lo apura, caminando con seguridad y mostrando una gran flexibilidad en las articulaciones. La base de sustentación es de sólo 5 cm. Ahora usa el sistema de marcha del talón-punta de pie, caminando con gran rapidez. Puede rotar la cabeza al tiempo que camina y muestra cierto adelanto al dar vueltas, pero no puede realizar giros breves. Puede subir y bajar un tramo de escalera, usando los dos pies por escalón, y treparse a una silla de adultos para pararse en ella. Ya es capaz de realizar pequeños encargos dentro de la casa.

Posiblemente la conquista más notable de esta edad es la carrera. En tanto que la capacidad de caminar involucra un control propioceptivo anticipatorio sobre los movimientos del tronco y miembros, la carrera es aún más complicada, exigiendo una sincronización más veloz y exacta de estos movimientos. La incapacidad de los niños para correr cuando ya pueden caminar, puede deberse no sólo a la falta de control postural adecuado, sino también a la lentitud del tiempo de reacción; es decir, que no son capaces ni de anticipar los ajustes necesarios ni de realizarlos con la suficiente rapidez. Más aún, en la carrera es más precario el equilibrio y requiere una mayor flexibilidad de los pies y una mayor acción de éstos en su función de palancas.

Durante el período comprendido entre los *2 y 3 años* la marcha se vuelve considerablemente automática. El progreso del sentido del equilibrio del niño se pone en evidencia por la ligereza de los pies y por una actitud emprendedora que frecuentemente lo impulsa a intentar proezas gimnásticas que están más allá de sus posibilidades. Se ha vuelto más tenaz, confiado y audaz. Esta confianza se debe, en parte, al hecho de que posee un amplio dominio sobre el uso de los pies. Los hechos siguientes demuestran el adelanto realizado en este período. A los 26 meses puede transportar una silla, sujetándola debajo del brazo, contra el muslo. A los 30 meses puede caminar entre dos líneas rectas paralelas a veinte centímetros de distancia, sin pisarlas. También puede correr y galopar y dar breves pasos de carrera en puntas de pie. Hacia los 33 meses es capaz de recorrer un sendero recto de tres metros de largo y 2,5 cm de ancho, saliéndose de una a tres veces. También puede saltar desde una altura de 45 cm y subir las escaleras alternando los pies, si se le ayuda.

Es probable que se vuelva algo patizambo alrededor de los *3 años*, pero este defecto desaparece rápidamente uno o dos años después. Los hombros se hallan más erguidos y la prominencia del abdomen se ha reducido considerablemente debido al desarrollo de la musculatura. La marcha normal se caracteriza por la uniformidad del largo, ancho y velocidad del paso. Éste es más largo que a los 2 años y el sistema de avance del talón-punta del pie se ha incorporado definitivamente al mecanismo de la marcha. Es capaz de equilibrar su peso momentáneamente sobre las puntas de los pies y de ejecutar algunos pasos cortos de esta manera. Puede seguir una línea recta, al caminar, colocando un pie directamente delante del otro, y camina hacia atrás con suma facilidad. Corre con facilidad y soltura, siendo moderado el control de la velocidad.

Puede subir tres escalones sin apoyo, usando alternativamente los pies, y descender una larga escalera solo, marcando el tiempo (altura 6,5 pulgadas, escalón 11 pulgadas). Puede saltar desde una altura de 12 pulgadas solo, con los dos pies juntos, y de 28 pulgadas con ayuda. También puede andar en triciclo, usando los pedales con gran destreza. Es éste el primer ejemplo de autopropulsión con los pies separados del suelo. Puede caminar entre líneas convergentes distantes 12 pulgadas en un extremo y seis en el otro.

Al llegar a los cuatro años, la marcha ha adquirido gran firmeza. El niño camina con pasos largos, balanceándose, al estilo adulto, tomando impulso para andar en los mismos puntos del pie del adulto. Manifiesta mayor movilidad que a los 3 años, y coordina los movimientos del cuerpo mejor en las actividades independientes. Parece complacerse en ejercicios gimnásticos, tales como girar, columpiarse, dar salto mortal, que estimulan grandemente los canales semicirculares. Se balancea bien sobre los dedos del pie. Puede llevar una taza de agua sin volcarla, y andar sentado. Puede caminar en línea recta 3 metros y en línea circular de una pulgada de ancho, una circunferencia de 4 pies de diámetro, sin salirse de la línea. Puede dar, corriendo, un salto de 23 a 33 pulgadas de largo, y también saltar en un pie. Su sentido de equilibrio está tan bien desarrollado que puede descender una escalera larga si es sostenido, y, si no lo es, marcando el tiempo. Puede cumplir la prueba de caminar sobre la tabla de 4 cm (altura 10 cm, longitud 2,5 ms) en 14 segundos, aproximadamente, pisando afuera alrededor de 3 veces. Corre fácilmente, a diferentes velocidades, y puede dar vuelta en ángulos bien marcados y detenerse y partir rápidamente.

A los 5 años, el niño puede hacer todo lo que hacía a los 4 años con mayor facilidad y soltura, y requiere menos vigilancia. Sus actividades se distinguen por la facilidad, gracia y economía del movimiento. Su agudo sentido de equilibrio y la variedad de su uso de manos y pies muestran que está ya casi listo para emprender las actividades más complejas de los años que siguen. Puede caminar fácilmente 3 metros en punta de pies sin tocar el suelo con los talones en ningún momento. Da pasos más largos, tanto caminando como corriendo, y muestra normalmente mayor presteza en sus movimientos que el niño de 4. Puede saltar con ambos pies y caminar bien, guardando el compás de la música. Puede dar corriendo un salto de 28 a 36 pies de largo y dar un salto en alto de alrededor de dos pulgadas y media. Puede hacer la carrera de las 35 yardas en menos de 10 segundos, y patear una pelota de fútbol a una distancia de 8 a 11 y medio pies. Puede bajar una escalera larga usando alternativamente ambos pies. Termina la marcha sobre la tabla de 4 cm en 12 segundos, no pisando afuera más de 2 veces.

Los ítems considerados a los 4 y 5 años son meramente sugestivos de las actividades del niño. No representan adecuadamente la gran variedad de actividades de que son capaces los niños de esta edad.

Cuando el niño llega a los 6 años ha desarrollado su agilidad y destreza a punto tal que puede dar corriendo un salto de 40 a 45 pulgadas de largo o más, alcanzar 3 y media pulgadas o más en el salto en alto, hacer la carrera de 35 yardas en menos de 9 segundos, y patear una pelota de fútbol a 18 pies. Puede terminar la tabla de 4 cm en unos 9 segundos, pisando afuera menos de una vez por prueba.

Barras de equilibrio. Se usaron las barras de equilibrio con niños de 3, 4, 5 y 6 años. Las barras empleadas fueron cuatro, siendo los respectivos anchos de 8 cm, 6 cm, 4 cm, y 2 cm. Con el grupo de 3 años se usaron barras de 8 y 6 cm; con el de 4 años, barras de 8, 6 y 4 cm, y con los grupos de 5 y 6 años, barras de 6, 4 y 2 cm. Sólo unos pocos de entre los niños de 9 años intentaron caminar con ambos pies sobre la

barra. Los demás, no incluidos aquí, caminaron con un pie sobre la barra
y el otro en el suelo. Los desempeños para cada edad se han representado
en la Fig. 1, donde se observa el tiempo medio requerido para cada edad
y el número medio de errores cometidos al pasar cada una de las barras.

Las curvas demuestran que con la edad disminuye el tiempo requerido para recorrerlas y también el número de errores. Todos los grupos
mostraron, término medio, un gran progreso respecto al tiempo del reco-

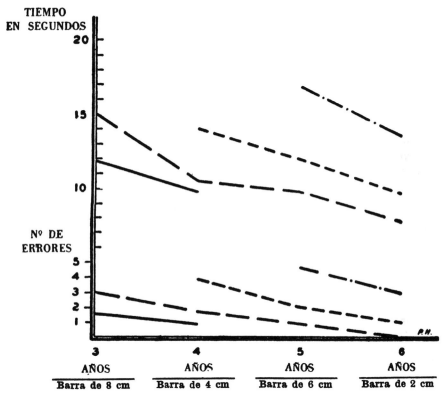

FIGURA 1. Velocidad media y número medio de errores para los cuatro grupos por
edades, en su desempeño con las barras de equilibrio.

rrido, entre la primera y la tercera prueba, y la mayoría de los grupos
mostró una disminución en el número de errores. Existen considerables
variaciones en cuanto al tiempo del recorrido para todas las edades, en
las cuatro barras. Estas variaciones, sin embargo, parecen decrecer con la
edad. El esquema también muestra que, en general, cuanto más angosta
la barra, mayor es la dificultad de la prueba y mayor la variabilidad del
desempeño en lo que a errores se refiere.

Las pruebas con la barra de 6 cm proporcionan la posibilidad de
una comparación directa de la velocidad y el número de errores para las

cuatro edades investigadas. El hecho de que los niños de 3 años necesitaran 15,1 segundos (término medio) para pasar esta barra y que, término medio, perdieran pie a razón de tres veces por prueba, es un claro
índice de la dificultad que encontraron con esta barra. El grupo de 4
años necesitó alrededor de dos tercios del tiempo requerido por el de
3 años para superar la barra de 6 cm y sólo cometió la mitad de errores.
El grupo de 5 años recorrió la barra en apenas menos tiempo que el de
4, pero redujo el número de errores en un 50 %. La velocidad media del
grupo de 6 años superó en dos segundos a la correspondiente del grupo
de 5 años y el número de errores fue de uno solamente en siete pruebas.
Las otras barras muestran una dirección similar, de acuerdo con la edad.

Los datos comparativos de niñas y niños de varios grupos de edades
demuestran que, en la mayoría de los casos, las niñas emplearon más
tiempo que los varones para pasar la barra y que, término medio, come-
tieron más errores. Las niñas manifiestan una tendencia ligeramente mayor que los varones a mejorar su desempeño en las tres pruebas, tanto
en lo que se refiere a la velocidad como al número de errores.

§ D.   PRENSIÓN Y MANIPULACIÓN

Toma. Nadie puede decir con exactitud cómo aparecen las distancias
a la vista no educada del niño pequeño. Todo parece indicar que la percepción de profundidad es el resultado de la integración gradual de los
estímulos visuales y propioceptivos, mediante el proceso de la prueba y
del error. Aunque la información relativa al desarrollo del discernimiento
para la profundidad visual es escasa, las investigaciones con niños pequeños muestran un progreso con la edad. Según McGinnis (85), la localización visual se halla presente, hasta cierto punto, en el nacimiento,
perfeccionándose rápidamente durante la primera infancia. El seguimiento
ocular en respuesta a una luz, objetos y personas en movimiento, se halla
perfectamente bien desarrollado a las 6 semanas, en tanto que los movimientos coordinados y compensatorios del ojo y los movimientos de fijación de la cabeza sufren un desarrollo algo más lento. Indudablemente,
la verdadera fijación ocular no funciona bien hasta el tercer mes. Esto
resulta particularmente significativo, pues es por entonces cuando se observan los primeros movimientos dirigidos del brazo en respuesta a los
objetos situados en el campo visual.

El movimiento del brazo al tomar involucra el ajuste motor de otras
partes del cuerpo. La actividad determina un cambio en la postura pre-
existente que debe ser contrarrestado mediante la acomodación del equilibrio corporal a la superficie de sustentación y a la fuerza de gravedad.

Normalmente, los primeros movimientos de toma tienen lugar en la
posición supina. Cuando se sostiene un sonajero a una distancia de diez
centímetros encima del pecho de un infante, éste, durante las ocho primeras

semanas, sólo lo mira momentáneamente. Ya entre las *8 y 12 semanas* realiza pequeños movimientos incipientes. A las *16 semanas* hay miradas espontáneas al sonajero y la actividad de los brazos aumenta considerablemente. A las *20 semanas* se producen claros movimientos de aproximación que terminan, frecuentemente, en un contacto con el sonajero. A las *24 semanas* ya lo puede asir. Hasta las 28 semanas la toma es, por lo común, bilateral. De aquí en adelante se vuelve de más en más unilateral.

La actitud de tomar se produce por primera vez en la posición sedente, cuando el niño es sostenido. Un cubo colocado sobre la mesa delante de un infante de *12 a 16 semanas*, apenas atrae una mirada momentánea y pasiva. La mirada cambia de dirección mediante movimientos bruscos de las pupilas, en forma semejante a la fase de seguimiento de la nistagmia óptica. A las 28 semanas estas desviaciones de la fijación visual son más suaves y están bien controladas. Aun a las *20 semanas* el niño mira el cubo activamente, efectuando movimientos de aproximación que terminan, por lo general, con el contacto del cubo. He aquí el primer indicio de una íntima asociación dinámica y evolutiva, entre la visión y la prensión. A las *24 semanas* agarra el cubo, manipula con él sobre la mesa y frecuentemente lo levanta. A las *28 semanas* empieza a pasarlo de una mano a otra y lo vuelve a asir, después de soltarlo. De aquí en adelante la habilidad en la manipulación se desarrolla rápidamente.

Los cambios progresivos en los patrones o modos de toma son ejemplo de la tendencia próximo-distal del desarrollo. Las primeras aproximaciones revelan una mano de torpe funcionamiento al extremo de un brazo igualmente torpe, mientras que las aproximaciones posteriores revelan un brazo bien coordinado bajo la influencia directriz de un órgano prensil perfectamente desarrollado. La toma consiste, desde las *12 a las 20 semanas*, en una serie de movimientos laterales discontinuos del brazo, deslizándose la mano sobre la mesa o dando vueltas al igual que las agujas de un reloj encima de la mesa, o bien combinando ambas actividades. Entre las *24 y 28 semanas*, los movimientos son más continuos, las desviaciones laterales disminuyen a medida que aumenta la proyección hacia adelante y los movimientos circulares y de deslizamiento también decrecen. Existe, sin embargo, una detención momentánea de la mano, tanto antes como después de la proyección hacia adelante. La suspensión transitoria de la actividad en estos puntos puede tener por causa la necesidad de un reajuste motor para la reorientación directriz del brazo, o la de evitar la pérdida del equilibrio corporal, o ambas a la vez. A las *40 semanas* la actitud de toma para objetos cercanos constituye una actividad bien coordinada, aunque carece todavía de la fluidez de la aproximación madura. A las *60 semanas*, la toma se realiza por medio de un suave movimiento continuo, con escaso o ningún error espacial de la mano. La imprecisión inicial de los movimientos de toma puede deberse, o bien a la percepción visual imperfecta de la profundidad, o bien al carácter inadecuado de las respuestas motrices.

Se ha hecho notar que los movimientos iniciales, tanto en la locomoción erguida como en la toma, van acompañados de marcadas digresiones laterales del tronco y de los miembros. Esta tendencia a extender el eje lateral del cuerpo puede constituir, en parte, una medida preventiva contra la pérdida del equilibrio corporal. La función de la niñez consiste en encauzar el curso de la actividad mediante la reducción al mínimo del número y alcance de estos movimientos laterales. La medida en que se cumple esta economía del esfuerzo constituye un índice directo de la habilidad en las actividades prensarias y locomotrices.

A los *18 meses,* la toma de objetos cercanos se ha tornado altamente automática. Esto se pone de manifiesto en la forma indiferente con que los niños se acercan frecuentemente al objeto. Su interés parece estar concentrado, ahora, no tanto en la adquisición del objeto, como en la manipulación subsiguiente a la prensión. En tanto que al año la actitud y el acto de tomar los objetos cercanos se parecen mucho a los del adulto, tratándose de objetos distantes el marcado desplazamiento del centro de gravedad requerido para alcanzar un objeto lejano exige un grado de coordinación neuromuscular extremadamente alto, a fin de mantener la estabilidad del cuerpo y asegurar la precisión de la aproximación y la prensión. El resultado es que a los 4 años hay una exageración de una o más de las componentes de la actividad prensil, lo cual hace aparecer la conducta del niño como torpe e inmatura.

Aunque a los 18 meses puede sentarse fácilmente sin ningún sostén, al tomar objetos distantes con la mano derecha siempre apoya la izquierda sobre la mesa a fin de equilibrar su peso. Hasta los 12 meses, sólo se les pidió a los niños que tomaran los cubos de experimentación situados sobre la mesa, a 16,25 cm de distancia, situación ésta que apenas supone flexión. A fin de determinar mejor la verdadera extensión de la organización neuromotriz de los movimientos del tronco y de la cabeza, así como la de los movimientos del brazo al tomar los cubos, fueron colocados, a los 18 meses, a una distancia de 32,5, lo cual aumentaba la dificultad material para alcanzarlos. A esta edad la inclinación hacia adelante va combinada con la flexión del tronco y la extensión del brazo, pero estos movimientos carecen de continuidad funcional y aparecen, uno u otro, groseramente exagerados. En la toma con la mano derecha, el movimiento de flexión va acompañado, por lo común, de una fuerte desviación hacia la izquierda que arrastra a la cabeza consigo. La inmadurez de la coordinación temporal se hace patente en el hecho de que la completa extensión del brazo y la flexión del tronco son seguidas luego por una flexión o inclinación ulteriores. Los dedos se hallan totalmente estirados, a manera de abanico, lo cual indica una falta de acomodación propioceptiva de los dedos al tamaño del cubo.

Pese a estas limitaciones del control de los movimientos corporales en la toma, el niño puede recoger una bolita cercana con el índice y pulgar, y dejarla caer dentro de un frasco de cuello angosto. Puede colmar la capacidad de una taza con cubos, o construir, después de varias tentativas, una torre de tres cubos, y volver las páginas de un libro con cierta torpeza. Puede introducir la llave en un candado y usar un tenedor o cuchara para comer, sujetándolo con prensión palmar.

A los 2 años el niño trata de tomar el objeto distante con una sola mano, sin sostenerse con la otra, pero tronco y brazo carecen de continuidad funcional. El rasgo sobresaliente de la toma, a esta edad, lo constituye la exagerada flexión del tronco, acompañada de una marcada desviación hacia la izquierda. A veces se inclina demasiado hacia adelante; otras veces hace descansar el peso de la toma sobre el brazo, pero parece incapaz de combinar los dos en forma eficiente. Hay una tendencia a doblar la cintura y el cuello, así como también a inclinarse hacia adelante a partir de las nalgas.

Sin embargo, ha mejorado apreciablemente en lo referente a la precisión del movimiento. Puede imitar los trazos verticales y circulares con un lápiz, y vuelve fácilmente las páginas de un libro, una por una. Construye torres de seis con cubos de 2,5 cm, y se procura una pelota colocada sobre la mesa por medio de una varilla. Es capaz de imitar tres o cuatro movimientos simples tales como levantar los brazos verticalmente, aplaudir, poner las palmas de las manos sobre la cabeza y dar vueltas las manos, una alrededor de la otra. Puede doblar un papel por imitación. Sabe quitarse las medias y encuentra las sobaqueras de su saquito al vestirse.

A los 3 años, el equilibrio sedente es bueno, pero se halla torpemente combinado con la actividad de toma. El niño ahora se inclina a partir de las nalgas, sin doblar ni la cintura ni el cuello. Persiste, sin embargo, una marcada flexión del tronco y extensión del brazo, determinando una decidida inclinación del tronco y de la cabeza hacia un lado. El perfeccionamiento del mecanismo con la vista se hace evidente en el hecho de que puede trazar un cuadrado, copiar el dibujo de un círculo y construir una torre de nueve o diez cubos de 2,5 cm. Puede atajar una pelota grande con los brazos completamente extendidos, por lo menos una de entre dos o tres veces, aunque la acomodación realizada por los brazos al recibir la pelota es escasa, si no nula. Puede alimentarse por sí solo sin derramar la comida en demasía, y con ayuda de ambas manos puede verter agua de una jarra al vaso, sin derramarla. Al desvestirse, puede sacarse los pantalones.

Aunque el equilibrio sedente es fácilmente mantenido a los 4 años, el niño carece de equilibrio al tomar. Se inclina hacia adelante con mayor movilidad y soltura que a los 3 años, pero persiste en el uso exagerado de la extensión del brazo y la flexión del tronco, lo cual determina la desviación de la cabeza y tronco hacia un costado. La mano libre ya no desempeña ningún papel en la actividad de toma, sino que permanece colgando, a un lado. Puede imitar o copiar el dibujo de un círculo o un cuadrado, y, previa demostración, doblar o plegar un papel tres veces. Puede tocarse la punta de la nariz con el índice, si así se le pide, cepillarse los dientes y vestirse y desvestirse sin gran ayuda. Atajar una

pelota· grande arrojada desde una distancia de 1,50 m, una de entre dos
o tres veces, con los brazos flexionados a la altura de los codos. Demuestra
una mayor flexibilidad en el movimiento de los brazos que a los 3 años,
mediante esfuerzos precisos para apreciar el lugar en que la pelota caerá
a tierra. Sus movimientos, sin embargo, son limitados e inapropiados, y
al recibir la pelota depende más de los brazos que de las manos.

El niño de *5 años* mantiene un fácil equilibrio de toma. Combina la
toma y la ubicación de los objetos en un movimiento continuado. La extensión del brazo y la flexión del tronco se hallan armoniosamente coor-
dinadas y, si bien el tronco se inclina ligeramente hacia un costado, la
cabeza permanece erguida. A esta edad, el niño demuestra mucha más
confianza en sí mismo que a los 4 años, desempeñándose con mayor velocidad y precisión. Puede copiar un cuadrado y un triángulo y trazar el
rombo y las líneas cruzadas sin equivocarse. El perfeccionamiento de sus
aptitudes se pone de manifiesto en el hecho de que ya empieza a usar más
las manos que los brazos para tomar en el aire una pelota pequeña. Ahora
calcula mejor la trayectoria de la pelota que a los 4 años, moviendo los
brazos en consecuencia, pero frecuentemente no logra tomarla. A veces
trata, incluso, de recibirla con una sola mano.

El niño de *6 años* ya domina por completo el arte de tomar. A esta
edad, los movimientos de la cabeza, tronco y brazos se hallan armoniosamente sincronizados. Combina la extensión del brazo, la inclinación, y la
flexión del tronco en un solo movimiento fácil, de modo que ninguno de
ellos aparece en forma exagerada. El desplazamiento lateral del tronco o
de la cabeza es escaso o nulo. Saca el cubo rápidamente, pero es sumamente cuidadoso al colocarlo. La velocidad y seguridad de los movimientos
del brazo son mayores. Puede doblar una hoja cuadrada de papel tres
veces en ochenta segundos. Puede atajar con una sola mano una pelota
arrojada desde un metro, a la altura del pecho, dos de cada tres veces.
El éxito en esta prueba supone capacidad para calcular exactamente la
velocidad y trayectoria de la pelota y para reaccionar con una velocidad
de cierre poco usual. En este aspecto Johnson (65) ha demostrado que a
los 6 años el niño sólo tiene una ligera superioridad en la seguridad de
los brazos con respecto al de 5 años, pero que tanto el de 5 como el
de 6 son considerablemente superiores al de 4 años.

Asir. El asir inicial es de carácter reflejo. Es ésta una actividad con
dos componentes, a saber: cierre de los dedos y· agarrar. El cierre se produce en respuesta a una ligera presión, a manera de estímulo, sobre la
palma, en tanto que el agarrar consiste en una reacción estática propioceptiva a un tirón dado contra los tendones de los dedos. El cierre de los
dedos aparece por primera vez alrededor de las 11 semanas de vida fetal
y se hace perfectamente completo hacia las 14 semanas. El reflejo de agarrar aparece durante la decimoctava semana (prenatal) y aumenta en
fuerza hasta la vigesimoquinta semana. (Hooker [60]). El pulgar tiene apenas movilidad y no participa ni en el cierre ni en el agarrar. Aunque no

se han realizado observaciones más allá de las 25 semanas, es indudable que la fuerza del reflejo de agarrar sigue aumentando durante todo el período prenatal. El reflejo de cierre desaparece visiblemente entre las *16 y 24 semanas* después del nacimiento, siendo sucedido, finalmente, por una fácil prensión digital. La componente propioceptiva alcanza su mayor fuerza en el momento del nacimiento, o poco después, y sólo manifiesta un debilitamiento apreciable después de las 12 semanas. Desaparece después de las 24 semanas, pero no sin que queden evidentes vestigios de este reflejo de "extensión" en las reacciones "fásicas" de los dedos de los adultos.

El asir voluntario, como el tomar, es índice de un curso de desarrollo próximo-distal. El asir inicial consiste en torpes movimientos de la palma con predominio de los tres dedos cubitales, en tanto que el pulgar permanece prácticamente inactivo. Este tipo de asir es sucedido más tarde por una refinada prensión de las yemas, que se caracterizan principalmente por la oposición del pulgar, el predominio del índice, la facilidad para la manipulación y la adaptación de la presión de los dedos al peso del objeto. La movilidad digital se pone de manifiesto en actividades tales como las de hurgar, tentar y arrancar. A las *60 semanas*, la prensión es diestra y precisa. Por entonces el niño posee un dominio casi completo sobre sus dedos, aunque no sobre sus herramientas. Relacionado con esto, puede agregarse que los niños de dedos largos parecen gozar de ciertas ventajas prensiles sobre los de dedos cortos. Los infantes de dedos largos muestran superioridad sobre los de dedos cortos, generalmente, en la fuerza del reflejo de agarrar. Más tarde revelan una mayor destreza y velocidad en la prensión voluntaria y en las actividades manipulatorias que exigen cierta precisión en los movimientos de los dedos.

Durante el primer año tiene lugar un significativo cambio en la relación funcional entre el antebrazo y la mano. Los seis primeros meses mano y antebrazo se extendían en una línea recta. *Al año*, la mano se halla normalmente flexionada en la muñeca, en la dirección cubital, de modo que el ángulo formado por el pulgar y el índice se halla en una línea con el antebrazo, como en el caso de la mano adulta.

La prensión de objetos simples en la infancia conduce al uso adaptativo de los utensilios en la niñez. Normalmente, el tomar y el asir pueden considerarse como un acto único. Ya al año el niño toma los objetos, no simplemente para asirlos, sino para usarlos. Más aún, trata de asegurarse una retención del objeto inmediatamente adaptable a la manipulación. Puede inclinarse hacia adelante para alcanzar un objeto que se halla a corta distancia (16,25 cm) y recobrar la postura erecta sin perturbación material del equilibrio sedente. Ya se ha hecho notar, sin embargo, que cuando se ve forzado a tomar objetos más distantes, experimenta ciertas dificultades para realizar los ajustes posturales necesarios. Sus movimientos de toma son mucho menos precisos, y como resultado de ello y a fin de asegurarse el éxito final, recurre a un modo de asir más primitivo, de manera que el objeto por lo general es desplazado en la prensión. La cuestión consiste, pues, en determinar cuándo puede efectuar el niño los ajustes posturales necesarios para tomar objetos que se hallan muy lejos, pero todavía dentro del radio de toma. Después del año, en consecuencia, el cubo y la bolita fueron colocados a una distancia de 32,5 cm (13 pulgadas) sobre la mesa.

La reseña de la conducta prensoria en los sucesivos niveles cronológicos nos da un claro índice de los progresos experimentales en el asir y la manipulación durante los primeros años de la niñez. El niño de *18 meses* mantiene la mano completamente abierta hasta que entra en contacto con el cubo. Aunque lo sujeta con una buena oposición del pulgar, su forma de asir, más que manipulatoria es de naturaleza envolvente. Más aún, el cubo sufre cierto desplazamiento durante el acto. Para asir la bolita el niño coloca la mano sobre la mesa a la derecha de la bolita y luego va enroscando lentamente el pulgar y dos dedos radiales sobre ella. Ya a los 18 meses el niño empieza a asignar a la prensión un uso práctico. Empieza a alimentarse él solo, a construir torres, a garabatear y recoger y colocar objetos. Puede sostener cuatro o más cubos a la vez. Al volver las páginas de un libro, sin embargo, lo hace de a dos o tres por vez.

A los *2 años* su forma de asir el cubo y la bolita no ha cambiado materialmente. Puede ensartar cuentas con una aguja, volver de a una las páginas de un libro, girar un picaporte, dar tijeretazos, desenvolver un caramelo y destornillar la tapa de un frasquito. Puede sostener firmemente un vaso de leche con una sola mano, aunque manteniendo la otra a corta distancia. Para comer sujeta la cuchara con el pulgar y los radiales, la palma para arriba, mientras que a los 18 meses sujetaba la cuchara apretándola contra la palma. Ya empieza, también, a sostener el lápiz con los dedos para escribir.

A los *3 años* efectúa una anticipación del asir al aproximarse, mediante la alineación de los dedos para sacar el cubo sin tocar la mesa. Toma la bolita con más facilidad y con los dedos más extendidos que en épocas anteriores. Es perfectamente hábil para recoger objetos pequeños como la bolita, y ya empieza a manejar el lápiz a la manera adulta. Puede desprender los botones de adelante y del costado de las ropas, pero le cuesta mucho prenderlos.

A los *4 años* saca el cubo con toda limpieza, sujetándolo, la mayoría de las veces, con el pulgar y el mayor. El índice se mantiene separado pero listo para las actividades manipulatorias. Por lo común, levanta la bolita limpiamente con el pulgar y el índice, aunque a veces este último es sustituido por el cordial, reservando el índice sólo para las manipulaciones. A los 4 años su manera de tomar el lápiz al escribir recuerda la del adulto en la posición general del lápiz. Ya es capaz de adaptar su facultad de asir al cepillado de sus dientes y al abotonamiento de sus ropas.

A los *5 años* aprehende tanto el cubo como la bolita, con gran prontitud, frecuentemente con los dos dedos cubitales flexionados hacia la palma en la forma de asir del adulto. Un interesante cambio evolutivo en el asir del cubo es la alteración gradual de la posición de los dedos desde la dirección vertical a la diagonal. Este cambio no sólo le proporciona una visión mejor del cubo, sino que constituye un verdadero capital en las actividades constructivas. A los 5 años muestra una mayor precisión en el uso de las herramientas. Se puede cepillar bien los dientes, arrollar el hilo en un carretel, poner los fósforos en su caja y hacer una pelotita con papel de seda. Puede hacer un nudo corredizo (Montessori, Cuadro G) y en lo que se refiere al abotonamiento de la ropa demuestra un gran progreso con respecto a los 4 años.

Soltar. Una de las actividades prensorias más difíciles de dominar en los primeros años, es el soltar voluntario. El patrón sinérgico del soltar es la antítesis del patrón del asir. Al asir, los extensores se hallan inhibidos, en tanto que al soltar están inhibidos los flexores, y en la primera niñez la inhibición de los flexores es, con mucho, la más difícil. El control cortical sobre la extensión de los dedos sólo tiene lugar una vez que el tomar y el asir se hallan completamente desarrollados. Los progresos en la capacidad de soltar los objetos pueden observarse en actividades tales como la construcción de torres, la de arrojar bolitas en un frasco, en el lanzamiento y en las pruebas con la tabla de formas y la caja de prueba.

Por lo común, la acción de soltar no se produce durante el primer medio año. Entre las *28 y 40 semanas* el infante sólo puede soltar objetos de una mano a otra o los suelta contra la mesa, o los deja caer inadvertidamente. El soltar deliberado empieza alrededor de las *44 semanas*. Ahora ya puede dejar caer los objetos voluntariamente sobre la mesa o el piso. A las *52 semanas,* una vez alcanzada una considerable pericia para dejar caer las cosas, aplica su capacidad de soltar a la colocación de objetos sobre la mesa o plataforma, a tratar frecuentemente de poner un cubo encima de otro, y a veces, al lanzamiento. Las dificultades en el soltar pueden observarse a todo lo largo de los cuatro primeros años en aquellas actividades que exigen precisión en la colocación de los objetos. En la construcción de torres, por ejemplo, la causa más frecuente de fracaso es la incapacidad de soltar en la forma apropiada el cubo aprehendido. El cubo puede haber sido colocado en la posición requerida con toda precisión, pero la torre perderá el equilibrio, derrumbándose, a menos que el contacto de los dedos y el pulgar sea correctamente inhibido en el momento de soltar. La dificultad para soltar bolitas pequeñas dentro de un frasco se prolonga hasta los 3 años.

La destreza en el soltar se perfecciona rápidamente durante la niñez, corriendo paralelamente al desarrollo de la conducta adaptativa. Al año más de la mitad de los niños insertan espontáneamente la pieza redonda en el agujero correspondiente de la tabla de formas. La acción, sin em bargo. es llevada a cabo empujando la pieza con mucha fuerza, y es quizá más incipiente que deliberada. Dos tercios de los niños sujetan la bolita sobre el frasco, pero sólo la mitad consigue soltarla, de modo que caiga en el frasco o cerca de él. A las *56 semanas*, la mayoría de los niños puede soltar la varilla al lado del agujero de la caja de prueba, pero sólo la mitad consigue introducirla en la caja. En todas estas actividades combinadas, el soltar tiene lugar en respuesta al contacto con una superficie de resistencia.

A los *18 meses* el niño pone los 10 cubos en la taza, pero sólo los suelta al contacto con la taza. Al cabo de varias tentativas construye una torre de tres cubos escalonados, insumiendo mucho tiempo en el proceso de la colocación y el soltar. Deja caer la bolita en el frasco con dificultad y coloca enérgicamente la pieza redonda en la tabla de formas. Su soltar prensorio adaptativo es exagerado y torpe. Aunque puede colocar, dejar caer y arrojar objetos, estas acciones son realizadas mediante una extensión indebida de los dedos. En el lanzamiento, la apertura de la mano apenas si se halla sincronizada con la proyección del brazo hacia adelante, de modo que, por lo general, la pelota es soltada o demasiado pronto o demasiado tarde para salir bien dirigida. En el último caso, además, hay pérdida del impulso.

A los *2 años* puede colocar con limpieza dos o más cubos en fila. imitando un tren; puede dejar caer la bolita en el frasco al contacto con ésta y construir una torre de seis o más cubos de 2,5 cm. Presta, además. una crecida atención visual a todos sus desempeños. Por lo común, la torre tiene una fuerte inclinación hacia la derecha, estando los cubos bastante mal alineados. Aunque la mano del niño de 2 años es más firme que la del de 18 meses, al tomar el cubo se obstruye completamente la visión de la torre. El resultado es que le cuesta colocar el cubo aprehendido exactamente sobre la torre, le cuesta soltar los dedos simultáneamente y le cuesta retirar la mano. Más que colocar el cubo en su correspondiente lugar, lo aprieta contra la torre, con tanta fuerza, a veces, que puede hacerla balancear y aun caer, y, como a los 18 meses, suelta el cubo con una exagerada extensión de los dedos. Colocar y soltar el cubo le lleva mucho tiempo, frecuentemente más de 30 segundos por cubo. La renuencia a soltar parece deberse al temor de voltear la torre en el momento de retirar la mano.

A los *3 años*, el niño suelta las bolitas con toda libertad en el frasco y coloca con precisión los tres cubos necesarios para construir el puente. Todavía insiste, sin embargo, en forzar o golpear las piezas en la tabla de formas. Al atarse los zapatos, frecuentemente deshace el lazo al retirar la mano. Construye torres de nueve o diez cubos de 2,5 cm. Con respecto a la de los 2 años, la coordinación viso-motriz se halla mucho más perfeccionada. Coloca los cubos con lentitud pero con precisión, aunque, por lo común, algo escalonados y rotados con respecto a la alineación correcta. Ahora, la mano obstruye la vista sólo parcialmente, pero la tendencia a apretar el cubo al colocarlo y la inseguridad de la mano al soltar son claros índices de que la construcción de torres es todavía una difícil tarea. Frecuentemente, para hacer la torre más firme, entran las dos manos en juego.

El niño de *4 años* suelta las bolitas en el frasco con gran precisión y celeridad. También puede hacer el lazo de los zapatos con cierta dificultad, y al construir la puerta coloca los cinco cubos con destreza. Al construir la torre, mantiene la mano bien por encima de ésta o a un costado, de modo de no obstruir la vista. Suelta los cubos sin ejercer presión y con la apertura de la mano suficiente para poder retirarla. Ha progresado notoriamente en la seguridad de la mano y en la sincronización y pericia para soltar. Frecuentemente usa las dos manos independientemente en la construcción de la torre.

A los *5 años* el niño revela un marcado progreso en la velocidad, destreza y precisión con que coloca los objetos. En la construcción de torres, la experta y casi perfecta alineación de los cubos demuestra su apreciación discriminatoria de las relaciones viso-espaciales, su capacidad en la coordinación de ojos y manos y un control acabado en el mecanismo de soltar. Se desempeña en forma fría, deliberada y confiada, y como no sea por descuido, el riesgo de desplazamiento al soltar es casi nulo. Ya puede atarse bien los zapatos y deja caer las bolitas en el frasco con rapidez, frecuentemente de a dos o tres por vez. En la construcción de torres sujeta los cubos con las yemas de los dedos en las esquinas superiores de la derecha, de modo que tanto la visión del cubo como la de la torre es perfecta en cualquier momento. Aprehende el cubo y lo coloca limpiamente, con un movimiento continuo, soltándolo luego con destreza, mediante una ligera extensión de las articulaciones metacarpofalangianas, sin perturbar la estabilidad de la torre. A veces coloca los cubos de a dos, sosteniendo uno en la palma, y en las construcciones rápidas se sirve de la otra mano para enderezar la torre. Las diferencias individuales son marcadas. Algunos niños construyen rápidamente, incluso sin cuidado, deteniéndose tan sólo para asegurarse de que por el momento la torre no habrá de caerse. Otros trabajan muy despacio, llegando a tomarse cierto tiempo para contemplar los resultados. Los cubos son alineados correctamente, pero aun a esta edad, en que la construcción de torres es ampliamente dominada, existe todavía una ligera inclinación, generalmente hacia la derecha.

A los *6 años* el niño alinea los cubos cuidadosamente para construir una torre virtualmente derecha. La habilidad que ostenta a esta edad se debe en igual medida, posiblemente, a su progreso en la percepción viso-espacial y a su perfeccionamiento del mecanismo para soltar.

Lanzamiento. El lanzamiento es una colocación de objetos a larga distancia. En lugar de llevar la mano realmente hasta el punto distante en que debe colocarse el objeto, el sujeto prolonga la mano, por así decirlo, a través del espacio intermedio, hasta el lugar deseado, por medio del objeto. El lanzamiento implica localización visual, equilibrio, desplazamiento de la masa corporal, actitud de tomar, de soltar y restablecimiento del equilibrio estático. La habilidad para arrojar una pelota requiere un fino sentido del equilibrio estático y dinámico, una sincronización precisa entre los actos de proyectar y soltar, una buena coordinación de ojos y manos y un adecuado funcionamiento de los dedos, así como de los brazos, tronco, cabeza y piernas, para poder controlar la trayectoria de la pelota.

El juego de la pelota es, ante todo, una situación social. En el laboratorio, el examinador hace rodar la pelota hacia el niño, a fin de determinar hasta qué punto éste inicia una respuesta. Cuando se ha establecido una corriente de simpatía, se le pide que arroje la pelota. El niño empieza arrojando desde la postura sedente, antes de ser capaz de pararse por sí mismo. Los registros normativos dan cuenta de que a las 40 semanas o bien retiene la pelota o la suelta sin ninguna referencia definida al examinador o al objetivo. A las 48 semanas la hace rodar o la proyecta. De hecho, el 50 % de los niños consigue realmente proyectarla hacia el examinador. Al año, más de la mitad de los niños arrojan decididamente la pelota, y a las 56 semanas, la lanzan o hacen rodar hacia el examinador, repetidas veces, si así se les pide.

Al año el lanzamiento asume toda una variedad de modos o patrones. El niño hace rodar la pelota o la lanza con un movimiento de tipo lateral, o bien por debajo de la mano o por encima de ésta. Como es incapaz de controlar el momento preciso para soltar la pelota, su dirección es, por lo común, muy imperfecta. En el tiro de voleo (por encima de la mano), a veces suelta la pelota por encima del hombro y otras veces no consigue hacerlo hasta haber completado el movimiento hacia abajo de la mano. La actividad, en el lanzamiento, en el cual es el hombro el que desempeña el papel más importante, se limita, casi por completo, al brazo. El codo y la muñeca efectúan escasa movilidad.

Aunque ya a los *18 meses* los niños dominan perfectamente el arte de soltar en cuanto tal, todavía no han logrado incorporarlo adecuadamente a los demás movimientos del brazo, tales como arrojar y el lanzamiento. Ahora el niño puede arrojar estando parado. Muestra tendencia a caminar tanto antes como después de tirar la pelota. El lanzamiento consiste en un movimiento hacia adelante del brazo de tipo lateral: manteniéndolo parado de frente al examinador y con los dos pies en una misma línea, levantará el brazo por encima o cerca del hombro, lanzando la pelota mediante una completa extensión hacia adelante del hombro y del codo. Durante toda la acción permanece bien erguido y no gira ni se dobla por efecto del lanzamiento. Ocasionalmente puede suceder que se incline ligeramente hacia adelante a partir de las caderas. La extensión exagerada de los dedos, así como la inadecuada sincronización del soltar, hace que la pelota sea impelida con poca o ninguna dirección. Algunos niños arrojan la pelota en la caja de prueba y otros la dejan caer dentro de la caja, después de haber ejecutado los movimientos correspondientes al lanzamiento.

A los *2 años*, la postura de lanzamiento ha cambiado muy poco. En el lanzamiento libre, el niño todavía insiste en dar un pasito corto antes y después de largar la pelota. Cuando arroja estando de pie y quieto, se produce una ligera rotación del cuerpo juntamente con el movimiento hacia adelante del brazo. Aunque revela cierto progreso en la sincronización del momento de soltar, la extensión exagerada de los dedos le impide todavía imprimir una dirección precisa a la pelota.

En los sumarios que siguen se han puntualizado una por una las características del lanzamiento de una pelota para otros niveles cronológicos superiores. Sólo se ha considerado en ello el lanzamiento con la mano derecha.

Dos años y medio:

Inseguridad de equilibrio en la posición parada, con grandes variaciones.
Se queda parado con la pelota o camina, salta y corre con ella.
Se mantiene erguido o se agacha.
La tira al aire o la arroja.
Por lo general carga el peso sobre el pie derecho.
Proyecta la pelota con escasa dirección.
La lanza a 1,50 m ó 2 m.
Arroja una bolsita de porotos dentro de un agujero de 30 cm a la distancia de 0,90 m.
Arroja una pelota grande (de 13 cm de diámetro) a unos 0,90 m ó 1,50 m.

Tres años y medio:

Dificultad para asumir la posición de equilibrio preferida; vacila antes de arrojar.
Mira derecho hacia adelante, los dos pies en una misma línea.
Se inclina ligeramente hacia la izquierda.
Extiende el tronco al llevar la pelota por encima del hombro.
Gira al arrojar, deslizando un pie hacia adelante o dando un paso.
Arroja sirviéndose principalmente de hombro y codo.
Progresos en el movimiento de la muñeca y la sincronización del soltar.
Utiliza los dedos para guiar la trayectoria de la pelota.
Los varones son superiores a las niñas en la facilidad para soltar la pelota y en la precisión de la dirección.

Cuatro años:

Ha adquirido una posición definida para el lanzamiento.
Se para mirando hacia adelante, los dos pies en una misma línea.
Carga el peso sobre el pie derecho como preparativo para el lanzamiento.
Se inclina hacia adelante y gira el cuerpo hacia la izquierda al arrojar.
Generalmente usa el pie derecho como punto de apoyo para el lanzamiento.
Puede hacer pasar su peso sobre el pie izquierdo o retirarlo hacia atrás, o deslizar el pie derecho hacia adelante.
Proyecta la pelota directamente hacia el frente pero con un escaso control de su altura (sincronización inadecuada para soltar).
Revela poseer una mano preferida para el lanzamiento por la mayor frecuencia en su uso y una mayor precisión y alcance del lanzamiento, y una mejor coordinación neuromotriz en la posición y el acto del lanzamiento.

Los varones arrojan la pelota con un movimiento horizontal desde encima o la derecha del hombro.

Las niñas arrojan la pelota desde encima del hombro con un movimiento descendente de la mano.

Cinco años:

Varones

Posición:

Adelanta el pie izquierdo.

Levanta el brazo oblicuamente hasta quedar sobre el eje del hombro.

Rota el hombro notoriamente, doblándose e inclinándose hacia la derecha.

Baja el hombro derecho; frecuentemente se agacha hacia adelante.

Carga el peso sobre el pie derecho, extendiendo lateralmente el brazo izquierdo hacia afuera.

Proyección:

Arroja la pelota con un movimiento horizontal alrededor del hombro adelantado, aproximadamente al nivel del hombro.

Acelera la extensión del codo y de la muñeca precisamente antes de soltar.

Suelta la pelota cuando el brazo alcanza su completa extensión.

Después de soltar, el brazo termina su movimiento pasando delante del cuerpo.

Rota y dobla el cuerpo hacia la izquierda, levantando el hombro derecho, luego se dobla hacia adelante a la altura de las caderas, inclinándose hacia la izquierda.

Desplaza el peso hacia el pie izquierdo, levantando el talón derecho y rotándolo hacia afuera.

Buena coordinación de hombro, codo, muñeca y dedos.

Las piernas funcionan inadecuadamente.

Arroja una pelota de béisbol a una distancia de unos 7,50 m.

Niñas:

Posición:

La posición parece incierta.

Por lo común no avanza ningún pie.

A veces sostiene el peso sobre el pie derecho y a veces sobre el izquierdo.

Levanta el brazo oblicuamente hasta más arriba del hombro, llegando más atrás del hombro o de la cabeza, con el codo muy alto a un costado.

Extiende el tronco, baja la cabeza, y rota doblándose hacia la derecha.

Proyección:

Arroja la pelota con un movimiento de la mano hacia adelante y hacia abajo, con un movimiento anterior y medio del codo.

Mantiene la muñeca en flexión dorsal y luego la flexiona súbitamente hacia abajo, extendiendo los dedos al soltar la pelota.

Proyecta la mano hacia la izquierda y abajo después de soltar.

Rota y extiende el cuerpo, levanta la cabeza y hace flexión luego a la altura de las caderas hacia adelante, doblándose hacia la izquierda.

Traslada el peso hacia el pie izquierdo o da un paso hacia adelante con el pie derecho.

Arroja la pelota principalmente con un movimiento de hombro y muñeca.

El tronco y las piernas, especialmente las últimas, funcionan inadecuadamente.

Arroja una pelota de béisbol a una distancia de unos 4,5 m.

Seis años:

Varones:

Posición:

Adelanta el pie izquierdo notoriamente.
Levanta la mano oblicuamente hasta la posición lateral y posterior de la articulación del hombro derecho.
Rota y dobla el cuerpo, inclinándose marcadamente hacia la derecha.
Extiende el tronco y traslada el peso hacia el pie derecho.
Flexiona las rodillas y levanta el brazo izquierdo, que se halla extendido, bastante alto al costado.

Proyección:

Arroja la pelota como a los 5 años.
Mueve el cuerpo y el brazo del lanzamiento, marcadamente hacia adelante, con gran aceleración del movimiento del brazo y un ostensible traslado del peso hacia el pie izquierdo.
Da un paso hacia adelante con el pie izquierdo al iniciar la proyección, o bien desliza el pie derecho hacia adelante al soltar la pelota.
Efectúa una utilización óptima de hombro, codo, muñeca y tronco, y en algunos casos también de las piernas.

Niñas:

Posición:

Difiere de la de los 5 años principalmente en que en todos los casos el peso es desplazado hacia el pie derecho.
Sostiene la pelota en posición variable, detrás del hombro o en el eje del mismo.

Proyección:

Revela cierto progreso sobre las niñas de 5 años en el mayor recorrido del brazo y en la mayor flexión hacia adelante a la altura de las caderas.
En algunos casos da un paso hacia adelante con el pie izquierdo antes de arrojar la pelota.

Diferencias de acuerdo con el sexo. Las diferencias según el sexo se evidenciaron claramente, tanto en la posición de lanzamiento como en la propia proyección de la pelota. Entre las diferencias más ostensibles pueden señalarse las siguientes: 1) Los varones sólo avanzan el pie izquierdo durante la proyección. 2) Los varones sostienen la pelota a la derecha del hombro, en tanto que las niñas la sostienen, en general, por encima de éste. 3) Los varones utilizan los movimientos del tronco y las piernas con mayor provecho que las mujeres. Éstas permanecen más erguidas al arrojar que los varones. 4) Los niños aprovechan mejor el brazo izquierdo para conservar el equilibrio. 5) Los varones desplazan su peso más marcadamente que las niñas. 6) Los varones dirigen la trayectoria de la pelota con más precisión que las mujeres. Al soltar, los varones mantienen la muñeca y los dedos en una línea casi recta con el antebrazo, en tanto que las niñas flexionan vivamente la muñeca, de modo que la mano baja, quedando casi en ángulo recto con el antebrazo.

Resumen. La aparición del patrón de lanzamiento maduro es el producto de un lento desarrollo, el cual representa una economía de esfuerzo que implica, a su vez, la sistematización y depuración de los mecanismos posturales y perceptuales mediante la coordinación de muchos patrones específicos fundamentales. Hasta los 3 años las articulaciones de brazo y hombro son utilizadas en el lanzamiento en una medida mucho mayor que cualquier otra parte del cuerpo. Los dedos, que al principio sólo funcionaban inadecuadamente, van adquiriendo gradualmente un papel más importante en su misión de regular la dirección de la pelota. Los movimientos del tronco y finalmente los de las piernas, se incorporan más tarde al acto del lanzamiento, tomando luego más importancia, a medida que se desarrollan en alcance y fluidez. Hasta alrededor de los 4 años, los niños arrojan con un movimiento de voleo en el que la mano describe un arco vertical. Más adelante la pelota es dirigida desde el costado del hombro, en un plano más o menos vertical. Este cambio en la trayectoria de la mano que arroja, parece estar relacionado con el desplazamiento del peso desde el pie derecho al izquierdo, y se pone de manifiesto en los varones de 5 años y en algunas niñas de 6. En el lanzamiento, las diferencias según el sexo se hacen evidentes ya a los 3,5 y luego aumentan con la edad. A los 5 años, por ejemplo, se ha demostrado que los varones arrojan mucho más lejos y con mayor precisión que las niñas (Jenkins [63]). El lanzamiento a los 5 y 6 años de los varones posee muchas características del lanzamiento en la madurez.

Manipulación de los útiles para escribir. La pauta de la madurez motriz alcanzada por un niño la da la manera en que usa los objetos como útiles o herramientas. Una de las herramientas más reveladoras es el instrumento para escribir bajo la forma de un lápiz, etc. De acuerdo con el procedimiento que se detallará en la página 169, se coloca una hoja de papel delante del niño, sobre la mesa, y sobre el papel se pone un lápiz de manera que la punta quede alejada del niño. El observador anota la forma en que éste toma el lápiz, cómo lo acomoda para escribir y cómo lo utiliza.

Al año, el niño toma y manipula con destreza objetos largos y delgados tales como una cuchara o varilla, valiéndose de las yemas de los dedos. Sin embargo, cuando trata de utilizar los objetos para hurgar, golpetear y frotar, recurre a una toma más firme y primitiva, sosteniendo el mango con la palma de la mano. También emplea este mismo tipo del asimiento con el lápiz, cuya punta queda proyectada hacia afuera del aspecto radial de la mano. El niño maneja el lápiz mediante la acción total del brazo, con movimientos oscilatorios y de martillo, en los que predominan los movimientos laterales. El niño levanta la mano bastante alto y al bajarla frecuentemente yerra el papel, escribiendo en la mesa.

A los *18 meses* sujeta el lápiz por el extremo opuesto al de la punta, apretándolo firmemente contra la palma. Mediante movimientos del hombro, principalmente, que hacen que el codo se eleve hacia arriba y afuera, bajando luego hacia adentro, consigue mover la punta del lápiz a través

del papel. Son solamente estos movimientos los que determinan la inclinación del lápiz, haciendo que éste se levante en la oscilación hacia afuera.
El mero martilleo va cediendo el paso al trazado de algunas líneas, circunscrito casi completamente al papel. A esta edad el garabateo es espontáneo y los niños lo ejecutan vigorosamente, imitando al examinador.
Es entonces la primera vez que realizan trazos definidos y muestran
el trazar y el garabatear como dos actividades diferenciales.

A los *2 años*, el niño toma el lápiz poniendo el pulgar a la izquierda
del mismo y los demás dedos a la derecha. Para escribir acomoda el
lápiz con ayuda de la mano izquierda. La prehensión palmar empieza
a ceder el paso a toscas tentativas de extender los dedos radiales hacia
la punta del instrumento escribiente. Algunos infantes sostienen el extremo
del lápiz opuesto a la punta contra la palma de la mano, pero con el
dedo índice extendido hacia abajo, a lo largo del lápiz. Otros lo sostienen a la manera adulta, torpemente, con el dedo medio cerca de la punta
y el índice y pulgar marcadamente flexionados sobre el lápiz y mucho
más arriba. La presión al escribir es en extremo variable y frecuentemente
ocurre que en muchos movimientos de garabateo el lápiz no roza el papel.
Al escribir, el niño hace descansar la mano sobre el papel y a éste circunscribe sin dificultad todos sus trazos. Aunque todavía sujeta el lápiz
firmemente, ya empieza a manipular el lápiz con los dedos, realizando,
de este modo, trazos más pequeños que a los 18 meses. Es capaz de imitar
trazos verticales y circulares.

Ya a los *2,5 años* los niños parecen adquirir un particular interés
por los movimientos de los dedos. Limitan el tamaño de sus dibujos y
se dan a actividades tales como ensartar cuentas, construir con cubos
y escribir, o intentar escribir, imitando los movimientos de las personas
mayores.

A los *3 años* el niño toma el lápiz tal como lo hacía a los 2. Al
escribir, imita la manera adulta de tomar el lápiz, haciéndolo descansar
sobre la juntura del índice con el pulgar. El mayor se extiende hasta
casi alcanzar la yema al extremo del lápiz, en tanto que el pulgar se
opone al índice que se encuentra más arriba. Se advierte una definida
inhibición de los movimientos amplios del brazo al mismo tiempo que
un mayor uso de los dedos.

Los *cuatro años* representan la etapa de transición en la toma del
lápiz. Ahora el niño coloca el índice y el mayor a la izquierda del lápiz
y el pulgar a la derecha. Al levantar el lápiz, lo hace rotar debajo de
la palma dirigiendo la punta hacia sí y lo acomoda para escribir, a veces
con ayuda de la mano izquierda. En todos los casos sostiene el lápiz con
la yema de los tres dígitos radiales cerca de la punta y con el mayor
más extendido que los otros. Con la mano izquierda coloca el papel en
posición, al tiempo que sujeta firmemente el lápiz, moviéndolo por medio
de la flexión y extensión de los dedos, aunque hay también movimientos de la muñeca. Por lo común, la escritura es pequeña y apretada. Sin
embargo, maneja el lápiz con mucha más facilidad que a los 3 años y

el círculo que dibuja es mucho más redondo. Puede copiar una cruz y también trazar la línea de un rombo sin cometer más de dos errores. Todavía tiene dificultades para trazar líneas en las direcciones oblicuas. En este aspecto se ha demostrado que el aumento de la precisión del trazado alcanza su mayor expresión entre los 3 y 4 años y que los niños de 3 a 6 años experimentan aproximadamente la misma dificultad para trazar en una dirección que en cualquier otra (Wellman, 132). Los cuatro años es, decididamente, la edad formativa en la representación gráfica. El niño empieza entonces a representar los objetos en la forma en que éstos aparecen al adulto. Su dibujo de un hombre puede ser tosco, pero presenta rasgos que lo tornan fácilmente reconocible.

A los *5 años*, el niño es todo un experto en el manejo del lápiz. Lo toma de la mesa de la misma manera que lo hacía a los 4 años, pero con mayor facilidad y al levantar la mano hace girar la punta en el sentido de las agujas del reloj, a la manera adulta, al mismo tiempo que lo acomoda para escribir. La forma de tomar el lápiz en la escritura se parece mucho a la del adulto. La superficie radial del dedo mayor extendido sostiene el lápiz cerca de la punta, en tanto que el pulgar y el índice adoptan posiciones variables sobre el cilindro del lápiz. Los trazos ejecutados en el papel se limitan, por lo general, a una pequeña superficie. El niño ya dibuja formas fácilmente reconocibles. Demuestra una gran pericia para copiar un cuadrado con el lápiz o con tinta y lapicera. Puede copiar un triángulo y trazar las líneas del rombo y de la cruz sin equivocarse. Sus dedos son ahora mucho más rápidos que a los 4 años y maneja el lápiz más adaptativamente y con mayor precisión. Su control de los movimientos de los dedos es tal que muy pronto estará en condiciones de escribir.

A los *6 años*, el niño toma y acomoda el lápiz en la misma forma que a los 5. Su manera de tomar el lápiz y de escribir es parecida a la del adulto, con el pulgar y el índice algo más flexionados que el mayor. La escritura es realizada, principalmente, mediante movimientos de los dedos de la muñeca y, como a los 5 años, se limita a una pequeña porción del papel. La tendencia de sus movimientos lentos y laboriosos va de izquierda a derecha.

En suma, puede decirse que el curso del desarrollo en la escritura es próximo-distal. El decrecimiento gradual del tamaño de los movimientos ejecutados para escribir según que aumenta la edad, corre paralelo con la correspondiente reducción del número y magnitud de los movimientos superfluos.

§ E.   LATERALIDAD Y DIRECCIONALIDAD

Preferencia por una mano. La coordinación de ojos y manos se perfecciona con la edad, yendo acompañada, en condiciones normales, de un desarrollo gradual de cierta preponderancia visual y manual. El desarrollo de la preferencia por una mano, de acuerdo con algunos investigadores, depende de la maduración cerebral. De este modo, la prevalencia de la mano derecha se debería, o bien a la superioridad funcional del lado izquierdo del cerebro sobre el derecho, o bien a una diferencia en el abastecimiento sanguíneo, favorable al hemisferio izquierdo. Otros investigadores atribuyen la preponderancia de la mano derecha a la posición fetal, a la presión social, o a la superioridad estructural del brazo derecho sobre el izquierdo. Pero ninguna de estas teorías ha sido acabadamente fundamentada con pruebas experimentales.

Aunque se halla muy generalizada la idea de que los infantes no muestran preferencia por ninguna mano durante los primeros meses de vida, ya en el nacimiento hay un índice de asimetría en la postura, dado por la preponderancia de la actitud de reflejo tónico cervical. Este reflejo postural, como es bien sabido, no sólo tiene un marcado efecto sobre la posición de los brazos, sino que afecta también la posición de las otras extremidades. La postura lateral de la cabeza durante los primeros meses predispone al infante a mirar las actividades de la mano que tiene frente a sí. De este modo, en el primer paso en la coordinación de los movimientos de ojos y manos, ya puede haber indicios de una mano preferida. El análisis cinematográfico parece indicar que el brazo extensor, tal como aparece en la posición supina de r.t.c. durante las dieciséis primeras semanas de vida, es el brazo (y mano) dominante, según se comprobó para la alimentación, el juego y las situaciones de examen normativas, desde el 1º al 5º año. La preponderancia de un pie determinado y hasta la de un ojo, se ponen significativamente de manifiesto en la actitud del reflejo tónico cervical. Sin embargo, la relación existente entre el r.t.c. y la preponderancia de una mano, un ojo o un pie sobre el otro, exige un estudio ulterior.

Los registros de los modos de conducta en la infancia indican una diferenciación en la cantidad de actividad lateral por parte de manos, piernas, tronco y cabeza. El predominio lateral, sin embargo, parece fluctuar, más o menos periódicamente, de un lado al otro. Según Giesecke (41), estas fluctuaciones en el predominio lateral se hacen ostensibles en ciertos niveles cronológicos definidos, especialmente a los 7 y a los 10 meses, pero el grado de fluctuación varía de un individuo a otro y es inversamente proporcional al grado de predominio. Durante los cuatro primeros meses el predominio lateral está indicado por la mayor frecuencia en el uso de los pequeños grupos musculares de un lado. En los infantes de más edad, el predominio manual está indicado por el uso preferente de una mano en la actividad espontánea, así como en el tomar.

La mayoría de los investigadores se hallan acordes en el hecho de que la preferencia manual hace su aparición en determinado momento durante el segundo medio año de vida, y en que la preferencia se hace más marcada después de los 18 meses o 2 años. El presente estudio de la toma a distancia muestra que los niños de 18 meses a 5 años conservan mejor el equilibrio corporal, toman más rápida y directamente, y asen con más precisión cuando usan la mano derecha que cuando usan la izquierda. Por ejemplo, en la construcción de torres, los cubos son colocados con más precisión por la mano derecha que por la izquierda. Otros investigadores han demostrado que el aumento en habilidad y fuerza es mayor para la mano derecha que para la izquierda entre los niños preescolares. Actualmente, las pruebas experimentales demuestran que los niños ambilaterales tienden a retrasarse en el desarrollo inicial del lenguaje, así como a mostrar también otras irregularidades en el desarrollo, que, por regla general, desaparecen al alcanzarse un fuerte predominio unilateral (Nice, 96).

En condiciones normales, el niño adopta gradualmente un uso unilateral de las manos, aprovechando de este modo todas las ventajas que pueden derivarse del uso de una sola mano en lugar de las dos. Aun durante el primer año de vida, el niño, al tratar de tomar un objeto pequeño, como un cubo o una cuenta de vidrio, lo aprehende mejor con los dedos de una mano que con las dos manos juntas. Ya desde muy temprano tiende a usar una sola mano en la prensión de objetos, asignándole a la otra un papel auxiliar. Por ejemplo, si el objeto burla la prensión de una mano, la otra puede acudir en su ayuda, como un medio para prevenir la caída ulterior del objeto. Los infantes de 20 a 32 semanas, estando sostenidos en una silla, se ven obligados frecuentemente a tomar con una sola mano, puesto que la otra se halla ocupada en contrabalancear el peso del cuerpo. Más aún, el niño descubre que mediante la inclinación y flexión del tronco puede alcanzar más lejos con una mano que con dos. La tendencia al uso unilateral de las manos se pone de manifiesto, durante la niñez, en las actividades tales como el lanzamiento de la pelota, la construcción con cubos, el dibujo, la escritura, la alimentación, etc.

Aun en las mejores circunstancias, la determinación de esta preferencia por una mano en la niñez, es un problema sumamente complicado. Los numerosos y sistemáticos estudios realizados no han logrado arrojar una información definitiva ni en lo concerniente a su origen ni a su desarrollo. Si la preferencia por una mano es innata o se debe a factores de la vida pre o posnatal, nadie puede decirlo. Sin embargo, el problema es de tal importancia que debería formar parte de cualquier examen clínico. Los estudios sobre la preferencia manual basados en el monto y la frecuencia en el uso de las manos, deben tener en cuenta que la mano empleada en cualquier situación puede haber sido elegida como consecuencia de un conjunto de factores previos, tales: la ubicación del examinador con respecto al niño, el lugar ocupado por la madre, si ésta se halla presente, el método seguido en la exhibición de los materiales y la postura del niño, es decir, si éste se recuesta sobre la derecha o la izquierda mientras se halla sentado a la mesa, etc. Creemos que las pruebas que hacen recaer el acento sobre la habilidad o la precisión del movimiento más que en la frecuencia en el uso o en el monto de actividad, han de ser las indicadas para revelar el predominio temprano de una mano u otra.

En la Clínica se estudió la preferencia manual a los 18 meses y a los dos años ofreciéndole al niño papel y lápiz y observando qué mano utilizaba para tomar el lápiz y para escribir con él (véase página 169).

Los resultados parecen indicar que un crecido porcentaje de varones muestra, ya a los 18 meses, un uso preferente de la mano derecha en la escritura. A los 2 años no se notó ningún aumento sustancial en el empleo de esta mano. Sólo alrededor del 60 por ciento de las niñas usó exclusivamente la mano derecha con el lápiz a los 18 meses, en tanto que a los 2 años todas ellas manifestaron su preferencia por esta mano en la escritura. Estos resultados sugieren que la preferencia manual puede establecerse a una edad más temprana en los varones que en las niñas.

TABLA I

Registros individuales de la mano empleada en la escritura a los 18 meses, 2 años y 5 años. También se indica la preferencia manual a los 10 años

	MANO USADA EN LA ESCRITURA					Preferencia Manual A los 10 años
	18 meses		2 años		5 años	
	1ª prueba	2ª prueba	1ª prueba	2ª prueba	4 pruebas	
Varones						
1 . . .	I	I	D	D	D	D
2 . . .	D	D	D	D	D	D
3 . . .	D	D	I	I	I	I
4 . . .	D	D	D	D	D	D
5 . . .	D	D	D	D	D	D
6 . . .	D	D	D	D	D	D
7 . . .	I	I	D	D	D dos veces I dos veces	D
8 . . .	D	D	D	D	D	D
9 . . .	I	I	D	D	D	D
10 . . .	D	I	D	D	D	D
Niñas						
1 . . .	D	D	D	D	D	D
2 . . .	D	D	D	D	D	D
3 . . .	D	D	D	D	D	D
4 . . .	D	D	D	D	D	D
5 . . .	I	D	D	D	I	I
6 . . .	D	D	D	D	D	D
7 . . .	D	D	D	D	D	D
8 . . .	I	D	D	D	D	D

A los 18 meses, el 68 por ciento de los niños usó exclusivamente la mano derecha tanto para tomar el lápiz como para escribir, y a los 2 años, el 92 por ciento.

Los registros de dieciocho de estos niños que también fueron examinados a los 5 y 10 años (ver Tabla I) indican que once de los niños mostraron preferencia por el uso de la mano derecha en los cuatro niveles cronológicos; cuatro niños que usaron la mano izquierda una o dos veces a los 18 meses, de ahí en adelante sólo usaron la derecha. Un niño, el Número 7, cuyos registros de los 10 años indican su carácter diestro, manifestó, hasta esta edad, una tendencia mixta. De hecho, sus registros, tanto a los 5 como a los 10 años, revelan una tendencia al uso frecuente de ambas manos en otras situaciones aparte de la escritura. Un varón y una niña demostraron ser, a los 10 años, decididamente zurdos. El varón indicó preferencia por la mano izquierda ya a los 2 años, no sólo en la escritura, sino también en otras formas de actividad manual, en tanto que la niña mostró el predominio de la mano izquierda a los 5 años.

Los resultados de estos tests de escritura parecen indicar en general que aunque en algunos casos la preferencia manual puede determinarse ya a los 18 meses o 2 años, en el estado actual de los conocimientos las predicciones de esta naturaleza no pueden realizarse con seguridad hasta una edad más avanzada.

La preferencia manual a los 3, 4, 5 y 6 años fue estudiada en tres situaciones diferentes relacionadas con la acción de tomar diez bolitas y dejarlas caer en un frasco (para el procedimiento ver página 128). Aunque dos de los grupos experimentados eran pequeños, los resultados indican que en la primera situación, en la cual se permitía a los niños usar cualquiera de las dos manos, no hubo, en general, un aumento proporcional a la edad en el uso preferente de la mano derecha. Con excepción de las niñas de 4 años y el pequeño grupo de varones de 6 años, esta mano fue usada con exclusión de la otra por un número de niños dos veces mayor al de los que sólo usaron la mano izquierda. El hecho de que las bolitas fueran colocadas en el lado opuesto al de la mano usada en la prueba preliminar puede haber influido en los resultados. La comparación entre los resultados de la segunda situación, en la cual se le permitía al niño usar la mano derecha solamente, y la tercera situación, en la cual sólo era permitido usar la mano izquierda, demuestra que, en general, los niños trabajaron más velozmente con la mano derecha que con la mano izquierda. Pero se observó un consiguiente aumento en la velocidad del desempeño para ambas.

Preferencia por un pie. Son muy pocos los estudios que se han realizado con el propósito de determinar la preferencia de uno u otro pie entre los niños. En un estudio sobre el avance en posición prona durante el primer año de vida, Ames (2) observa que ya a las 42 semanas existe predominio de un pie sobre el otro, cuando el niño gatea sobre manos y rodillas, pero usando un pie preferentemente, en un modo "próximo al paso". El pie en el cual se pone de manifiesto este patrón es el mismo que más tarde parece predominar en las pruebas de patear o dar pasos.

De acuerdo con la teoría de que los niños inician la marcha con un pie preferido en la prueba de la barra, se llevó un cuidadoso registro del pie utilizado para dar el primer paso, por niños de 4, 5 y 6 años de edad. Los resultados demuestran (ver la Tabla II) que no se observaron cambios notables con la edad dentro de los niveles cronológicos representados por estos niños, pero sí que hubo una tendencia general a usar el derecho con mayor frecuencia que el izquierdo. Los dos grupos más grandes estuvieron formados por aquellos niños que usaron el pie derecho por lo menos en dos terceras partes de las pruebas y por aquellos que lo usaron en todas las pruebas.

Relación entre la preferencia manual, visual y de los pies. Parson cree que existe una relación definida entre la preferencia manual y la visual. Castner (16) informa que los estudios realizados por Parson, Selzer y Updegraff con niños en edad escolar y de *nurserí*, revelan una incidencia de los tipos viso-manuales fluctuantes entre el 63 y el 69 por ciento para los diestros y el 30 y 36 por ciento para los zurdos totales o parciales.

TABLA II

PIE COLOCADO EN PRIMER TÉRMINO SOBRE LA BARRA

Edad en años	Número de casos	Siempre el derecho	Derecho en por lo menos 2/3 pero no en todas las pruebas	Siempre el izquierdo	Izquierdo en por lo menos 2/3 pero no en todas las pruebas	Izquierdo o derecho en 4 a 5 pruebas	Número total de veces en que fue usado cada pie	
							Derecho	Izquierdo
4 ...	24	7 29 %	8 33 %	1 4 %	4 17 %	4 17 %	122	68
5 ...	48	10 21 %	16 33 %	8 17 %	9 19 %	5 10 %	227	188
6 ...	14	3 21 %	4 29 %	2 14 %	1 7 %	4 29 %	71	47
Total	86	20	28	11	14	13	420	303

Las discrepancias en las cifras se deben al hecho de que algunos de los niños no lograron completar la serie de nueve pruebas.

Castner (16) estudió la preferencia manual, visual y de los pies en un grupo de niños por primera vez a los 3 años y luego una segunda vez a los 7 años de edad. La preferencia manual fue determinada en razón de la frecuencia del empleo de cada mano en la serie de situaciones prensorias utilizada comúnmente en la Clínica, en que la elección de la mano no se ve forzada. En los casos en que una mano fue empleada un número superior de veces a los dos tercios del número total de pruebas, se la consideró como dominante; en los demás casos los sujetos fueron clasificados como ambilaterales. La preferencia visual fue investigada en diez pruebas con el escopio V de Miles y por medio de tarjetas de orientación; la preferencia por un pie se determinó haciendo que el niño patease una pelota colocada en el piso a unos 22,5 cm delante de él y a mitad de camino entre los dos pies. Aunque el número de niños investigados fue reducido, los resultados suministran, por lo menos, cierto índice. En total fueron estudiados diecisiete niños para la preferencia manual, de los cuales dieciséis también lo fueron para la preferencia visual y de los pies.

Según muestra la Tabla III, aquellos niños que a los 3 años eran diestros o ambilaterales, a los 7 años eran diestros, y el niño que a los 3 años era zurdo, a los 7 también lo era. Siete de los ocho niños que a los 3 años manifestaron predominio del ojo derecho, manifestaron igual predominio a los 7 años, en tanto que uno dio muestra de ser ambilateral. Cinco de los siete niños que mostraron predominio del lado izquierdo en

TABLA III

PREFERENCIA MANUAL, VISUAL Y DE LOS PIES EN DIECISIETE NIÑOS, A LOS 3 Y 7 AÑOS

	Edades	
	3 años	7 años
MANOS		
Número de niños diestros	10	15
Número de niños zurdos	1	1
Número de niños ambilaterales	6	1
OJOS		
Número de niños diestros	8	9
Número de niños zurdos	7	6
Número de niños ambilaterales	1	1
PIES		
Número de niños diestros	14	15
Número de niños zurdos	1	1
Número de niños ambilaterales	1	0

la vista, a los 3 años, y uno que era ambilateral, a los 7 años mostraron predominio del ojo izquierdo; en tanto que dos niños en que predominaba el ojo izquierdo a los 3 años, evidenciaron preferencia por el derecho, a los 7 años. Todos los niños que a los 3 años preferían el pie derecho y un niño ambilateral, eran diestros a los 7 años. El niño que a los 3 años prefería el pie izquierdo también era zurdo a los 7. Se observó que la ambilateralidad se daba más frecuentemente en el uso de las manos.

Quince niños, en total, cumplieron todas las pruebas para establecer el predominio manual, visual y de los pies en los dos niveles cronológicos.

La Tabla IV muestra que de los nueve casos exclusivamente diestros a los 7 años, cinco ya lo eran a los 3 años, en tanto que los cuatro restantes eran diestros con dos de los tres órganos. Un niño resultó ser exclusivamente zurdo en ambas edades. Los cinco niños restantes que mostraron una combinación de lateralidad y ambilateralidad a los 7 años, eran a los 3 tipos mixtos o ambilaterales. En general, el carácter diestro prevaleció sobre el zurdo o el ambilateral en los dos niveles de edad, pero fue más marcado a los 7 años. En la Tabla V se encontrará un análisis más detallado de estos resultados.

Resumen. En lo concerniente a la lateralidad, los mayores cambios ocurridos entre los 3 y 7 años tuvieron lugar en el campo de las manos. Se observó así un marcado aumento en el número de niños diestros y una consiguiente disminución en los casos de ambilateralidad. También hubo un notorio aumento en el número de niños con predominio derecho de manos y pies, y en el número de niños con predominio derecho de manos, ojos y pies. Sólo hubo ligeros cambios en lo que respecta al predominio visual y de los pies y a la relación entre ambos.

TABLA IV

FRECUENCIA DE LOS DIFERENTES TIPOS POSIBLES EN LA COMBINACIÓN MANOS-OJOS-PIES A LOS 7 AÑOS Y SU RELACIÓN CON LOS TIPOS ANTERIORES

(Las letras D, I y A significan Derecho, Izquierdo y Ambilateral)

3 AÑOS				7 AÑOS			
Frecuencia	Mano	Ojo	Pie	Frecuencia	Mano	Ojo	Pie
5	D	D	D				
2	D	I	D	9	D	D	D
2	A	D	D				
1	I	I	I	1	I	I	I
1	A	A	A				
1	A	I	D	3	D	I	D
1	D	I	D				
1	A	D	D	1	D	A	D
1	A	I	D	1	A	I	D

Finalmente, cabe observar que éste y otros estudios señalan la superioridad de la relación existente entre el predominio de manos y pies sobre la relación entre el de ojos y manos u ojos y pies.

Direccionalidad. El predominio de una u otra mano frecuentemente plantea la cuestión de la direccionalidad. ¿Existen direcciones preferidas para los movimientos del brazo? ¿Se halla el niño pequeño constituido fisiológicamente de tal manera, que ciertos movimientos son preferidos

TABLA V

COMPARACIÓN DEL PREDOMINIO EN MANOS Y OJOS, MANOS Y PIES, Y OJOS
Y PIES EN QUINCE NIÑOS A LOS 3 Y 7 AÑOS

	Edad	
	3 años	7 años
Número de niños con predominio derecho en manos y ojos a la vez	5	9
Número de niños con predominio izquierdo en manos y ojos a la vez	1	1
Número de niños con predominio derecho en las manos e izquierdo en los ojos	4	3
Número de niños ambilaterales manuales, visuales o ambos a la vez	5	2
Número de niños con predominio derecho en manos y pies a la vez	9	13
Número de niños con predominio izquierdo en manos y pies a la vez	1	1
Número de niños ambilaterales de manos, pies o ambos a la vez	5	1
Número de niños con predominio derecho en ojos y pies a la vez	8	9
Número de niños con predominio izquierdo en ojos y pies a la vez	1	1
Número de niños con predominio izquierdo de ojos y derecho de pies	5	4
Número de niños ambilaterales de ojos, pies o ambos a la vez	1	1

naturalmente? ¿Determina el predominio inicial de la flexión y la aducción sobre la extensión y la abducción, el curso de estos movimientos?, y las tendencias direccionales, ¿se reflejan en la facilidad o dificultad para realizar los movimientos del dibujo o de la escritura?

En la Clínica, se pidió a niños de 4 a 5 años que copiasen un círculo, una cruz, un cuadrado, un triángulo y un rombo de los modelos respectivos. Se efectuó entonces un cuidadoso registro de la dirección en que fue trazada cada línea. (Las indicaciones para administrar estos tests se encontrarán en el Capítulo VII.) Los resultados de las pruebas aparecen tabulados en la Tabla VI. La incapacidad de muchos niños de 4 años para realizar los dibujos requeridos explica el corto número de casos investigados a esta edad. Al interpretar los resultados no debe olvidarse este hecho.

A los 4 años, una gran mayoría de niños dibujó el círculo en el sentido de las agujas del reloj, en tanto que a los 5, la dirección inversa se hizo presente con la misma frecuencia que la anterior. No sabemos a ciencia

cierta el significado exacto de estos resultados, pero ellos pueden deberse
al hecho de que al trazar líneas circulares continuas, la tendencia direccional típica de aquellos niños que han tenido poca o ninguna experiencia en
el dibujo es el sentido de las agujas del reloj, en tanto que una mayor
experiencia con los útiles de escribir permite una mayor variedad en los
movimientos del brazo.

En el caso de la cruz, la dirección preferida para dibujar la línea vertical fue, en ambas edades, hacia abajo, tendencia que a los 5 años fue
todavía más fuerte que a los 4. En la mayoría de los casos, la línea
horizontal fue dibujada de izquierda a derecha. Sin embargo, a ambas
edades, algunos niños dibujaron la mitad derecha de la línea horizontal
hacia la derecha y la mitad izquierda hacia la izquierda. Esta tendencia
resultó menos marcada a los 5 años que a los 4.

Para dibujar las líneas verticales del cuadrado, el 60 por ciento de
los niños de 4 años trazaron una línea hacia arriba y la otra hacia abajo,
en tanto que sólo la mitad de esta cifra trazó las dos líneas hacia abajo.
A los 5 años, esta situación se presentó casi completamente invertida: el 65
por ciento de los niños dibujó las dos líneas hacia abajo en tanto que el
35 por ciento dibujó una hacia arriba y la otra hacia abajo. Sólo un niño,
de 4 años, dibujó las dos líneas hacia arriba. No aparecieron diferencias
acordes con la edad en la manera de dibujar las líneas horizontales. Cerca
de la mitad de los niños dibujó una de las líneas hacia la izquierda y la
otra hacia la derecha, en tanto que un número casi igual de niños dibujó
ambas líneas hacia la derecha. En total, sólo siete de los cincuenta y nueve
niños dibujaron las dos líneas hacia la izquierda.

De los niños de 4 años sólo dos fueron capaces de dibujar un triángulo. En los dos casos, los lados del triángulo fueron trazados hacia abajo,
en tanto la base fue dirigida hacia la derecha en un caso y hacia la izquierda en el otro. De los treinta y siete niños que dibujaron el triángulo a los
5 años, la gran mayoría dibujó los lados hacia abajo. La base fue trazada
hacia la derecha por un 60 por ciento de los niños, y hacia la izquierda,
por un 40 por ciento.

De los niños de 4 años, sólo cuatro lograron copiar el rombo con algún éxito. En la tabla se indican sus dibujos así como la dirección de las
líneas. El dibujo más parecido a un rombo fue el que aparece en la última
columna y en el cual ambas líneas fueron dibujadas hacia la derecha. Sólo
ocho de cincuenta y ocho niños de 5 años dibujaron el rombo. Otros cuatro,
sin embargo, trazaron figuras bastante semejantes a un rombo. Estos doce
casos revelaron cinco maneras distintas de dibujar la figura. Los dos más
comunes fueron: 1) dibujar los cuatro lados en sentido inverso al de las
agujas del reloj sin levantar el lápiz, y 2) dibujar los dos lados de la
derecha en el sentido de las agujas del reloj y los de la izquierda en
sentido inverso.

Revisando los resultados hallamos que la tendencia general es dibujar
las líneas verticales hacia abajo, tendencia ésta que se presenta más fuerte

a los 5 años que a los 4. Las líneas horizontales son dibujadas con más frecuencia de izquierda a derecha que de derecha a izquierda. Si estas tendencias direccionales se deben a una disposición innata o a influencias culturales, es un problema que todavía debe ser dilucidado.

TABLA VI

DIRECCIÓN DE LAS LÍNEAS EN LA COPIA DE FIGURAS GEOMÉTRICAS POR NIÑOS DE 4 Y 5 AÑOS

1. *Copia del círculo*

Edad	Nº de casos	Dirección del movimiento	
		Sentido del reloj	Sentido inverso reloj
4 años	22	82 %	18 %
5 años	58	48 %	52 %

2. *Copia de la cruz*

Edad	Nº casos	Dirección de la línea vertical			Dirección de la horizontal		
		Arriba	Abajo	Arriba y abajo de la horizontal	Der.	Izq.	Izq. der. de la vertical
4 años .	19	84 %	16 %	—	68 %	—	32 %
5 años .	58	—	98 %	2 %	71 %	12 %	17 %

3. *Copia del cuadrado*

Edad	Nº casos	Dirección líneas verticales			Dirección líneas horizontales		
		Ambas Arriba	Ambas Abajo	Una arriba Otra abajo	Ambas derecha	Ambas izquierda	Una der. otra izq.
4 años .	10 *	10 %	30 %	60 %	40 %	10 %	50 %
5 años .	49	—	65 %	35 %	43 %	12 %	45 %

* 21 infantes de 4 años trataron de copiar la figura, pero sólo 10 completaron un cuadrado reconocible. Un niño dibujó un círculo en dirección contraria a la de las agujas del reloj y otro dibujó la base hacia la derecha y las dos líneas laterales de abajo para arriba.

4. *Copia del triángulo*

Edad	Nº casos	Dirección de					Dibujó rectángulo en vez de triángulo, en sentido inverso al del reloj	Dibujó círculo en vez de triángulo en sentido inverso al del reloj
		Lados			Base			
		Arriba	Abajo	Uno arriba Otro abajo	Der.	Izq.		
4 años	5	—	40 %	—	20 %	20 %	40 %	20 %
5 años	37	5 %	87 %	8 %	60 %	41 %	—	—

5. *Copia del rombo*

Edad	Nº Casos	Manera de dibujar								
4 años ...	4	—	—	—	—	—	25%	25%	25%	25%
5 años ...	12	8%	33%	17%	25%	17%				

§ F. PROCEDIMIENTO PARA LA APLICACIÓN DE LOS TESTS MOTORES

Tal como se indica en el capítulo XI, muchos de los tests motores pueden ser fácilmente improvisados al final del examen formal. Otros datos pueden recogerse mediante información. A continuación incluimos una lista de los aspectos motores más importantes que pueden observarse incidentalmente o pueden ser referidos por la madre o persona al cuidado del niño.

M-1: Marcha y carrera
M-2: Conducta con escaleras
M-3: Salto sobre un solo pie y brincado.
M-4: Salto
M-5: Sentarse en la silla
M-6: Andar en triciclo
M-7: Articulación

Algunos tests motores, sin embargo, deben administrarse más formalmente. He aquí los procedimientos respectivos:

M-8: Lanzamiento de la pelota (18 a 30 meses). Después que el niño haya tenido oportunidad de nombrar la pelota (situación del Test de Objetos), désele la pelota con estas palabras: *"¿Qué haces con la pelota?"* Apártese la mesa de enfrente del niño e invítesele a pararse diciendo: *"Tíramela".* Entonces el examinador ataja o recobra la pelota y la hace

rodar hacia el niño diciendo: *"Tómala, ataja"*. Después de efectuadas algunas pruebas prosígase con *Instrucciones con la pelota.*

(3 a 5 años). Hágase rodar la pelota (pequeña) a través del piso de
la habitación. Pídasele al niño que la tome, agregando: *"Apúrate. Corre".*
O bien: *"Alcánzala, tómala".* Una vez que éste la recoge, se le pide: *"Ahora tíramela".* Arrójese luego la pelota nuevamente al niño, adaptando el
tiro a su capacidad para atajarla. Esto permite observar la forma en que
ataja al mismo tiempo que la forma en que arroja.

Procedimiento indicado para una observación más detallada (2 y ½
a 6 años). El niño permanece parado detrás de una línea trazada con tiza
en el piso, los brazos extendidos a los lados. Entonces el examinador le
dirá: *"Cuando escuches la señal* ARROJA, *levanta el brazo y arroja la pelota
lo más lejos que puedas".* Se le permitirá efectuar tres lanzamientos.

M-9: Proyección de la pelota con el pie (18 meses a 5 años). Reem-
plácese la pelota pequeña por otra más grande, y colóquesela en el suelo,
inmediatamente delante de los pies del niño, una vez que se haya conducido
a éste al centro de la habitación, lejos de todo soporte disponible. Entonces se le dirá: *"Patea la pelota, dale una buena patada",* o, en caso de ser
necesario, *"Patéala con el pie",* pudiendo incluso tocársele los zapatos (los
dos) si no entendiese las instrucciones. De ser necesario, hágase la demostración. A los 4 y 5 años puede alcanzársele la pelota al niño para que
éste efectúe tiros de voleo.

M-10: Parado en un solo pie (30 meses a 5 años). El examinador se
para frente al niño que ha sido previamente conducido al centro de la
habitación, lejos de todo soporte, diciendo: *"Fíjate, mira si puedes pararte
en un solo pie como yo".* El examinador hará la demostración, manteniéndose en posición. No bien el niño haga una tentativa, le dirá: *"Muy bien,
quédate así",* empezando a contar lentamente, un número por cada segundo.
Repítase una o dos veces, de modo que el niño tenga amplias oportunidades. Si éste se muestra tímido y no se decide a probar, ayúdesele tomándolo
de la mano; luego hágasele probar nuevamente pero sin ayuda.

M-11: Barras de equilibrio (3 a 6 años). Todas las barras se hallan
a 10 cm del suelo y tienen 2,5 metros de largo. Una plataforma cuadrada
a cada extremo de la barra permite al niño iniciar la prueba a nivel con la
barra y concluirla con los dos pies a este nivel. Mientras el niño se encuentra parado en la pequeña plataforma listo para empezar, el examinador le
dirá: *"¿Ves esta barra? Quiero que camines sobre ella hasta el final. Si
llegas a perder pie, vuelve otra vez al mismo lugar y sigue avanzando hasta
llegar al final. ¿Entendido? Listo, vamos".* El tiempo se tomará desde el
momento en que el niño toca la barra con el primer pie hasta el momento
en que el niño coloca ambos pies sobre la plataforma, en el otro extremo.
Las barras se van utilizando en orden, de la más ancha a la más angosta.
El niño siempre parte del mismo extremo y realiza tres pruebas en cada
barra. A este efecto, los niños emplean los mismos zapatos con que han
venido a la Clínica.

A los efectos clínicos, lo más indicado es emplear la barra de 6 cm a los 3 y 4 años; la de 4 cm a los 4 y 5 años y la de 2 cm a los 5 y 6 años.

M-12: Bolitas y frasco. Se pedirá al niño que se siente derecho en su silla, con los brazos caídos a los costados. Se coloca una sola bolita sobre la mesa, a unos 15 ó 20 cm del borde de la mesa, en el plano medio del niño. Entonces el examinador le dirá: *"¿Quieres recogerla, por favor?"*

Situación 1. Si el niño emplea la mano derecha para tomar la bolita, las demás bolitas se colocarán a la izquierda y el frasco a la derecha. Si el niño, por el contrario, utiliza la mano izquierda, las bolitas se colocarán a la derecha del frasco. Como antes, los objetos distan del borde de la mesa unos 15 ó 20 cm. Las bolitas se disponen sobre la mesa con el lado chato hacia arriba y separadas unas de otras de modo que la distancia entre sus centros sea de alrededor de 12 mm. La distancia entre el centro del grupo de bolitas y el centro del frasco es de 10 a 12 cm. Se dirá al niño, entonces, que coloque las bolitas dentro del frasco.

Situación 2. Una vez concluida esta operación, nuevamente se disponen las bolitas y el frasco sobre la mesa, en la forma descrita, pero con las bolitas a la derecha. El examinador dirá: *"Ahora recoge las bolitas una por una y ponlas en el frasco, usando esta mano solamente"*, al tiempo que toca la mano derecha del niño.

Situación 3. Ahora las bolitas son colocadas a la izquierda y se le da al niño la orden inversa: *"Toma las bolitas una por una y ponlas en el frasco, pero esta vez usando esta mano solamente"*, y se le toca la mano izquierda.

Se registrará el tiempo empleado para echar las diez bolitas dentro del frasco. El tiempo se contará a partir del instante en que el niño toca la primera bolita, hasta el instante en que suelta la última. Se registrará también el número de bolitas tomadas y soltadas por cada mano, el número de bolitas caídas accidentalmente y el método de prensión. (Las tres situaciones se presentarán a niños de 3, 4, 5 y 6 años de edad.)

M-13: Trazado del rombo y la cruz. Dóblese el papel, de modo que sólo quede visible el rombo. Entonces se le dirá al niño: *"Ahora toma el lápiz y dibuja una línea que vaya por aquí, pero no te pases afuera de las líneas. Empieza exactamente aquí y da vuelta de esta manera"*, al tiempo que se le indica una dirección contraria a la de las agujas del reloj, repitiendo una vez más la advertencia: *"Pero ten cuidado, no te pases de las líneas"*. Una vez concluida la tarea, se le presentará la cruz en la misma forma. Este test, descrito y desarrollado por Porteus (106), sirve para revelar la coordinación motriz, descubriendo también, incidentalmente, características emocionales relacionadas.

M-14: Lateralidad y tendencias direccionales. Muchos examinadores desearían poder incluir en su estudio clínico del niño las observaciones de rigor referentes a la lateralidad, pero sin agregar nuevas situaciones al examen regular con la consiguiente exigencia del tiempo. Ahora bien;

muchas de las situaciones corrientes, ya establecidas, ofrecen una oportunidad para observar la preferencia manual o 'tendencias direccionales; de esta manera, el registro de este aspecto de la reacción puede tornarse fácilmente una simple cuestión de rutina. Se entiende, por supuesto, que las conclusiones basadas en observaciones tan superficiales son de un valor limitado. Los resultados hallados deberán tomarse como meros índices y como complementos para completar el cuadro clínico, pero no como base para lanzarse a generalizar y dar recomendaciones, a menos que se esté especialmente familiarizado con el complejo y mal comprendido sistema de la lateralidad.

La observación de las respuestas incluidas en la lista que va a continuación, durante el curso del examen, proporcionará un-índice de las tendencias del niño en lo referente al predominio manual y demás aspectos de la lateralidad. Pueden recomendarse dos situaciones especiales —el escopio V y las tarjetas de Orientación— para aquellos que deseen incluir la consideración del predominio ocular y la dirección de los movimientos preferentes del ojo.

Preferencia manual. Nótese la mano usada para

> dibujar
> arrojar
> señalar (figuras, etc.)
> manipular con cubos
> colocar las piezas en la tabla de formas
> contar una fila de monedas
> colocar. la pelota siguiendo las indicaciones
> plegar un papel doblado

Pregúntese a la madre si el niño ha mostrado alguna vez indicios de ser zurdo (pásese por alto cualquier informe de zurdería por debajo del año). Pregúntese también si entre los familiares más próximos los hay zurdos o ambilaterales. Para estimar las tendencias de la preferencia manual manifiesta en las respuestas mencionadas más arriba, téngase en cuenta el efecto de la oposición del niño con respecto al objeto ante el cual reacciona.

Predominio de los pies. Nótese el pie usado para

> patear
> pararse en un pie
> "perder pie" en las barras de equilibrio

Preferencia visual. Nótese la selección ocular al mirar los objetos a través del escopio V (véase M-15).

Tendencia direccional. Nótese un acento espontáneo sobre la derecha o izquierda al

> dibujar líneas horizontales
> contar una fila de monedas
> nombrar las figuras de las tarjetas de Orientación (véase M-16)

M-15: Escopio V (89). Se usarán dos escopios V del tipo cónico, según se los ha descrito en la página 380, con diez figuras individuales. Hágase parar al niño con la espalda contra la pared y sáquese el primer escopio V, diciéndole: *"Este es un aparato para mirar a través de él. Tienes que mirar de este modo"*, y se efectúa una rápida demostración, sosteniendo el escopio con ambas manos y mirando a través del extremo más grande. *"Tienes que sostenerlo con las dos manos"* (se le alcanza el escopio, el extremo grande hacia el niño, manteniéndolo abierto) *"y mirar a través de él. Fíjate, mira mi dedo"*. (Al tiempo que lo acomoda para mirar, retrocédase varios pasos, levantando un dedo precisamente en frente de él. Impártanse las instrucciones necesarias hasta que capte la idea). Sáquese luego el segundo escopio V, diciéndole: *"Ahora toma éste y mira a través de él"*, al tiempo que se cambia por el anterior y se retrocede hasta un punto situado a una distancia del niño entre 1,80 y 3 metros, y directamente delante de él. *"A ver cuánto tardas en decirme qué figura es la que te voy a mostrar"*. Muéstrese la figura rápidamente, pero dándole tiempo suficiente al niño para nombrarla. Repítase con las demás tarjetas, cambiando los escopios V cada vez. En todos los casos debe tenerse gran cuidado de no forzar la elección del ojo; diríjase el escopio V con el extremo grande hacia el niño, ayúdesele a colocar las manos sobre él correctamente en caso de ser necesario, pero todo esto debe hacerse bien por debajo del nivel del ojo del niño y permitiéndole que levante el escopio hasta la altura de los ojos por sí mismo.

Cuando el niño mira un objeto a través del escopio V, con el extremo más grande en los ojos, no se da cuenta de que está viendo el objeto con un solo ojo y la elección del ojo preferido se produce automáticamente. El examinador debe tomar nota inmediata del ojo elegido para mirar la tarjeta. Si se trata del ojo izquierdo, el extremo más pequeño del cono se hallará algo corregido a la derecha del centro, desde el punto de vista del observador; y si del derecho, el extremo se correrá ligeramente hacia la izquierda. De ser posible, háganse diez observaciones por lo menos, registrando cada vez el ojo preferido. La mención de las figuras carece de importancia; las respuestas incorrectas deben aceptarse con tanto entusiasmo como las correctas.

Algunos niños de 5 años son lo bastante maduros para emplear con ellos el procedimiento usual con sujetos de más edad, colocando los dos escopios en V sobre la mesa, permitiéndoles intercambiarlos por sí mismos entre una y otra observación. Algunos niños de 3 años, por el contrario, no pueden mantener la atención durante toda la serie completa. Un número menor de cinco observaciones no puede proporcionar resultados satisfactorios, puesto que es probable que ocurran variaciones del ojo comúnmente preferido, en las dos o tres primeras pruebas.

Un procedimiento sustitutivo del empleo del escopio V que puede adoptarse ocasionalmente, consiste en hacer mirar al niño algunas figuras a través de un agujerito practicado en una tarjeta o trozo de papel. La relación entre este método y el anteriormente descrito no ha sido, sin embargo, claramente establecida, pudiendo suceder que los dos métodos no produzcan resultados equivalentes.

M-16: Tarjetas de orientación (3 a 7 años). Un método no estándar para observar las tendencias direccionales de los movimientos oculares de seguimiento, consiste en un grupo de tres tarjetas de 12,5 cm por 20 cm, cada una con una hilera de siete figuras (véase la Lám. XIX). En cada caso, la figura central es de mayor tamaño que las demás y sus trazos son más gruesos. Las otras figuras representan objetos comunes de un interés relativamente neutro. Todas las figuras son de forma simétrica.

Atráigase la atención del niño. Colóquese una tarjeta sobre la mesa, enfrente mismo del niño, señalando simultáneamente la figura central y preguntándole: *"¿Qué es esto?"* Cuando el niño contesta, se le dice: *"Muy bien; ahora dime qué son todas las otras figuras".* Todo esto debe realizarse con gran rapidez aunque suavemente, de modo que el niño no tenga tiempo de echar un vistazo al resto de las figuras antes de haber oído las instrucciones. Repítase lo mismo con las otras dos tarjetas. Regístrese el orden en que son nombradas las figuras más pequeñas según el sistema indicado más abajo.

Las principales maneras sistemáticas de nombrar las figuras son las siguientes:

a. 1 2 3   4 5 6
b. 4 5 6   1 2 3
c. 6 5 4   3 2 1
d. 6 5 4   1 2 3
e. 3 2 1   6 5 4
f. 3 2 1   4 5 6

Cualesquiera variantes de estas órdenes, aunque se dan algunas veces, son raras.

En ausencia de resultados experimentales con esta tarjeta, no debe llevarse demasiado lejos la significación de sus resultados; sin embargo, su empleo ha demostrado ser de utilidad, juntamente con otras observaciones, para revelar una marcada tendencia siniestra en los movimientos oculares de seguimiento, que pueden estar relacionados con la cuestión de la facilidad en la lectura. La práctica clínica indica que la ocurrencia de los tipos *a* y *b*, las respuestas de izquierda a derecha, aumenta con la edad durante los 6 y 7 años.

En el capítulo sobre la conducta adaptativa se han incluido los procedimientos para algunos de los tests motores, puesto que estas pruebas, aunque tienen una doble significación, son primordialmente tests de conducta adaptativa. Otro test motor ha sido descrito en el capítulo sobre el lenguaje. Sus pruebas son las siguientes:

M-17 Conducta con cubos (Ver A-2)
M-18 Bolita y frasco (Ver A-8)
M-19 Doblar el papel (Ver A-11)
M-20 Papel y lápiz (Ver A-16)
M-21 Dibujo de figuras (Ver A-20)
M-22 Libro de figuras (Ver L-1)

CAPÍTULO VII

CONDUCTA ADAPTATIVA

Se ha descrito la conducta adaptativa como "una categoría conveniente para aquellas variadas adecuaciones perceptuales, de orientación, manuales y verbales, que reflejan la capacidad del niño para iniciar las experiencias nuevas y sacar partido de las pasadas". Esta descripción se halla en perfecto acuerdo con la definición psicológica corriente de la conducta adaptativa que tanto la considera como una respuesta instintiva o inteligente. Instinto e intelecto se hallan tan inextricablemente entretejidos en el comportamiento de los niños de corta edad, que no es posible medir el uno sin el otro. Hablar de tests de inteligencia para el niño preescolar es ignorar el verdadero carácter de la conducta a esta edad. Más aún, es deseable valorar ambas facetas, pues la capacidad intelectual en potencia de un niño pequeño tanto depende del oportuno desarrollo del instinto, o, en otras palabras, de la maduración, como de la utilización de los comportamientos maduros.

Se hará patente, por ejemplo, cuando tratemos de la conducta con cubos, que un chico construye una torre normalmente, sin previa enseñanza, colocando un cubo sobre el otro. El oportuno desarrollo de este rasgo es tan indicativo del futuro desarrollo y tan necesario para el mismo, como la construcción de un puente según el modelo. Tenemos firmes razones para considerar la primera conducta más "instintiva" y la segunda más "intelectual", pero las dos son igualmente adaptativas e índices del progreso evolutivo del niño. La primera conducta, aunque altamente instintiva, se halla retardada en los niños anormales. Cabe la pregunta de si el retardo es real u ocasionado por una falta de interés o de placer del niño en el ejercicio del instinto, pero no caben dudas sobre el significado del retardo, especialmente si éste es marcado. La expresión "conducta adaptativa" es, pues, muy atinada para describir esa categoría de conducta de los niños de corta edad que más estrechamente se acerca a lo que en niños más grandes y en los adultos denominamos inteligencia.

La adaptabilidad se refleja en todos los modos de conducta, ya sean éstos motores, de lenguaje o personal-sociales. Pero un niño puede tener una deficiencia motriz, un defecto de lenguaje o una adecuación social inapropiada, y desempeñarse, sin embargo, con una adaptatividad relativamente superior en aquellas situaciones en que la influencia del defecto es mínima. Y es a la conducta más esencialmente adaptativa a la que se refieren las situaciones descritas en este capítulo. También se ha prestado la debida consideración, sin embargo, a las respuestas motrices, verbales y personal-sociales normalmente asociadas, puesto que es necesario reconocer el papel que ellas desempeñan en la reacción de cualquier niño y puesto que es esta conducta total la que el psicólogo debe controlar e interpretar al estudiar un niño.

La actitud del examinador al administrar los tests, observar la conducta provocada y estimularla, es de particular importancia. Con la excepción de muy pocos tests, tales como el de la apreciación de los pesos relativos de los cubos, no existen respuestas acertadas o equivocadas. El comportamiento del niño, haga éste lo que haga, es de valor significativo para apreciar su modo particular de reaccionar. El fracaso al tratar de conformarse al patrón usual de adaptación no significa necesariamente incapacidad. Una vez cumplidos los procedimientos establecidos, la modificación del procedimiento no sólo es permisible sino que es aconsejable. La modificación deberá efectuarse en la naturaleza del experimento psicológico, en el cual los factores bajo control serán alterados a fin de favorecer el análisis de la conducta.

Las situaciones han sido agrupadas sin demasiado rigor, de acuerdo solamente con las funciones en que hacen recaer el acento. La agrupación se debe más a una conveniencia de exposición que a razones lógicas o psicológicas. Es obvio que podría escribirse un largo tratado sobre cualquiera de los tópicos expuestos. La riqueza de referencias para el dibujo solamente impide realizar un estudio comprehensivo. Pero es nuestra esperanza que al familiarizarse el examinador con las complicaciones de la interpretación de la conducta, se impidan, en cierta medida, las erróneas aplicaciones no críticas y mecánicas de los procedimientos psicométricos.

§ A. CONSTRUCCIÓN CON CUBOS

El juego con cubos es una de las diversiones más comunes del niño preescolar. Ya a las 36 semanas, el infante combina dos cubos. A las 56 semanas coloca un cubo sobre el otro, y alrededor de los 15 meses construye una verdadera torre de dos. Con el avance ulterior de la edad, la construcción con cubos se torna más absorbente y refinada. Ni aun a los 10 años desprecia los cubos. Desde el punto de vista del desarrollo humano, resulta altamente significativo que sea la propia iniciativa del niño, el propio impulso de su conducta, el que determina esta conducta de construcción con cubos. Las piezas o cubos pueden clasificarse, juntamente con los sonajeros y las muñecas, como universales en su propiedad de atraer el interés de la actividad infantil. Es el niño excepcional el que no reacciona ante ellos.

Las situaciones de prueba requieren el uso de diez cubos y se inician con la observación del juego espontáneo del niño. De acuerdo con éste, se induce al niño a imitar y copiar distintos modelos, haciendo el examinador las respectivas demostraciones.

(A-1) Juego espontáneo con cubos

Esta situación puede ser la primera administrada formalmente. No debe urgirse al niño en su actividad, sino más bien dársele amplias oportunidades de realizar su propia adecuación. Cuando se utiliza el libro de figuras como punto de partida para el examen, tal como se recomienda en el capítulo XI, se supone que el niño debe sentarse en la silla usada en las situaciones con cubos.

Procedimiento. Los cubos sobre la mesa en formación, nueve de ellos alineados haciendo cuadrado y el décimo sobre el del medio. Si el niño se sienta espontáneamente y empieza a jugar con los cubos, no es necesaria ninguna instrucción. Si se queda parado al lado de la madre, como puede suceder, especialmente si tiene menos de 2 años, se lo invitará a sentarse. Si no acepta la invitación, se tomará un cubo que se le ofrecerá a continuación. Al tiempo que lo tome se le ofrecerá rápidamente un segundo, luego un tercero y así siguiendo, hasta que ya no pueda abarcar más. El repetido ofrecimiento de los cubos sucesivos agotará, finalmente, su capacidad para retenerlos; a esta altura, lo más probable será que se acerque a la mesa a depositar sus cubos. La situación puede proseguirse con el niño parado, si éste lo prefiere así ostensiblemente. Si el examinador considera que el estar de pie puede haber perjudicado su desempeño, la situación puede ser repetida, a manera de verificación, más tarde en el examen. La observación de la conducta espontánea no debe prolongarse si el niño arroja o dispersa los cubos.

Si el niño aguarda que se le diga lo que debe hacer, entonces se le dirá: *"Construye algo para mí, lo que te guste más"*. Si el niño le da o le lleva los cubos a la madre, simplemente se le pedirá a la madre que los vuelva a poner sobre la mesa.

Tendencias de la conducta. A los *15 meses,* el niño posee un fuerte impulso motor. Puede ocurrir que insista en quedarse parado. En caso de sentarse, necesitará ayuda para mantenerse sentado. Acepta tres piezas, pero tiende a dárselas a la madre más bien que a guardarlas. Puede aceptar cuatro, sin embargo, si se le presentan con suficiente rapidez. Su atención hacia los cubos es efímera. Por lo común no realiza ninguna actividad constructiva, limitándose a cambiar los cubos de lugar o a llevárselos a la madre. Si llega a colocar un cubo sobre otro, da verdaderas muestras de placer ante la torre resultante.

A los *18 meses,* el niño posee todavía un fuerte impulso motor, pero éste es menos dominante que a los 15 meses. Puede suceder que insista en quedarse parado, pero también puede suceder, por el contrario, que acepte la silla. Podrá sentarse por sí solo, pero necesitará que le empujen la silla hasta la mesa. Cuando se le presenten los cubos rápidamente, uno a uno, los guarda sosteniéndolos contra sí mismo con la mano. En la mesa, su atención hacia los cubos es más persistente que a los 15 meses. Sin embargo, sólo una tercera parte de los niños construye a esta edad. En vez de ello, la mayoría se limita a levantar los cubos, sostenerlos en cada mano, y reintegrarlos nuevamente a la mesa o dispersarlos.

El niño de *2 años* posee un impulso motor menor que el de 18 meses. Se sienta solo y permanece sentado a la mesa. Su actividad constructiva es espontánea. O bien construye una torre, o forma una hilera de cubos. Existe, sin embargo, una crecida cantidad de niños que no se dan a la construcción espontánea con los cubos. En vez de ello los sostienen simplemente en la mano o los cambian de lugar sobre la mesa.

El niño de *3 años* permanece sentado. Dispone los cubos horizontalmente, por lo común en una fila. Sólo ocasionalmente un niño de esta edad construye espontáneamente una torre. La disposición vertical es desplazada por la alineación horizontal.

El niño de *4 años* ha realizado un notable progreso con respecto a sí mismo un año antes. Ahora construye complicadas estructuras y les da nombres. De cada treinta casos del grupo normativo [1], siete construyeron una complicada estructura, extendida vertical y lateralmente; seis construyeron una torre doble de cinco cubos cada una; dos construyeron un tren de dos pisos y dos hicieron un puente. De este modo, más de la mitad de los niños construyeron en dos direcciones, vertical y lateralmente. Cuatro niños dispusieron los cubos en una masa chata; dos formaron un ángulo y un niño los colocó en una forma curva y triangular, diciendo que era un hombre. De este modo, el 25 por ciento construyó en el plano horizontal y laterales. Sólo cuatro niños construyeron en una sola dimensión: dos niños construyeron una sola torre y dos construyeron un tren sin chimenea. Ningún niño construyó en las tres dimensiones. Un niño no demostró interés espontáneo por los cubos y la respuesta de otro fue indefinida.

De los treinta niños, veinte le dieron nombre a su construcción. Ocho dijeron que era una casa; dos la llamaron edificio; uno dijo que era una iglesia; otro, una tienda de campaña, y otro, un garaje. En otras palabras, trece consideraron que la estructura que habían realizado era una construcción. Los dos niños que construyeron dos torres de cinco cubos cada una dijeron que habían hecho una chimenea. Las demás interpretaciones fueron: una mesa, un hombre, un tren, escalones y un puente.

El niño de *5 años* construye complicadas estructuras tridimensionales; por lo común dice que son casas, pero para él pueden ser cualquier cosa, desde una cucaracha hasta una jaula de elefante. Algunos niños construyen varias unidades separadas, tales como pequeñas torres, dos o tres puentes o filas. Sólo un corto número de niños no le pone nombre a lo que cons-

---

[1] Para más detalles sobre el grupo normativo de sujetos, véase 347.

truye. Todos construyen con rapidez y en seguida se hallan listos para la prueba siguiente.

El niño de *6 años* regresa a la construcción en dos dimensiones, por lo común en los planos vertical y horizontal. Parece tener ahora ideas menos ambiciosas que un año antes, tratando de adaptar la construcción al material. Le pone nombres a las estructuras, como a los 5 años.

Diferencias de acuerdo con el sexo. A los 18 meses, los varones tienden a prestar mayor atención a la colocación vertical que a la alineación horizontal, en tanto que a los 2 años son más los cubos que alinean que los que apilan en rimero. Con las niñas ocurre exactamente lo contrario. A los 18 meses, los varones construyen una torre de cuatro cubos, las niñas una de tres; a los 2 años, los varones sólo construyen una torre de cuatro, en tanto que las niñas levantan una de ocho. A los 18 meses, los varones alinean dos cubos, las niñas cuatro; a los 2 años, los varones ponen siete cubos en hilera, las niñas sólo ponen cinco. Esta diferencia sexual está bastante bien definida. Una explicación podría ser que los varones se hallan más adelantados en la actividad constructiva que las niñas, puesto que ellos realizan la transición de la disposición vertical a la horizontal a una edad más temprana.

Significado de la conducta. Puesto que la motivación para la construcción con cubos en esta situación descansa considerablemente en el niño, la construcción viene a ser la expresión de la dinámica de su actividad, de su ingenio y de su imaginación. Como la situación es presentada rápidamente en las series de prueba, las diferencias en la rapidez de adecuación constituirán un factor de complicaciones. Los niños que se adecuan lentamente estarán tímidos y contenidos, y esta inhibición habrá de reflejarse en su reacción. También es cierto que un niño a quien le falte iniciativa no se mostrará tan reactivo frente a esta situación como se mostraría frente a otra en que la tarea a realizar estuviese establecida más concretamente. Si un caso dado de conducta pobre habrá de interpretarse como una adecuación inapropiada o como pobreza dinámica, es una cuestión de competencia clínica.

El tipo de construcción con unidades separadas, observado a veces a los 4, 5 y 6 años, puede o no tener significación en cuanto a la personalidad se refiere. Sin embargo, carece de la connotación anormal que podría representar en el comportamiento adulto. Quizás el mayor valor de este juego espontáneo consiste en servir a modo de período preparatorio para las situaciones con cubos más dirigidas que le suceden luego.

Los cambios evolutivos desde la construcción vertical a los 2 años hasta la alineación horizontal a los 3 años, la construcción vertical y lateral del niño de 4 años, las estructuras tridimensionales del de 5, y vuelta nuevamente a las estructuras más simples, bidimensionales, de los 6 años, son razonables y dignos de ser tenidos en cuenta. Ellos están de acuerdo con las habilidades motrices del niño y con su apreciación intelectual de la forma. El hecho de que las piezas usadas son diez cubos rojos prácticamente idénticos, en lugar de toda una variedad de formas y de colores, explica, fuera de toda duda, las discrepancias con los resultados hallados por otros investigadores del juego con piezas. Bühler y Hetzer (12), por ejemplo, afirman que los niños construyen estructuras bidimensionales a los 3 años. Las piezas son de forma variada y sugieren, por lo tanto, una distribución también variada. No es de extrañar, entonces, que provoquen una construcción bidimensional a una edad más temprana que los diez cubos iguales entre sí.

JUEGO ESPONTÁNEO CON CUBOS

PORCENTAJE DE CASOS QUE MANIFESTARON CONDUCTA

Edad en años	1½	2	3	4	5	6
Número de casos	39	32	35	30	49	16
Conducta:						
Abandona la mesa o no demuestra interés	18	6	4	7	10	6
Ausencia de juego espontáneo constructivo	69	47	?	6	10	0
Construye una torre	26	25	25	13	12	12
Los pone en fila	5	23	75	10	6	0
Da nombre a la construcción		a	50	70	82	94
Construye estructura bidimensional			0	80	27	81
Construye estructura tridimensional				6	55	12

(A-2) CONSTRUCCIÓN DE TORRES

La respuesta de torres, como acabamos de ver, comienza su manifestación espontánea poco después del primer año y se continúa luego, constituyendo la primera respuesta de uno de cada cuatro niños, desde los 18 meses hasta los 3 años de edad. Después que un niño alcanza el año y medio es raro que no realice ninguna tentativa de imitar la construcción de torres. Naturalmente, si el niño construye espontáneamente una torre, el examinador sólo necesita, habiendo observado el límite de su espontaneidad, animarlo para que continúe hasta que la torre se caiga. Si la construcción de la torre no representa una respuesta espontánea, deberá emplearse el siguiente procedimiento.

Procedimiento. Apártense todos los cubos con excepción de los que el niño tenga en su poder, hacia el lado más alejado de la mesa. Trátese de atraer la atención del niño diciendo: *"Fíjate"* o *"Mira"*, y constrúyase a continuación una torre de tres cubos. Empújense luego las piezas hacia la derecha del niño, diciéndole con el ademán indicado: *"Tienes que hacer una"*. En caso de ser necesario, sepárese una pieza del resto y dígase, señalándola: *"Ponla aquí"*. Al mismo tiempo se le dará al niño una pieza, si es que todavía no tiene ninguna. Como recurso final, constrúyase una torre de dos para el niño y anímeselo para que coloque un cubo sobre ella. Esto puede repetirse más de una vez. Después que comienza a construir, aprémieselo para que siga construyendo hasta que la torre se venga abajo. Se le proporcionarán por lo menos dos pruebas para demostrar su habilidad.

Tendencias de la conducta. El niño de *15 meses* por lo general suelta una pieza sobre la otra con marcada y tosca extensión de todos los dedos, de modo que no puede construir la torre en la primera tentativa. Cuando el niño repite la prueba, por lo general consigue levantar la torre. Intenta entonces colocar el tercer cubo, pero, por regla general, sin éxito, y en la intentona es casi seguro que derribará la torre de dos. El niño puede tener interés en repetir su exitoso desempeño de la primera vez, pero su interés dura poco. Y es probable que le alcance los cubos al examinador o a la madre, o que simplemente los empuje apartándolos de sí o que los tire al suelo.

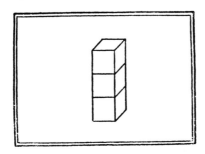

El niño de *18 meses* puede tratar de efectuar agregados a la estructura del examinador, pero cuando se lo contiene, consigue construir una torre de dos piezas a la primera tentativa. La colocación del cubo es más exacta que a los 15 meses, aunque al soltar el cubo frecuentemente lo hace con exageración. Puede suceder que con la tercera pieza la torre se derrumbe, pero tras varias pruebas logra, por lo común, construir una torre de cuatro. El niño de 18 meses demuestra más perseverancia que tres meses antes. Todavía manifiesta inclinaciones sociales y es posible que repetidamente le alcance los cubos al examinador o a la madre, a quien se le pedirá que los devuelva al examinador.

El niño de *2 años* todavía muestra una tendencia o bien a desmantelar el modelo del examinador o bien a usarlo como base para su propia construcción. Pero es capaz de construir una torre completa de siete en una de entre tres pruebas. Debe destacarse que, aunque un niño de cada cuatro a esta edad construye el tren espontáneamente, todos construyen la torre después de la demostración.

El niño de *3 años* responde a las instrucciones verbales acompañadas del ademán. Para él ya no es necesario el modelo. En sus mejores desempeños puede construir una torre de diez cubos.

Diferencias de acuerdo con el sexo. Aunque en el juego espontáneo es probable que las niñas de 2 años construyan una torre más alta que los varones, éstos construyen a la misma altura que las niñas cuando se les indica la tarea, apremiándolos para que la realicen. La diferencia en la actividad espontánea no es una cuestión de habilidad sino de motivación.

Significado de la conducta. Existe una clara componente adaptativa en la colocación de un cubo sobre otro y el soltarlo en ese lugar. Se trata aquí de una conducta muy neutral; se desarrolla lenta pero seguramente, tan seguramente que aquellos niños que no han dispuesto en su propio ambiente de objetos similares a los cubos, susceptibles de ser apilados, manifiestan no obstante la capacidad correspondiente a la etapa de desarrollo por la que están pasando. La aparición de este comportamiento no puede ser acelerado apreciablemente con la enseñanza.

Debe advertirse que un niño puede ser inducido a construir una torre antes de que pueda hacerlo espontáneamente. Pero esto no significa que su desempeño sea puramente imitativo, aprendiendo a construir la torre por medio del ejemplo. Lo único que hace el ejemplo es despertar la conducta para la cual el niño ya se halla funcionalmente maduro. El período de la observación espontánea es breve. Si se alargase, la construcción de torres sería observada con mayor frecuencia.

Una vez que el niño ha aprendido a construir una torre de dos, la erección de las torres más altas depende de la habilidad motriz; esto es, de la cuidadosa ubicación de los sucesivos cubos y de una alineación de éstos lo bastante precisa para asegurar un máximo de estabilidad. Por debajo de los 3 años, la altura de la torre también depende, hasta cierto punto, del grado de tensión del niño. Sin embargo, los apremios del examinador pueden mantener al niño, por lo común, lo bastante motivado, de modo que el alcance de la atención es aquí un aspecto de la conducta relativamente carente de importancia.

CONSTRUCCIÓN DE TORRES

PORCENTAJE DE CASOS QUE MANIFESTARON CONDUCTA

Edad en años	1	1½	2	3
Número de casos	25	41	34	34
Conducta:				
Desmantela la estructura del examinador	33	20	18	0
Agrega a la estructura del examinador	5	27	38	0
Ninguna tentativa de imitación	43	17	3	0
Se acerca al cubo con otro cubo en la mano	76			
Coloca cubo sobre cubo	40			
Construye torre de 2 cubos	16	100		
Construye torre de 3 cubos	0	92	100	
Construye torre de 4 cubos		77	97	100
Construye torre de 5 cubos		44	85	97
Construye torre de 6 cubos		27	76	97
Construye torre de 7 cubos		20	56	94
Construye torre de 8 cubos		7	27	79
Construye torre de 9 cubos		7	15	73
Construye torre de 10 cubos		0	9	58

(A-3) TREN

La colocación de las piezas en hilera, en forma de tren, se produce en el juego espontáneo de niños de sólo 2 años de edad, y constituye la actividad predilecta del niño de 3 años. El tren realizado en la demostración tiene el agregado de una chimenea y es empujado por el examinador, al tiempo que éste dice: *"Chu-chu"*.

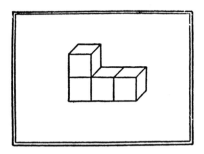

Procedimiento. Si el niño ha construido una torre de tres cubos, llámesele la atención, diciendo: *"Mira"*, *"Fíjate"* u *"Observa"*, y colóquense tres piezas lentamente, haciendo resaltar la línea formada y diciendo: *"Un vagón, dos vagones, tres vagones"*, a medida que se colocan las piezas. Téngase cuidado de construir fuera del alcance del niño, pues de otro modo puede suceder que desbarate el tren antes de haber sido completado. Póngase el cuarto cubo sobre el tercero, diciendo: *"Mira el tren se va: Chu-chu-chu"*. Déjese el modelo parado y empújense cuatro piezas hacia el niño, diciéndole: *"Tienes que hacer uno"*. Si el niño intenta agarrar el tren que sirve de modelo, se le impedirá, interceptándolo con la mano y diciéndole: *"Éste es mío, haz tú otro"*.

Tendencias de la conducta. En general, no es provechoso administrar este test al niño medio de *15 meses*. Si se le aplica, la conducta resultante será, o bien la construcción continuada con las piezas o un empujón brusco a los cubos.

El niño de *18 meses* por lo común no realiza ninguna tentativa para construir el tren, pero en caso de hacerla, entonces construye una torre en vez de poner las piezas en fila. Algunos niños, o bien tratan de desbaratar el modelo, o bien le hacen agregados. Sin embargo, tratándose de un varón, lo más probable es que empuje las piezas. Puede suceder que unos pocos niños de 18 meses digan "Chu-chu" o "Tu-tu" al tiempo que empujan las piezas.

A los *2 años*, el niño pone los cuatro cubos en fila, sin agregar la chimenea. Una minoría, en su mayoría mujeres, no realizan ninguna tentativa para construir el tren, construyendo, en su lugar, una torre. La mayoría de los varones, pero sólo una minoría de las niñas empujan las piezas en forma de tren. Menos de un quinto de los niños de esta edad agregan la chimenea al tren.

El niño de *3 años* construye el tren con su chimenea. Incluso puede llegar a usar el tercer vagón como una segunda chimenea, pero si se le brinda otra prueba, copia exactamente el modelo del examinador.

Diferencias de acuerdo con el sexo. Se han advertido algunas diferencias sexuales en la conducta. A los 2 años, casi la mitad de las niñas, pero sólo alrededor de un cuarto de los varones, no realizaron ninguna tentativa por imitar el tren. El empujar el tren constituye más un rasgo masculino que femenino. Los porcentajes a los 1 ½ años para 19 varones y 21 mujeres son de 53 y 33, respectivamente; a los 2 años, para 15 varones y 19 mujeres, fueron 60 y 37 por ciento.

Significado de la conducta. El tren combina la alineación vertical y lateral de las piezas. Como en la situación de la torre, la demostración del modelo provoca la conducta antes de que el mismo comportamiento ocurra en el juego espontáneo con los cubos. La sucesión de respuestas no cambia con la edad. Aun cuando el niño tenga el modelo delante suyo, la serie genética de su conducta será la siguiente: apilación de los cubos en rimero; después, alineación de los cubos sobre la mesa y finalmente, construcción en dos dimensiones.

A veces la respuesta a esta situación tiene lugar más tarde en el examen, cuando el niño no ha logrado responder a la misma, al tiempo en que le fue presentada. La noción del tren es una noción dramática especialmente para varones.

CONDUCTA CON EL TREN

PORCENTAJE DE CASOS QUE MANIFESTARON CONDUCTA

	1½	2	3
Edad en años	1½	2	3
Número de casos	40	34	25
Conducta:			
Dispersa o arroja los cubos	23	12	0
Construye torre	25	29	4
Ninguna tentativa para imitar el tren	48	38	4
Pone los cubos en fila	23	62	96
Empuja el tren	49	47	96
Agrega la chimenea	0	15	96

(A-4) PUENTE

El puente es una estructura simple de tres piezas, en la que una de ellas se apoya sobre los bordes superiores de las otras dos que se hallan separadas. La construcción del puente ofrece al niño más dificultades que la de la torre o el tren, pero menos que la de la puerta. Se le ha dado el nombre de puente no con el fin de llamarlo así delante del niño, sino simplemente para identificarlo en los registros. Para algunos niños la estructura representa un puente, para otros un túnel, un edificio o escalones. Darle nombre al modelo puede servir, por consiguiente, sólo para confundir al niño, por lo cual será mejor evitar su mención.

Procedimiento. Si el niño construyó la torre pero no el tren, constrúyase un puente simple de tres piezas, de la manera siguiente: Atráigase la atención del niño diciéndole: *"Mira, fíjate en lo que estoy haciendo".* Colóquense dos cubos sobre la mesa con una separación de 2,5 cm y luego colóquese un tercer cubo, apoyándolo en los bordes superiores

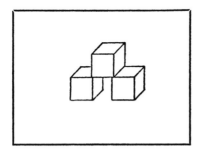

de las otras dos piezas de sostén. Póngase el modelo a la vista. Dénsele tres piezas al niño e indúzcaselo a efectuar una construcción como la del modelo. Si el niño no deja espacio entre los dos cubos de apoyo, se le dirá: *"Mira"*, poniendo el dedo o el lápiz en el espacio del modelo. Si el resultado obtenido por el niño no se parece al modelo, se le preguntará: *"¿Es ése exactamente igual a éste?"* Si el niño ha construido tanto la torre como el tren, constrúyase el puente detrás de una pantalla de cartón, sáquese la pantalla, y pídase al niño que realice una construcción igual a la del modelo.

Tendencias de la conducta. El niño de *2 años* no realiza ninguna tentativa para duplicar el puente, construyendo una torre en su lugar, o disponiendo los cubos en fila. Muy pocos niños a esta edad dispersan o arrojan los cubos.

El niño de *3 años* no es capaz de construir el puente copiándolo del modelo, pero sí cuando media una demostración previa de cómo se hace.

A los *4 años* es capaz, casi. invariablemente, de construir el puente con sólo ofrecerle el modelo.

Diferencias de acuerdo con el sexo. No se percibieron diferencias sistemáticas.

Significado de la conducta. El desarrollo de la aptitud para construir el puente es muy rápido entre los 2 y 3 años. Son interesantes las equivocaciones en la construcción. La primera dificultad con que tropieza el niño es la separación de los cubos, y la segunda, la colocación del cubo de arriba, de modo que abarque los otros dos. Ocasionalmente, los niños se muestran capaces de corregir el error cuando se les hace notar la discrepancia con el modelo, pero por lo común, en un segundo ensayo vuelven a repetir el error.

PUENTE

PORCENTAJE DE CASOS QUE MANIFESTARON CONDUCTA

	2	3	4
Edad en años	2	3	4
Número de casos	33	34	30
Conducta:			
Construye torre	21	0	0
Pone los cubos en fila	21	0	0
Ninguna tentativa de imitación	73 -	3	0
Imita o copia	9	80	100
Copia	0	35	100

(A-5) LA PUERTA

La puerta es una estructura más compleja y de equilibrio más delicado que el puente. Por lo común no se hace presente en la conducta espontánea, pero se asemeja a algunas estructuras que suelen construir los niños normales de 3 ½ a 4 años de edad. A los 3 años, el niño puede rechazar la situación, pero pasada esa edad, parece poner lo mejor de sí para lograr duplicar el modelo.

Procedimiento. Se le dirá al niño: *"Cierra los ojos que voy a hacer una cosa para ti"*. Empleando una pantalla de cartón, constrúyase la puerta tal como aparece en la figura. Una vez terminada, se dirá: *"Ahora fíjate"*. Se le darán al niño cinco cubos con estas palabras: *"Haz uno para mí igual a éste"*. Aprémiese al niño en caso de ser necesario, pero si no, permítasele trabajar como más le guste, a menos que diga que va a hacer otra cosa diferente. Si su estructura difiere del modelo, un boceto en la planilla del registro ayudará a mostrarle su error. Si no logra duplicar el modelo, hágase la puerta nuevamente, esta vez ante su vista, y proporciónesele una segunda prueba. Al construir la puerta, será conveniente usar una mano sola a fin de que el niño pueda ver claramente la forma en que son colocados los cubos.

Tendencias de la conducta. A los *3 años*, el niño puede rechazar la situación, pero por lo común realizará alguna tentativa de imitar la construcción de la puerta. Fracasa rotundamente en la duplicación del modelo.

A los *4 años*, el niño construye la puerta cuando se le muestra la forma en que se construye, pero todavía no puede construir directamente del modelo.

A los *5 años* construye la puerta fácilmente con la sola guía del modelo.

Diferencias de acuerdo con el sexo. A los *4 años* los varones demuestran más habilidad que las mujeres. Sólo el 42 por ciento de las niñas, contra un 75 por ciento de los varones, tuvieron éxito en su desempeño. A los 5 años, sin embargo, un 93 por ciento de las niñas contra un 60 por ciento de los varones, construyó la puerta con sólo el modelo.

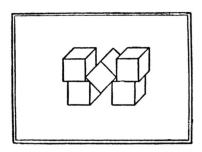

Significado de la conducta. La construcción de la puerta exige atención, percepción de la forma y habilidad manual. Los errores de construcción son: La colocación del cubo oblicuo en la misma forma que en el puente, o el apoyo del cubo oblicuo sobre dos torres separadas de dos piezas cada una.

Por regla general, cuando el niño se rehusa a colaborar, ello se debe a que la prueba se halla por encima de sus posibilidades. Hay algunos niños, con todo, que si se los apremia tienen éxito finalmente, aunque duden de su capacidad.

LA PUERTA

PORCENTAJE DE CASOS QUE MANIFESTARON CONDUCTA

Edad en años	3	4	5	
Número de casos	34	30	59	16
Conducta:				
Intenta construir	53	100	—	—
Imita la construcción	6	60	93	
Copia	3	23	75	94

(A-6) LA ESCALERA

No es fácil para el adulto comprender cuánto más difícil le resulta al niño construir los escalones que copiar la puerta. Aunque a los 5 años el niño copia la puerta con toda facilidad del modelo, ni aun a los 6 años logra generalmente completar la escalera. Para el adulto la escalera entraña, probablemente, un mayor significado, por lo cual su reconstrucción le parece más fácil. Contrariamente a lo que sucede con la puerta, en la que a veces los niños muestran resistencia a intentarla, porque creen que habrán de fracasar, la escalera les parece fácil. Y comienzan a construirla con entera confianza asegurando que podrán hacerla, para pronto quedar confundidos sin saber cómo seguir adelante.

Procedimiento. Si el niño ha tenido éxito en la construcción de la puerta, entonces se le dirá: *"Cierra los ojos que voy a hacer otra cosa para ti".* Detrás de una pantalla de cartón distribúyanse los cubos de modo que queden cuatro en la primera fila, tres en la segunda, dos en la tercera y uno en la cima, tal como aparecen más arriba en la figura. Retírese el cartón y déjese la construcción a la vista del niño. *"Fíjate en los escalones, ¡uno, dos, tres, cuatro!",* dirá el examinador, al tiempo que toca cada escalón. Pregúntesele al niño: *"¿Puedes hacerme uno así para mí?"* Si dice que no, habrá que animarlo para que ensaye.

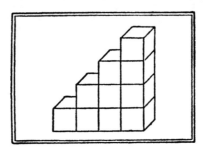

Tendencias de la conducta. El niño de 5 años empieza confiadamente a construir la escalera, pero es completamente incapaz de hacerlo. En su lugar, por lo común dispone los cubos en una maciza pared. A veces resultan dos escaleras, pero probablemente más por casualidad que deliberadamente. Otras veces, el niño trata de colocar un cubo encima de otro pero sin alinearlos, de modo que resulte una estructura en forma de escalón. Puesto que estas piezas sólo se hallan parcialmente sostenidas, no tardan en derrumbarse, y el niño, o bien trata de sostenerlas con la mano o bien trata de construir una especie de apoyo para que no caigan. Finalmente, se da por vencido sin haber encontrado solución.

A los *6 años* el niño tiene más éxito que un año antes. Su obra final presenta ahora tres escalones, pero todavía es incapaz de reconstruir el modelo. Puede alcanzar incluso un punto tal, que la colocación correcta de un solo cubo le significaría el éxito, y sin embargo no acierta con el movimiento preciso y usa el cubo para llenar el espacio donde debía ir un escalón. No es sino hasta después de los 6 años cuando se halla en condiciones de reproducir el modelo.

Diferencias de acuerdo con el sexo. No se· observaron diferencias.

Significado de la conducta. Existe una importante diferencia entre la situación de la escalera y las demás situaciones con cubos. En otras situaciones con cubos el modelo permanece a la vista mientras el niño trabaja; en la situación de la escalera el modelo es destruido. Para construir la escalera el niño necesita conservar en la mente una idea o concepto del objeto que va a construir. La construcción que aparece ante sus ojos a medida que trabaja lo confunde, haciendo que pierda de vista su objetivo. Su propio, natural juego constructivo, es otro factor de desviación.

LA ESCALERA

PORCENTAJE DE CASOS QUE MANIFESTARON CONDUCTA

Edad en años	5	6
Número de casos	59	18
Conducta:		
Reconstruye dos escalones	61	83
Reconstruye tres escalones	36	67
Reconstruye el modelo	5	39

§ B. ADAPTACIÓN DE FORMAS

Por razones de conveniencia práctica, se han agrupado las siguientes situaciones para su estudio: cubos dentro (y fuera) de la taza; bolita dentro (y fuera) del frasco; bolitas dentro del frasco; varilla, pieza y pelota dentro (y pelota fuera) de la caja de prueba, y pliegues de papel. Estas situaciones poseen en común factores genéticos y de conducta. Las cuatro primeras involucran las relaciones fundamentales de continente y contenido, de "meter" y "sacar". Involucran percepción y utilización de las relaciones de forma, dimensiones y profundidad. En este sentido, todas ellas exigen adaptación de formas en un nivel manipulatorio, aunque cada situación demanda un conjunto distinto de aptitudes. La conducta con la taza y los cubos y con las bolitas y el frasco, despierta actividades espontáneas de juego, en tanto que las bolitas y el frasco y la caja de prueba con la varilla, la pieza cuadrada y la pelota presentan problemas que deben ser resueltos. El plegado del papel, aunque carece de la relación entre continente y contenido, exige una manipulación del papel en forma imitativa adaptativa, casi en el mismo grado en que estas funciones son necesarias para la inserción de la pieza cuadrada en la caja de prueba. Para plegar el papel correctamente, el niño debe observar los movimientos del examinador y trasladarlos a su propia esfera de acción. Debe conservar en la memoria toda la sucesión de maniobras y, finalmente, debe distinguir entre los pliegues longitudinales, verticales y en diagonal. También debe tener presente la forma resultante de esa serie de maniobras.

Otras situaciones que requieren adaptaciones a la forma son las situaciones con cubos tratadas más arriba y las tablas de formas que trataremos en la próxima sección. Debe advertirse también que, en un sentido lato, gran parte de la conducta adaptativa es una actividad combinativa que vincula orientación y adaptación a los estímulos visuales de las formas.

Ciñéndonos en nuestro análisis a las cuatro primeras situaciones que siguen a continuación, será interesante hacer notar cuán complejos son los simples "meter" y "sacar" para la ingenuidad infantil. El niño debe aprender a soltar el cubo dentro de la taza de boca ancha, la bolita dentro

del frasco de cuello angosto, la varilla en el pequeño agujero y el cuadrado en su ranura vertical. Para cada una hace falta, respectivamente, un
grado superior de madurez. El niño puede abrir la mano entera dentro
de la taza, pero en la botella sólo puede introducir las puntas de los dedos.
La varilla debe ser mantenida en posición horizontal y perpendicular a
la superficie de la caja de prueba, en tanto que el cuadrado, además, debe
estar orientado verticalmente. Descubrir estos requisitos, aun en forma
parcial y empírica, es responder adaptativamente.

(A-7)   Taza y cubos

La situación de la taza y los cubos es tal, que ya a las 32 semanas
provoca una conducta significativa y discerniente en los niños. Más
tarde comienzan a dirigir su atención a la taza y los cubos alternativamente, en lugar de manipular uno solo de los elementos con exclusión
del otro. De este estado evolucionan hasta la etapa en que combinan
taza y cubos en su juego, llegando por fin a la edad de 1 año, en que
positivamente introducen un cubo en la taza. Esta introducción de los
cubos en la taza se torna una actividad de más en más absorbente, alcanzando la cúspide alrededor de los 18 meses. La situación provoca una
conducta típica y espontánea en el niño, desde 1 a 3 años.

Algunas veces ocurre que algún padre que no permite al niño jugar
con tazas, enarca las cejas sorprendido al ver que se le da a éste una
taza como juguete de prueba; pero en ese caso el examinador podrá explicarle sin dificultades que esa taza no es como las tazas del niño. Raramente muestran los niños inhibición alguna en esta situación, debido a
una experiencia anterior, y sólo muy de tanto en tanto la rechazan. El
tránsito de las pruebas con cubos a las pruebas con la taza y los cubos
es fácil y natural.

Procedimiento. Una vez finalizadas las situaciones de construcción
con los cubos, ya sea por haber sido completadas o porque el interés del
niño se ha desvanecido, se empujarán los cubos hacia el niño, presentando la taza, que se colocará a la izquierda de los cubos o a la derecha si
el niño es zurdo. Por lo general, no hace falta ninguna instrucción, especialmente en los niveles de corta edad. Sin embargo, si el niño no coloca
los cubos espontáneamente en la taza, se le dirá: *"Pon los cubos en la
taza".* Si esta indicación verbal no surte efecto, se señalará la taza con
estas palabras: *"Ponlo aquí"*, o, finalmente, se dejará caer un cubo en
la taza a manera de nidal o señuelo.

Tendencia de la conducta. El niño de *1 año* suelta uno o más cubos
dentro de la taza. Puede sacar el cubo o cubos de la taza, o bien trasladar
la taza y su contenido a la falda o a la silla. También realiza algunas
actividades con los cubos solamente, arrojándolos, sosteniéndolos o mani-
pulando con ellos.

A los *15 meses,* el niño introduce varios cubos en la taza, los retira todos excepto uno y vuelve a colocar los cubos retirados en el interior de la taza. Trabaja con atención, refiriéndose ocasionalmente a la madre. Rara vez se le da por jugar con los cubos solamente.

A los *18 meses,* el niño llena la taza, saca cinco o seis cubos y luego vuelve a llenar la taza. Repite esta conducta durante largo rato y tan absorto se halla en su tarea que raramente se acuerda de la madre.

A los *2 años,* el niño llena la taza con los cubos, pero en lugar de sacarlos es más probable que le dé la taza llena al examinador. Los pocos niños que sacan los cubos de la taza, retiran ocho o diez, a diferencia de los cuatro o seis cubos que sacaban a los 18 meses.

Diferencias de acuerdo con el sexo. Varones y niñas muestran tendencias similares en cuanto a llenar la taza se refiere, pero las niñas propenden más que los varones a la repetida extracción y reposición de los cubos. A los 18 meses, el 71 por ciento de las niñas y sólo el 53 por ciento de los varones, retiraron los cubos; a los 2 años, los porcentajes fueron de 36 y 18 para niñas y varones, respectivamente.

TAZAS Y CUBOS

PORCENTAJE DE CASOS QUE MANIFESTARON CONDUCTA

	1	1½	2
Edad en años	1	1½	2
Número de casos	39	37	22
Conducta:			
Dispersa o arroja	69	14	9
Coloca los cubos en la taza	51	62	91
Número de cubos colocados	1	10	10
Saca los cubos de la taza	41	65	27
Número de cubos retirados		6	9

Significado de la conducta. La introducción de los cubos en la taza constituye una actividad adaptativa de juego, cuya contraparte puede observarse desde la primera infancia hasta la madurez. El bebé se pone el pulgar del pie en la boca y el adulto pone la pelota de golf en el hoyo del campo, en tanto que el preescolar pone los cubos en la taza. Pero la significación adaptativa del juego con la taza y los cubos no radica tanto en el mero hecho de poner los cubos en la taza, como en la capacidad de atención del niño cuando se halla ocupado en esta actividad. Al año se declara satisfecho una vez que ha logrado introducir un cubo, distrayéndose luego con otros intereses. A medida que se hace más grande presta atención a la situación durante más tiempo y no sólo llena la taza con cubos, sino que los retira para poder repetir su actividad. Esta conducta de repetición, perfectamente normal a los 18 meses, puede ser índice de una anormalidad a edades más avanzadas, si todavía no ha sido desplazada por otra actividad más intrincada o constructiva.

(A-8) Bolita y frasco

Otra conducta de "meter" es la asociada con la bolita y el frasco. Es sorprendente el grado de automatismo que alcanza esta respuesta de dejar caer la bolita dentro del frasco, a la edad de los primeros pasos. Las instrucciones son frecuentemente innecesarias. La prueba ofrece un gran interés intrínseco. Incluso los niños que rechazan los cubos son finalmente conquistados al ver la bolita y el frasco. La extracción de la bolita una vez que ésta ha caído, constituye un verdadero problema, que el niño resuelve de acuerdo con su grado de madurez.

Procedimiento. Colóquense la bolita y el frasco sobre la mesa, la bolita a la derecha del frasco, según aparecen a la vista del niño (A la izquierda, si el niño es zurdo.) Si no introduce la bolita espontáneamente, se le dirá: *"Ponla en el frasco".* Si no logra hacerlo, el examinador introducirá la bolita en su lugar. Si se le ocurre comerse la bolita, deténgaselo con suavidad, diciéndole: *"No, ponla aquí",* al tiempo que se señala el frasco. Tan pronto como la bolita haya caído dentro del frasco, la mayoría de los niños tratarán de sacarla. Si se da el caso de que un niño no realice ninguna tentativa, anímeselo a hacerlo, diciéndole: *"Sácala".* Si tras una tentativa razonablemente tenaz no consigue hacerlo, vuélquese la bolita y repítase la situación. En todos los casos se le brindarán al niño dos oportunidades para sacar la bolita.

Tendencias de la conducta. A los *15 meses* el niño deja caer la bolita en el frasco. Entonces trata de sacarla sacudiendo el frasco. Este método puede tener éxito. También puede suceder, sin embargo, que el niño introduzca el dedo en el frasco, tratando de enganchar la bolita, o, finalmente, puede ocurrir que lo dé vuelta haciendo caer la bolita.

A los *18 meses,* el niño deja caer rápidamente la bolita en el frasco y en seguida comienza a sacudirlo, introduce el dedo en él buscando la bolita, y finalmente la hace salir, dando vuelta el frasco.

A los *2 años,* deja caer la bolita con toda prontitud y luego, casi con la misma rapidez, acuesta el frasco haciendo salir la bolita.

Diferencias de acuerdo con el sexo. No se observaron diferencias.

BOLITA Y FRASCO

PORCENTAJE DE CASOS QUE MANIFESTARON CONDUCTA

	1	1½	2
Edad en años	1	1½	2
Número de casos	37	37	33
Conducta:			
Deja caer la bolita en el frasco	25	92	100
Sacude el frasco o hurga en su interior	78	68	39
Introduce el dedo en el frasco .. .. :.	25	57	39
Finalmente hace salir la bolita	33	65	97
Saca la bolita inmediatamente	0	33	61

Significado de la conducta. Sólo por grados aprende el niño las leyes físicas del medio ambiente, y sólo por grados, también, adquiere una idea de los tamaños y formas relativas. Los diversos métodos que emplea para extraer la bolita del frasco revelan los conocimientos que ha adquirido. El alerta con que percibe la solución para extracción de la bolita constituye un buen ejemplo de su adaptatividad.

La habilidad motriz que representa la introducción de la bolita en el frasco, ya ha sido analizada en el Capítulo VI. Debe advertirse, asimismo, que el dar vuelta el frasco para hacer salir la bolita requiere cierta madurez y habilidad motriz, como así también cierto discernimiento.

(A-9) Bolitas y frasco

Las bolitas y el frasco presentan para el niño de 2 años o menos una situación similar a la de la taza y los cubos en lo que a la conducta de "meter" se refiere. Los casos poco frecuentes de niños a quienes no atrae la situación de la taza y los cubos, comúnmente reaccionan frente a las bolitas y el frasco.

Para los niños de más edad, la prueba puede ser usada como test de destreza manual teniendo en cuenta el tiempo empleado en su ejecución. En caso de ser importante la determinación de la preferencia manual, es conveniente la aplicación del procedimiento descrito en el Capítulo VI § F. En los demás casos, úsese el sencillo procedimiento que se da a continuación:

Procedimiento. Colóquense las bolitas apoyándolas en su superficie convexa, y ligeramente separadas unas de otras para facilitar la prensión, a la derecha del frasco (o a la izquierda, si el niño es zurdo). Se le pedirá al niño que las ponga en el frasco. Póngase en funcionamiento el cronómetro en el momento en que toque la primera bolita y deténgaselo cuando suelte la última dentro del frasco. Se concederán dos pruebas.

Tendencias de la conducta. No puede establecerse un tiempo medio para los niños de 18 meses y 2 años. A los *3 años*, el tiempo medio empleado por siete niños fue de unos 30 segundos; a los *4 años*, el tiempo medio de 28 niños fue de 25 segundos; a los *5 años*, para 57 niños, 20 segundos; y a los *6 años*, para 11 niños, 18 segundos.

Diferencias de acuerdo con el sexo. Se observaron ligeras diferencias de unos 2 segundos a favor de los varones.

Significado de la conducta. Existen grandes diferencias individuales en la velocidad de la ejecución de la prueba, entre los distintos niños. Término medio, los niños no mostraron diferencias de velocidad debidas al predominio manual, cuando primero se les permitió usar cualquiera de las dos manos, luego sólo la mano preferida y finalmente la mano menos preferida —habiéndose determinado la mano preferida inicialmente, mediante la prensión de una sola bolita—. Probablemente el aumento de la habilidad mediante la práctica fue suficiente para compensar cualquier tendencia hacia la mano derecha del término medio de los niños.

(A-10) Caja de prueba

La caja de prueba combina los rasgos de la bolita y el frasco con los de la tabla de forma: la atracción que ejerce sobre los niños es considerable. El hecho de que la caja también sirve para contener otros materiales de prueba, así como de receptáculo dentro del cual el niño puede arrojar la pelota, la hace triplemente útil. En ocasiones, al fin del examen, los niños arrastran la caja de un lugar a otro manifestando, así, si bien informalmente, habilidades motrices gruesas que pueden complementar la conducta observada en los tests de rutina. Más aún, existen otros tests de orientación para los cuales puede adaptarse el uso de la caja (Meyer, 88).

Procedimiento. Colóquese la caja sobre la mesa con los orificios en el plano vertical y con el extremo abierto de la caja a la derecha del niño. La caja deberá encontrarse a una conveniente distancia de operación, del borde de la mesa. Alcáncesele al niño la varilla redonda diciéndole: *"Ponla aquí"*, al tiempo que se señala el agujero del medio. Si el niño introduce y suelta la varilla, después de señalar y urgirlo razonablemente, hágase una lenta demostración de la inserción mientras él observa. Entonces se dará vuelta la caja rápidamente, se abrirá el extremo del lado del niño y se hará que la varilla ruede hacia afuera. Vuelva a acomodarse la caja para la segunda prueba y permítasele que la alcance él mismo. A menos que la respuesta sea rápida y clara, concédasele tres pruebas.

En una forma semejante, preséntese la pieza cuadrada. Al efectuar la demostración de cómo se inserta el cuadrado, primero deberá tomárselo con las puntas de los dedos, introduciendo en el orificio la esquina inferior y luego deberá girarse la pieza hacia arriba y empujarla hacia adentro.

Tendencia de la conducta. A los *15 meses*, el niño coloca la varilla en el agujero y la suelta. Realiza una breve tentativa de introducir el cuadrado y luego se lo da al examinador, o lo pone sobre la caja o lo destina a cualquier finalidad.

A los *18 meses*, el niño no sólo inserta la varilla en el agujero redondo, sino que también investiga la posibilidad de inserción en otros agujeros, las más de las veces introduciendo la varilla sin soltarla. Intenta introducir el cuadrado pero no consigue hacerlo. Puede ocurrir que inserte una punta, bien en la abertura de la derecha, bien en la de la izquierda de la caja, pero no consigue acomodar el cuadrado para su introducción total en el espacio correspondiente.

A los *2 años*, previa demostración, introduce y suelta el cuadrado dentro de la caja.

Significado de la conducta. La introducción de la varilla o del cuadrado en la caja de prueba supone percepción de las relaciones de forma y de los tamaños relativos, así como también coordinación manual y adaptativa. La inserción de la varilla requiere que ésta sea dirigida, de modo que no choque con el borde del agujero. Para lograr introducir el cuadrado es necesario girarlo e inclinarlo correctamente.

La caja de prueba pone en evidencia la aptitud de soltar. El hecho de que la pieza queda completamente dentro de la caja, puede inhibir la acción de soltar aun en aquellos niños para quienes, en otras circunstancias, la acción de soltar es perfectamente posible. Los niños de esta edad se sienten poco dispuestos a renunciar a un objeto atesorado, especialmente si al dejarlo creen que lo pierden definitivamente. Esto puede explicar parcialmente el hecho de que es más probable que un niño suelte la varilla a los 15 meses que tres meses más tarde. También se ha explicado en el Capítulo VI que la acción de soltar se ve facilitada por la presión contra otro objeto: el propio acto de dejar caer la varilla o la pieza dentro de la caja, impide esta facilidad.

Del mismo modo, la adecuación personal-social del niño constituye otro factor en su desempeño con la caja de prueba. Un niño generoso, desprovisto de inhibiciones, será naturalmente más fácil que participe del juego en cooperación que demanda la situación, que un niño del carácter opuesto.

En suma, puede decirse que el éxito en este test supone un alto grado de coordinación adaptativa y manual, adecuación social y, en grado menor, aptitud para percibir la forma, y rasgos de perseverancia adaptativa.

(A-10) PRUEBA SUPLEMENTARIA. CAJA DE PRUEBA Y PELOTA

Se ha sugerido el uso de la caja de prueba como receptáculo dentro del cual puede arrojarse la pelota y de donde ésta puede ser recobrada. El lanzamiento de la pelota dentro de la caja sólo posee una componente adaptativa menor, siendo, en esencia, una respuesta motriz. Pero puesto que aun el niño de 2 años prefiere dejar caer antes que arrojar la pelota en la caja, el test no revela cambios genéticos en la capacidad de arrojar. Sin embargo, para recobrar la pelota del interior de la caja se presenta un problema parecido, en cierta medida, al que se presenta para extraer la bolita del frasco o para obtener la pelota de encima de la mesa. Este test sólo puede aplicarse como revelador de conducta, entre los 18 y 21 meses, cuando el niño ya se halla firme sobre sus pies pero su forma de tomar es inadecuada todavía para tomar la pelota directamente.

Procedimiento. Después del test de *Seguir-las-instrucciones-con-la-pelota*, se le dará la pelota al niño y se le presentará el extremo abierto de la caja de prueba a la altura de su codo y a unos diez centímetros más allá de sus alcances, inclinándola a un ángulo de unos 45 grados. El examinador le dirá entonces: *"Arroja la pelota en la caja"*. Si empieza a caminar hacia la caja, deténgaselo suavemente con la mano libre, animándolo a probar. Si no consigue hacerlo, permítasele dejar caer la pelota dentro de la caja o déjesela caer por él. Luego se colocará la caja en el suelo hacia arriba, diciéndole: *"Toma la pelota, sácala"*. Puede apremiárselo con estas palabras: *"Estoy viendo la pelota, agárrala"*. Deberá cuidarse de que no se caiga al inclinarse demasiado sobre la caja o al intentar treparse a ella.

Tendencias de la conducta. A los *18 meses*, el niño se aproxima a la caja pero no consigue recobrar la pelota. Muy pronto abandona su tentativa de obtener la pelota, y en vez de ello es probable que se le dé por arrastrar o empujar la caja por la pieza o por operar con sus agujeros.

A los *21 meses* el niño alcanza la caja, y al no alcanzar la pelota inclina o da vuelta la caja, con lo cual finalmente obtiene la pelota.

A los *2 años*, el niño la puede alcanzar directamente.

CAJA DE PRUEBA Y PELOTA

PORCENTAJE DE CASOS QUE RESPONDIERON COMO SE LES INDICÓ *

Edad en meses	18	21	24
Conducta:			
Se introduce en la caja	93	95	100
Inclina o da vuelta la caja	32	61	28
Abandona pronto la tarea	54	27	34
Obtiene la pelota directamente	4	4	52
Obtiene la pelota por cualquier método	21	56	72

* Basado en observaciones clínicas (véase § 1).

Significado de la conducta. El rescate de la pelota de dentro de la caja ofrece un interesante contraste con la prueba de sacar la bolita del frasco. El hecho de que la bolita permanece siempre visible, en tanto que la pelota puede perderse de vista, explica probablemente por qué la bolita es perseguida durante más tiempo que la pelota. En ambos casos, los niños recurren a la toma directa, pero este método es menos eficiente con la bolita, en cuyo caso la respuesta madura para hacer salir la bolita es dar vuelta el frasco, mientras que la respuesta madura es, en el caso de la pelota dentro de la caja, introducir el brazo dentro de ella.

La situación no sólo revela la capacidad del niño para resolver el problema, sino que muestra también su respuesta a una situación problemática similar a las descritas en § H. Ante el fracaso, puede ocurrir que abandone sus esfuerzos, que persista de buena gana, que se impaciente tornándose violento, que pida ayuda, o que pruebe ingeniosamente varios métodos, tales como pararse sobre una silla, aparentemente para alargar sus brazos, o treparse a la caja, la cabeza o los pies en primer término.

Como sub-productos de la situación pueden recogerse observaciones sobre la preferencia manual del niño, frente a las dificultades para tomar.

(A-11) Plegar el papel

Se trata aquí de un test sumamente simple, que sólo exige dos hojas de papel. El tamaño de la hoja puede variar ligeramente del tamaño establecido en 21,25 cm (8,5 pulgadas). El examinador deberá plegar el papel en la misma dirección que habrá de utilizar el niño. Las puntas más próximas deberán alinearse con las más distantes.

El papel plegado por el niño puede fecharse y archivarse junto con el registro del caso y como parte de éste.

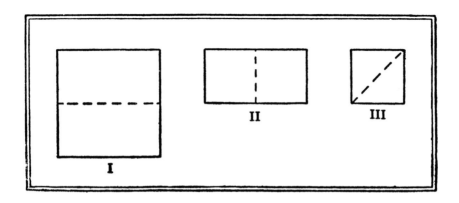

Procedimiento. Tómese una hoja cuadrada de papel, y pídase al niño que observe: *"Ahora, fíjate lo que hago"*. I. Dóblese una vez el papel y márquese el pliegue, en la forma en que aparece más arriba en I. Alcáncesele al niño una hoja de papel sin doblar, y pídasele que repita la demostración: *"Ahora te toca a ti"*. II. Si el niño imita, pliéguese el papel dos veces y nuevamente alcáncesele al niño una hoja sin doblar. III. Repítase el II añadiendo un pliegue diagonal y como antes, alcáncesele otra hoja de papel sin doblar. Las líneas punteadas en las figuras indican el lugar en que debe realizarse sucesivamente cada pliegue. No debe girarse el papel después que ha sido plegado.

Tendencias de la conducta. A los *18 meses*, el niño puede doblar el borde del papel o simplemente imitar el movimiento para plegar, sin haber antes doblado el papel.

A los *2 años*, el niño da vuelta claramente el borde del papel, pero puede no plegarlo.

A los *3 años*, dobla el papel dos veces, lo pliega y puede intentar el tercer pliegue.

A los *4 años*, dobla y pliega el papel las tres veces.

Conducta discriminativa.

Edad	Conducta
21 meses	Hace un pliegue, no necesariamente simétrico.
30 meses	Hace dos pliegues.
48 meses	Dobla y pliega tres veces, la última vez en diagonal.

Significado del test. Las primeras tentativas del niño para doblar el papel dependen de la madurez de su coordinación manual. En su afán de imitar, es bien fácil que arrugue el papel, o bien puede hallarse impresionado por el plegado y olvidarse de que primero el papel debe ser doblado, exactamente del mismo modo como cuando hace eco a la parte final de una frase, demasiado larga para recordarla completa.

El último doblez en diagonal es más difícil de ejecutar que los dos pliegues anteriores. En su nueva escala, Kuhlmann (76) ubica el pliegue en diagonal a los 4 años y 7 meses, y los pliegues longitudinales o laterales, a 1 año y 11 meses.

PLEGAR EL PAPEL [1]

PORCENTAJE DE CASOS QUE MANIFESTARON CONDUCTA

	1½	2	3
Edad en años	1½	2	3
Número de casos	25	21	25

Conducta:

Dobla y pliega una vez	0	19	96
Dobla	32	62	96
Movimiento para plegar	32	29	96
Plegado excesivo	24	33	0
Pliega II		?	84
Pliega III		0	36

[1] No disponemos de normas para los 4 años, pero la experiencia indica que por lo menos la mitad de los niños de 4 años pliegan el papel tres veces.

§ C.   DISCRIMINACIÓN DE FORMAS

La pronta y correcta solución de los tests descritos en esta sección supone, principalmente, capacidad discriminativa de las formas. Todas las formas son formas geométricas simples y el test consiste, o bien en poner piezas de forma variable en los espacios apropiados, o en identificar, de entre una colección de formas, aquella que coincida con la forma que se le muestra al niño. En los niveles inferiores de madurez, son necesarias otras aptitudes para la resolución del problema, y en tal medida, que el aspecto del test referente a la discriminación de formas resulta casi eclipsado. No obstante, es a la vez conveniente y adecuado considerar en su totalidad el proceso evolutivo mediante el cual maduran y se integran las aptitudes del niño, hasta que finalmente su capacidad discriminativa de formas alcanza su más completa expresión.

Es más probable que tengan éxito en estas pruebas los niños de habilidad manual y mentalidad práctica, que los de carácter verbal e imaginativo. Es interesante comparar las situaciones de la tabla de formas con las de la caja de prueba de la sección anterior. Ambas suponen conducta de "meter", pero la tabla de formas requiere una percepción de la forma relativamente mayor, al tiempo que adaptación al éxito o al fracaso, en tanto que la caja de prueba hace recaer el acento sobre la coordinación manual adaptativa.

(A-12) TABLERO DE FORMAS CON TRES AGUJEROS

La tabla de formas con tres agujeros constituye un medio excelente para investigar la aptitud discriminativa de formas en los niños de corta edad, su capacidad de atención y su adaptatividad general. La conducta exigida, la colocación de las piezas en los agujeros correspondientes, constituye normalmente una actividad tan espontánea, que las instrucciones orales pueden reducirse a un mínimum. La mayoría de los niños se sienten inmediatamente atraídos por el tablero y las piezas. Por lo común, trabajan tenazmente y durante largo tiempo en la tarea de insertar las piezas. Aun aquellos pocos niños que inicialmente rechazan la situación, cuando más tarde, en el transcurso del examen, se les vuelve a presentar la situación, reaccionan favorablemente.

La situación del test es tal, que fácilmente puede afectarse favorable o desfavorablemente el desempeño del niño con el procedimiento. Es esencial asegurarse la atención del niño para la demostración de las inserciones y la rotación del tablero. Al mismo tiempo, debe dejársele en libertad, permitiéndole que se quede parado o se siente, según sea su gusto; se le permitirá distraer la atención hacia otros objetos de la pieza, pero se le hará interesar nuevamente en su tarea en el momento indicado. El tablero deberá girarse lentamente, de modo que pueda advertir su movimiento, pero no tan lentamente que se disipe su atención. Para lograr que el niño dé lo mejor de sí en esta prueba habrá que animarlo en el momento oportuno, demostrarle aprobación cuando realice una inserción acertada y mostrarse, en general, alentador e interesado. Por supuesto, habrá que evitar toda ayuda verdadera mediante el ademán o la mirada. He aquí el procedimiento específico.

Procedimiento. Colóquese la tabla de formas sobre la mesa, de modo que el agujero redondo quede a la derecha del niño, el vértice del triángulo en dirección contraria a éste, y el tablero todo a una distancia del borde de la mesa conveniente para trabajar. Permítasele al niño que tome el tablero o lo inspeccione de cualquier otra manera si éste es su gusto, volviendo a colocarlo en posición, antes de presentar la pieza o piezas.

Hasta la edad de 2 años, procédase de la siguiente manera: se alcanzará al niño la pieza redonda con estas palabras: *"Ponlo en el agujero".* Si tras un breve período de exploración no acierta a insertarlo, se señalará el agujero redondo, diciendo: *"Ponlo aquí"*. Si el niño no lleva la pieza hasta el agujero redondo o bien se limita a soltarlo sobre el agujero sin introducirlo en él, atráigase su atención y colóquese lenta y deliberadamente la pieza redonda en su espacio correspondiente; luego, levántese el tablero, vuélvase a presentar la pieza y colóquese el tablero nuevamente en su posición original sobre la mesa para la segunda prueba. Si el niño así lo prefiere, él mismo puede sacar la pieza del agujero después de la demostración.

Si el niño consigue insertar la pieza redonda, levántese el tablero, rotándolo 180°, manteniendo el plano del tablero horizontal sobre la mesa. Verifíquese que el niño haya percibido la rotación del tablero. Colóqueselo nuevamente sobre la mesa, ahora con el agujero redondo a la izquierda del niño, y muéstresele la pieza nuevamente como la primera vez. Concédanse tres pruebas, por lo menos para investigar la adaptatividad del niño.

Si el niño consigue adaptar la pieza redonda, al tablero, prosígase con el test de tres piezas prescrito para los niños de 2 años.

A los *18 meses*, el examinador puede optar por iniciar la situación con la presentación de las tres piezas al mismo tiempo, empleando el procedimiento indicado para los 2 años, y luego retroceder al procedimiento usado con niños menores, mediante la prueba de la adaptación de la pieza redonda solamente a la rotación del tablero. Si el niño tiene éxito con la pieza redonda, la situación de las tres piezas puede, entonces, ser presentada nuevamente. En caso de seguirse este orden, se observará una modificación correspondiente en la respuesta del niño, tal como se indica en la sección donde se analizan las tendencias de la conducta.

Con niños de 2 años y mayores, iníciese la prueba del siguiente modo: Colóquese el tablero sobre la mesa, el espacio redondo a la derecha del niño y el vértice del triángulo apuntando en dirección contraria a aquél. Luego colóquense las tres piezas frente a sus respectivos agujeros, sobre el borde de la mesa próximo al niño, diciéndole: *"Pon las piezas en el lugar que les corresponde"*. Si el niño se limita a poner las piezas, una encima de otra, u obra de cualquier otra manera no conforme a la respuesta esperada, se dirá señalando los agujeros: *"Pon las piezas aquí"*. Si no inserta las piezas completamente, se le dirá: *"Más adentro"*. Si es necesario, complétese o hágase una demostración de la inserción completa. Cuando todas las piezas se hallen finalmente en sus espacios respectivos, levántese el tablero y vuélvase a colocarlo sobre la mesa, empujando las piezas hacia el borde de la mesa para un segundo ensayo. Concédanse tres pruebas por lo menos. Durante todas las pruebas, vuélvase a colocar en su posición original cualquier pieza que el niño haya cambiado de lugar.

Si consigue colocar correctamente las piezas en los espacios correspondientes, se rotará el tablero 180°, manteniéndolo horizontal con respecto al plano de la mesa, y nuevamente se lo colocará sobre la mesa, esta vez con el espacio cuadrado próximo a la pieza redonda y con el espacio redondo cerca de la pieza cuadrada. Como antes, se pondrá en su posición original cualquier pieza que hubiese sido movida por el niño y que pudiera dificultar la inserción de la pieza correcta. Una vez que el niño haya completado la primera prueba, se orientará el tablero levantándolo y girándolo como antes, tras lo cual se lo volverá a colocar para una segunda prueba. Concédanse tres pruebas por lo menos. El límite de tiempo para obtener éxito en esta prueba es de un minuto, pero frecuentemente es de desear que se le permita al niño proseguir sus esfuerzos aun después de cumplido ese plazo.

Tendencias de la conducta. A los *15 meses,* el niño coloca rápidamente la pieza redonda en el agujero respectivo, en respuesta a la seña del examinador. Puede ocurrir que se adapte, por casualidad u otras causas, a la rotación del tablero, insertando la pieza redonda, y también es probable que trate de insertar la pieza redonda en los otros agujeros, en una forma que parece ser experimental. Se ha sugerido que a esta edad el niño puede saber en qué espacio puede calzarse la pieza, pero ignora que no puede insertarse en los otros espacios. Por lo tanto, él investiga todas las posibilidades. A esta edad, no tarda en rechazar la situación, abandonando la mesa, apartando el tablero, tirando las piezas al piso u olvidándose de las piezas, para manipular con el tablero solamente.

A los *18 meses,* el niño adapta fácilmente la pieza redonda al tablero cuando éste es rotado. Enfrentado con las tres piezas, inserta el círculo y el triángulo o el cuadrado, pero no los deja en posición y trata de introducirlos en espacios que no les corresponden, apretándolos con fuerza contra el tablero como si quisiera obligar a las formas a entrar en su sitio. La inserción de las piezas es efectuada mediante presión de las manos más que por una rotación adaptativa. Con frecuencia, más que insertadas, las piezas son simplemente colocadas sobre los espacios. Cuando se hace rotar el tablero, el niño no se adapta al giro.

Si a los 18 meses se presenta inicialmente el tablero de formas con las tres piezas frente a los espacios respectivos, generalmente el niño pone las piezas unas encima de otra, en su juego espontáneo. Pero si a esta presentación antecede la adaptación de la pieza redonda, raramente apila las tres piezas, sino que se comporta en la forma descrita más arriba.

A los *2 años,* el niño inserta las piezas con facilidad, cuando éstas se hallan frente a los espacios correspondientes, y también se adapta al tablero rotado tras unos pocos errores. En su mejor desempeño emplea menos de un minuto. Con frecuencia saca de su lugar las piezas que han sido colocadas correctamente para probar su inserción en otros agujeros. Al igual que a los 18 meses, en vez de usar una rotación adaptativa de la pieza para introducirla, se sirve de la presión de sus manos. Hay casos de niños que aprietan con fuerza una pieza contra un espacio equivocado, primero con una mano y después con la otra.

A los *3 años,* el niño resuelve todos los problemas del tablero de formas, adaptándose al tablero rotado en menos de 30 segundos.

Diferencias de acuerdo con el sexo. No se observaron diferencias.

Significado del test. La influencia de la técnica del procedimiento sobre la conducta se halla claramente ilustrada por el comportamiento con el tablero de formas a los 18 meses. Si se empieza por presentarle al niño las tres piezas, las apila una sobre otra. Si, por el contrario, se empieza con el test para adaptar la forma circular, raramente se produce la reacción de disponer las piezas en rimero; en su lugar, las piezas son referidas a los espacios en el tablero. En algunos casos, este test provee más que un índice de la adaptatividad potencial, algunos rasgos de la personalidad. El éxito en la prueba es más significativo que el fracaso. Para el éxito es necesaria la atención; el niño de corta edad es con frecuencia distraído. La falta de atención puede deberse a motivos opuestos de interés, que pueden implicar cualidades estimables de auto-motivación y alerta.

El éxito depende también de la adecuación tras una tentativa equivocada. Algunos niños insisten en querer introducir una pieza en un espacio que no le corresponde. Esta insistencia puede ser un buen signo. Si la famosa araña del cuento hubiera desistido antes de la séptima prueba, hubiéramos dicho, quizá, que era sabia ¡por considerar la tarea imposible! El adulto sabe que la forma desemejante no sirve, pero el niño no goza todavía de los beneficios de una vasta experiencia. La persistencia en una tentativa que para él no parece imposible, puede ser la mismísima condición que le permita salir airoso en otras tareas. Naturalmente, tiempo hay en que habrá que esperar del niño que descubra la incompatibilidad de la pieza cuadrada con el espacio circular. Y a esa edad, la persistencia será un rasgo desfavorable. Puesto que es imposible definir esa edad frente a cada caso particular, la interpretación del éxito o fracaso del niño quedará librada al juicio psicológico del examinador.

Pautas discriminativas, según aparecen formuladas en los esquemas evolutivos:

Edad 15 meses — Coloca el círculo; adapta el círculo.
    18 meses — Apila tres piezas espontáneamente.
    21 meses — Coloca dos o tres piezas.
    24 meses — Coloca sobre el tablero espontáneamente; adapta en cuatro pruebas.
    30 meses — Coloca tres piezas tras su presentación; adapta con repetidos errores.
    36 meses — Adapta en menos de treinta segundos.

TABLERO DE FORMAS CON TRES AGUJEROS

PORCENTAJE DE CASOS QUE MANIFESTARON CONDUCTA

Edad en años	1	1½	2	3
Conducta:				
Círculo solamente				
Inserta	18	75		
Inserta sólo después de la demostración	54	10		
Adapta a la rotación del tablero	19	68		

Tres piezas

Inserta el círculo	80	100
Inserta el cuadrado	45	90
Inserta el triángulo	48	97
Inserta por lo menos dos piezas	55	100
Inserta las tres piezas	30	87

Rotando el tablero

Acierta	8	62	92
Tiempo medio empleado, en segundos ..		44	25

(A-13) EL TABLERO DE FORMAS DE GODDARD

El tablero de formas de Goddard es un test adecuado para los niños aun antes de que éstos hayan dominado completamente el tablero de formas de tres agujeros. El método de presentación es, en esencia, el especificado por Sylvester (120). La respuesta característica de los niños de corta edad puestos frente a este tablero y al tablero de formas de Seguin, que en esencia es igual, ha sido ya analizada por otros autores (Stutsman [118] y Baldwin y Stecher [4]), por lo cual el análisis aquí incluido será breve.

Procedimiento. El niño puede permanecer sentado o parado, según sea su gusto. Colóquese el tablero de formas sobre la mesa, delante del niño, y las piezas, en tres rimeros, a la derecha del niño (y a la izquierda si es zurdo), cuidando que ninguna pieza quede en la misma fila que su agujero correspondiente, y poniendo la estrella en la base de una pila, y el rombo y el hexágono oblongo, en pilas diferentes. Entonces se indicará: *"Pon las piezas en su lugar".* En el momento oportuno volverá a colocarse en su pila cualquier pieza que el niño hubiere dejado sobre el tablero incorrectamente colocada. Si el niño trabaja con lentitud, o si su rapidez decrece a medida que trabaja, se le dirá: *"Hazlo lo mejor y más ligero que puedas",* pero no habrá que apremiar al niño de ninguna otra forma para que se apresure. Una vez colocadas correctamente todas las piezas, vuelvan a ponerse rápidamente en sus pilas respectivas para la segunda prueba. Concédanse tres pruebas. Regístrese en cada prueba la forma en que trabaja el niño, así como el tiempo que emplea y los errores que comete.

Tendencias de la conducta. A los *3 años,* el niño sigue el método de la prueba y el error para la inserción. A veces llega incluso a retirar una pieza correcta y completamente colocada para probarla en otros agujeros en forma experimental. Tras la completa inserción de una pieza, es probable que le dé dos o tres golpecitos para colocarla en su lugar.

A los *4 años* toma una pieza y antes de colocarla examina el tablero. Es probable que tome una pieza en cada mano, colocando primero una y después la otra.

A los *5 años,* trabaja rápido y con soltura. Su búsqueda del espacio adecuado es menos ostensible que a los 4 años.

Significado del test. No solamente el rendimiento del niño, sino también la forma en que trabaja, el tiempo que emplea y su capacidad de aprendizaje constituyen valiosos tópicos de observación. Este test brinda una oportunidad a los niños de "mentalidad manual" para demostrar su mayor habilidad práctica en la percepción de formas. Naturalmente, es éste un excelente test para los niños sordos, puesto que el lenguaje no es esencial ni para la presentación ni para la respuesta.

TABLERO DE FORMAS DE GODDARD

Edad en años	3	4	5	6
Número de casos	7	29	57	18
Mejor desempeño, tiempo en segundos				
Tiempo medio, varones y niñas	96	55	34	28
Tiempo medio, varones	86	58	34	27
Tiempo medio, niñas	107	52	34	28
Número de errores	18-10	12-5	2	ninguno

(A-14) Formas coloreadas

Sobre un fondo blanco se pegan cinco figuras de color rojo brillante (un círculo, un semicírculo, un cuadrado, un triángulo y una cruz), tal como aparecen en la Lámina XIX. Entonces se le presentan al niño otras cinco figuras, coloreadas y recortadas, idénticas a las anteriores, una por una, para ver si reconoce las formas. Es obvio que este test resulta mucho más fácil para el niño que el test de las formas de Kuhlmann o la modificación de Terman. El colorido brillante atrae al niño, y la menor cantidad y mayor tamaño de las formas simplifica el test. En contraposición, éste es más difícil para el niño que el tablero de formas de tres agujeros. De este modo, viene a constituir una especie de puente a través de la laguna existente entre las edades en que el niño acomoda las formas en el tablero siguiendo más o menos el método de la prueba y el error, y aquella en que es capaz de reconocer las formas dibujadas con líneas. Sin embargo, el test sólo es aplicable dentro de una limitada escala cronológica, a saber, desde los 2 a los 3 años. La prueba se administra rápidamente, y al igual que la mayoría de los tests para esta edad, es significativo cuando la respuesta es positiva, pero no tanto cuando el niño no responde acertadamente.

Procedimiento. Colóquese el cartón con las formas coloreadas sobre la mesa, delante del niño, de modo que el semicírculo quede en el ángulo inferior izquierdo cuando éste lo mira, diciéndole: *"Oh, fíjate"*, y señalando las distintas formas en el cartón. Colóquese luego el círculo recortado, sobre el cartón con las formas coloreadas, arriba de la cruz, diciéndole: *"¿Dónde está el otro?"* *"Muéstrame el otro igual a éste"*, o bien: *"¿Dónde va éste?"* Si el niño no responde concretamente, señálese primero el círculo y luego la figura recortada, diciendo: *"Fíjate, son exactamente iguales"*. Póngase el círculo recortado cerca del círculo de cartón.

Muéstrense las otras formas recortadas (triángulo, semicírculo, cuadrado y cruz) en el orden dado y espérese la respuesta del niño. No deberá indicarse, al contrario del caso del círculo, la forma correcta, hasta tanto no hayan sido presentadas todas las formas.

Observación. Algunos niños tratan de tomar las formas coloreadas del cartón. En ese caso, habrá que contenerlos con suavidad. Otros niños insisten en colocar la forma recortada sobre la forma correspondiente en el cartón, lo cual es permisible, y estas respuestas, siendo correctas, se las considera una forma sustitutiva del señalar.

El examinador deberá evitar, naturalmente, proporcionar una clave al niño mirando hacia la forma correcta, pero con frecuencia los propios movimientos oculares del niño indican su aptitud para identificar correctamente las formas, aunque no se consiga hacer que las señale.

Tendencias de la conducta. Aunque este test no fue sistemáticamente administrado en casos normativos, ha tenido suficiente aplicación clínica como para definir las normas de prueba según la edad.

A los *2 años*, el niño no identifica ninguna de las formas; pero a los *30 meses* coloca una forma por lo menos. El *círculo*, el *semicírculo* y la *cruz*, parecen ser más fáciles de reconocer para el niño que el *cuadrado* o el *triángulo*. A los *3 años*, por lo menos reconoce tres de las formas.

(A-15)   TEST DE RECONOCIMIENTO DE LAS FORMAS GEOMÉTRICAS DE KUHLMANN-TERMAN

Originalmente concebido por Kuhlmann, éste lo presentó por primera vez en 1912, en su revisión de la Escala de Binet-Simon. Terman redujo ligeramente el tamaño de las formas e incluyó este test en su Escala de 1916. Varios investigadores, entre ellos Kuhlmann, Terman, Holbrook

Test de reconocimiento de las formas geométricas de Kuhlmann-Terman

y Goodenough, lo encontraron de alta fidelidad. Puede usarse provechosamente en edades comprendidas entre los 3 y 5 años.

El material de prueba consiste en un cartón blanco con diez figuras geométricas, de las cuales sólo se halla impreso el contorno. Las diez figuras se hallan dispuestas en tres filas, cuatro en las dos primeras filas y una en cada extremo de la tercera fila. En la mitad de la tercera fila hay una X donde pueden colocarse los duplicados recortados de las figuras. Arriba aparecen las diez formas. Se ha numerado cada forma a fin de facilitar su referencia.

Procedimiento. Sígase el procedimiento indicado para las formas coloreadas, pero omitiendo toda demostración.

Tendencias de la conducta. A los *3 años*, el niño reconoce cuatro figuras; a los *4 años*, ocho, y a los *5 años*, identifica todas las figuras.

Significado de la conducta. El círculo Nº 7, es la más fácil de reconocer; y las figuras 1, 3 y 6 son las más difíciles, de acuerdo con los porcentajes obtenidos para los 4 años. El análisis de los errores cometidos por niños normales parece indicar que a los 3 años el niño considera la figura como un todo, en tanto que a los 4 y 5 presta más atención a los detalles. A los *3 años*, el niño yerra eligiendo una forma de una similitud general con la que le muestran, en tanto que los niños más grandes se equivocan escogiendo una forma que se parece en cierto detalle a la figura exhibida.

El test se halla más específicamente relacionado con la percepción visual que los otros tests para estas edades, pero la comprensión de lo que se espera de ellos y la capacidad de una atención concentrada, influyen sobre la conducta del niño, especialmente a la edad de 3 años.

Diferencias de acuerdo con el sexo. No parecen ser significativas en las edades críticas y las diferencias que aparecen en los porcentajes carecen de regularidad.

TEST DE RECONOCIMIENTO DE LAS FORMAS GEOMÉTRICAS DE KUHLMANN-TERMAN

PORCENTAJE DE NIÑOS QUE RECONOCEN LAS DIVERSAS FORMAS Y ERRORES TÍPICOS COMETIDOS EN LAS DISTINTAS EDADES

Forma Nº	Porcentaje que identifica las formas a los			Confundida con la forma		
	3 años	4 años	5 años	3 años	4 años	5 años
7	81	100	100	4		
10	69	96	100	6		
2	69	92	98	4	4	8
5	69	92	96	7	7	7
9	69	82	98	?	8, 10	6
4	65	85	94	6, 7, 10	1, 10	1, 10
8	65	81	98	6, 9, 10	2	2, 1
6	69	75	96	2	2, 3, 4, 10	
3	65	67	94	9	9, 2, 6, 8, 10	6, 10
1	57	66	72	2,6	2, 6, 3, 8, 10	6, 3, 8, 10, 5

Número de formas combinadas	Edades		
	3 años	4 años	5 años
10	8	18	61
9	15	36	88
8	23	57	93
7	31	68	98
6	38	82	98
5	46	89	98
4	54	93	100
3	66	97	100
2	77	97	100
1	89	100	100
Nº de casos	26	28	57

§ D. DIBUJO

Tanto desde el punto de vista racial como ontogenético, la aptitud para escribir y dibujar sólo reconoce prioridad de importancia al lenguaje oral en el progreso de la raza y del individuo. En tanto que el del lenguaje es un carácter eminentemente social, no lo es tanto el del dibujo. El acto mismo de escribir o dibujar es asocial en el punto de su ejecución. Aunque la finalidad última del dibujo pudiese ser social, el individuo que se da a tal tarea es completamente distinto del que prefiere la conversación a la correspondencia y la oratoria a la pintura.

El niño preescolar es, generalmente, un artista entusiasta. Si se le da un lápiz o una tiza se entretendrá solo por períodos relativamente largos. Si nadie se lo impidiese, no tardaría en cubrir todos sus alrededores —paredes, pantallas, libros, ropas y cualquier otro artículo disponible— con sus trazos. En realidad, son rarísimos los cuartos de niños cuyas paredes no son, en algún momento de descuido, cubiertas de trazos y borrones, para solaz del niño y desesperación de los padres. A medida que el niño se hace más grande, cambia el carácter de sus trazos. Durante los años preescolares especialmente, estos cambios parecen depender más de la maduración neuromotriz y del desarrollo general de la observación y la coordinación viso-manual, que de la experiencia específica en el dibujo. Los tests de dibujo, aunque suponen un conjunto de aptitudes, proveen un excelente medio para apreciar el progreso evolutivo del niño, su capacidad de aprendizaje y su individualidad. La serie de tests que se incluyen en esta sección constituyen tareas apropiadas para toda la escala de los años preescolares. Hasta el niño de 1 año frecuentemente efectúa algún trazo y no por eso el de 6 años ha alcanzado madurez para dibujar y copiar.

Los primeros trazos de los niños llevan, con el tiempo, a dos actividades adultas: el dibujo creador y las artes gráficas. Existen algunas pruebas de que durante el período preescolar la capacidad para el dibujo creador puede no estar relacionada o aun estar inversamente relacionada con las habilidades de coordinación viso-manual. La imaginación, o como tan bien lo explica Lowenfeld (81), la percepción háptica, es un requisito esencial para toda actividad creadora. Puede ocurrir que las inexactitudes del niño, con su pobre coordinación viso-manual, estimulen ciertas ideas fantasiosas sobre lo que dibuja, conduciéndolo así al campo del arte; puede ocurrir también que la incapacidad para reproducir un dibujo propuesto sea una invitación suficiente para provocar un mayor interés y esfuerzo hacia el dibujo como pasatiempo; o bien puede suceder, finalmente, que la imaginación creadora sea incompatible con la reproducción fiel de lo que ya alguien ha hecho antes. Indudablemente, existen muchas fuerzas que motivan el dibujo, especialmente en sus etapas formativas, y estas fuerzas varían con cada caso individual.

El dibujo y la escritura dependen más, sin duda, en la vida adulta, de la coordinación neuromuscular que de la coordinación viso-manual. Los ciegos pueden aprender a modelar y esculpir y, mediante guías apropiadas, también a escribir (Lowenfeld, 81). Estas aptitudes pueden evolucionar sobre la base de los sentidos kinestésicos solamente. Pero en los primeros años de los niños normales, la coordinación viso-manual se desarrolla lentamente. Y no es sino hasta los 6 años cuando el niño común se halla listo para dibujar letras y escribir: el segundo, éste, de los tres clásicos requisitos esenciales de la educación primaria. Es de sumo interés rastrear la evolución de esta aptitud esencial, aun cuando, en la educación moderna, el uso de la máquina de escribir pueda desplazar hasta cierto punto la escritura a mano.

La serie de situaciones de prueba incluida a continuación tiene por finalidad revelar los distintos aspectos del dibujo. Se le da oportunidad al niño para que dibuje lo que él quiera, para dibujar un hombre, completar el dibujo de un hombre e imitar y copiar figuras geométricas. De este modo, se colocan distintos grados de limitación al desempeño del niño, y mediante el estudio de su registro total, pueden analizarse los aspectos componentes de su conducta.

Pero tal como lo ha señalado Krötzsch (77), el dibujo sólo posee valor psicológico cuando nos hallamos en condiciones de reconstruir la actividad causativa a la cual debe su origen. No basta con examinar simplemente el registro terminado. Debe realizarse un registro del orden y la dirección en que el niño dibuja, de sus acotaciones espontáneas y de su interpretación de lo que ha dibujado o copiado. Es de importancia, también, permitir sólo el grado de libertad prescrito en las diferentes situaciones, de modo que el desempeño revele la influencia de los diversos factores motivantes. Cualquier desviación inevitable de los procedimientos formulados deberá registrarse tan cuidadosamente como el comportamiento del niño. Administradas adecuadamente y bien interpretadas, las situaciones de dibujo son tests altamente significativos para las edades preescolares.

(A-16)   DIBUJO ESPONTÁNEO

Por lo general el niño se halla más dispuesto a colaborar si antes de dirigir su actividad se le permite mostrar libremente al examinador lo que es capaz de hacer él solo. El dibujo espontáneo, por consiguiente, constituye una excelente introducción para la serie de tests de dibujo. Además, cuando se administra el dibujo espontáneo en primer término, en la serie de dibujos, se obtiene un resultado no afectado por las indicaciones inherentes a las otras situaciones de dibujo. Este test ofrece una oportunidad de adaptación a los niños de limitada experiencia con el lápiz y el papel, con lo cual se torna más digno de crédito su desempeño subsiguiente. Sin embargo, cuando el apremio del tiempo no permite un examen completo, deberá omitirse la situación dando preferencia a la subsiguiente. "Dibujar un hombre".

La situación permite distinguir entre el niño que inmediatamente se pone a dibujar y el que, puesto ante un vasto margen de libertad, se muestra confundido o indeciso. Los niños más pequeños, de un repertorio limitado, dibujan lo que pueden y le dan nombres acordes con la impresión que el resultado final les produce. Como éste puede encerrar más de una asociación para él, es probable que sugieran distintas alternativas. Cuando el niño se halla próximo a la edad en que empieza a decidir de antemano lo que ha de dibujar, no es raro que cambie de intención al tiempo que dibuja. O bien su limitada habilidad produce un' objeto diferente del que inicialmente se proponía ejecutar, o la *Gestalt* del producto inconcluso sugiere la posibilidad de una alternativa. Las instrucciones para la situación no deben incitar al niño a decir de antemano lo que va a dibujar, pero sí pueden provocar un nombre para una figura que de otro modo quedaría sin bautizar. Sabemos por otros estudios (Hetzer, 55), sin embargo, que de ordinario el niño de 3 años no anuncia lo que va a dibujar, que incluso el de 4 años altera su designación para ponerla acorde con el resultado, y que no es sino hasta los 5 años cuando pone nombre al dibujo antes de ejecutarlo. Es a esta edad cuando el niño vacila al elegir lo que ha de dibujar. El tema del dibujo de un ñiño se halla en alto grado bajo la influencia del medio ambiente y de los acontecimientos recientes: calabazas o peregrinos en el otoño, arbolitos de navidad o chimeneas hacia diciembre y enero, un elefante en la época del circo, y botes, calesitas o banderas durante el verano. No obstante, la ejecución del dibujo constituye, en gran medida, una expresión de la individualidad del niño más que de su práctica. La situación es importante, porque es uno de los pocos tests que ofrecen al niño amplias oportunidades para demostrar su originalidad e imaginación.

Procedimiento. Colóquese una hoja de papel verde de 8,5 × 11 pulgadas (21,25 × 27,5 cm) sobre la mesa, delante del niño, de modo que el lado más angosto coincida con el borde de la mesa, frente a él. Al mismo tiempo, colóquese un crayón rojo de madera (o un lápiz desde los 3 años en adelante) en el centro del papel, con la punta dirigida en sentido contrario al niño. Si no toma el crayón con prontitud, habrá que alcanzárselo. Si se lo lleva a la boca o lo golpea contra la mesa, señálese el papel. Por debajo de los 2 años no son necesarias las instrucciones verbales. A veces puede suceder que el papel se deslice al realizar el niño sus trazos. Si no es capaz de fijarlo, es permisible sujetarle una esquina del papel mientras completa sus trazos. A los 2 años, y de ahí en adelante, se le dirá: *"Haz algo para mí"*. "Haz" puede ser reemplazado por "Dibuja", pero no deberá usarse ninguna otra palabra que de alguna manera pudiese sugerir el carácter de los trazos o dibujos del niño. Si es necesario, podrá agregarse: *"Lo que te guste más"*. Una vez que el niño ha terminado, se le preguntará, manifestando interés, pero no desconcierto. *"¿Qué es eso?*, pudiendo también pedirse detalles, pero cuidando siempre de no sugerir una interpretación. Después de los 3 años, se emplea el lápiz *sans craser*, en lugar del crayón. Si el niño no escribe o dibuja espontáneamente su nombre, el examinador puede sugerirle que lo haga. Naturalmente, a edades por debajo de los 3 años, la sugestión es inadecuada, pero a veces hasta los niños de 3 años simulan escribir.

Tendencias de la conducta. El niño de *1 año* por lo común lleva el crayón hasta el papel, pero no por eso efectúa necesariamente un trazo. No obstante, 4 semanas más tarde, a los 13 meses de edad, debe esperarse decididamente que haga un trazo en el papel. Si el niño de un año hace trazos, es más probable que éstos resulten de golpear el lápiz, que de trazar. Pero a los 13 meses ocurre a la inversa. Por entonces, es doble el número de niños que marcan el papel que aquellos que lo golpean, haciendo puntos. Debe recordarse, sin embargo, que poco menos de la mitad de los niños de 1 año no combinan espontáneamente el papel y el crayón, y raramente se les da a los infantes de esta edad por garabatear espontáneamente.

El término medio de los niños de *18 meses* no sólo hace trazos en el papel, sino que también garabatea. A esta edad, sólo un tercio de los niños persiste en golpear el crayón contra el papel. Una mitad de los niños que garabatean prosigue sus líneas hasta más allá de los límites de la hoja. La dirección de los trazos o garabatos hechos por los niños de esta edad es variada. Una tercera parte los hace en la dirección horizontal o vertical, otro tercio los hace circulares o en ángulo, y el otro tercio, por último, en todas direcciones. Los trazos, por lo general, no son ni muy gruesos ni demasiado débiles, lo cual demuestra que la presión ejercida por el niño de 18 meses es 'moderada.

A los *2 años*, los dibujos espontáneos de los niños revelan muy poco progreso con respecto a los realizados seis meses antes. Aunque a los 2 años raramente golpea el crayón contra el papel, todavía garabatea. Sus garabatos se hallan más definidos que seis meses atrás, y sus líneas raramente se pasan ahora fuera de la página. El niño se esfuerza por sostener el crayón a la manera adulta, tendiendo sus trazos a ser más gruesos que los de los 18 meses. A los 2 años, los trazos tienden a ser circulares o en ángulo, más bien que en dirección vertical, horizontal o en todas direcciones. De hecho, a esta edad, se comienzan a advertir indicios de un dibujo representativo incipiente. Dos de los treinta y cuatro niños llegaron, incluso, a poner nombres a sus esfuerzos: una niña dijo que sus trazos eran un gatito y otra que estaba dibujando nueves.

A los *3 años*, el niño es, a sus propios ojos, un artista. Más de las tres cuartas partes de este grupo dio nombres a sus dibujos, aun cuando para los ojos de un adulto sus obras no eran menos enigmáticas que una mancha de tinta. Pese a ello, la imaginación, a los 3 años, no parece verse exigida cuando se le pregunta al niño qué es lo que ha dibujado. En realidad, ofrece la designación de buen grado y aun propone distintas alternativas. Una niña designó elásticamente su dibujo como una "pelota grande", la "cabeza de un hombre" ¡y un "poste telefónico"! Un varón dijo que el suyo era un "árbol", un "niño", "zanahorias" y "éste es el de la inocencia te valga". Alrededor de un tercio de los niños de 3 años garabatea, pero aun éstos le dan nombre a lo que han dibujado. Podemos considerar esta mercurial forma de expresión gráfica como una suerte de "garabatear" evolutivo.

A los *4 años* raramente garabatean los niños; sus obras, por el contrario, merecen realmente llamarse dibujos, porque aun para los ojos adultos adquieren forma y sentido. Puede decirse que el niño de 4 años es individualista, ya que sólo en dos ejemplos hubo una duplicación del objeto dibujado. Un varón y una niña dijeron que su dibujo era una casa; y otro varón y otra niña llamaron caballo al suyo. Con la excepción de un niño que incluyó seis detalles en su dibujo, los dibujos no se diferenciaban por los detalles, aunque en algunos pocos ejemplos todo el dibujo no era más que un detalle. Un niño, por ejemplo, dibujó ocho ojos, y otro dijo que el suyo era "la nariz de un pájaro". Tres niños intentaron dibujar letras. Esta etapa puede llamarse de representación dogmática.

El dibujo de un niño de *5 años* es claramente reconocible, correspondiendo con la designación que el niño le adjudica, debido, probablemente, a la diferenciación de las partes, así como a la representación naturalista. El niño de 4 años no diferencia las partes, en tanto que el de 5 años discierne entre tres o más partes: la bandera tiene un asta, estrellas y franjas; la casa tiene ventanas, chimenea y escalera; el árbol tiene tronco, ramas y frutas. A los 5 años el niño es tan individualista todavía, que no es factible presentar un análisis estadístico completo de lo que dibuja. Debe mencionarse, sin embargo, que un quinto de los niños hace letras, la cuarta parte dibuja una persona y otro cuarto, un edificio. El resto dibuja cosas tales como un bote, una manzana, un árbol de Navidad, una estufa, una bandera, una calesita, el nido de un pájaro, una botella de leche y una calabaza. A los 5 años el niño ha alcanzado ya la etapa realista del arte.

A los *6 años* los dibujos revelan superioridad sobre los de los 5, en precisión y riqueza de detalles. Seis dibuja el doble de detalles que Cinco, y es completamente realista en lo que dibuja. En lo que se refiere a los temas de sus composiciones, no hay grandes cambios. Es más probable ahora, sin embargo, que firme el dibujo dibujando su nombre en letras de imprenta, quizá, seguramente, por haberlo aprendido así en la escuela.

Diferencias de acuerdo con el sexo. No hay diferencias marcadas hasta la edad de 5 años. Por entonces las niñas dibujan, generalmente, una casa, una señora, una calabaza, una muñeca, un gato o una niña, en tanto que los varones prefieren dibujar un barco, una bandera, un faro, una calesita, un nido de pájaros o un elefante, revelando, probablemente, una más vasta experiencia que las niñas. Éstas, sin embargo, incluyen, a los 5 años, muchos más detalles que los varones de la misma edad.

NÚMERO DE DETALLES EN DIBUJOS ESPONTÁNEOS DE NIÑOS DE 5 AÑOS

PORCENTAJE DE DIBUJOS A LOS 5 AÑOS QUE INDICABAN DETALLES

	Niños	Niñas
Más de 3 detalles	26	70
Más de 6 detalles	15	40
12 ó más detalles	0	17

SUCESIÓN GENÉTICA DE LOS NIVELES DE CONDUCTA EN EL DIBUJO ESPONTÁNEO

Edad 12 meses — Hace trazos golpeando o frotando.
    15 meses — Más traza que golpea.
    18 meses — Garabatea, pero los trazos se pasan fuera de la hoja.
    2 años — Hace garabatos confinados a la página.
    2 años — Sostiene el crayón con los dedos, haciendo pequeños trazos.
    3 años — Dibuja una forma indiferenciada pero le da nombre.
    4 años — Dibuja toscamente una forma diferenciada.
    5 años — Dibuja una forma simple pero fácilmente reconocible.

Interpretación del dibujo. El valor de este test no estriba tanto en su significación desde el punto de vista de la madurez, sino en sus implicaciones con respecto a la personalidad. La etapa genética del dibujo es indicativa sólo en un grado muy general. Pasada la etapa del dibujo de formas reconocibles, los factores de maduración o evolutivos desempeñan un papel relativamente menor. Por debajo de esta etapa, sin embargo, la madurez tiene el papel más importante. Si un niño de 5 años, por ejemplo, dibuja una forma irreconocible, por lo general ello significa un desarrollo lento. Aunque el número medio de detalles dibujados por Seis es mayor que el término medio de los dibujados por Cinco, nada impide que en el caso particular de un niño determinado no ocurra este mayor refinamiento de los dibujos con la edad.

¿Pero qué es lo que expresa el niño en sus dibujos? Puede expresar libertad o represión, en el tamaño de lo que dibuja, y en su tema, lo que por entonces más le interesa. Expresa imaginación o falta de imaginación; preocupación por los detalles, en lo trabajado de su reproducción; esmero y eficiencia en la forma en que dibuja, y en todos estos rasgos, en suma, expresa las propensiones y limitaciones de su edad.

En la página 165 se han reproducido los dibujos espontáneos anuales de tres niños desde los 3 a los 6 años. Damos a continuación una somera descripción de estos tres niños y de sus dibujos anteriores a los 3 años, así como la reseña de su conducta mientras ejecutaban los dibujos.

B-34. BC es un niño tranquilo cuyo medio hogareño es feliz pero venido a menos. Es equilibrado, imaginativo y tiene sentido del humor. Los movimientos son eficaces, controlados, sin pérdida inútil de movimientos. Más que a expansivos tienden a contenidos. Mientras el niño dibujaba, se tomaron los siguientes registros:

56 semanas. Toma el crayón con la mano izquierda, lo pasa a la derecha, lo lleva decididamente al papel. Se lleva el crayón a la boca, levanta el papel, suelta el papel, lo corre hacia la izquierda y nuevamente pone el crayón sobre el papel. La atención pasa del crayón al papel y viceversa, pero repetidamente papel y crayón se ponen en contacto.

80 semanas. Toma el crayón con la mano derecha y lo pone en contacto con el papel, haciendo un trazo.

1) Niño B 34

2) Niño G 43

3) Niño B 36

a) 3 AÑOS	b) 4 AÑOS	c) 5 AÑOS	d) 6 AÑOS

4) EDAD

5) Dibujos espontáneos a los 3, 4, 5 y 6 años de edad.

2 años. Toma el crayón con el puño derecho. Lo aplica al papel, ejecutando trazos muy pequeños y débiles. Examina el crayón y luego lo pasa a la mano izquierda y empieza a agarrar el papel.

3 años. *"Dibuja algo para mí".* Toma el lápiz con los dedos de la mano derecha y hace un pequeño trazo en el papel. Cuando se le preguntó, *"¿Qué es eso?,* respondió algo que sonó como "a gog" ("un pego").

4 años. *"¿Quieres dibujar?"* Asiente afirmativamente con la cabeza, pero no se acerca al lápiz. Mira largamente al examinador. *"¿Te gustaría tomar el lápiz?"*

Sacude afirmativamente la cabeza. *"Tómalo"*. Lo toma y dibuja, a pedido. *"¿Qué es eso?"* "Una pelota". El examinador señala los trazos que están debajo de la pelota y pregunta qué son. "Mi nombre".

5 años. *"¿Quieres dibujar algo para mí?"* Dibuja. *"¿Qué es eso?"* "Un auto".

6 años. Se le pidió que escribiese su nombre en la parte superior del papel. Toma el lápiz con la mano derecha. Primero dibuja una C en sentido inverso al del reloj; luego una B, haciendo primero el trazo de arriba abajo. "Así es como me dice la maestra". Sigue dibujando espontáneamente. *"¿Qué es eso?"* "Eso es un pájaro. Pájaros volando. Esas, las orejas. Este de aquí también es un pájaro. Hay que hacerle las patas", y se las agrega al dibujo. "Esta de aquí es la casa de un pájaro."

G-43. BE es una criatura delgada, nerviosa, descontentadiza. Dispersa sus energías, pero le preocupan los detalles. Por momentos se muestra un poco aprensiva respecto a la aprobación de los adultos. No es muy imaginativa y le falta iniciativa, pero se muestra activa en las tareas de rutina. Los registros describen su conducta del modo siguiente:

60 semanas. Toma el crayón con la mano derecha, lo da vuelta, lo deja colgando sobre el papel con la punta para arriba. Finalmente se acerca al papel y lo levanta. Nuevamente el crayón en el puño derecho, hace balancear la punta contra el papel y se producen trazos bien definidos.

80 semanas. Toma el crayón con la mano derecha y lo frota transversalmente sobre el papel. Luego empieza a tirar la hoja para arriba para escribir en la hoja siguiente.

2 años. Garabatos espontáneos.

3 años. *"Dibuja algo para mí"*. Toma el lápiz y dibuja. *"¿Qué es eso?"* Se vuelve hacia la madre y le muestra el dibujo, preguntándole, "¿Qué es esto?" *"Tú tienes que decirme"*. Contesta que es una "pelota grande".

4 años. *"¿Quieres dibujar algo para mí?"* "No sé dibujar nada. Abuelito sabe escribir algunos números". *"Tienes que dibujar algo"*. "¿Qué puedo dibujar? Porque tengo que dibujar; mi hermano dibuja y trajo a casa un cuadro precioso y Mami", dirigiéndose a la madre, "¿sobre qué era?" Luego dice algo sobre "gato y perro". "Yo no sé dibujar". Hace un pequeño trazo en el borde de arriba del papel. Inmediatamente después, cuando se le pidió que dibujara un hombre, lo hizo elaboradamente, con muchos detalles.

5 años. *"Dibuja algo que te guste"*. Observa la marca al agua del papel y también el número al tope de la página. Dice, "Lápiz negro. Eso parece un lápiz negro". Después de hacer unos trazos en el papel, representando el cabello de una niña, dice: "Parece como si yo estuviese escribiendo un nombre". Dibuja. "Mami, mira la nariz. Tengo que hacerle la boca. Le hice una boquita chica en vez de una boca. No creo que ésta vaya a ser una chica muy grande. Si ella estuviera aquí yo la haría grande, pero no quiero que sea grande. Se parece a un ratón". Risas contenidas. "¡Qué zapato! Tengo que hacerle los brazos. Si no le hago los brazos no va a poder comer. Ahora, el vestido. Es una chica chueca". Dirigiéndose a la madre: "Mira el humo. Le sale humo del sombrero". "Los botones del vestido de la chica". *"¿Está completa ahora?"* Sacude la cabeza afirmativamente.

6 años. Escribe su nombre. *"Dibuja algo para mí... "¿Qué es eso?"* "Una especie de mano". El examinador le pregunta las partes. "Los dedos, partes del brazo".

B-36. MB es un niño serio que padece de asma. Trabaja un poco a la ligera, rápido, concentrado y con imaginación. Desde la primera infancia ha demostrado cierta tendencia a usar la mano izquierda. Damos a continuación una descripción de su conducta con los comentarios realizados mientras dibujaba:

56 semanas. Toma el crayón con la mano derecha, lo pasa a la izquierda y sosteniéndolo entre el índice y el pulgar de la mano izquierda, lo suspende contra el papel. Nuevamente vuelve a tomarlo con la mano derecha, lo deja caer sobre el papel y lo pasa a la mano izquierda; pone la punta contra el papel y sobre él realiza unas pocas marcas muy débiles.

80 semanas. Toma el crayón con la mano derecha, lo pasa a la izquierda y lo sostiene con la punta hacia el papel. Pone el crayón contra la pared y realiza algunos trazos, pero no los mira después de hacerlos. Finalmente, deja caer el crayón sobre el papel, se vuelve hacia la derecha y deja caer el crayón a la derecha.

2 años. Sostiene el crayón en la mano derecha a la manera adulta y hace trazos sobre el papel. Más tarde tomó el crayón con el puño cerrado, y luego a la manera adulta, entre el pulgar y los dos primeros dedos.

3 años. Toma el lápiz, primero con la mano izquierda y luego con la derecha. "Yo tengo una lapicera en casa. Una lapicera con una goma en ella". Ejecuta unos trazos débiles con la mano izquierda y la línea al pie de la página con la derecha.

4 años. Toma el lápiz con la mano derecha. Dibuja (1). "¿Usted nunca vio un revólver de un hombre malo que se lleva un chico? Otro hombre malo. Éste va a ser el revólver (2). Éste va a ser el chico (3). Ésta es una pierna del chico. Esta es la otra pierna. No me queda lugar para hacerle la otra mano (4)".

(1) Dibuja una espiral circular empezando por el centro y le agrega piernas y brazos. Luego unos trazos para el pelo. (2) Agrega un trazo a la derecha del hombre. (3) Dibuja una espiral más pequeña más arriba, a la derecha; luego una pierna y después la otra pierna. (4) Agrega una pequeña línea para la mano al borde del papel.

5 años. "Dibuja algo para mí". Toma el lápiz con la mano derecha. Hace girar el papel ligeramente. Dibuja una cruz. Hace la línea vertical con un trazo de arriba abajo; hace la línea transversal de izquierda a derecha y luego extiende la cruz hacia la izquierda. (Instrucción escolar: Ninguna.) "¿Qué es eso?" "Una cruz".

6 años. "Dibuja algo para mí". "Yo sé dibujar un sobre". "¿Qué es esto?" "Eso se dobla y se pega", dice señalando la parte triangular del sobre. "Escribe tu nombre". "No sé escribirlo". "¿Sabes hacer alguna letra"? "Eso sí sé, sé hacer un montón de letras. A, H, K, no sé cuál es ésa, R".

(Los dibujos primeros dibujos del niño B-34 eran, en realidad, muy pequeños y se hallaban en el ángulo inferior izquierdo de la página. El segundo dibujo de G-43 también era muy pequeño, hallándose en el ángulo superior izquierdo de la hoja. Los dibujos correspondientes al niño B-36 se hallan simétricamente reducidos y muestran la colocación exacta de las figuras en las hojas de los dibujos originales. Leyendo de izquierda a derecha, los dibujos han sido reproducidos en la siguiente escala:

B-34 x1, x1, x1, x⅜
G-43 x¼, x2, x⅜, x¼
B-36 x¼, x¼, x¼, x¼.)

Nuestros registros demuestran que, salvo los casos en que el niño se desvía marcada y repetidamente, no es provechoso ni adecuado analizar el dibujo en términos freudianos. En el dibujo de B-36 de un hombre con un revólver raptando a un niño, por ejemplo, había un interés pasajero estimulado por el reciente episodio de un secuestro que había sido comentado en la familia. Por cierto, el hecho de haberlo dibujado demuestra que el suceso lo había impresionado, pero esta impresión, más que emocional, era de tipo intelectual. No existe ninguna razón especial para suponer que el niño se identificaba de algún modo con el niño del dibujo. El dibujo expresa, sin embargo, la edad del niño por su reproducción inmatura del hombre y del niño. El dibujo también refleja falta de cuidado en su ejecución apresurada, falta de represión en lo extendido de las figuras, y cierta originalidad y poder imaginativo en la concepción general de la representación. Esta interpretación está plenamente justificada por el comportamiento del niño en otras situaciones, por los informes de sus padres y por el desarrollo previo y subsiguiente. Aunque un dibujo sirve para revelar muchos rasgos, sólo debe estimarse como parte del examen total.

Compárense los dibujos de B-36 con los de B-34, cuyo dibujo de los 4 años muestra represión, imaginación, menos interés en los detalles, originalidad de concepción y eficiencia y mayor claridad en la ejecución. La diferencia sobresaliente entre ambos niños, especialmente a los 4 años, era de represión, y ésta se revela ostensiblemente en sus dibujos. Aun a los 3 años y a los 2 años es evidente esta represión en sus trazos. A los 2 años, ambos hicieron pequeños trazos similares, pero los de B-36 se hallaban dispersos sobre el papel, en tanto que los de B-34 se hallaban circunscritos al ángulo inferior derecho. A los 3 años, los trazos de B-36 abarcaban por lo menos dos tercios del largo total del papel, en tanto que los de B-34, nuevamente, se hallaban circunscritos a una reducida superficie.

En contraste con los dibujos de B-36 y B-34 (dos varones), tenemos los dibujos espontáneos anuales de G-43 (una niña). Más que represión, sus vacilaciones y trazos pequeños denotan pobreza de ideas. A los 4 años fue necesario apremiarla para que dibujase espontáneamente, aunque cuando se le pidió que dibujara un hombre, ejecutó una refinada figura con minuciosa preocupación por los detalles. Esta niña pone de manifiesto

DIBUJO ESPONTÁNEO

PORCENTAJE DE CASOS QUE MANIFESTARON DIVERSAS CONDUCTAS

Edad	52 snas.	56 snas.	80 snas.	2 años	3 años	4 años	5 años	6 años
Número de casos	48	28	37	34	31	22	57	16
No combinaron papel y crayón	46	26	5	6	3			
Golpearon el crayón contra el papel	31	32	35	3	3			
Trazos lineales	10	74	65					
Garabatos	0	0	57	62	39	9	16	7
Trazos horizontales			16	{ 32	6 } 24			
Trazos verticales			16		18			
Trazos en ángulo			24	{ 27	35 } 50			
Trazos circulares			3		15			
Trazos en todas direcciones			38	21				
Líneas fuera del límite de la página			41	9	13			
Trazos débiles			3	18	23			
Trazos medianos			60	35	52			
Trazos gruesos			30	41	23			
Dio nombre al dibujo			0	6	77	64	95	100
Número de detalles (medio)						9	3	6
Dibuja una persona					26	14	23	36
Dibuja un edificio					7	23	25	14

un interés femenino y característico por los detalles, salvo a los 6 años, en que produce un desempeño bastante sorpresivo, probablemente bajo la influencia de la experiencia escolar.

Debemos recalcar nuevamente que el dibujo no debe ser analizado por sí mismo, sino que debe considerárselo como una prueba suplementaria y corroborativa de la personalidad total revelada en el transcurso del examen completo. Cuanto más sepamos acerca del niño en su totalidad, mejor será nuestra situación para interpretar cualquier aspecto de la conducta.

(A-17) "Dibuja un hombre"

No bien el niño empieza a interesarse en la representación gráfica, descubre en sus trazos semejanzas con la figura humana. La tercera parte de los niños de 3 años dijeron que sus dibujos espontáneos eran "un hombre", "un chico", "tú", "la cabeza de un hombre", "una señora" o cualquier otro personaje.

Aunque normalmente el niño no predice el resultado final de su dibujo hasta pasados los 4 años, ello no se debe a incapacidad para ajustar sus trazos a cierto objetivo establecido de antemano, pues ya a los 3 años el niño es capaz de adaptar su dibujo espontáneo a la tarea: "dibuja un hombre".

Goodenough (44) y otros han demostrado lo útil del test para juzgar la intelectualidad del niño. Es, por lo tanto, perfectamente recomendable incluir el dibujo de un hombre en una serie de tests encaminados a definir las disposiciones y aptitudes individuales. En tanto que la obra terminada del niño tiene cierta significación, es de gran importancia, especialmente en edades preescolares, observar al niño mientras dibuja y una vez terminada la figura pedirle que interprete su arte. De otro modo, gran parte del sentido que el niño pone en sus toscas tentativas se perdería irremisiblemente.

Si el niño ha dibujado espontáneamente un hombre, esta situación será omitida. No obstante, si el niño ha dibujado una chica, un chico, un nene, una señora o cualquier otra persona que no sea un hombre, la situación puede realizarse con provecho.

Procedimiento. Una vez terminado el dibujo espontáneo y habiendo dicho el niño lo que había dibujado, se le dirá: *"Eso está muy bien"*, y tras dar vuelta la hoja, se agregará: *"Ahora dibuja un hombre"*. Si el niño dice "Podría dibujar una chica", o cualquier otro objeto que no sea un hombre, se le dirá: *"Muy bien, pero ahora trata de hacer un hombre"*. Si el niño se resiste, se le dirá animándolo: *"Oh, estoy seguro de que puedes hacerlo"*. Si es necesario, agréguese: *"Sólo tienes que probar"*. Son excepcionales los niños que no obedecen. La adaptabilidad es, en sí misma, significativa. Désele al niño entera libertad para dar vuelta el papel; pero en caso necesario, sujétese el papel mientras dibuja. Una vez que el niño termina su dibujo, pídasele que nombre las diversas partes, a menos que no haya ambigüedad posible.

Tendencias de la conducta. A los *3 años*, si se lo toma en un momento favorable, el niño responde al pedido de dibujar un hombre, sin titubear. Rápidamente completa su boceto, que puede tener o no el propósito a él atribuido por un adulto. Por cierto que el dibujo necesita del título para ser interpretado. A veces el niño se limita a dibujar una o más líneas verticales o quizá uno o más círculos; otras veces dibuja un círculo con apéndices o ejecuta una tosca representación de una cara, o, lo que es aún más frecuente, traza simplemente unos cuantos garabatos diciendo que eso es un hombre. Por regla general, a esta edad no existe diferenciación de las partes. El cociente entre el largo y el ancho del dibujo es sumamente variable y extremo, según que la representación sea lineal o circular. El tamaño del dibujo es, del mismo modo, variable y extremo. Los trazos, bien pueden ser casi diminutos, o bien pueden abarcar prácticamente todo el largo y ancho del papel.

A los *4 años*, el dibujo de un hombre comienza a adquirir forma definida. Los niños ya reproducen la cabeza, y por lo común los ojos se hallan diferenciados. Frecuentemente también se incluyen otros rasgos faciales. Más de la mitad de los niños le dibujan al hombre o las piernas o los pies, comúnmente las piernas. Puede estar dibujado al revés o transversalmente, pero por lo general tiene la orientación normal. El dibujo todavía necesita del título y aun de interpretación. Cuando ésta ocurre, se hace patente que el niño está tratando de organizar su representación gráfica para conformarla a su idea de un hombre, por muy burdas que puedan resultar sus tentativas. Raramente se dan los meros garabatos. Como Gridley (51) y otros han demostrado, es ésta una edad altamente formativa en lo que a la representación gráfica atañe; el niño de 4 años no posee una fórmula fija, sino que en las sucesivas repeticiones va modificando sus dibujos, de modo que no puede confiarse en que realice mañana el mismo dibujo que ha ejecutado hoy. No obstante, el hombre dibujado por el niño revela en forma característica su capacidad y su personalidad. Los dibujos de los 4 años son casi tan variables en tamaño como los de los 3 años. La longitud del hombre de los 4 años es igual, término medio, a dos veces y media su ancho.

A los *5 años*, el niño dibuja un hombre inconfundiblemente. La boca y la nariz se hallan indicadas, así como los ojos; el hombre posee, también, cuerpo, brazos, piernas y pies. La orientación de abajo arriba (al revés) o atravesada, es rara. A veces algún niño de esta edad dibuja piernas bidimensionales. Las prendas de vestir, tales como el sombrero, los pantalones y botones también aparecen a veces, aunque no es frecuente. El hombre de los 5 años es decididamente más pequeño que el de los 4. Es la mitad de largo y las tres cuartas partes de ancho, pero la relación entre la longitud y el ancho sigue siendo como a los 4 años.

De modo que el niño de 5 años, no obstante las instrucciones de dibujar un hombre, dibuja la figura de un niño.

El dibujo de un hombre, a los *6 años*, muestra signos de que el niño se está haciendo grande. Ahora, el hombre tiene cuello, tiene manos en los extremos de los brazos y está vestido con sombrero y pantalones. Las piernas son ahora más consistentes, dado que, más que simples barrotes, son ya piernas bidimensionales. Por otra parte, el hombre es cuatro veces más largo que ancho. Junto con el niño, crece el hombre.

Diferencias de acuerdo con el sexo. Existe la tendencia, evidente en todas las edades estudiadas, entre las niñas, de incluir más detalles que, los varones. Los puntos más frecuentemente incluidos por las niñas son aquellos especialmente prominentes. También es más frecuente entre las niñas que entre los varones la inclusión de objetos extraños, tales como la tierra, juguetes, una manta, un lápiz, una pelota y aun patines de hielo.

Significado del test. Este test supone un conjunto de aptitudes, complejas en alto grado. Al nivel de madurez del desempeño, se destacan: la selección de los rasgos representativos a dibujarse, la integración y diferenciación de estas partes, la adecuada proporcionalidad de las partes y la orientación de las partes unas respecto de otras y la de la figura con respecto al papel. Es obvio que estos son factores que requieren un alto grado de observación, habilidad y juicio. En el niño inmaturo cada factor participa en la medida en que se ha desarrollado. Además, tanto en lo que dibuja como en la forma en que lo dibuja, se refleja la personalidad del niño. Es digna de particular mención su acomodación a la tarea, el cuidado y ensimismamiento con que trabaja, su tensión según lo revela la presión ejercida sobre el lápiz, y su capacidad autocrítica evidenciada mediante diversas expresiones de satisfacción con su trabajo. Su desempeño es, de este 'modo, altamente elocuente desde el punto de vista psicológico.

En su dibujo, el niño representa tanto su concepto de un hombre como lo que él ha aprendido a dibujar, que, para él, se parece a un hombre o a alguna parte de un hombre. El que un niño de 3 años dibuje una cabeza o las piernas, depende de si en esa época está dibujando líneas o círculos. Un niño no dibuja círculos diciendo que son piernas; el rasgo sobresaliente de la pierna es, para el niño, la longitud. Del mismo modo, si quiere representar una cabeza no dibuja una línea; el rasgo sobresaliente de la cabeza es su redondez. De este modo, las limitaciones de la capacidad para dibujar determinan, hasta cierto punto, el concepto expresado por el niño.

Los trazos sobre el dibujo ya realizado o el sombreado representan, por lo común, el esfuerzo del niño por colorear o destruir el dibujo debido a su insatisfacción con el mismo. Cuando el sombreado es muy oscuro puede expresar tensión o un deseo de evasión; no implica necesariamente una referencia a persona alguna.

Cuando cualquier característica de una etapa normal del desarrollo persiste después de esa edad, debe explicársela en función de la individualidad del crecimiento o bien de una ineptitud específica. Cuando después de los 6 años un niño insiste todavía en dibujar un hombre al revés, es evidente que no ha asimilado las convenciones normales. Este defecto, hasta tanto sea superado, habrá de complicarse, expresándose en otros aspectos asociados de la conducta. Es precisamente debido a esta misma individualidad del crecimiento por lo que es difícil hacer generalizaciones en lo concerniente a la interpretación de la conducta atípica. Afirmar, por ejemplo, que el detallismo implica un tipo verbalista de niño, es simplificar el problema en exceso. Debemos hacer hincapié nuevamente en el hecho de que el significado del dibujo de un niño sólo puede ser válidamente determinado con referencia al complejo total de su comportamiento.

En la lámina XV se han reproducido tres dibujos característicos de un hombre para cada uno de los cuatro niveles cronológicos, a saber, 3, 4, 5 y 6 años. Los dibujos de la Fila Uno, con excepción del hombre de G-23, son algo menos maduros que los de la Fila Dos. La Fila Dos representa un desempeño típicamente normal. Los cuatro dibujos de esta fila fueron hechos todos por la misma niña y muestran claramente las series genéticas en la conducta de esta niña en particular. Su hombre invertido de los 4 años cobra interés comparado con el hombre de G-23, situado precisamente arriba de éste. Los dibujos de la Fila Tres son todas representaciones más elaboradas que lo que suele encontrarse por lo común. El hombre de los 4 años de esta fila fue dibujado horizontalmente, puesto que después de hacer el cuerpo, el niño hizo girar el papel. El sombreado del hombre de los 5 años fue explicado por el niño como coloración. Debemos hacer notar, también, que G-43, la artista de 6 años, es la misma niña de los dibujos espontáneos ilustrados en la página 174.

Los registros siguientes describen el orden seguido por el niño en el dibujo y sus comentarios al mismo.

Primera Fila, B-3, 3 años. Cuando se le preguntó si podría dibujar un hombre, replicó que no, y entonces comenzó a trazar líneas en la dirección vertical, a lo largo del margen derecho del papel. Cuando se le preguntó qué había dibujado, contestó: "Un hombre grande, grande".

G-23, [2] 4 años. *Dibuja un hombre*: Dibuja sin hacer comentarios. A pedido, menciona "boca, ojo, nariz, pierna, pierna, un hombre".

B-12, 5 años. *Dibuja un hombre.* "Yo sé hacer números". *Dibuja un hombre.* "Yo no sé cómo se hace". *Prueba.* "Yo sé hacer una mesa". *Dibuja un hombre.* "¿Así?" Dibuja 1 y dice, "Ésa es la pierna". Dibuja 2 y dice, "Aquí está la otra". Dibuja 3. "Ésta, la cabeza". Dibuja 4, "Los ojos. Él mira por allí..." Rompe el lápiz. Dice que todavía tiene más. El examinador le contesta que le dará otro si ése no tiene punta. "Si tiene me tendrá que dar uno de tinta, ¿eh?" "No tiene que tener nada más. Ya está completo salvo los pies. Uno para sus pies y uno para los dedos. Y esta parte son los dedos. Ya no necesita nada más".

[2] Este dibujo, así como el de B-23 a los 4 años también ha sido reproducido y analizado en una monografía de Gridley (51).

G-34, 6 años. *Dibuja un hombre.* Dibuja. "*¿Qué es esto?*" "Nariz-boca-pantalones-piernas-pies-pies-ojo-cabeza". "También puedo hacer un gatito".

Segunda Fila. G-18, 3 años. *Dibuja un hombre.* El examinador, señalando los trazos: "*¿Qué es eso?*" "Un hombre". "*¿Qué parte del hombre es ésta?*" "Tapos" (pasos). "Esos son los pies".

G-48, 4 años. *Dibuja un hombre.* Dibuja. El examinador pregunta las partes. "Un ojo, un ojo, una nariz, una boca, pies, las piernas". Examinador: "*¿No está al revés ese hombre?*" Sacude la cabeza negativamente. (Probablemente no comprende la expresión "al revés".)

G-18, 5 años. *Espontánea. Dibuja un hombre.* Rompe la punta del lápiz mientras dibuja. "No importa porque total ayí hay más", al tiempo que señala el otro extremo del lápiz. Ex.: "*¿Qué es eso?*" "Un hombre, ojos, nariz, boca, la cara, los pies (señalando una pierna), los pies (señalando la otra pierna)".

G-18, 6 años. Empieza por escribir el nombre en letras de imprenta, a pedido del examinador, al tope de la página. Después de la U dice haberse olvidado del resto. Continúa con F E T I. Dibuja un hombre espontáneamente. El examinador le pregunta las partes. "El sombrero-la otra parte del sombrero-la cara-el-ojo-la nariz-el saco y el cuerpo-eso son las manos-eso el resto de las manos-la pierna-los pies-la pierna-los pies".

Tercera Fila. G-44, 3 años. Dibuja un hombre, espontáneamente. El examinador pregunta las partes. "Cara, cabeza, también cabeza, brazo, brazo, pierna, pierna".

B-23, 4 años. *Segunda prueba con el hombre.* Dibuja el cuerpo, 1-4. Gira la hoja 90° a la izquierda, quedando la parte de arriba del papel tal como se indicó. Dibuja, diciendo "ayí tán los ojos". Se detiene. El examinador, señalando 4, pregunta qué es. Esto actúa como estímulo para seguir dibujando. Dice: "Ayí la pena" y la dibuja, 7. Dice: "Perna", dibuja 8. 9. Dice: "Ota pena". Luego agrega: "Brazos, hay que hacelos". A pedido, nombra el lado del cuerpo, 1 y 2, diciendo "Eshe un hombe, un hombe grande".

G-9, 5 años. Examinador: "*¿Quieres dibujar un hombre para mí?*" Dibuja. Muy absorta en su dibujo. A veces saca la lengua. No se ha vuelto ninguna vez hacia la madre, aunque por dos veces ésta hizo algunos comentarios. El examinador pregunta: "*¿Está terminado?*" Niña: "Pintarlo". Ya no le queda punta al lápiz casi, pero se las arregla para que escriba. Señalando distintas partes, el examinador pregunta: "*¿Qué es esto?*" "El pelo, las cejas, los ojos, la nariz, boca. Mire éste, es sus dos costados, los labios, los botones de la camisa, la pintura. Ésa es la pintura al lado de los botones, los pantalones, los pies. También sé hacer una señora".

G-43, 6 años. *Dibuja un hombre.* El examinador pregunta las partes: "El pelo, dedos, el cuello, la corbata, sombrero, copa del sombrero, el saco, botones, los pantalones, la pierna, la rodilla, los patines de hielo". Examinador: "*¿Tú patinas?*" "No. Yo tengo otra clase de patines". Luego continúa diciendo algo sobre "Cuando yo estaba en la escuela-escribe el nombre-como hice mi nombre ahora. Yo lo puse abajo del hombre. Si viera el nombre del hombre yo podría escribirlo".

"DIBUJA UN HOMBRE"

PORCENTAJE DE CASOS QUE MANIFESTARON LA CONDUCTA INDICADA

Edad en años	3	4	5	6
Número de casos	17	31	57	18
Conducta:				
Trata de dibujar un hombre	94	97	84	100
No hay diferenciación de partes	82	55	16	0
Parcialmente reconocible; cabeza, piernas	12	39	37	11
Hombre reconocible; rasgos y cuerpo	0	3	47	88
Hombre horizontal o al revés	?	35	11	11
Piernas de dos dimensiones	0	0	26	67

Partes dibujadas:

Cabeza	24	79	95	100
Ojos	12	52	88	83
Piernas	12	42	86	100
Boca	12	32	82	83
Cuerpo	6	35	67	89
Pies	6	32	63	95
Nariz	0	23	79	83
Brazos	6	13	54	78
Manos	0	10	16	56
Pelo	6	6	32	28
Dedos	0	3	25	33
Orejas	0	3	11	22
Cuello	0	0	9	56

Ropas del hombre:

Pantalones	0	3	12	67
Sombrero	0	3	16	50
Camisa	0	3	4	44
Botones	0	0	18	22

(A-18) EL HOMBRE INCOMPLETO

El hombre incompleto fue introducido por Gesell, en 1925 (30), como test para la edad preescolar. Hizo notar, entonces, que "Este test ha demostrado ser altamente apropiado para el nivel de los 4 años, y debe hacerse extensivo hasta los niveles de los 3 y 5 años para apreciar las diferencias cualitativas y de madurez". Por consiguiente, en nuestro estudio normativo hicimos de éste un test de rutina para los 4, 5 y 6 años y, cuando se creyó factible, también se aplicó a los 3 años. A esta edad, el test resultó de un interés relativo. Los niños de 3 años se ponen inquietos si el examen se prolonga indebidamente e incluso pueden llegar a resistirse si se los tiene mucho tiempo con una tarea aburrida. No recomendamos el test, por consiguiente, como esencial a los 3 años, pero cuando el niño está trabajando bien se le puede aplicar rápidamente, o bien cuando el niño abandona la mesa momentáneamente, puede usarse a su regreso como algo nuevo en qué interesarlo.

Procedimiento. ESTE TEST NO DEBE PRESENTARSE JAMÁS ANTES O INME-DIATAMENTE DESPUÉS DEL DIBUJO DE UN HOMBRE. Se lo puede aplicar convenientemente, por el contrario, después de la imitación y copia de formas.

Colóquese el dibujo incompleto de un hombre sobre la mesa con estas palabras: *"¿Qué es esto?"* Concédase al niño amplia oportunidad de responder, pero si no lo hace, se le dirá que es un hombre, agregando: *"La persona que hizo este hombre no lo dibujó completo, ¿no es cierto? Tú tienes que terminarlo".* Si aún después de haberlo apremiado convenientemente, no realiza ninguna tentativa para completarlo, se le dirá: *"Fíjate, solamente tiene una oreja. Dibújale la otra oreja".* No se realizará ninguna otra indicación específica, pero se urgirá al niño para que deje al hombre tan completo como sea posible, respetando, por supuesto, la resistencia del niño.

Tendencia de la conducta. A los *3 años,* el niño llama al dibujo un "hombre", un "chico", o una "chica", y puede agregarle un ojo o, más raramente, una pierna. Por lo común, sin embargo, se limita a efectuar unos trazos y entonces se dedica a otra actividad.

A los *4 años* es menos probable que el niño dé el nombre de hombre al boceto que a los 3, quizá porque Cuatro es más crítico y apegado a los hechos. La mayoría lo llama "muñeco de nieve", "nene", "chico", "chica" u "hombre". Más de la mitad de los niños le agrega un brazo y también más de la mitad le agrega una pierna. La mayoría le agrega, sin embargo, dos detalles. Ellos pueden ser brazo y mano, pierna y pie, brazo y pierna, brazo y ojos u ojos y pie. La parte añadida se halla, comúnmente, bien orientada; el brazo puede hallarse desplazado, puesto que la corbata ya dibujada frecuentemente es tomada por un brazo. La parte añadida es apreciablemente más grande que la parte dada.

A los *5 años,* el niño llama al hombre incompleto un "hombre", un "chico" o una "chica", y lo completa agregándole siete partes: una pierna, un brazo, dedos, ojos, pies, orejas y quizá también pelo.

A los 6 años, el niño le añade nueve partes. Además de completar las partes ya provistas a los 5, Seis completa la línea del cuello y cierra la parte del cuerpo a la altura de la corbata. Algunos niños de 6 años le dibujan ropas.

Diferencias de acuerdo con el sexo. Las niñas le agregan más detalles al hombre incompleto que los varones. Las diferencias en el porcentaje son marcadas y ocurren especialmente en aquellas edades en que las partes particulares empiezan a ser incluidas por el término medio. Algunos ejemplos servirán para ilustrar esa tendencia.

DIFERENCIAS SEXUALES EN RESPUESTA AL HOMBRE INCOMPLETO

Edad en años	4	5	6
Conducta:			
Agrega pierna:			
Varones	44	100	100
Mujeres	86	93	100
Agrega pelo:			
Varones	6	37	43
Mujeres	23	67	100
Agrega oreja:			
Varones	6	52	86
Mujeres	14	70	91
Completa cuerpo y corbata:			
Varones	0	41	43
Mujeres	0	67	91

EL HOMBRE INCOMPLETO

PORCENTAJE DE CASOS QUE RESPONDIERON COMO SE INDICÓ

Edad en años	3*	4	5	6
Número de casos	13	31	57	18
Conducta:				
Llama al dibujo un "hombre"	54	13	36	33
Llama al dibujo una persona, hombre, chica, etc.	69	32	56	73
Llama al dibujo un animal	15	10	4	0
No le da nombre	15	29	30	0
Completa:				
Pierna	8	61	95	100
Brazo	0	55	86	100
Ojos	31	42	65	78
Dedos	0	10	84	100
Pie (zapatos)	8	35	97	100
Oreja	0	10	61	89
Pelo	0	13	53	78
Cuerpo a la altura de la corbata	0	0	54	72
Línea del cabello	0	0	19	53
Agregó una pierna más larga que la del original.		40	23	5
Agrega:				
Apéndices, brazos, piernas, manos, pies	15	83	98	100
Rasgos, incluyendo pelo y orejas	31	47	86	94
Ropas	0	0	21	27
Tres partes cualesquiera	0	53	100	100
Siete partes cualesquiera	0	10	54	78
Nueve partes cualesquiera	0	3	19	50

* A los 3 años el 46 por ciento de los casos no responde al test y el 15 por ciento se limita a hacer garabatos sobre el dibujo.

Interpretación de la conducta. Es interesante comparar la conducta manifestada en el test de *Dibuja un hombre* con la de la situación del *Hombre Incompleto*. Naturalmente, el *Hombre Incompleto* sugiere al niño ciertos rasgos que espontáneamente no los dibujaría hasta no ser más grande. Existe una tendencia mayor a sombrear el hombre incompleto que el hombre. A los 3 años, este trazado o sombreado es a veces una tentativa de completar las partes que faltan; en otros casos también puede expresar, probablemente, descontento con el test; y en otros casos, por último, simplemente representa una tentativa de satisfacer al examinador en una prueba que está más allá de sus posibilidades. En edades más avanzadas, los niños explicaron su sombreado como: "Lo visto", "Toda la barriga tapada", "Necesita pintarlo por dentro", "Pantalones", "Traje", "Lo pinto", "Ése es el saco".

La habilidad manual del niño y su apreciación de la simetría pueden percibirse en la relación de tamaño existente entre la parte añadida y la parte dada. Hacia los 6 años, raramente la parte añadida se halla desproporcionada.

(A-19) PARTES OMITIDAS

El test de las *Partes Omitidas* puede considerarse como una prolongación del del *Hombre Incompleto*. Consiste en figuras a las cuales se les
ha suprimido alguna parte esencial. El test aquí descrito es original de
Binet-Simon, reuniformado por Terman (121) y revisado por Kuhlmann
(75). Binet lo situó a los 8 años, pero cuando el niño erraba, no efectuaba
la demostración de la primera figura. Terman y Kuhlmann, que hacen la
demostración de la primera figura, pero que, lo mismo que Binet y Simon
exigen tres respuestas correctas de cada cuatro, colocaron el test a los
6 años. Siguiendo el procedimiento descrito más abajo, que es, en esencia,
igual al recomendado por Terman y Binet y Simon, hallamos que el test
es aplicable ya a los 4 años, aunque no es sino hasta después de los 6 años
cuando puede esperarse normalmente que el niño responda correctamente
a las cuatro figuras.

Durante los últimos años de la década 1920-1930 y década siguiente,
la cuarta figura, que representaba una mujer con una larga pollera, era
considerada tan poco familiar a los niños que no sorprendía su incapacidad
para reconocer la falta de los brazos, pero actualmente, con el cambio de la
moda, no puede decirse ya que la figura sea anticuada ni se puede seguir
considerando inadecuado este test.

Procedimiento. Tómese la tarjeta donde se hallan impresas las figuras de prueba originales de Binet-Simon para el test de *Lacunes de
Figures* y, usando una tarjeta lisa y blanca, cúbranse todas las figuras
menos la de la cara con un solo ojo. Al mostrarle la figura al niño, se
le dirá: *"Mira esta cara. A esta cara le falta algo; la cara no está completamente dibujada. Fíjate con atención y dime qué es lo que le falta"*.
Si el niño no acierta a advertir la falta del ojo o si da una respuesta sin
sentido, se le dirá: *"Fíjate, no tiene ojo, le falta el ojo"*, señalando el sitio
en que debiera estar el ojo y distinguiendo entre ojo y ceja.

Córrase la tarjeta hacia abajo, dejando a la vista la cara sin boca
y pregúntese: *"¿Qué le falta a esta cara?"* Si el niño no acierta, no
se dará ninguna explicación, sino que se continuará con la cara siguiente
y luego con la figura de cuerpo entero, preguntando, respectivamente:
"¿Qué le falta a esta cara?" y *"¿Qué le falta a esta figura?"*

Calificación. Si el niño señala correctamente aunque no nombre la
parte omitida, y su respuesta es clara y terminante, ésta se considerará
correcta. También se considera correcta si nombra dos partes, incluyendo
la correcta. Para la figura de cuerpo entero la mención de manos o dedos
en lugar de los brazos será aceptada. Cualquiera de estas variantes deberá
anotarse, por supuesto, en los registros correspondientes.

Tendencia de la conducta. A los *4 años*, el niño necesita, por regla
general, que le señalen la parte omitida en la primera figura, pero identifica la parte omitida por lo menos en cuatro figuras, ya sea señalándola

o nombrándola. Los errores consisten en la respuesta "nada" o en la insistencia con réplicas invariables, tales como "ojo", "ojo", "ojo", "oreja", "oreja", "oreja", y demás por el estilo.

A los *5 años* también necesita, por regla general, que le efectúen la demostración con la primera figura, pero una vez realizada, responde correctamente a tres de las cuatro figuras. Sin embargo, es probable que nombre alguna otra parte no omitida, como, por ejemplo, "ojo, boca" u "oreja, nariz", o "pies, brazos".

A los *6 años*, puede necesitar la demostración de la primera figura, pero por lo común responde correctamente a más de una figura. Su progreso en madurez con relación a los 5 años se torna patente en el hecho de que ahora sólo nombra la parte omitida.

Significado del test. Para notar la omisión de una parte esencial de una figura es necesario que el niño haya diferenciado suficientemente esta parte del todo y de las demás partes.

En la primera figura la ceja tiende a confundir al niño. Escasa es la necesidad u ocasión, para él, de distinguir entre ojo y ceja. Ya desde temprano reconoce los ojos, pero las cejas son de una importancia secundaria. Es digno de mención que es muy poca la diferencia entre el porcentaje de niños que aprueban este test a los 4 años y los que lo pasan a los 5, y que no es sino hasta los 5 ½ años cuando el término medio descubre la ausencia de un ojo. Sin duda, algunos niños de 4 años dan una respuesta engañosamente correcta, diciendo que falta un ojo, pero significando que sólo hay un ojo dibujado. Estos niños todavía no saben dibujar una cara de perfil.

Es difícil encontrar un medio simple y adecuado para verificar su noción. La primera es, de las cuatro, aquella en que con más frecuencia fracasaron los niños.

La segunda figura, en que falta la boca, es la más fácil. La tercera es apenas algo más difícil. Aquí, nuevamente, es la representación de perfil la que confunde al niño relativamente inmaturo. Él se representa una cara con dos ojos aunque sólo vea uno. Por lo tanto, falta un ojo. Aun cuando note la falta de la nariz, lo mismo contesta "un ojo".

La última figura resulta confusa debido a que el niño puede poseer una representación tan vívida de las piernas como parte esencial de la figura humana, que, sobreimpresionado al no verlas reproducidas, es probable que dé una respuesta equivocada o doble. Unos pocos niños de relativa madurez consideran que la dama tiene los brazos detrás del cuerpo y contestan: "Nada".

Pese a las ambigüedades para la estimación de las respuestas del niño, el test es de gran valor, pues con él fallan los niños de más edad que son débiles mentales. En consecuencia, el test depende más de la maduración cortical que de la simple práctica específica. Resulta interesante comparar las respuestas a este test con las del *Hombre Incompleto*.

TEST DE LAS PARTES OMITIDAS

PORCENTAJE DE CASOS QUE IDENTIFICARON LAS PARTES INDICADAS

	4	5	6
Edad en años	4	5	6
Número de casos	21	56	18
Necesidad de demostración	57	52	39

Respuestas correctas después de la demostración:

1 figura	52	91	100
2 figuras	24	75	95
3 figuras	0	45	72
Identifica parte omitida, 4 figuras	0	20	39

Parte omitida que identifica:

Ojo	43	48	61
Boca	27	75	95
Nariz	32	59	95
Brazos	14	77	72

IMITACIÓN DE TRAZOS Y COPIAS DE FORMAS

Las situaciones de dibujo de esta sección tienen por objeto la investigación de las aptitudes que anteceden la escritura y la copia. Se le muestra al niño un círculo, una cruz, un cuadrado u otra figura geométrica y se le pide que dibuje otra como ésa. Una vez investigada su capacidad para copiar el modelo, el examinador efectúa una demostración de cómo dibujar la figura y le pide al niño que lo imite. Naturalmente, en niveles cronológicos inferiores a los 3 años, el niño es incapaz de copiar, de modo que el examinador comienza por la demostración. Dibujar después de haber visto dibujar a otro es tarea más fácil y de desarrollo más temprano que dibujar con sólo el producto terminado ante la vista, a manera de modelo; pero la capacidad de copiar un modelo es requisito necesario para copiar letras y escribir.

Estas actividades pueden remontarse, genéticamente, hasta las marcas casuales que hace el infante cuando combina papel y crayón. Las marcas estimulan su interés por esa actividad y hacen que ésta se prolongue. El carácter de las marcas se halla condicionado, al principio, por el control neuromotor del niño; luego, con la observación de los movimientos de los demás cuando dibujan, aprende a modificar sus movimientos y a imitar sus trazos.

Antes de los 3 años, las situaciones descritas más abajo se presentan a continuación de la situación del dibujo espontáneo. Su objeto es revelar la madurez de la percepción visual y de la coordinación neuromuscular y visomanual, así como la adaptabilidad mental general. Estas situaciones, por lo tanto, constituyen una parte integral del examen psicológico preescolar.

(A-20) Imitación de trazos

Aunque la investigación de la capacidad para copiar el círculo, la cruz y el cuadrado deberá siempre realizarse antes de que el examinador efectúe la demostración de estos dibujos, *el orden de nuestro estudio se ha invertido aquí,* porque genéticamente el niño puede imitar un trazo antes de poder reproducirlo copiándolo de un modelo.

Para imitar el trazo del examinador, el niño debe ser capaz de hacer espontáneamente los movimientos necesarios; debe observar los movimientos del examinador; éstos deben sugerirle movimientos similares y debe circunscribirse a imitar más que a hacer lo primero que le viene en gana. Si el niño se halla ya en la etapa del desarrollo en que puede copiar estos dibujos, los factores mencionados más arriba carecen entonces de importancia. Al reproducir el producto terminado, lo hace utilizando aptitudes de un nivel más elevado.

Trazo vertical. Procedimiento. Una vez terminado el dibujo de un hombre, colóquese otra hoja de papel delante del niño, atráigase su vista y, usando un crayón de madera (lápiz a los 3 años), dibújese una línea recta vertical al costado del papel, a la izquierda del niño. Luego pásese el crayón al niño y señálese el costado derecho del papel, diciendo: *"Haz una aquí".* Si la primera respuesta del niño no es una imitación bien definida, repítase la demostración con otra hoja de papel. Si en la primera prueba el niño hace el trazo sobre el del examinador, en la segunda prueba se señalará el lado derecho con algo más de énfasis. En caso necesario, concédanse tres pruebas.

Anótense los dibujos con números y flechas sobre cada línea a fin de indicar el orden y la dirección de los mismos. Todas las líneas que no se desvíen de la vertical más de 70° se consideran verticales.

Tendencias de la conducta. A los *18 meses,* el niño está a punto de hallarse en condiciones de dibujar una línea vertical; ésta todavía se encuentra un poquito más allá de sus posibilidades, pero es más probable que dibuje una línea vertical que cualquier otra cosa. En otros casos, puede dibujar una línea en ángulo variable, una línea horizontal, o simplemente limitarse a garabatear.

El niño de *2 años* imita la línea vertical, por lo común a la primera tentativa, y casi con seguridad, si se le dan dos oportunidades. La respuesta equivocada más común es el trazado de una línea oblicua.

El niño de *3 años* imita la línea vertical invariablemente.

Diferencias de acuerdo con el sexo. No se observaron diferencias.

Observación. Es probable que los primeros trazos del niño sean oblicuos y ligeramente curvos. Constituyen segmentos del garabateo ántero-posterior observado en su actividad espontánea. Después del trazo oblicuo, la vertical es la dirección más fácil de dibujar para el niño. Comparada

LA LÍNEA VERTICAL (IMITADA)

PORCENTAJE DE CASOS QUE TRAZARON COMO SE LES INDICÓ

Edad en años	1½	2	3
Número de casos	38	34	22

Conducta:

Líneas predominantemente verticales	47	79	100
Líneas predominantemente horizontales	32	12	0
Líneas predominantemente oblicuas	37	35	0
Líneas predominantemente circulares	3	18	0
Líneas predominantemente garabateadas	32	24	0

con la raya horizontal, cuya demostración se efectúa a continuación, es decididamente más fácil.

Trazo horizontal. Procedimiento. Sígase el procedimiento indicado para la raya vertical, pero esta vez trazando una raya horizontal, de izquierda a derecha, y en la parte superior del papel desde el ángulo visual del niño. En caso contrario, concédanse tres pruebas. Cualquier línea que se desvíe de la horizontal menos de 20° es considerada horizontal.

Tendencias de la conducta. El niño de *10 meses* ejecuta un solo trazo. Generalmente éste no es horizontal, aunque es más probable que dibuje una línea horizontal que cualquier otro género de trazo aislado, como líneas verticales, oblicuas o garabatos, cada uno de los cuales aparece en una de las tres pruebas, en un tercio de los niños de esta edad sometidos al test.

A los *2 años,* el niño hace o bien una raya horizontal o una vertical, pero es más probable que haga la vertical.

El niño de *3 años* traza una raya decididamente horizontal.

Diferencia de acuerdo con el sexo. No se observan diferencias.

Observación. Debe señalarse que la imitación del niño a los *18 meses* en respuesta al trazo horizontal tiende más a la horizontal que a la vertical, en tanto que a los *2 años* pasa precisamente lo contrario. Quizás el trazado vertical a los 18 meses consista en una respuesta retardada a

EL TRAZO HORIZONTAL (IMITADO)

PORCENTAJE DE CASOS QUE TRAZARON COMO SE LES INDICÓ

Edad en años	1½	2	3
Número de casos	34	34	22

Conducta:

Líneas predominantemente horizontales	47	41	95
Líneas predominantemente verticales	24	50	5
Líneas predominantemente oblicuas	24	21	0
Líneas predominantemente circulares	9	12	0
Líneas predominantemente garabateadas	24	38	0

la raya vertical demostrada en la situación inmediatamente anterior. En forma semejante, a veces ocurre que un niño empuja los cubos, en forma de tren, diciendo "chu-chu", mucho después de haber visto la demostración con el tren ejecutada por el examinador. A estos tempranos niveles cronológicos algunas veces las respuestas sufren cierto retardo y lo que podría ser interpretado como respuesta a una situación, puede ser, en realidad, la respuesta a una situación anterior.

Para los fines de la investigación psicológica, la línea vertical es mejor que la horizontal, puesto que los porcentajes para el trazo vertical muestran una tendencia más consecuente con la edad que los porcentajes registrados para la línea horizontal. Desde el punto de vista clínico, sin embargo, resulta interesante indagar la adaptación del niño con ambos tests.

El trazo circular. El trazo circular difiere de los garabatos espontáneos del niño, por lo cual, ante la proximidad de la conducta demostrada, la adaptación es obvia.

Procedimiento. Sígase el procedimiento indicado para la línea horizontal, pero esta vez dibujando una línea circular concéntrica y continua, haciendo tres o cuatro circuitos. Señálese debajo del modelo el lugar que debe utilizar el niño para su dibujo. Se considera como un trazo circular cualquier trazo continuo que deje dentro de su contorno un espacio bien definido de forma circular y aun ovalada.

Tendencias de la conducta. A los *10 meses,* el niño o bien hace un garabato o una línea oblicua. Es posible también que haga su trazado sobre el del examinador. Por regla general, todavía no ha aprendido a distinguir el trazo circular de la raya simple o de sus propios garabatos característicos, pero es significativo que algunos niños de esta edad se adapten.

Los *2 años* es la edad precisa en que el niño alcanza la posibilidad de imitar el trazo circular. También ahora puede ocurrir que escriba sobre el modelo del examinador. No obstante, cierto número de niños todavía se limita a garabatear o hacer rayas en ángulo, en una o más de las pruebas.

A los *3 años* imita el trazo circular.

Diferencias de acuerdo con el sexo. Tanto a los 18 meses como a los 2 años, las niñas superan a los varones en este test: a los 18 meses imitaron un 45 % de las niñas y sólo un 17 % de los varones; a los 2 años, los porcentajes fueron de 68 para las mujeres y de 47 para los varones.

Observación. El movimiento circular requerido por este test exige la misma habilidad necesaria para arrollar hilo en un carretel, revolver con una cuchara y muchas otras actividades. El test arroja, por regla general, un resultado bien definido y de fácil interpretación, pues el aumento del porcentaje de respuestas correctas con la edad muestra una tendencia marcada y sostenida.

EL TRAZO CIRCULAR (IMITADO)

PORCENTAJE DE CASOS QUE TRAZARON COMO SE LES INDICÓ

Edad en años	1½	2	3
Número de casos	38	34	22

Conducta:

Líneas predominantemente circulares	32	59	86
Líneas predominantemente horizontales	32	21	
Líneas predominantemente ver:icales	13	21	
Líneas predominantemente oblicuas	69	62	
Líneas predominantemente garabateadas	69	62	
Trazos encima o cerca de la demostración	43	41	0

La cruz. Imitar la cruz requiere algo más que saber imitar las líneas verticales y horizontales. Las líneas deben estar, en ella, adecuadamente orientadas una con respecto a la otra, y el niño debe efectuar una transición de la dirección vertical a la horizontal o viceversa. Tal acción exige un dominio completo tanto del trazado vertical como del horizontal.

Procedimiento. Sígase el procedimiento descrito para la línea horizontal, pero esta vez dibujando una cruz, que se realizará trazando primero la línea vertical mediante un trazo de arriba abajo, y luego la transversal, de izquierda a derecha. Indíquese debajo del modelo el lugar donde el niño debe efectuar el dibujo.

Tendencias de la conducta. A los *2 años*, el niño hace un trazo vertical y luego, o bien hace otro trazo vertical o una línea oblicua, o bien retrograda al garabateo. No es capaz todavía, a esta edad, de imitar la cruz, pero en su tentativa de hacerlo puede modificar su conducta. Muestra cierta tendencia a hacer sus trazos sobre la demostración del examinador.

A los *3 años* imita fácilmente el dibujo de la cruz. Ocurren, sin

LA CRUZ (IMITADA)

PORCENTAJE DE CASOS QUE TRAZARON COMO SE LES INDICÓ

Edad en años	2	3
Número de casos	29	30

Conducta:

Imita el modelo	3	77
Líneas predominantemente circulares	31	32
Líneas predominantemente garabateadas	45	20
Imita la cruz en la primera tentativa	0	50
Hace dos trazos o imita	23	87
Traza encima o cerca de la demostración	27	3

embargo, algunos errores, sobre todo cuando ·el niño comienza por la línea horizontal sin saber cómo completar el modelo.

Diferencias de acuerdo con el sexo. No se observaron diferencias.

Observación. Es éste uno de los mejores tests disponibles para el período comprendido entre los 2 y 3 años. En la sección siguiente se examinan y avalúan los errores cometidos en el trazado imitativo de todas las líneas.

Significado de la conducta. Mediante sus propios errores el niño nos proporciona una noción específica de las dificultades con que tropieza en la prueba. Tanto cuando imita la línea vertical como la horizontal, suele equivocarse en la orientación de los trazos. Quizá no perciba todavía las distinciones direccionales, o quizá sea incapaz de coordinar sus movimientos para conformarlos a la demostración del modelo, o quizá exprese con ello su "idea" de un juego en el cual el examinador hace algo y luego él debe hacer algo similar a manera de un te-chocolate-café, en que uno hace un trazo en cruz y el otro uno circular. En algunos casos es evidente que existe percepción de la dirección, puesto que, en pruebas sucesivas, los trazos muestran una progresiva aproximación a la demostración. El sistema de las tres tentativas es por esto de gran valor para analizar las posibilidades y dificultades del niño. La satisfacción que repetidamente suele demostrar un niño con su línea mal orientada, constituye una clave para la madurez de su percepción y su comprensión equivocada de lo que se desea de él. Otros errores menos maduros en respuesta a la demostración de las líneas horizontal y vertical son simplemente el garabatear, dibujar una línea circular o trazar sucesivamente varias líneas. En el primer caso, el niño da pruebas claras de que, o bien ha interpretado mal el aspecto imitativo de la situación, o de que cree estar jugando un juego o de que el control de sus movimientos es muy limitado. Por lo común es ésta la explicación correcta. La línea circular como respuesta, generalmente indica una coordinación inmatura; el trazado de líneas sucesivas puede ser tanto un índice de inmadurez como de personalidad. Saber cuándo hay que detenerse y efectuar la inhibición necesaria es una adaptación indispensable del crecimiento, pero también es una característica individual.

Los trazos sobre el dibujo del examinador o a lo largo del margen del papel, se hallan motivados, probablemente, tanto por una tendencia a duplicar exactamente la demostración del examinador como por la conveniencia del uso subconsciente de los trazos del examinador o del margen, a manera de guía. Es por esta razón que el examinador debe esforzarse en hacer que el niño escriba en el medio de la hoja, puesto que imitar los trazos al borde de la hoja es una tarea más simple.

El error más común al imitar el trazo circular es hacer oscilar el lápiz en lugar de hacerlo describir un movimiento circular. No es raro observar una creciente adaptación con las pruebas sucesivas.

En la imitación de la cruz aparecen mayores dificultades. Puesto que son dos los movimientos a realizar, uno después del otro, entra en juego la memoria del niño. Por otra parte, una vez que el niño ha dibujado una línea, la *Gestalt* que esa línea ofrece resulta confusa y quizá diversiva. El producto del niño, a medida que éste dibuja, no parece presentarse a sus ojos como el modelo de la demostración, y si posee cierto sentido de autocrítica puede perder la confianza en sí mismo y equivocarse, haciendo otro trazo cualquiera. El concepto de hacer dos trazos es más fácil de captar que el de hacer un trazo vertical y otro horizontal o aun que el de hacer dos trazos semejantes. Por esta razón, los errores en la imitación de la cruz tanto incluyen la ejecución de dos trazos, uno al lado de otro, como la de una línea recta y otra circular.

Con frecuencia el niño podría ejecutar la cruz con sólo detenerse en el momento oportuno. En vez de esto, después de hacer la cruz, prolonga la última línea trazada, realizando una curva de regreso, o bien efectúa un número indefinido de trazos verticales y horizontales, y aun puede llegar a retrogradar hasta los garabatos. En algunos de estos casos, el niño se muestra descontento con su desempeño; en otros, lejos de advertir su éxito cuando acierta, continúa ensayando; y en otros, todavía, simplemente se limita a continuar su propia actividad una vez que ha tratado de satisfacer al examinador. Existe el peligro de sobreinterpretar la conducta del niño, pero una atenta vigilancia de su expresión facial, sus modales y su conducta subsiguiente resulta útil e instructiva. Si se efectúa un registro de los comentarios espontáneos, se hallará que el propio niño insinúa —y aún llega a verbalizar— sus actitudes y dificultades.

(A-21) COPIA DE FORMAS

Se dijo ya en el análisis anterior que imitar el dibujo de una figura geométrica es decididamente más fácil que copiar esa misma figura de un modelo. Para copiar una figura cuando sólo tiene el modelo ante la vista, es necesario que el niño la perciba, que la reconozca en función de su experiencia pasada, que esté "dispuesto" a copiar, que posea el necesario control visomanual para dibujar las líneas en la dirección adecuada y que no lo confunda el cambio del patrón a medida que dibuja.

Las figuras que se presentan al niño para que las copie han sido reproducidas en la Lámina XIX, c: un círculo, una cruz, un cuadro, un triángulo, un rectángulo con diagonales y un rombo horizontal. En la presentación se sigue el orden mencionado. Describiremos sólo una vez el procedimiento a emplearse, puesto que es el mismo para cada forma.

Procedimiento. Este test debe preceder al *Dibujo Imitativo,* pues de otra manera las claves proporcionadas en éste lo invalidan. Si por alguna razón inevitable se ha administrado primero la imitación de las figuras, retárdese la copia de las formas el mayor tiempo posible, de modo que los tests intermedios atenúen el efecto de la demostración.

Proporciónese al niño un lápiz y una hoja de papel verde, luego preséntese la tarjeta a reproducirse, diciendo: *"Haz uno exactamente igual a éste"*. Si hay algún titubeo, anímeselo diciendo: *"Estoy seguro de que podrás. Sólo tienes que probar"*. Hay que tener cuidado de no dibujar alrededor de la figura pantomímicamente, o de dar al niño indicación alguna, con el ademán, de los movimientos realizados al dibujar, Tales procedimientos alteran considerablemente el sentido psicológico del test.

Si el niño pregunta qué es la figura, no deberá dársele su nombre geométrico; dígase, simplemente: *"No es más que una cosa para dibujar"*.

Sosténgase el modelo paralelo a la mesa, sobre la parte superior del papel, mientras el niño dibuja. En caso contrario, impídase que escriba sobre el modelo poniéndolo fuera de su alcance, con estas palabras: *"Tienes que dibujar aquí"*, al tiempo que se señala el papel. Concédanse tres tentativas.

Sígase este procedimiento con cada forma, diciendo: *"Ahora haz uno como éste"*. Si el niño comienza a desinteresarse, se lo puede animar diciéndole: *"Ya casi hemos terminado"*, *"Un poco más y nada más"* o cualquier otra frase de aliento por el estilo.

Tendencias de la conducta. El círculo. A los *3 años*, el niño dibuja un círculo, un arco o una espiral; a los *4 años*, une las dos puntas del círculo pero dibuja un círculo defectuoso o alargado; a los *5 años*, efectúa una buena copia redonda.

La Cruz. A los *3 años*, el niño no copia el modelo. En su lugar, dibuja líneas circulares o hace garabatos. A los *4 años*, copia, pero yerra en una de las pruebas. Las líneas pueden estar truncas o formando ángulo. A los *5 años*, copia, pero el largo es mayor que el ancho, o el ancho es mayor que el largo. Raramente las líneas aparecen truncas o en ángulo. A los *6 años* efectúa una buena copia, con las proporciones correctas.

El Cuadrado. A los *3 años* realiza trazos circulares que pueden o no cerrarse. A los *4 años*, dibuja un círculo o dibuja un lado recto que completa con un semicírculo, en forma de una *D* mayúscula. Generalmente hay un ángulo mal dibujado. Los niños que aprueban este test dibujan cuatro líneas que se tocan en las puntas. A los *5 años*,. dibuja tres ángulos correctamente. Los ángulos no suelen ser agudos sino redondeados y bien definidos. A los *6 años*, copia un triángulo con todos los ángulos correctamente trazados.

El Rectángulo con diagonales[3]. Pasando los *5 años* el niño lo copia.

---

[3] Desgraciadamente, esta figura no fue incluida en los exámenes normativos de rutina. Consiste, sin embargo, en un test uniformemente establecido como parte de la escala de Gesell (30). A los *5 años*, el 48 por ciento de los niños efectuó una reproducción satisfactoria. Los niños reproducen el dibujo con dos diagonales, pudiendo incluir o no la línea vertical.

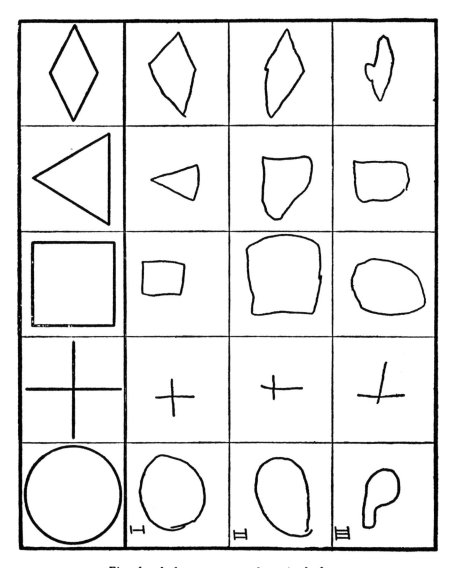

Ejemplos de las respuestas a la copia de formas

El *Rombo*. A los *5 años* el niño dibuja una forma oblonga; es incapaz de hacer las puntas, pero las indica por medio de líneas transversales, de entradas o de pandeos circulares. A los *6 años* la copia.

Significado de la conducta. Como de costumbre, son los errores del niño los que entrañan cierta significación para el análisis de sus limitaciones. Los errores, de percepción en primer término, aparecen pa-

PORCENTAJE DE CASOS QUE COPIARON LAS FORMAS COMO SE INDICÓ

	3	4	5	6
Edad en años	3	4	5	6
Número de casos	22	31	57	18
Forma predominante [4] en las tres pruebas:				
Círculo:				
I. Bien redondeado	9	8	21	72
II. Comprimido	17	43	63	28
III. Defectuoso	65*	48	14	0
Cruz:				
I. Bien equilibrada	0	0	21	60
II. Alargada vertical u horizontalmente ..	14	55	53	40
III. Imperfecta	86	45	46	0
Cuadrado:				
I. Cuatro ángulos bien definidos	0	10	38	83
II. Uno o más ángulos apenas definidos ..	5	30	53	11
III. Sin ángulos, en forma de papa	95	60	18	5
Triángulo:				
I. Tres ángulos		0	40	95
II. Uno o más ángulos defectuosos		0	23	0
III. Deforme o forma cuadrilátera		100	37	0
Rombo:				
I. Adecuado		0	9	61
II. Uno o más ángulos inadecuados		0	4	17
III. Deforme		100	88	22

* Incluyendo espirales, 22 por ciento, y garabatos, 9 por ciento.

tentes cuando el niño le agrega al centro de la cruz una pequeña línea diagonal, cuando dibuja varias líneas que se cruzan en un centro común, o cuando hace la línea horizontal de la cruz más corta que la vertical. En los dos primeros ejemplos, el centro de la cruz puede haber sido sobrepercibido. Además, la persistencia en la actividad puede ser un factor causal. Con respecto al último ejemplo, está claro que algunos niños advierten que su cruz no tiene el ancho adecuado, pues tratan de corregirla extendiendo la línea transversal lateralmente, primero a un lado y luego al otro.

La copia del rectángulo con diagonales refleja, del mismo modo, los procesos perceptivos del niño. Éste puede localizar su atención en las líneas convergentes en el centro, confundiendo su impresión de la

[4] En la página 196 se reproducen las muestras correspondientes a las designaciones de la conducta. Para estimar la conducta de cualquier niño en particular, el examinador debe remitirse a su propio juicio. Existen muchos ejemplos de trazados que exigen una decisión arbitraria.

forma exterior, o bien puede "ver" la forma exterior con exclusión del foco interior. Su dibujo refleja, cuando no es correcto, esta oscilación del acento.

Resulta significativo que ningún niño *imite* la cruz dibujando líneas radiadas de un centro común, sobre todo porque éste es un método común de *copiar la cruz*. Al imitar la cruz, el niño imita el movimiento realizado por el examinador, en tanto que al copiar la cruz, el modelo no sugiere al niño necesariamente una línea horizontal y otra vertical, sino que puede sugerir también cuatro líneas radiadas. Ésta es una de las razones por las que un niño puede fallar en la copia de la cruz, en tanto que la imita con toda facilidad, o puede no lograr copiar el círculo e imitar perfectamente la demostración del examinador.

Para ilustrar la diferencia entre la imitación y la copia de las figuras, se han reproducido, muy disminuidos, los dibujos de B-38. Los números colocados sobre las líneas indican el orden del dibujo, y las flechas, la dirección de las líneas. Los dibujos se explican por sí mismos. Otro tanto sucede con los dibujos de B-3. Logra copiar el círculo y no logra copiar la cruz, pero sí la imita. Más aún, las dos pruebas sucesivas para imitar el cuadrado son ejemplos clásicos de aprendizaje y de la forma en que un niño de 3 años reproduce el cuadrado.

En ocasiones sucede que un niño no logra copiar una figura, comúnmente el cuadrado, hasta tanto no se le da un nombre. Entonces dibuja rápidamente una "copia" aceptable. En tales casos, es la designación verbal más que la figura, lo que va asociado con la kinestesia del dibujo, siendo el modelo de poca o ninguna ayuda. En el procedimiento original habrá que evitar, por lo tanto, la mención del nombre del modelo.

El control visomanual es un factor primordial en la reproducción de figuras con el modelo a la vista. Pueden caber dudas de si un niño que repetidamente dibuja un círculo en vez de un cuadrado advierte los ángulos del cuadrado, o si simplemente se abstiene de reproducirlos; pero cuando un niño copia el triángulo mediante la ejecución de un círculo con tres líneas a través de su circunferencia, ya no nos caben dudas de que ve los ángulos pero es incapaz de reproducirlos. De igual modo, cuando un niño dibuja un ángulo en forma de arco o línea pandeada o como una curva invertida, tenemos la certeza de que su coordinación visomanual no es capaz de reproducir el ángulo recto; otro índice de que el niño percibe la forma pero es incapaz de reproducirla lo constituyen las modificaciones de su dibujo en las pruebas sucesivas. B-14 se aproxima cada vez más al modelo del cuadrado en cada nueva tentativa. B-25, del mismo modo, modifica su trabajo de manera tal que se torna claro su objetivo de reproducir el vértice del triángulo. Algunos niños, sin embargo, duplican sus errores, de modo que la interpretación de las dificultades con que tropiezan se ve oscurecida.

Debe advertirse que los niños que copian el cuadrado en edades inferiores a la usual, lo hacen mediante el trazado de cuatro líneas. (Véanse las copias del cuadrado de B-3.) Esto demuestra que es más fácil comenzar cada vez una nueva línea en la dirección requerida que cambiar la dirección en que uno está dibujando. Por la época en que el niño ya es capaz de copiar el cuadrado, no le resulta apreciablemente más fácil dibujar

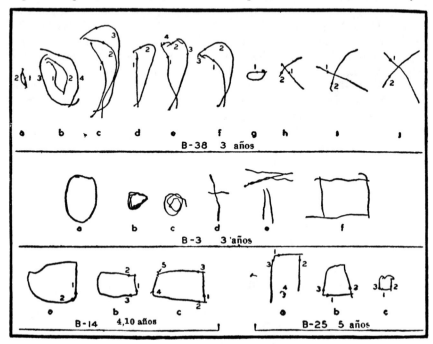

Ejemplos de las Diferencias entre la Imitación y la Copia.

B-38. 3 años.

a. Copia el círculo, primera tentativa.
b. Copia el círculo, segunda tentativa.
c. Copia la cruz, segunda tentativa.
d. Copia la cruz, primera tentativa.
e. Copia la cruz, segunda tentativa.
f. Copia la cruz, tercera tentativa.
g. Imita el círculo.
h. Imita la cruz, primera tentativa.
i. Imita la cruz, segunda tentativa.
j. Copia la cruz, tercera tentativa.

B-3. 3 años.

a. Copia el círculo.

b. Copia la cruz, primera tentativa.
c. Imita el cuadrado, primera tentativa.
d. Imita la cruz.
e. Imita el cuadrado, primera tentativa.
f. Imita el cuadrado, segunda tentativa.

B-14. 4, 10 años.

a. Copia el cuadrado, primera tentativa.
b. Copia el cuadrado, segunda tentativa.
c. Copia el cuadrado, tercera tentativa.

B-25, 5 años.

a. Copia el triángulo, primera tentativa.
b. Copia el triángulo, segunda tentativa.
c. Copia el triángulo, tercera tentativa.

en una dirección que en otra, y sin embargo, le resulta decididamente más difícil dibujar un triángulo que dibujar un cuadrado, y más difícil todavía dibujar un rombo que un triángulo. Es la complejidad de las figuras lo que confiere a estas tareas una dificultad gradualmente creciente. Indudablemente, la *Gestalt* del modelo total comparada con la *Gestalt* del producto inconcluso, es desconcertante. Y también como en el dibujo con modelo, un cambio de la dirección de las líneas del dibujo tiene que ser forzosamente confuso.

SUMARIO GENÉTICO DE LA CAPACIDAD PARA IMITAR O COPIAR FORMAS [5]

Edad 15 meses—Garabatos espontáneos.
    18 meses—Imita la línea vertical.
    24 meses—Imita el círculo.
    30 meses—Imita las líneas vertical y horizontal; hace dos trazos para la cruz.
    36 meses—Copia el círculo, imita la cruz.
    42 meses—Traza el rombo *.
    48 meses—Copia la cruz.
    54 meses—Traza la cruz *.
    60 meses—Copia el triángulo.
    66 meses—Puede escribir algunas letras.
    72 meses—Copia el rombo.

§ E.   CONCEPTOS NUMÉRICOS

La base de la numeración es la semejanza. Nosotros sumamos objetos semejantes. Los conceptos numéricos primitivos se remontan, desde este punto de vista, hasta los comienzos del lenguaje. Las pruebas concretas de la enumeración comienzan a surgir cuando el niño, por ejemplo, señala todos los autos que ve, uno después de otro, diciendo: "¿Auto?" ¿"Auto?" o: "¿Más auto?", como si empezara a descubrir el género "auto". Gradualmente, y muy poco después de los 2 años, comienza a usar la forma plural para designar más de uno, surgiendo la noción de uno como opuesto a muchos.

Del mismo modo, la noción de "dos" se desarrolla, por lo común, de la relación entre dos objetos, pero "tres", primero puede tener o bien una connotación colectiva, o una ordinal. El niño puede haber aprendido a decir los números 1, 2, 3,... o puede haber aprendido a identificarlos con el patrón visual formado por tres objetos. Sin embargo, un niño puede hacer corresponder un conjunto de objetos con otro de igual número, sin por ello poseer una noción numérica ordinal o cardinal. Algunos niños

---

[5] No se incluyó la copia del cuadrado en esta tabla debido a las marcadas diferencias individuales en el desempeño, las cuales dependen del método de duplicación empleado por el niño.
* Véase el Capítulo VI, **págs. 125, 126.**

realizan con facilidad la asociación entre los ·conceptos ordinales y los cardinales, en tanto que otros no logran relacionarlos. Algunos niños, por ejemplo, no tienen ninguna dificultad en decir, mientras señalan sucesivamente cuatro objetos, "uno, dos, tres, cuatro", pero quedan completamente desconcertados cuando se les pregunta: "¿Cuántos son?", y lo mismo, si se les pide, "Dame cuatro", no saben hacerlo. Un niño de 5 años fracasó repetidamente en la cuenta de cuatro objetos, pero cuando se le pidió: "Dame cuatro", lo hizo con prontitud. Esto, por supuesto, no es común. Se ha observado, también, que hay niños capaces de diferenciar dos objetos si, por ejemplo, son manzanas, pero no si son dos dedos o piernas. La capacidad de contar es, por lo tanto, una aptitud muy específica.

Es bien sabido que un niño puede decir los números en el orden correcto antes de saber decirlos señalando objetos al mismo tiempo. Esta contradicción de la conducta es fácilmente explicable. En las etapas iniciales del aprendizaje de la serie numérica, se necesita una verdadera concentración para recordar el número que sigue a continuación. Cuando la enumeración se complica con el movimiento del dedo de un objeto a otro, es fácil que ocurran errores sea en la cuenta, sea en la colocación del dedo. La cuenta de objetos puede llevarse a cabo exitosamente sólo cuando la recitación de los números se ha aprendido bien por encima del umbral del recuerdo.

Cuando, por último, se ha aprendido perfectamente la serie numérica, algunos ejemplos específicos de suma y resta, dentro de los límites de visualización, significan un nuevo y fácil paso hacia adelante. Más allá de esta etapa, las nociones abstractas involucradas en el cálculo pueden representar un serio obstáculo. La memoria mecánica adquiere entonces una importancia primordial para el ulterior progreso aritmético.

Es fácil menospreciar la concentración requerida por el niño preescolar para resolver problemas que para el adulto son los más simples del mundo. A un niño de 5 años que contó repetida y fácilmente treinta monedas y contó hasta treinta sin señalar, se le preguntó: "Si tú tienes dos monedas y yo te doy dos más, ¿cuántas monedas tendrás?" Sus rápidas respuestas eran con tanta frecuencia equivocadas, que el examinador trató de que pusiera mayor interés, diciéndole sonriente: "Tú estás adivinando; piensa lo que contestas". A lo cual respondió el niño, honda y enfáticamente: "¡Yo estoy pensando!" El examen de ·sus respuestas demostró que tenía razón. Se requiere una gran paciencia y una correcta apreciación de las dificultades con que tropieza el niño por parte de aquellos que quieren ayudarlo a aprender.

Los tests que siguen a continuación tienen por objeto revelar la etapa del aprendizaje por que pasa el niño, en sus diversos aspectos. Estos tests han demostrado adaptarse particularmente bien al examen clínico de rutina. Podrán encontrarse otros tests de conceptos numéricos en las referencias citadas en el § 10.

(A-22)   COLOCAR LOS CUBOS EN LA TAZA

Es característico del niño de 18 meses dedicarse a llenar, vaciar y volver a llenar la taza con los cubos. A medida que se hace más grande, esta actividad de repetición cede el lugar a conductas más maduras y reflexivas y, de este modo, se torna capaz de colocar un número determinado de cubos en la taza de acuerdo con la madurez de sus conceptos numéricos. El test es adecuado para los niños comprendidos entre los 2½ y 4 años de edad.

Procedimiento. Al finalizar las situaciones con cubos, colóquese la taza al lado de los cubos y una vez que el niño haya investigado la situación a gusto, váciese la taza, diciendo: *"Pon un cubo en la taza"*. Si logra hacerlo, váciese la taza nuevamente, diciendo: *"Pon dos cubos en la taza"*, y luego, de la misma manera, *"Pon tres cubos en la taza"*. Repítase el test variando el número de cubos a introducir en la taza, hasta que no quepan dudas de si el niño posee o no la noción del número y el control que el test requiere. Cuídese de no proporcionar al niño ninguna guía para la respuesta correcta, por medio de la expresión facial o la mirada. El mejor método es mirar hacia afuera por la ventana.

Una variante de este test es suprimir la taza y pedirle al niño: *"Dame dos cubos"*, luego, *"Dame sólo un cubo"* y *"Dame tres cubos"*. Otra variante es usar monedas en lugar de cubos, pidiéndole que le dé al examinador "una sola", etc.

Tendencia de la conducta. A los *2 años*, el niño coloca o le da al examinador un cubo tras otro. Sólo muy raramente distingue entre uno y muchos. A los *2½ años*, coloca o da con éxito "sólo uno"; a los *3 años*, coloca o da tanto "uno" como "dos", y a los *4½ años*, coloca o da adaptativamente tres cubos.

Significado del test. A los fines prácticos, las tres variantes del test son equivalentes. Si la respuesta es dudosa en una de ellas, puede usarse otra variante como control. Este test proporciona pruebas terminantes de la apreciación que el niño efectúa del significado cardinal de uno, dos y tres; pero no significa necesariamente que pueda o no contar. Esta aptitud se investiga por separado.

Todos los porcentajes correspondientes a esta sección se encontrarán al final de la misma.

(A-23)   CONTAR

El niño de 2 años distingue entre uno y muchos, pero por lo común no cuenta objetos. Por regla general, aprende a decir los números antes de saber contar los objetos. Frecuentemente sucede que los niños saben contar objetos pero no por eso asocian necesariamente el número final con la totalidad de los objetos contados. Este test se halla encaminado a indagar las tres aptitudes.

Procedimiento. Colóquense sobre la mesa una hilera de cuatro monedas a una distancia de 5 centímetros cada una, y luego dígase al niño: *"Cuéntalas y dime cuántas hay".* Si el niño titubea se dirá: *"Fíjate, así: uno..."* Si el niño cuenta sin señalar, hágase la demostración, diciendo: *"No, cuéntalas con el dedo, así: uno...".* Una vez que termina se le preguntará: *"¿Cuántas hay?"* Si cuenta cuatro correctamente, colóquense trece centavos en fila y repítase el procedimiento. Al nivel de los 5 años se empezará con trece centavos y sólo se retrocederá a las cuatro monedas si no logra contar las trece. Concédanse dos tentativas por lo menos, considerándose la mejor para el resultado.

Una vez terminada la cuenta de las monedas, pregúntese al niño hasta cuánto sabe contar, diciendo entonces, *"Yo te escucharé".*

Tendencias de la conducta. A los *3 años,* el niño recién está aprendiendo a contar. Comúnmente, sólo puede contar dos objetos, aunque de acuerdo con los informes, sabe contar hasta cinco. Cuando cuenta objetos puede ocurrir que no empiece con uno sino con algún otro número para luego seguir correctamente.

A los *4 años,* los informes dicen que el niño cuenta hasta diez, pero sólo cuenta, señalando correctamente, hasta tres objetos. También ahora puede comenzar con un número mayor que uno, aun cuando se lo dirija especialmente.

A los *5 años* raramente empieza con otro número que no sea el uno, y sabe contar, señalando correctamente, hasta diez objetos. Por regla general, no logra contar trece objetos, pero sabe decir los números hasta trece. Si cuenta trece monedas correctamente en una tentativa, frecuentemente yerra en la siguiente.

A los *6 años* raramente yerra al contar trece objetos y dice los números correctamente hasta treinta.

Diferencias de acuerdo con el sexo. Las niñas cuentan cifras mayores y con menores errores que los varones.

Significado del test. El test puede reflejar experiencia o aptitudes innatas. Los números hasta cinco, hasta tal punto constituyen una parte integral de nuestra vida diaria, que el no poder contar cuatro objetos a los 5 años, es muy significativo.

(A-24) NÚMERO DE DEDOS

Ya he mencionado el carácter específico de los conceptos numéricos. Este test presupone que el niño ha tenido bastante interés en los números como para haber contado sus dedos y luego recordar la cifra, o bien que posee una imagen visual de cinco y de diez que le permite dar una respuesta inmediata a la pregunta. El test se administra rápidamente y es digno de crédito en el sentido que diferencia los niveles mentales en forma bastante terminante.

Procedimiento. Es conveniente administrar este test después de haber pedido al niño la distinción entre la mano, el ojo y el oído derecho del izquierdo. Entonces se dirá: *"¿Cuántos dedos tienes en la mano derecha?"* A esta pregunta seguirá: ¿*"Cuántos en la izquierda?"*, y luego, ¿*"Cuántos en las dos manos?"* Si el niño comienza a contarlos, se le tocará la mano suavemente, diciéndole: *"No, dime sin contar".*

Calificación. El niño puede considerar correctamente que tiene cuatro o cinco dedos en la mano, pero debe ser consecuente en sus respuestas [6].

Conducta característica. A los *5 años*, el niño da el número correcto de dedos para cada mano, pero raramente puede dar el número total de dedos. A los *6 años*, es raro que no dé el número correcto de dedos de una sola mano, pero por lo común, no sabe decir el número de las dos manos. Por lo general, no es sino hasta que alcanza los *6½ años* cuando sabe' decir el número total de dedos sin contarlos antes.

Significado del test. Aunque digno de crédito, no es este test tan significativo como otros tests de conceptos numéricos. Fue debido a esta razón, probablemente, por lo que Binet lo omitió en su revisión de 1911. Sin embargo, y considerando el hecho de que lleva muy poco tiempo, no deja de ser útil. Los niños sobredotados no suelen aprobar el test hasta tanto no se hallan cerca de la edad normativa, pero los retardados es común que fallen cuando así debe suceder de acuerdo con su edad mental.

(A-25)   Dibujar burbujas

Este test fue introducido por Gesell (30) como una "prueba adicional de la existencia e intensidad de cualquier sentido numérico adquirido por el niño". A los niños les atrae la figura y responden con prontitud.

Procedimiento. Colóquese la figura de un niño haciendo burbujas frente al niño, con esta observación: *"¿Qué está haciendo este chico? Está haciendo burbujas, ¿no es cierto?"* Señálese la burbuja y, si es necesario, hágase un círculo a su alrededor para estar bien seguros de que el niño sabe lo que es una burbuja. Luego se dirá: *"Ahora dibuja una burbuja debajo de la silla; nada más que una burbuja".* Y luego: *"Ahora haz dos burbujas arriba de la cabeza del chico".* Y luego: *"Haz tres burbujas detrás del chico, tres burbujas detrás de él".* Luego: *"Haz cuatro burbujas delante de él, cuatro burbujas delante del chico".* Si el niño se resiste porque no entiende dónde tiene que colocar las burbujas, anímeselo a ponerlas donde más le guste.

---

[6] Debemos tener en cuenta que en inglés suele decirse que en la mano hay cuatro dedos y un pulgar, como si existiese una diferencia cualitativa entre el pulgar y los demás dedos. [T.]

Calificación. Puesto que el principal objeto. del test es revelar la madurez de los conceptos numéricos, los errores secundarios en la colocación de las burbujas no deben tenerse en cuenta. Por ejemplo, a los 4 años el niño puede considerar "arriba" en el sentido tridimensional y poner las burbujas sobre la cabeza del niño. Esto no debe considerarse error.

Tendencias de la conducta. A los *4 años*, el niño dibuja una burbuja en el lugar correcto. También dibuja dos burbujas, pero se confunde en lo que a su colocación respecta. Raramente consigue dibujar tres o cuatro burbujas aunque responde correctamente a la instrucción "detrás de".

A los *5 años* sigue las cuatro instrucciones correctamente. No encuentra difícil colocar las burbujas correctamente, aunque puede equivocarse al dibujar cuatro burbujas.

A los *6 años*, raramente no consigue una calificación perfecta.

Diferencias de acuerdo con el sexo. No se observaron diferencias.

Significado del test. Es obvio que la respuesta a este test involucra algo más que los conceptos numéricos del niño. Debe poseer un concepto lo bastante claro de los números para no confundirse con las indicaciones accesorias referentes a la colocación de las burbujas. Tampoco debe engolfarse hasta tal punto en el dibujo de las burbujas que olvide la cantidad que debe dibujar. Como el test requiere una integración del desempeño, revela el carácter completo y eficiente del conocimiento numérico del niño, consideración ésta de gran importancia como base para la valoración y guía del niño.

(A-26) PROBLEMAS NUMÉRICOS

La suma y la resta simples son primeramente dominadas por el niño bajo la forma de ejemplos muy concretos. De hecho, no es casi necesario señalar que el hombre mismo no se halla tan lejos de depender de ciertos instrumentos de cálculo tales como piedras o ábacos. Este test fue incluido por Gesell (30) como apropiado para los años preescolares. La idea de poseer algunas monedas es atrayente para el niño. La prueba se aplica con rapidez y pone de manifiesto la disposición del niño para los números.

Procedimiento. Formúlense al niño las siguientes preguntas: *"Si tú tienes dos monedas y yo te doy otra moneda, ¿cuántas monedas tendrás?" "Si tienes dos monedas y yo te doy otras dos monedas, ¿cuántas monedas tendrás?",* y así siguiendo con problemas similares, indáguese la capacidad del niño para sumar hasta cinco. Mediante el empleo de preguntas semejantes, investíguese su habilidad para restar hasta cinco.

Tendencias de la conducta. A los *5 años*, el niño sólo ocasionalmente es capaz de sumar hasta cinco. A los *6 años*, ya suma y resta hasta cinco.

Significado del test. El éxito en la resolución de los problemas depende de la experiencia así como del dominio de los conceptos numéricos. Sin embargo, un niño, a los 5 años, sólo en casos excepcionales no ha

Edad 2 ½ años — Da "uno solo".

3 años — Da "sólo dos". Cuenta hasta 5, sin señalar (según informes).

4 años — Cuenta, señalando, tres objetos. Dibuja dos burbujas.

4 ½ años — Da "sólo tres". Cuenta, señalando, cuatro objetos. Dibuja tres burbujas.

5 años — Cuenta, señalando, diez objetos. Dibuja cuatro burbujas. Dice el número de dedos en una mano.

5 ½ años — Cuenta, señalando, trece objetos.

6 años — Suma hasta cinco.

6 ½ años — Dice el número de dedos en ambas manos.

CONCEPTOS NUMÉRICOS

PORCENTAJE DE CASOS QUE APROBARON EL TEST PARA CADA EDAD

Edad en años	4	5	6
Conducta:			
Cuenta objetos:			
"Incapaz de contar"	25	4	
Cuatro	30	96	
Seis	22	87	
Diez	5	72	100
Trece	0	42	88
Dice el número de dedos en:			
Una mano		66	80
Total		17	45
Suma hasta cinco	12	33	54
Dibuja burbujas:			
Una	67	95	100
Dos	52	89	94
Tres	11	75	100
Cuatro	7	61	94
Debajo	61	100	100
Arriba	30	89	100
Atrás	56	95	100
Delante	41	95	100

tenido la suficiente experiencia con objetos para contestar las preguntas, si es que posee la necesaria aptitud para los conceptos numéricos. Si la aptitud aritmética es o no un talento especial, nunca ha podido establecerse. Existen, por cierto, grandes variaciones entre los niños que tienden a persistir durante todo el tiempo de sus estudios. Aquellos niños que fracasan completamente en un nivel que no está de acuerdo con su nivel general de madurez, deben recibir una ayuda especial desde el principio de sus carreras, de manera que no le tomen miedo y odio a la aritmética.

§ F.　MEMORIA INMEDIATA

Durante el último cuarto del primer año el niño da pruebas bien definidas de su capacidad de memoria inmediata, a través de las siguientes habilidades. Tras la demostración, hace sonar la campanilla, hace tortitas de manteca, adiós con la mano e imita la producción de sonidos y de palabras. Todas estas conductas muestran la capacidad de retener una impresión durante el tiempo necesario para reproducir determinado comportamiento. En contraste con la imitación, el infante también tiende a investigar y utilizar su propia actividad. Sólo cuando la conducta demostrada encierra cie-to significado para el niño en función de su propio repertorio, tiene lugar la imitación y siempre que salga airosa en la competencia con el impulso de otras actividades concurrentes. El fracaso y el éxito en los tests de imitación deben ser cuidadosamente interpretados, pues el fracaso puede significar, simplemente, que los impulsos de la propia actividad del niño son relativamente fuertes, en tanto que el éxito puede deberse a la actividad espontánea fortuita.

Entre las edades de 1 y 2 años, los niños se hallan tan ocupados con sus propias operaciones que resulta difícil, en el tiempo limitado del examen, obtener pruebas cabales de la memoria inmediata, salvo en lo que respecta a su funcionamiento en las situaciones más generalizadas, tales como la construcción con cubos y el dibujo. A los 2 años, y de ahí en adelante, son apropiados los tests más específicos de memoria inmediata, tornándose de más en más importantes para el diagnóstico diferencial. En todas las edades los tests son significativos en sus connotaciones de conducta adaptativa tanto específicas como generales.

Los tests que siguen a continuación, *Repetición de Dígitos y Frases*, aparte de ser clásicos, tienen la ventaja de ser aplicables prácticamente durante el período completo de la vida.

(A-27)　Repetición de dígitos

Sabemos por experiencia que por debajo de los 3½ años el test de la repetición de dígitos carece de significación suficiente para incluirlo en la serie, a menos que el niño se muestre singularmente dispuesto a colaborar o que su edad mental sea superior a la cronológica. A los 4 años, sin embargo, los conceptos numéricos comienzan a desarrollarse y la repetición de dígitos empieza a adquirir sentido. Por entonces ya se puede obtener, por regla general, cooperación por parte del niño. A partir de esa época en adelante el test es tradicional y realmente valioso. Las series de dígitos usadas son las mismas agrupadas por Terman (121).

Procedimiento. Atráigase la atención del niño y dígase: *"Escucha: tienes que decir 4-2".* Después que conteste, se dirá: *"Atiende de nuevo:*

6-4-1". En caso necesario, agréguese: *"Tienes que decirlo"*. Concédase un poco menos de un segundo para cada número. Algunos niños no esperan para contestar que les hayan dicho los tres números. En la primera oportunidad que esto ocurra, se dirá: *"No, espera hasta que yo termine"*, y repítase la serie.

Las instrucciones para niños de 4 años y de más edad deben explicar su tarea con mayor amplitud. En estos casos el examinador dirá: *"Ahora voy a decir algunos números y cuando los haya dicho todos tendrás que decirlos tú. Escucha con atención"*. Continúese luego con series cada vez más largas hasta haber establecido la capacidad máxima del niño. Si el niño parece desanimarse cuando advierte que ha fallado, anímeselo diciéndole: *"Bueno, ésa era una muy difícil"*, e intercálese una serie más corta, diciendo: *"Yo sé que ésta vas a poder hacerla. Escucha con atención"*. Los números deberán enunciarse monótonamente todos con igual énfasis. Puede bajarse la voz para el último número. Esto, juntamente con un movimiento de cabeza, bastará para indicar al niño que la serie ha terminado y le toca responder.

Tendencias de la conducta. A los *4 años*, el niño puede repetir tres dígitos en dos de las tres tentativas. No consigue repetir cuatro dígitos, y comúnmente ni siquiera responde el número correcto de dígitos, agregando u omitiendo uno. Sin embargo, el niño recuerda tres de los cuatro dígitos, aunque no necesariamente en el orden correcto.

A los *5 años* repite correctamente cuatro dígitos en una de las tres tentativas. Ahora, por lo general, contesta el número correcto de dígitos, siendo tres, por lo menos, los que se le han dado. Existe una ligera tendencia a agregar un dígito, pero también puede ser omitido. De modo que el niño de 5 años está a punto de poder repetir correcta y consecuentemente cuatro dígitos. Sólo raramente puede el niño, a los 5 años, repetir cinco dígitos, siendo lo común que ni siquiera repita el número correcto de dígitos, agregando o con mucha' más frecuencia omitiendo uno. Un tipo de error frecuente es la inversión de los dígitos.

A los *6 años*, el niño repite correctamente, casi invariablemente, los cuatro dígitos en dos de las tres tentativas. Puede repetir cinco dígitos en una de las tentativas, pero raramente en dos. O bien omite un número, o bien lo agrega. Recuerda correctamente sólo cuatro de los cinco dígitos.

Diferencias de acuerdo con el sexo. No se observaron diferencias bien definidas.

SUMARIO GENÉTICO

Edad 2 ½ años — Repite dos dígitos, una de tres tentativas.
    3   años — Repite tres dígitos, una de tres tentativas.
    3 ½ años — Repite tres dígitos, dos de tres tentativas.
    4 ½ años — Repite cuatro dígitos, una de tres tentativas.
    5 ½ años — Repite cuatro dígitos, dos de tres tentativas.
    6 ½ años — Repite cinco dígitos, una de tres tentativas.

Significado del test. La incapacidad para· repetir correctamente los dígitos puede deberse a diversos factores, de los cuales son los más importantes: deficiencia auditiva, falta de conceptos numéricos, atención defectuosa e imaginación auditiva inadecuada. Sin duda, algunos niños, familiarizados con los números, trasladan su experiencia auditiva a imágenes visuales. Es común, incluso, que el niño repita los dígitos para sus adentros al tiempo que el examinador los va diciendo, reforzando de este modo la impresión auditiva con los mecanismos del habla. Frecuentemente es difícil de interpretar el fracaso o el éxito en esta prueba, cuando ellos no están de acuerdo con otras expresiones de la conducta adaptativa. Algunos niños contestan como loritos, y así deben estimarse sus respuestas, en tanto que otros muestran una verdadera capacidad para retener y reproducir las impresiones auditivas. Pese a la vaguedad que en ocasiones puede ofrecer el test, éste sirve para establecer una aptitud de importancia para el éxito en el aprendizaje, por lo cual tiene una considerable importancia clínica.

REPETICIÓN DE DÍGITOS

PORCENTAJE DE CASOS QUE SE COMPORTARON COMO SE INDICÓ

Edad en años	2	3	4	5	6
Número de casos			24	53	17
Conducta:					
Repite dos dígitos	25*	85*	100		
Repite tres dígitos:					
Una de tres tentativas		59*	92	98	
Dos de tres tentativas			75	87	
Falla una vez			33	17	
Repite cuatro dígitos:					
Una de tres tentativas			22	58	89
Dos de tres tentativas			0	43	67
Falla una vez			83	58	39
Repite cinco dígitos:					
Una de tres tentativas			0	17	44
Dos de tres tentativas				4	28
Falla una vez			100	98	83

* Goodenough (45).

(A-28) REPETICIÓN DE FRASES

El niño de 2 a 3 años se muestra más dispuesto a colaborar en la repetición de frases que en la de dígitos. De hecho, algunos niños de esta edad son verdaderos ecos. La incapacidad de responder verbalmente se debe con tanta frecuencia a ineptitud como a falta de cooperación. De los cuatro años en adelante, rara vez es la cooperación un problema. Este test, fuera de investigar la memoria inmediata, ofrece una oportunidad para descubrir cualquier articulación defectuosa e inmatura.

Procedimiento. Este test no debe administrarse inmediatamente antes o después de la repetición de dígitos, ni a poco de empezado el examen. En el primer caso, la capacidad de atención del niño para este tipo de test puede estar bajo los efectos de la fatiga; en el último caso, puede no existir aún la suficiente simpatía entre niño y examinador para la respuesta verbal.

Atráigase la atención del niño, diciéndole: *"Escucha"*, con un ademán apropiado, y luego, mientras el niño mira de frente al examinador, se le dirá: *"Di: gatito lindo"*. Si el niño vacila, se le dirá: *"Tú tienes que decirlo"*. Una vez que conteste, anímeselo diciéndole: *"Muy bien"*. Luego continúese con: *"Ahora di: mira el gato"*. Enúnciese cada palabra con claridad, lentamente y con el mismo énfasis. Prosígase con las otras frases en orden. Si el niño no se muestra dispuesto a colaborar, no se insistirá con el test, sino que se volverá sobre él, más tarde, en el transcurso del examen.

TEST DE FRASES

INTRODUCCIÓN: *Gatito lindo (Nice kitty)*

Grupo I. (Tres a cuatro sílabas): [7]

    a. *Mira el gato.* (See the cat).
    b. *Tengo una muñeca.* (I have a doll).
    c. *¿Dónde está mamita* (o papito)? (Where is mamma?)

Grupo II. (Seis a siete sílabas):

    a. *Yo tengo un perrito.* (I have a little dog).
    b. *En verano hace calor.* (In summer the sun is hot).
    c. *El perro corre al gato.* (The dog runs after the cat).

Grupo III. (Doce a trece sílabas):

    a. *Ese chico se llama Juan. Es muy bueno.*
    b. *Cuando pase el tren vamos a oír el pito.*
    c. *Nos vamos a divertir mucho en el campo.*

Grupo IV. (Dieciséis a dieciocho sílabas): [8]

    a. *Nos divertiremos mucho. Encontré un ratón en la trampa.*
    b. *Juan disfrutó de las vacaciones. Iba a pescar todos los días.*
    c. *Daremos un largo paseo. ¿Quieres darme el sombrerito?*

---

[7] No es fácil encontrar frases equivalentes a las del texto, en castellano, pues en éste, a diferencia del inglés, no abundan los monosílabos. He aquí algunos ejemplos, sin embargo: a. *Mira el sol* (3 sílabas haciendo la sinalefa en *ra-el*); b. *Quiero jugar* (4 sílabas); c. *Dame un dulce* (4 sílabas, con la sinalefa en *me-un*) [T.].

[8] Para mostrar hasta qué punto no equivalen los ejemplos castellanos a las frases en inglés, baste decir que la frase c del grupo IV consta, en inglés, de 16 sílabas y ¡15 palabras distintas!: *"We will go out for a long walk. Please give me my pretty straw hat".* [La traducción literal consta, en castellano, de 23 sílabas: *"Saldremos a dar un largo paseo. Por favor dame mi lindo sombrero de paja".* Siete sílabas más pero una palabra menos. Es posible que los niños de habla hispana recuerden, en general, un mayor número de sílabas, puesto que a un mismo número de sílabas corresponden menos palabras en castellano que en inglés. (T).]

Tendencias de la conducta. A los *2 años* el niño repite, comúnmente, las frases de tres a cuatro sílabas, pero no puede repetir las de seis a siete sílabas. Los errores a esta edad consisten en la supresión del artículo o en la repetición de la última palabra solamente. A veces, algunos niños interpretan las instrucciones en forma totalmente equivocada y comienzan a buscar el gato o la muñeca, o señalan a la madre.

A los *3 años*, el niño repite fácilmente las frases de seis a siete sílabas, pero todavía no puede repetir las de doce a trece. Los errores consisten, principalmente, en repetir solamente la última parte de las frases.

A los *4 años* repite correctamente una de las tres frases de doce a trece sílabas. Sin embargo, es común que omita palabras, o las agregue, o las cambie, en una de las tres tentativas. Frecuentemente su articulación es, en ciertos aspectos, infantil.

A los *5 años* demuestra mayor habilidad que a los 4 para repetir una frase de doce a trece sílabas y, por regla general, ya no da pruebas de articulación infantil.

A los *6 años* repite fácilmente una frase de doce a trece sílabas, pero todavía no puede repetir sin equivocarse una de dieciséis a dieciocho. Sus equivocaciones más frecuentes son errores de omisión o de sustitución tales como la omisión de "muy" en IIIa, o la sustitución de "llegue" por "pase" ("goes past" por "passes") en IIIb. En estos casos el niño retiene el sentido de las frases pero usando sus propias palabras.

Calificación. La articulación defectuosa y la contracción de las palabras no constituyen errores, pero sí cualquier omisión, transposición, inserción u otra alteración.

Significado de la conducta. Este test difiere del de la repetición de dígitos en el contenido. Es razonable esperar que aquellos niños que muestran una marcada diferencia entre sus conceptos numéricos y su capacidad de lenguaje, también demuestren, consecuentemente, una diferencia similar en estos dos tests. Aunque ambos tests suponen una aguda percepción auditiva, las dificultades auditivas lo bastante graves para afectar las respuestas se pondrán de manifiesto en otras formas.

Binet, en su análisis del test, señala que la repetición en "eco" es el método de aprendizaje del lenguaje, empleado por el niño y que su capacidad para repetir se halla más adelantada que su facultad de expresión. Esto vale, naturalmente, sólo para las etapas iniciales del desarrollo del lenguaje. En edades más avanzadas el poder de expresión del niño supera, con mucho, la facultad de repetir exactamente lo que alguien ha dicho antes. Por esta razón, el test se halla, probablemente, estrechamente relacionado con la facilidad oral en las etapas más tempranas, y con una conducta adaptativa más general en las edades superiores.

REPETICIÓN DE FRASES

PORCENTAJE DE CASOS QUE RESPONDIERON COMO SE LES INDICÓ

Edad en años	2	3	4	5	6
Número de casos	50*	50†	21	54	15

Conducta:

Repite correctamente:

Grupo I: 3-4 sílabas:

Una de tres	50				
Las tres	40				

Grupo II: 6-7 sílabas:

Frase a.			87	98	100
Frase b.			36		
Frace c.			63	100	
Una de las tres	9	61	96	100	100

Grupo III: 12-13 sílabas:

Frase a.			17	16	47
Frase b.			17	38	80
Frase c.			50	67	100
Una de las tres			50	67	100

Grupo IV: 16-18 sílabas:

Frase a.			13	3	39
Frase b.			9	18	17
Frase c.			9	3	11
Una de las tres			29	13	14
Articulación infantil	?	?	56	39	13

* Datos de Muntz (91); † datos de Holbrook (59).

SUMARIO GENÉTICO

Edad normativa 24 meses — Repite frase de 3-4 sílabas
* 30 meses — Repite frase de 6-7 sílabas
* 48 meses — Repite frase de 12-13 sílabas
60 meses — Articulación no infantil
78 meses — Repite frase de 16-18 sílabas

* Una de las tres tentativas.

(A-29) OTROS TESTS DE MEMORIA INMEDIATA

Los dos tests de Memoria Inmediata que hemos usado como parte de nuestra serie normativa, son de tipo auditivo. Debemos mencionar otros dos tests de memoria visual, especialmente indicados para el examen de niños con un defecto auditivo. Ellos son el Test del Cubo de Knox (74) y el Test de Figuras para la Memoria (4).

Los cubos rojos utilizados en la construcción con cubos pueden servir también para el Test del Cubo de Knox. Para el procedimiento y normas de conducta en la aplicación de este test, puede acudirse a la monografía de Pintner y Paterson (104). Para examinar un niño sordo, la aplicación del Test de Figuras para la Memoria debe ir precedida de una demostración de lo que se desea que el niño haga. Una vèz hecho esto, el test puede ser aplicado con toda facilidad sin recurrir a las instrucciones y respuestas verbales.

§ G. DISCERNIMIENTO COMPARATIVO

Es obvio que el niño realiza juicios comparativos con anterioridad a la verbalización. En todo tiempo que un niño opere con un juguete en forma apropiada y distintiva, podrá afirmarse que está haciendo uso de una forma de discernimiento comparativo. Pero cuándo una discriminación de tipo sensorio-motor, tal como la búsqueda del pezón, se convierte en una forma de conducta controlada por el funcionamiento cortical, no es cosa fácil de determinar. La transición se realiza gradualmente. Más aún, cuando hay verbalización, el niño usa adjetivos de connotación relativa, en un sentido absoluto. Una prenda de vestir o una flor son "lindas"; las manos, "sucias"; la comida o los radiadores, "calientes"; una pelota o una muñeca pueden ser "grandes". Aun las dicotomías de lindo-feo, sucio-limpio, caliente-frío y grande-chico, no son apreciadas en un principio. En su lugar, el niño usa las designaciones, comúnmente en condiciones extremas, para clasificar la calidad, en forma muy semejante a como usa los sustantivos para la clasificación. Existe un verdadero progreso evolutivo cuando el niño dice, por ejemplo. "Éste es el grande y éste es el chico", o bien, "Éste es el lindo y éste es el cómico". Un mayor progreso se hace evidente cuando el niño advierte que "Papito es más grande que yo, pero yo soy más grande que Susana", y mayor todavía, cuando dice: "Yo soy más chico que Papito pero soy más grande que Susana".

Las transiciones de una etapa del discernimiento comparativo a otra tienen lugar tan gradualmente que con frecuencia pasan inadvertidas. A veces ocurrirá que un niño se sorprenda de su propio descubrimiento y anuncie, por ejemplo, que "Mañana, hoy será ayer". Estas nociones de relatividad se formulan lentamente.

Las situaciones de prueba que siguen a continuación investigan, simplemente, algunas de las etapas del proceso evolutivo de la formación de juicios relativos. El examinador le pide al niño que le muestre, de dos líneas, la más grande; de dos caras, la más linda; de dos pesos, el más pesado, y finalmente, cuando es más maduro, le pide que haga una serie de piezas, de acuerdo con su peso.

(A-30) Comparación de la longitud de dos líneas

El siguiente test puede administrarse rápidamente, pues las instrucciones son breves. Los niños responden con prontitud y puede suspenderse después de dos respuestas erradas. El material de prueba es el mismo especificado por Binet y Simon. Las instrucciones son más simples que las indicadas tanto por Terman o Kuhlmann.

Procedimiento. Exhíbase la tarjeta con las dos líneas dibujadas en ella y dígase: *"Mira estas líneas. ¿Cuál es la más grande* (o *"la grande")?"* *"Muéstrame la más grande"* (o *"la grande").* En caso necesario, agréguese: *"Pon el dedo en ella".* Una vez que el niño haya respondido, se dará vuelta la tarjeta varias veces rápidamente volviendo a exhibirla re-orientada, con estas palabras: *"¿Cuál es la más grande (la grande) ahora?"* Concédanse de tres a seis tentativas según lo terminante de sus respuestas.

Calificación. El discernimiento se pone de manifiesto con tres aciertos sobre tres tentativas o con cinco sobre seis.

Tendencias de la conducta. A los *2 años* el niño no es capaz de reconocer la "línea grande" y señala sin discriminar. A los *3 años*, distingue la "línea grande", demostrando cierta evidencia de discernimiento. La mayoría de los niños, a los *4 años*, la reconocen sin equivocarse, cualquiera sea la orientación de la tarjeta.

Las diferencias de acuerdo con el sexo son despreciables.

Significado del test. Las instrucciones para el test son breves y en el propio lenguaje del niño. Así simplificado, el test es con más verdad una medida del discernimiento comparativo que de la comprensión del lenguaje. A los 2 años y medio, los niños se hallan familiarizados con la palabra *grande*, pero, como se señaló más arriba, ellos la utilizan en casos extremos. No hay ninguna duda de que si una línea abarcase toda la página y la otra midiese sólo uno o dos centímetros, todos los niños de esta edad fácilmente aprobarían el test. Para el niño de dos años y medio puede existir poca diferencia en el tamaño de las dos líneas, aun cuando quizás fuera capaz de elegir, entre dos, el caramelo relativamente más grande. Un pedazo grande de caramelo o de torta y una línea grande no son lo mismo para el niño. Él posee una noción específica de lo grande para los diferentes objetos, subordinada a su experiencia con ellos. El niño puede mostrar su indecisión o bien señalando entre las dos líneas, o adivinando, o mirando al examinador para obtener de él una confirmación, o simplemente, señalando sin discriminación alguna.

(A-31)   COMPARACIÓN ESTÉTICA

Este test es similar al de la *Comparación de Líneas.* Es interesante señalar que aunque "lindo" (*"pretty"*) es una de las primeras palabras que aprende el niño, no es sino hasta alcanzar los 4 ó 5 años cuando es capaz de elegir "la linda" de entre dos caras. Lindo es un concepto más abstracto que grande, y tiene, correspondientemente, un desarrollo ulterior a grande. Este test, al igual que el anterior, se aplica rápidamente, y por lo general con el agrado de los niños.

Procedimiento. Por medio de una tarjeta blanca y lisa, tápense todas las figuras de la tarjeta menos las dos de arriba que representan la pareja de la cara linda y la cara fea. Al tiempo que se le muestren al niño, se dirá: *"¿Cuál es la linda? ¡Muéstrame la linda!"* No se hará ningún comentario sobre la elección realizada por el niño. Córrase la tarjeta hacia abajo, dejando a la vista un nuevo par de figuras, diciendo: *"¿De estas dos, cuál es la linda? Muéstrame la linda"*. Luego córrase la tarjeta hacia arriba descubriendo el tercer par de caras y repítase la pregunta.

Si, como suele suceder, el niño parece señalar deliberadamente todas las caras feas, con espíritu contradictorio, se volverá a presentar la serie tranquilamente y sin hacer ningún comentario.

Calificación. Las tres respuestas deben ser correctas.

Tendencias de la conducta. A los *4 años*, el niño no distingue la cara linda de la fea, pero a los *5 años* lo hace con toda facilidad. A los *4 ½ años* el término medio realiza las tres elecciones correctamente.

Diferencias de acuerdo con el sexo. Los varones desarrollan su aptitud de discernimiento estético algo más tarde que las mujeres.

Significado del test. Frecuentemente, el niño demuestra estar respondiendo a "lindo" en el sentido absoluto, cuando dice: "Ésta es la linda y ésta es la cómica". La menos linda no es menos linda, ni tampoco fea, sino, en cambio, cómica (*funny*). A veces, incluso, el niño se ríe ante las caras antiestéticas.

Pese al hecho de que las preferencias estéticas no se hallan relacionadas, frecuentemente, con la inteligencia, este test se halla claramente relacionado con la madurez mental. Para que un niño apruebe este test, debe poseer una noción abstracta de lo que es lindo y aplicar esa noción a la fisonomía humana. Hacerlo así, es un acto inteligente, pero no se sigue de allí que exista un sentido estético innato como un aspecto de la inteligencia.

A la inversa, sin embargo, el fracaso en el test puede deberse a una falta de experiencia estética. El hecho de que los varones se hallen algo más retardados con respecto a las niñas en el desarrollo del discernimiento estético se debe, sin duda, a una práctica diferencial no intencionada.

JUICIOS COMPARATIVOS

PORCENTAJE DE CASOS QUE RESPONDIERON COMO SE INDICÓ

	2	3	4	5	6
Edad en años	2	3	4	5	6
Número de casos	50	50	27	54	18
Conducta:					
Longitud de línea:					
Responde correctamente en cinco sobre seis tentativas	14		70	96	
Invariablemente correcta			52	96	
Comparación estética:					
Invariablemente correcta		32	36	76	95
Varones			31	67	
Mujeres			45	83	

(A-32) COMPARACIÓN DE PESOS

Los tests que suponen una comparación de pesos han sido considerados por mucho tiempo como tests de inteligencia. Binet y Simon, Kuhlmann y Gesell incluyen por igual estos tests en sus escalas. El test de dos pesos involucra un discernimiento comparativo similar al requerido para la comparación del largo y para la comparación estética. La diferencia de peso entre las dos piezas es lo bastante marcada como para que un niño pueda advertirla si tiene suficiente madurez para comparar los dos pesos. El test de cinco pesos supone la respuesta más evolucionada de clasificar los pesos en serie. Una vez que el niño ha alcanzado la edad en que es capaz de mantener un problema en el pensamiento el tiempo suficiente para intentar la clasificación de los pesos de una serie, el test se torna, más que de discernimiento comparativo, una prueba más especial de discriminación sensoria del peso. Sin embargo, hasta los 6 años, predomina el aspecto adaptativo del test. No es inadecuado, por consiguiente, agruparlo aquí con los demás tests de discernimiento.

Test de dos piezas. Procedimiento. Colóquense las pesas de 3 y 15 gramos a 6 ó 7 cm. delante del niño: *"¿Ves estas piezas? Parecen iguales pero no lo son. Una de ellas es pesada y otra es liviana. Pruébalas y dame la pesada"*. Si el niño elige una pieza sin haberlas probado antes, se le dirá: *"No, tienes que hacer así"*, y se le demostrará cómo sopesarlas, levantando las piezas con los dedos. Luego repítase: *"Pruébalas y dame la pesada"*.

Prueba II: Tómense las dos piezas y sacúdaselas dentro de las manos, o pásense de una mano a otra detrás de la espalda. Luego, vuelva a colocárselas en la mesa como antes, salvo si la Prueba I fue aprobada, en cuyo caso se invertirá la posición de las piezas. Si la Prueba I no fue aprobada, no se alterará la posición.

Prueba III: Repítase, como para la Prueba II, invirtiendo el orden de colocación solamente si la II fue aprobada.

Si el examinador tiene cualquier razón para sospechar que la casualidad, más que el discernimiento, le ha valido el acierto al niño, deberá administrar algunas pruebas suplementarias. No se efectuará ningún comentario sobre la calidad de la respuesta hasta no haber terminado el test completamente.

Tendencias de la conducta. A los *3 años,* el término medio no es capaz de ajustarse a las instrucciones y responder correctamente, pero a los *3 ½ años* responde correctamente en dos de tres pruebas. Es necesario que el examinador demuestre e insista en que el niño tome el peso de cada pieza. La mayoría de los niños de *4 años* escoge la pieza más pesada, pero todavía puede ser necesario insistir en que las instrucciones sean seguidas rigurosamente. A los *5 años,* los niños sólo fallan raramente.

El Test de Cinco Piezas. Procedimiento. Vuélvense las cinco piezas sobre la mesa, diciendo: *"Estas piezas parecen todas iguales, ¿no es cierto? Pero no son iguales. Cada una es más pesada o más liviana que la otra. Ahora quiero que les tomes el peso a todas, y cuando encuentres la más pesada de todas la pongas aquí; luego tienes que buscar la más pesada de las que quedan y ponerla aquí; después la siguiente, aquí; la siguiente aquí y la más liviana, aquí".* Al tiempo que se den las instrucciones, se indicarán, sucesivamente, distintos puntos alineados en una fila, en el lado más alejado de la mesa. No debe hacerse la demostración de cómo tomar el peso de las piezas, sino dejar que el niño se sirva de sus propios recursos. Una vez que el niño haya terminado y se haya registrado el orden de colocación, se le dirá: *"Muy bien"* y se pondrán las manos sobre las piezas. Mézclense y vuelva a presentárselas al niño con una observación adecuada, tal como: *"Hazlo de nuevo".* En caso necesario, repítanse todas las instrucciones de nuevo. Siguiendo el mismo procedimiento, se presentarán las piezas una vez más para una tercera prueba.

Calificación. Constituye error la elección de una pieza más liviana cuando todavía queda una más pesada.

Tendencias de la conducta. A los *4 años,* el niño no comete más de dos errores en su desempeño mejor, pero puede ser necesario que el examinador repita las instrucciones, haciendo hincapié en: *"Toma el peso de todas".* A los *5 años,* el niño no comete más que un error en su mejor desempeño y en dos de las tres tentativas elige primero la pesa de 12 ó 15 gramos. A los *6 años,* no comete ningún error en su mejor desempeño. Sin embargo, en dos de las tres tentativas no coloca las piezas correctamente.

Diferencias de acuerdo con el sexo. En la edad crítica en que se alcanza la capacidad para discernir los pesos y cumplir las instrucciones, los varones son sistemáticamente más hábiles que las mujeres.

Significado del test. El estudio de Baldwin y Stecher (4) parecería indicar que a los 4 años la diferencia entre el peso de 3 gramos y el de 15 es lo bastante grande para que el test sea realmente un test de capacidad para comparar los dos pesos, más que un test de discriminación de pesos, si bien la incapacidad sensoria para discriminar puede ser, para unos pocos niños, la causa de su fracaso. Para alcanzar el éxito, el niño debe comprender lo que quiere decir pesado y conservar el problema planteado en su pensamiento. Su desempeño puede verse afectado por varios factores. Puede suceder que, con un guiño, un niño elija una pieza equivocada; o que no ponga el suficiente cuidado en la indagación de los pesos, o que, pese a las instrucciones, emplee un método individual y de menor sensibilidad para tomar los pesos, tales como arrojar las piezas al aire o ponerlas sobre la palma.

Baldwin y Stecher concluyen que la diferencia entre la pesa de 3 gramos y la de 15 es tan grande que el test puede emplearse al nivel de los 4 años para provocar un verdadero juicio comparativo, en oposición a una mera discriminación. Aun así, una incapacidad sensorio-motriz para discriminar, podría ser, en el caso de contados niños, la causa del fracaso.

La tendencia a usar una mano con preferencia a la otra es observada frecuentemente. El niño puede usar una mano exclusivamente, las dos manos simultáneamente o primero una mano y luego la otra.

El test se aplica con rapidez, y le gusta a la mayoría de los niños. Constituye una parte valiosa de la escala preescolar.

COMPARACIÓN DE PESOS

PORCENTAJE DE CASOS QUE MANIFESTARON LA CONDUCTA INDICADA

Test con Dos Piezas

	3	4	5	6
Edad en años	3	4	5	6
Número de casos	50	29	54	18

Conducta:

Correcta en dos de las tres pruebas	44	73	90	100
Correcta en las tres pruebas		55	82	95
El examinador insiste se tome el peso de cada pieza		31		

Test con Cinco Piezas

	4	5	6
Edad en años	4	5	6
Número de casos	29	54	18

Conducta:

Mejor desempeño:			
Ningún error	0	40	56
Nada más que un error	15	55	94
Nada más que dos errores	53	61	100
Dos de las tres pruebas:			
Ningún error	0	13	53
Elige primero la pesa de 12 ó 15 gramos	43	61	100
Distingue entre el grupo pesado y el liviano	38	56	100

DIFERENCIAS SEXUALES

Test con Dos Piezas

Correcta en dos de las tres pruebas:			
Varones	81	90	100
Niñas	62	90	100
Correcta en las tres pruebas:			
Varones	62	86	
Niñas	46	79	

Test con Cinco Piezas

Correcta en una de las tres pruebas:			
Varones	0	48	43
Niñas	0	31	27

§ H. RESOLUCIÓN DE PROBLEMAS

Cualquier situación constituye un problema cuando entre la finalidad que se coloca ante la vida del niño y éste existe un obstáculo. El problema puede ser resuelto o bien por una manipulación adaptativa, real o mental, o mediante el discernimiento referido a la naturaleza del obstáculo. Cuanto más indirecta y compleja sea la situación, más desconcertante es el problema.

El que una situación constituya o no un problema para cierto individuo, depende también de la madurez mental del individuo. Una bolita dentro de un frasco que reclama que la saquen, constituye un problema para un niño de 18 meses, pero no es ningún problema para el de 3 años. Éste tiene una clara noción de que la bolita se puede sacar fácilmente dando vuelta el frasco. La colocación del cuadrado en la caja de prueba es un problema para el niño de 21 meses, pero para el de 30, la solución es obvia.

Cuando la solución no es obvia y el obstáculo es real, se produce una situación desconcertante capaz de revelar la conducta individualmente típica. Puesto que las adecuaciones a la vida implican constantemente el sentirse frustrado o desconcertado, es importante estimar la respuesta individual del niño ante esas situaciones, de modo que en los casos necesarios puedan idearse modos más adecuados y efectivos de acomodación. Es desde este punto de vista que se aplican los tests de resolución de problemas o trucos en el examen psicológico completo de los niños de corta edad.

En esta sección presentamos tres tests de problemas apropiados para diferentes niveles de madurez: La pelota sobre la mesa para el niño normal de 18 meses y 2 años; la caja de truco para los 3 años, y el laberinto del jardín, para los 4 y 5 años.

(A-33) LA PELOTA SOBRE LA MESA

Apoderarse de un objeto colocado fuera de su alcance, es un objetivo común en los niños pequeños. El método que utilizan para alcanzar la meta varía con su madurez. La situación que aquí se expone suele presentarse con frecuencia en el hogar: el objeto deseado se halla fuera del alcance, pero puede ser obtenido trepándose indirectamente, o usando algún objeto como herramienta para alcanzarlo. La situación es apropiada para niños comprendidos entre los 18 meses y los 2 años.

Procedimiento. Colóquese la pelota grande sobre la mesa (de alrededor de 75 cm de altura), claramente fuera del alcance del niño. A lo largo de la mesa colóquese una varilla de sección cuadrada, de 37,5 cm de largo. En el extremo de la mesa acomódese una silla Windsor, muy conveniente para que el niño pueda treparse a la mesa. Condúzcase al niño hacia el lado de la mesa próximo a la varilla, señálese la pelota y dígase:

"Toma la pelota". En lugar de la pelota puede usarse cualquier otro juguete grande si la pelota no resulta suficientemente tentadora.

Tendencias de la conducta. A los *18 meses*, el niño, por regla general, no se apodera de la pelota. Puede tratar de agarrarla directamente o pedir ayuda. Por lo común agarra la varilla, pero la usa ineficazmente, alejando la pelota. Los niños que logran apoderarse de la pelota se trepan a la silla.

A los *2 años*, el niño usa la varilla espontáneamente y con ella se apodera de la pelota. Ya no necesita de la silla.

Significado de la conducta. El uso de la varilla como herramienta depende tanto de la habilidad motriz como de la apreciación adaptativa del uso de las herramientas. El discernimiento con respecto al uso de las herramientas se desarrolla gradualmente. A los 18 meses, el niño da vueltas a tientas, según el método de la prueba y el error; no demuestra discernimiento en cuanto al uso de la varilla y si llega a resolver el problema, sólo es gracias a la habilidad motriz que posee, esto es, treparse a la silla. El niño de 2 años, por el contrario, posee una experiencia más vasta en lo que se refiere al manejo de objetos semejantes a una varilla, y posee, por consiguiente, conocimiento (*insight*). La varilla encierra un sentido para él en función de la conquista de la pelota. Utiliza pues la varilla, ya que para él este método es el más fácil.

LA PELOTA SOBRE LA MESA

PORCENTAJE DE CASOS QUE MANIFESTARON CONDUCTA

	1½	2
Edad en años	1½	2
Número de casos	32	21

Conducta:

Se apodera de la pelota espontáneamente	31	71
Usa la varilla espontáneamente	50	71
Usa la varilla pero no como una herramienta	28	9
Pide ayuda o trata de tomarla directamente	34	25
Usa con éxito la varilla (de los que salieron airosos)	33	75
Usa con éxito la silla (de los que salieron airosos)	66	75

(A-34) CAJA DE PUZZLE

La caja de puzzle se halla parcialmente abierta de un lado. A través de la abertura hay expuesta una pelota. Para obtener la pelota hay que dar vuelta la caja y sacar una varilla que sostiene un cordón arrollado a la caja. Con esto puede abrirse la caja y sacar la pelota (Ver Lámina XVIII, m.) A los 2 años el niño puede disgustarse sobremanera cuando no logra apoderarse de la pelota, pero a los 3 años tanto le intriga un problema, que no sólo lo resuelve, sino que habiéndolo resuelto, vuelve a replantear la situación para poder resolverlo nuevamente.

Procedimiento. Dese al niño la pelota más chica y pídasele que la coloque en la caja de truco. Luego ciérrese y átese la caja, ante la vista del niño. Pásesele la caja con la pelota a la vista, en la parte superior de la caja, y dígasele: *"Si consigues sacar de ahí la pelota sin romper el cordón, luego podrás jugar con ella".*

Conducta. El setenta y dos por ciento de los niños de *3 años* logró abrir la caja. No se observaron diferencias de acuerdo con el sexo. El test no ha sido uniformemente establecido para otras edades.

Significado de la conducta. El error más frecuente es tratar de sacar la pelota a través de la pequeña abertura de la caja. El éxito en esta prueba involucra la comprensión de las relaciones espaciales y físicas entre varilla, cordón, caja y pelota. La adaptación de formas se halla involucrada en alto grado.

(A-35)   EL LABERINTO DEL JARDÍN

El laberinto del Jardín es muy similar al laberinto de Porteus. Comparado con los laberintos de Porteus, el laberinto del Jardín es más realista en su concepción, y el problema consiste en llegar al centro del jardín más que en salir partiendo del centro del laberinto. El test es apropiado para niños de 4 y 5 años. Al igual que el laberinto de Porteus, el laberinto del Jardín provoca la intervención de interesantes rasgos de individualidad al atacar el problema.

Procedimiento. Dígase al niño: *"Supón que éste es un jardín y éstos son los caminitos. Las líneas son cercos que tú no puedes saltar. Yo quiero que entres por aquí y encuentres el camino hasta el centro, aquí, lo antes que puedas, sin tener que volver atrás por ningún camino cerrado. Toma este lápiz y dibuja una línea para mostrarme por dónde irás".* Se le permitirá corregir sus errores. La calificación se determinará en función del tiempo y los errores cometidos.

Tendencias de la conducta. El setenta y cuatro por ciento de los niños de *5 años* alcanzó el centro del laberinto en menos de 110 segundos. El test no ha sido uniformemente establecido para otros niveles cronológicos.

Significado de la conducta. Aparte de investigar la adaptatividad del niño, el laberinto del Jardín permite distinguir entre el niño impulsivo y el juguetón; entre el niño que después de la comisión de un error se muestra más cauteloso y el que no aprende; entre el que se confunde a medida que trabaja y el que conserva claramente la meta en su pensamiento durante toda la prueba, así también como entre otras muchas personalidades opuestas.

SERIES GENÉTICAS EN LA CONDUCTA DE RESOLUCIÓN DE PROBLEMAS

Edad   1½ años — No usa herramienta; en cambio, trepa para apoderarse de los objetos.
2   años — Utiliza la varilla para obtener la pelota.
3   años — Resuelve caja de truco.
5   años — Resuelve el laberinto del Jardín.

CAPÍTULO VIII

DESARROLLO DEL LENGUAJE

§ A. EL CAMBIANTE PAPEL DEL LENGUAJE EN EL DESARROLLO PREESCOLAR

El campo de la conducta del lenguaje es de principal importancia en el estudio clínico del niño preescolar, pero su relación con la organización total de la conducta en el individuo, difiere considerablemente de la que adquiere más tarde, con la mayor edad. Pese al uso extendido de los tests de ejecución en el estudio de escolares y adultos, éstos se emplean, comúnmente, como tests suplementarios o como tests para aptitudes especiales, en tanto que las escalas para investigar la capacidad mental general dependen, principalmente, de situaciones presentadas verbalmente.

Es fácil entender por qué es el test de tipo verbal el usado más comúnmente en aquellas edades y casos para los cuales resulta apropiado. Aparte de su natural conveniencia, de evitar lo engorroso de grandes equipos de materiales y establecer un vínculo de simpatía más estrecho entre sujeto y examinador, ofrece la ventaja de que la variedad de situaciones que pueden presentarse es virtualmente ilimitada. El lenguaje, por fin, tan cabalmente integrado se halla con la conducta total del individuo, que casi cualquier clase de situación, ya se relacione con los problemas prácticos de la vida real o con los conceptos del tipo más abstracto, puede ser expuesta y atacada en términos verbales. Aunque tal aptitud no siempre va acompañada de la aptitud para enfrentar eficazmente las situaciones prácticas similares, tal como aparecen en la vida diaria, los tests de esta clase han evidenciado una correlación relativamente alta con la capacidad para realizar las adecuaciones necesarias en la vida real. El examen psicométrico más difundido, la Revisión de Stanford de la escala de Binet-Simon, depende casi por completo de la exposición y resolución verbales de los tests, y Terman ha autorizado, con algunas reservas, el uso de su test de vocabulario solamente, para obtener una calificación muy aproximada a la de la escala completa, cuando el tiempo no permite un estudio más cabal, y no existen complicaciones específicas del lenguaje.

La integración del lenguaje con otros campos de la conducta que permite, finalmente, la verbalización de la mayor parte de la actividad consciente, no existe, sin embargo, desde el principio. Es un proceso gradual, de ritmo acelerado hacia el fin del período preescolar, pero aun entonces incompleto y con amplias variaciones de un individuo a otro.

El lenguaje hablado aparece primero como una actividad relativamente independiente, tomada en sí misma, como un juego, o como acompañamiento de otros tipos de conducta, o como respuesta social sin un aspecto comunicativo específico. Las primeras palabras sueltas y frases cortas se producen como respuestas simples a objetos o situaciones familiares; sigue la verbalización de los deseos hacia el fin del segundo año; la narración de experiencias simples se desarrolla entre los 2 y 3 años. Aun la contestación de preguntas simples relacionadas con situaciones no-presentes, ofrece dificultad hasta los 2 ½ y 3 años. Durante todo este período inicial, la presentación de los tests se efectúa con acompañamiento verbal, pero todavía a los 2 ½ años es dudoso el papel que éste desempeña en la producción de la mayoría de las respuestas, fuera de tornar más normal la situación para el niño y ayudar a mantener la continuidad de su atención.

Durante estas etapas iniciales, el desarrollo del lenguaje puede mostrar un retardo de mayor o menor grado sin que se presente por ello, necesariamente, un retardo correspondiente en los demás campos de la conducta. Esto ya no es tan cierto a medida que aumenta la edad, y el examen de un niño de 4 años o más, con una seria deficiencia de lenguaje, presenta muchas dificultades.

La celeridad específica en el lenguaje es menos común y no tan engorrosa desde el punto de vista del examen clínico, puesto que la probabilidad de una errónea impresión de superioridad en ella basada, es relativamente remota. El niño cuyo lenguaje es realmente superior al resto de sus aptitudes, en función del estado de desarrollo que representan —en contraste con la mera proliferación del lenguaje en una etapa más temprana del desarrollo— generalmente no defrauda, con el tiempo, la promesa encerrada en este precoz adelanto específico.

§ B. ETAPAS EVOLUTIVAS

La etapa de la jerga (12-18 meses)

El desarrollo del lenguaje tras la aparición de la primera palabra, que generalmente ocurre un mes o dos antes de finalizar el primer año, no se pone de manifiesto inmediatamente, mediante un rápido aumento del vocabulario. Con la apariencia inicial de una simple respuesta condicionada a un objeto o una situación, la palabra hablada sólo gradualmente asume luego su función utilitaria y comunicativa. Todavía a los 18 meses el "habla" sigue siendo fundamentalmente una forma de juego o un acompañamiento de la acción más que un sustituto de ella. Las necesidades de la comunicación son llenadas mediante el lenguaje más fácil del ademán y de las vocalizaciones expresivas. En el limitado ámbito de esa edad, la mayoría de las necesidades son prestamente interpretadas por las personas más próximas al niño y este tipo de lenguaje sirve eficazmente para facilitar la comprensión necesaria.

Entre tanto, sin embargo, el desarrollo en las etapas preliminares del lenguaje hablado se halla muy lejos de ser latente. Entre los 12 y 15 meses el niño adquiere unas pocas palabras que pueden aumentar en número hacia los 18 meses, aunque parece existir cierta tendencia a una caída temporaria en el promedio de adquisición entre los 15 y 18 meses, seguida luego de una rápida aceleración. La vocalización aumenta en la variedad de los sonidos usados y en inflexiones, hasta adquirir un carácter tan marcado de conversación, que el niño casi parece discurrir larga y sesudamente en algún idioma extranjero. En su mayor parte esta jerga tiene lugar como un fluido acompañamiento del juego o como una forma de juego en sí misma cuando, por lo demás, el niño se halla callado; pero a menudo está dirigida, a modo de conversación, hacia los demás. El uso de la jerga alcanza la cúspide entre los 15 y 18 meses, decreciendo rápidamente de ahí en adelante y siendo prácticamente reemplazada por la expresión verbal a los 2 años.

Al igual que con otros aspectos del lenguaje, aquí también se hacen presentes grandes diferencias, aun entre niños normales, entre las características individuales de la jerigonza que emplean. Algunos niños parecen no pasar en absoluto por esta etapa, comunicándose por medio de palabras desde el primer momento en que éstas hacen su aparición, y retrocediendo al ademán cuando las palabras aprendidas no bastan. Los niños de este tipo no es raro que resulten excepcionalmente inteligentes, aunque de ninguna manera aparece la misma tendencia entre todos los niños sobredotados. Las diferencias en la personalidad pueden conducir a la variabilidad en el desarrollo de la vocalización enriquecida, así también como las influencias del medio ambiente, tales: la medida en que la vocalización es alentada o reprimida, las oportunidades de oír las conversaciones de los adultos o de andar con los niños más grandes, o inhibiciones causadas por experiencias emocionales graves, etc.

EL LENGUAJE A LOS 18 MESES

Vocabulario. Parece existir una tendencia del vocabulario a crecer relativamente más rápido durante los dos o tres meses siguientes a la aparición de la primera palabra, que en el período inmediatamente anterior a los 18 meses. El estudio más extenso sobre este aspecto del desarrollo pertenece a Smith (113), que trabajó con datos suministrados en forma de listas por las madres, y que fueron controladas mediante el interrogatorio y la observación de los niños. Sus cifras sobre la amplitud del vocabulario hasta los 2 años, tal como aparecen en la Tabla VII, son más elevadas que las obtenidas clínicamente, pero ilustran la tendencia evolutiva en cuanto al promedio de adquisición se refiere. Los sujetos por ella estudiados, según se verá, agregaron un promedio de dieciséis palabras entre los 12 y 15 meses, y de sólo 3 palabras entre los 15 y los 18 meses. Las cifras revelan un rápido aumento de ahí en adelante, con un promedio de 96 palabras entre los 18 y 21 meses y de 154 durante los últimos tres meses del segundo año. Parecería que el niño aprendiese al principio un corto número de palabras con algún significado especial en relación con la primera etapa del desarrollo, agregando a éstas, luego, sólo unas pocas más, antes de que el aspecto comunicativo del lenguaje adquiera importancia, poco después de los 18 meses.

TABLA VII

VOCABULARIO DE NIÑOS DE HASTA 2 AÑOS DE EDAD
Adaptado de Smith, M. E. (113)

Edad (meses)	Número de niños	Número de palabras	Aumento
8	13	0	
10	17	1	1
12	52	3	2
15	19	19	16
18	14	22	3
21	14	18	96
24	25	272	154

Las cifras de Smith, tal como se dijo, fueron reunidas sobre la base de listas cuya confección fue encomendada a las madres, y que se controlaron más tarde mediante cuestionarios y observaciones dirigidas únicamente a la obtención de datos de lenguaje. Este método no puede emplearse en la misma medida, de ordinario, en la práctica clínica, debido al largo tiempo requerido. Siendo la madre la encargada de llevar el registro durante varios meses, figurarán en el registro palabras que sólo han sido usadas una o dos veces para luego ser olvidadas, y la dirección de una atención específica hacia qué palabras son usadas, terminará en la audición de palabras que de otra manera habrían sido pasadas por alto. Además, los sujetos de Smith se hallaban algo por encima del término medio en las dotes generales, si han de tomarse como índice los cocientes

TABLA VIII

VOCABULARIO, SEGÚN INFORMES, DE CUARENTA NIÑOS DEL GRUPO NORMATIVO
A LOS 18 MESES

	Número de niños		
	Varones	Mujeres	Grupo
Número de casos	20	20	40
	Porcentaje de niños		
Número de palabras			
1- 5	20	25	22
6-10	35	25	30
11-15	30	25	27
16-20	15	5	10
21-25			
26-30		5	3
"Innumerables"		15	8

de inteligencia dados para niños más grandes que usaron en el mismo estudio.

Las cifras de vocabulario obtenidas clínicamente para los niños medios, se aproximan más a las de nuestro Grupo Normativo (Tabla VIII), las cuales fueron obtenidas preguntando a la madre las palabras que usaba el niño y preguntando luego por aquellas palabras específicas comunes que no eran espontáneamente mencionadas. Se estudiaron cuarenta niños, a diferencia de los catorce de Smith, de una misma edad. El número menor de palabras informado fue de cuatro, en tanto que tres madres declararon que las palabras usadas por sus niños eran demasiadas para poder enumerarlas. El número medio de palabras para el grupo estuvo entre diez y once. En la cuenta también se incluyeron los nombres propios.

Las diferencias sexuales no son llamativas, pero debe observarse que los cuatro vocabularios más amplios de que se informó correspondieron a niñas. Pese a carecerse de datos sistemáticos sobre las diferencias sexuales en el desarrollo del lenguaje para el nivel de los 18 meses, la mayoría de los investigadores se hallan acordes en que las niñas muestran una aceleración relativamente mayor sobre los varones en el desarrollo del lenguaje, durante los dos o tres primeros años de vida. Las respuestas a las tarjetas de figuras en esta edad, muestran que las niñas identifican correctamente un número de figuras mayor que los varones, en tanto que en éstos es mucho más fácil que por lo menos nombren una.

Atraso en el desarrollo del lenguaje. Las variaciones individuales en la riqueza del vocabulario durante estas etapas iniciales son muy marcadas. No son raros los casos de niños normales que sólo poseen una o dos palabras, e incluso ninguna en absoluto, a los 18 meses; en tanto que se han dado niños que ya a los 15 meses decían hasta 150 y 200 palabras. Por lo común, estos últimos han demostrado ser, con el tiempo, de una inteligencia superior; pero la mera ausencia de palabras en sí misma, está muy lejos de indicar debilidad mental, o aun de excluir la posibilidad de superioridad potencial [1].

Cuando un niño no ha empezado a usar palabras a la edad de 18 a 24 meses, y aun algo más arriba de esta última edad, debe andarse con mucha cautela para juzgar el significado de este hecho. Si el niño da otras pruebas de potencialidad normal y no se halla afectado de sordera, el cuadro es favorable y puede afirmarse con confianza que finalmente hablará. En estos casos es necesario indagar las circunstancias en el hogar y de la vida pasada, para determinar si es probable la supresión sobre una base emocional, o si ha padecido alguna enfermedad seria por la época de empezar a hablar o si hay una situación tal en la casa que no le ofrece el estímulo normal para hablar. Los niños que viven en instituciones muestran especial tendencia a atrasarse en este campo y a progresar espontáneamente después de adoptados. La experiencia clínica ha sugerido a Nice (96) la idea de que los niños que tardan en manifestar una preferencia definida por el uso de una de las dos manos muestran una tendencia a atrasarse en su desarrollo del lenguaje inicial. También existen casos de pérdida del habla en niños que ya habían empezado a hablar. Por lo general ocurren estos casos después de una enfermedad grave o de un *shock* emocional.

Dentro de este período no puede descartarse la sordera. Debe investigarse la medida en que el niño demuestra comprender la palabra oral, no sólo en las situaciones de pruebas y otras que a este fin pueden improvisarse, sino más concreta y cuidadosamente en la entrevista celebrada con el niño. Su respuesta a una música suave, a una campanilla tintineando ligeramente fuera de su vista o a una voz que le hable a sus espaldas, puede resultar decisiva. La falta de respuesta a la voz del examinador solamente no basta; en ese caso se deberá requerir a la madre que pronuncie el nombre del niño en voz baja, elevándola gradualmente en caso necesario, para comprobar si se da vuelta hacia ella o da otras señales de haber oído. De igual modo, la calidad tonal de sus vocalizaciones también es significativa. El niño que posee una jerga del tipo conversación, variada y con inflexiones definidas, no es probable que padezca

---

[1] En *Biographies of Child Development* (40), págs. 127-169, se encontrará un análisis del problema del retardo en el desarrollo del lenguaje en los primeros años, con una reseña detallada de dos casos.

ninguna deficiencia auditiva seria. Debemos decir aquí que aunque debe prestarse la mayor consideración a la posibilidad de una sordera, la experiencia clínica, con muchos casos de atraso en el habla, revela, sin embargo, que raramente es la sordera la causa del retardo.

Cuando puede descartarse la sordera, o parece improbable, y cuando el desarrollo en otros aspectos parece ser normal, deberá darse a los padres la más completa tranquilidad. Esto es necesario porque el retardo en el habla es una de las anomalías más inquietantes advertidas por los padres durante los primeros años de la vida del niño.

Combinaciones de palabras. En tanto que algunos niños comienzan a combinar palabras con sentido y espontáneamente ya a los 14 ó 15 meses, no es ésta la regla general todavía al año y medio. Las combinaciones aprendidas tales como *"all gone"* ("se fueron todos" o "se acabó"), y *"so big"* (tan grande) son equivalentes, desde el punto de vista de la madurez, a las palabras de dos sílabas [2]. Hacia los 18 meses, las combinaciones espontáneas se hacen cada vez más frecuentes y a los 21 meses aparecen en casi todos los niños normales. Hacia el fin del segundo año el largo y la variedad de las frases del niño aumentan rápidamente. A los 18 meses parece ser que el uso frecuente de combinaciones espontáneas y el uso de frases formadas por varias palabras constituyen signos más elocuentes de una inteligencia superior que un vocabulario por encima del término medio.

Comprensión del lenguaje. A la edad de 18 meses es éste un factor que de ordinario debe ser determinado más sobre la base de la información recogida, que de las respuestas del niño en el examen clínico; sin embargo, si es posible una amplia observación del niño en condiciones de una actividad variada, pueden obtenerse directamente muchos datos. Si bien cierto número de tests para los 18 meses proveen las instrucciones verbales a usarse inicialmente, por lo común se hace necesario retroceder a la mímica y a la demostración. Rara vez se obtienen buenos resultados insistiendo con las instrucciones orales solamente, en la esperanza de obtener, finalmente, una respuesta.

Los tests más apropiados para establecer la comprensión del lenguaje a los 18 meses son los basados en la identificación de figuras o de las partes del cuerpo. La principal dificultad que ofrecen los tests para este nivel es la de interpretar los resultados negativos. Por un lado, pueden deberse a la incapacidad para comprender las instrucciones impartidas, y por el otro, pueden ser el efecto de la falta de atención, de una distracción provocada por un elemento estimulante de más atracción dentro de la situación, o aun de la falta de familiaridad con las palabras específicas usadas al impartir las instrucciones. La situación de la vida cotidiana del niño de 18 meses no requiere, de ordinario, una gran ade-

[2] En la página 222 se hallará un conjunto de combinaciones características de los 18 meses, comparadas con otro grupo similar de los 2 años.

cuación a las situaciones que sólo se presentan oralmente. Cuando en estas situaciones se obtienen respuestas marcadamente buenas, ellas son índice de un nivel relativamente alto de madurez personal social.

Sumario. Del estado del lenguaje a los 18 meses puede decirse entonces que: a) empieza a usar palabras habladas en lugar de jerga en su juego hablado y en sus respuestas sociales, pero su comportamiento verbal se halla acompañado generalmente del ademán o de una actividad concurrente; b) su vocabulario puede abarcar desde tres o cuatro palabras sueltas hasta cien o más, siendo de diez a doce la cifra media clínicamente establecida; recién empieza a formar ocasionalmente frases espontáneas de dos palabras; c) comprende y responde a las instrucciones sencillas que requieren respuestas familiares, aunque a menudo es necesario reforzarlas con el ademán; d) aun la ausencia completa de palabras habladas no constituye un serio factor de perturbación, siempre que el desarrollo sea, en lo demás, normal, y que su comprensión del lenguaje de los demás sea, también, normal.

EL LENGUAJE DESDE LOS 24-30 MESES

Los 24 meses, en lo que al campo del lenguaje se refiere, es principalmente un período de transición. La oración de una palabra y las combinaciones cortas y estereotipadas, características de las etapas iniciales del desarrollo, todavía son comunes; pero el uso de otras combinaciones más largas y variadas va en aumento. La desaparición de la jerigonza es casi universal. Las oraciones compuestas y complejas y aun las oraciones con breves frases subordinadas, son raras hasta los 3 años, pero aparecen ocasionalmente a los 2 años. Los pronombres empiezan a ser usados en forma notoria y por lo general correcta. El vocabulario oral muestra un súbito aumento del promedio de adquisición durante los meses inmediatamente anteriores al segundo cumpleaños, y puede contar, por entonces, con unas 200 a 300 palabras. Aunque el habla todavía es usada en gran medida como acompañamiento accesorio de la acción y como un juego en sí mismo —basta escuchar al niño de 2 años antes de irse a dormir—, ya empieza a ser ampliamente utilizada como medio de comunicación no sólo de sus deseos, tales como las necesidades higiénicas y alimenticias, sino también de ideas e información. Las experiencias simples comienzan a ser verbalizadas y frecuentemente el niño es capaz de contar cosas que ha visto o que le han ocurrido.

Vocabulario. Como en todos los períodos importantes de transición del desarrollo, especialmente cuando los cambios son muy rápidos, como en el caso del lenguaje por esta época, debe esperarse una amplia variabilidad entre los niños normales. En veintiocho casos de nuestro Grupo Normativo a los 24 meses, las madres informaron acerca de un vocabulario tan rico, que no podían estimarlo, en tanto que en los cinco casos restantes los informes fueron de 5, 6, 9, 10 y 17 palabras respectivamente. En la tabla de cuarenta y siete vocabularios correspondientes a niños de 2 años, publicada por Nice (97), resultó que el promedio de aquéllos ascendía a 328 palabras, con una gama tremendamente amplia que iba desde 5 hasta 1212 palabras. A los 30 meses, la diferencia entre los extremos era enorme todavía, variando los once vocabularios desde 30 a 1509 palabras, con un promedio de 690. Smith (Tabla VIII) no da la amplitud de las variaciones, pero establece un promedio de 272 palabras para veinticinco casos, a los 24 meses, lo cual representa un aumento sobre los 21 meses, de 154 palabras.

En el estudio clínico ordinario resulta impracticable la confección de listas con estos vocabularios acrecidos, aunque ello proporcionaría un índice para estimar la amplitud y los tipos de palabras que los integran. En tanto que un vocabulario oral insólitamente reducido constituye un importante aspecto del cuadro clínico del niño que lo ostenta, el nivel de madurez se halla expresado más claramente por la flexibilidad de su uso y la medida en que lo adapta con propiedad a las distintas situaciones.

Los casos de niños, por lo demás normales, que a los 2 años, y más aún, no dicen ninguna palabra, son raros pero no imposibles. En general, se los debe interpretar en la forma indicada cuando vimos el retraso del lenguaje a los 18 meses. Cuando el resto del desarrollo tiene lugar normalmente, todavía puede esperarse que el lenguaje aparezca espontáneamente durante el año siguiente, en la mayoría de los casos, aunque conviene no descuidar el estudio de la naturaleza y las causas del retardo, así como de las posibilidades de estimular el uso del lenguaje.

Combinaciones de palabras. Smith (113) considera que "el rasgo más significativo en el desarrollo de la oración con la edad es una creciente tendencia al uso de oraciones más largas y más completas". Ella halló que entre los 2 y 5 años, las oraciones compuestas y complejas se hacían frecuentes a medida que aumentaba la edad, que las preguntas aumentan en frecuencia relativa y que las oraciones exclamativas se hacían relativamente menos frecuentes. McCarthy (83) informa que las oraciones compuestas y complejas se dan tarde y se continúan en proporción muy reducida durante todos los niveles superiores de la edad preescolar. Nuestras propias observaciones nos indican que las oraciones compuestas son raras a los 2 años, aunque suelen darse ocasionalmente, mientras que las oraciones con frases simples son comunes.

Los siguientes son ejemplos de frases y oraciones proporcionadas por nuestro Grupo Normativo a los 18 y 24 meses, que han sido especialmente escogidas para dar una idea de la amplia gama existente entre las combinaciones más simples y las más complejas. Los datos fueron proporcionados por las madres, a quienes se pidieron ejemplos de las combinaciones más largas que hubiesen oído.

18 meses

Mira eso (See that)
Nena mala (Bad girl)
Vaso de agua (Drink of water)
Ven acá (Come over)
Yo lo hago (I do it)
Papi se va adiós (Daddy going bye bye)
Vestido lindo (Pretty dress)

¿Quién es éste? (Who is that?)
Veo... (I see...) (Completar con una palabra)
Abre puerta (Open door)
Adiós en el auto (Bye-bye in the car)
Dame el bizcocho (Give me cracker)

24 meses

Papá fue (Papa gone)
Ven gatito (Come kitty)
Veo a papito (I see Daddy)
Se acabó la taza (Cup all gone) *
¿Adónde fue papito? (Where's Daddy gone?)
Agarra el... (Get the...) (Completar con una palabra)
Quiero mi taza (I want my cup)
Alcánzamelo (You get it for me)
Cierra esa puerta (Shut that door)
Quiero más (I want some more)
¿Dónde está la pelota, mamá? (Where's the ball, Mamma?)

Veo a papito irse adiós auto. (I see Daddy go bye-bye car)
Lo puse en la silla (I put it on the chair)
No quiero acostarme (I don't want to go bed)
Agárralos y ponlos allí (Take'em and put'em in there)
Mamá, ¿por qué me dejado en cama? (Mother, why me left in bed?)
No te olvides las (ba)nanas. (Don't forget the 'nanas)
Pedro está afuera en el patio (Harold's out in the yard)
El nene sentado en mi falda (Baby sat in my lap)

* "All gone" significa, literalmente, "todos idos". En el uso familiar tiene el sentido de "se acabó", "no hay más", etc. [T.]

Como podrá observarse, cierto número de niños de 2 años usaban frases a manera de oraciones, en tanto que también se dan, a esta edad, oraciones compuestas y complejas. Otro hecho bastante llamativo es la corrección estructural y gramatical de una vasta proporción de oraciones, aun de las más largas, si bien las construcciones son de un tipo relativamente simple.

McCarthy (83) registró cincuenta respuestas de lenguaje de veinte niños en cada uno de los siete niveles de edad durante el período preescolar, en tanto que Smith (113) registró las conversaciones espontáneas de ochenta y ocho niños durante igual lapso. Los resultados por ellos obtenidos, incluidos en la Tabla IX, reflejan la tendencia de las respuestas a aumentar en largo con la máxima rapidez durante el período comprendido entre los 24 y los 42 meses, y con mayor lentitud de ahí en adelante.

Si bien estas cifras son significativas en cuanto muestran la tendencia del desarrollo, poseen un escaso valor práctico desde el punto de vista clínico como base para estimar el estado evolutivo de un niño en particular, a una edad dada. El uso ocasional de oraciones compuestas de tres o cuatro palabras, a los 24 meses, debe considerarse como lo normal, revelándose las diferencias individuales, en la frecuencia relativa de su

TABLA IX

NÚMERO MEDIO DE PALABRAS POR RESPUESTA, SEGÚN LA EDAD CRONOLÓGICA, PARA
NIÑOS EN EDAD PREESCOLAR, DE ACUERDO CON INFORMACIÓN DE SMITH Y McCARTHY
(Tabla adaptada de McCarthy [83], p. 54)

Edad en meses	Smith	McCarthy	S. D. (McCarthy)
18	—	1,2	0,64
24	1,7	1,8	1,40
30	2,4	3,1	1,99
36	3,3		2,06
42	4,0	4,3	2,83
48	4,3	4,4	2,86
54	4,7	4,6	2,95
60	4,6	—	—

uso, su flexibilidad para expresar ideas y en la variedad de situaciones a las cuales pueden adaptarse.

Partes de la oración. Las primeras palabras del infante son, en su mayoría, nombres de objetos, en tanto que los verbos de acción ocupan un lugar secundario. Por su uso, sin embargo, puede decirse que estos nombres de objetos funcionan en forma mucho más variable que los sustantivos en que se convierten más tarde, así que se desarrolla el uso del lenguaje. La palabra *"leche"* en el uso de un niño de 16 meses, por ejemplo, puede constituir simplemente una respuesta condicionada a la presencia del objeto o un equivalente a: "Denme la leche", dependiendo la interpretación del tono de la voz y de la conducta ostensible del infante, según aparece a la luz de la situación social de la cual la palabra hablada forma parte.

Las primeras combinaciones tienden a ser del tipo sustantivo-verbal: *Papi va, adiós auto* (Daddy go, bye-bye car) en donde *adiós* (Bye-bye) es el verbo, etc. Las combinaciones de sustantivo y ádjetivo, *nena buena, vestido lindo* (good girl, pretty dress), y otros similares, aunque comunes, son probablemente, en su mayoría, frases aprendidas. Los modificantes son raros, aun a los 24 meses, según se verá en los ejemplos representativos de oraciones dados más arriba.

El desarrollo más conspicuo en lo relativo a las partes de la oración, a los 2 años, es el uso común de los pronombres, especialmente para la primera y segunda personas. Se hace distinción entre *yo, mí* y *tú* (o *Ud.* y *vos*) (*I, me* y *you*) aunque *I* y *me* son confundidos frecuentemente [3].

---

[3] No hace mucho tiempo tuvimos oportunidad de observar un niño sobredotado de 5 años, que usaba sistemáticamente *me* en lugar de *I*. En este caso, su uso había sido fomentado por la familia mediante la imitación y demostraciones de complacencia, así también como por un estímulo general de la conducta infantil.

(La confusión, posible en inglés, es mucho más difícil en castellano. Esto se debe a que en inglés suele usarse, en ciertos casos, la forma acusativa *me* en caso nomina-

Mi y *mío* (*my* y *mine*) preceden a los demás· posesivos. Muchos niños de esta edad usan todavía los nombres propios en lugar de los pronombres personales, al referirse a ellos mismos o a los demás.

La relación recíproca existente entre los tres pronombres personales *yo, tú, mí,* hace que su uso correcto deba aparecer prácticamente a un mismo tiempo. Que esto es así, lo demuestran las cifras de Muntz (91), que tomó los datos de cincuenta niños a la edad de 2 años. El cuarenta y ocho por ciento de estos niños usaba los pronombres correctamente, en tanto que un 38 por ciento no los usaba en absoluto. Sólo un 6 y un 8 por ciento, respectivamente, usaba uno o dos pronombres, pero los otros no. Estas cifras parecen indicar que el criterio es algo elevado para los 24 meses, pero es más apropiado, probablemente, colocarlo allí que a los 30 meses, donde resulta demasiado bajo. En todo caso, parece tratarse de un test de todo-o-nada, en el que la regla es: éxito completo o fracaso completo.

El plural y los pretéritos (*Past tense*), aunque ya empiezan a ser usados por muchos niños a los 2 años, no suelen encontrarse en la mayoría de los niños. Muntz estableció, con el mismo grupo de niños mencionado más arriba, que sólo el 36 por ciento usaba correctamente estas dos construcciones. Como en el caso ya examinado de los pronombres, parece ser que las dos empiezan a ser usadas simultáneamente; el 54 por ciento usaba una de ellas. El uso correcto de ambas debe esperarse, probablemente, hacia los 30 meses [4].

Variaciones en grupos especiales. El hecho general de que las niñas son superiores a los varones en el desarrollo del lenguaje ha sido confirmado por varios investigadores. Las diferencias halladas son, frecuentemente, pequeñas, pero parecen favorecer a las niñas en la mayoría de los aspectos del lenguaje estudiados. Esto parece estar relacionado con el hecho generalmente establecido, de que, en edades más avanzadas, los dos grandes problemas clínicos asociados con el lenguaje, a saber, la tartamudez y la ineptitud específica para leer, se dan mucho más frecuentemente entre los varones que entre las mujeres.

En vista de la escasa y extremadamente irregular diferencia existente entre· ambos sexos a los 2 años, casi no es necesario tenerla en cuenta para el caso clínico individual.

Más importante que ésta, desde el punto de vista clínico, es la diferencia hallada entre los niños procedentes de diversos ambientes cultu-

---

tivo, en lugar de la forma gramaticalmente correcta *I:* "It is me" (en lugar de lo gramaticalmente correcto: *"It is I."*) o bien: *"Who, me?"* Es claro que nadie dice en castellano, "Es mí", por "Soy yo", o: "¿Quién, mí?", por: "¿Quién, yo?" Siendo más riguroso en castellano el empleo de los casos del pronombre, la confusión no es probable. [T.])

[4] Mientras que en castellano existen dos formas pretéritas simples, pretérito imperfecto y pretérito indefinido, en inglés sólo existe una: *Past Indefinite Tense.* Sería interesante establecer qué pretérito aparece primero en castellano, aunque lo más probable es que sea el indefinido: comí, jugué, gané, me caí, etc. [T.]

rales. Descoeudres (21), Gesell y Lord (34), McCarthy (83) y otros han dado cuenta de observaciones que demuestran que las ventajas de una situación económica y social elevada encuentran su reflejo en el lenguaje de los niños a una edad temprana. Es sabido que los niños con una larga experiencia institucional ven afectado su desarrollo del lenguaje. Los niños pertenecientes a hogares bilingües, aunque aparentemente no siempre perjudicados para la adquisición del inglés, se ven, a menudo, en franca desventaja durante los primeros años, en parte debido al hecho de que es la madre, por lo general, quien más se aferra al idioma extranjero. En el caso de familias extranjeras, siempre es necesario establecer el idioma que se habla más comúnmente en la casa, especialmente cuando se dirigen al niño objeto de estudio.

El lenguaje en el examen del desarrollo. A la edad de 24 meses todavía es necesario procurar la mayor parte de los datos referentes al desarrollo del lenguaje mediante informes indirectos de su comportamiento en el hogar y, en lo posible, mediante la observación de la *Guidance Nursery.* En las situaciones de prueba propiamente dichas, aunque se hace lo posible por impartir las instrucciones oralmente, generalmente se hace necesario completarlas mediante el ademán y la demostración. Esta necesidad decrece rápidamente, sin embargo, desde los 30 meses en adelante, aunque en la mayoría de los tests es frecuente tener que recurrir a la gesticulación suplementaria hasta los 3 años.

A los 24 meses, los tests que dependen exclusivamente de la comprensión del lenguaje son los de identificar las figuras y cumplir las instrucciones en la colocación de la pelota. La mayoría de los niños de 2 años se desempeñan satisfactoriamente en estas situaciones. Hacia los 30 meses deben esperarse una o más respuestas para la pregunta: "*¿Qué se hace con esto?*", en el test de nombrar objetos; en respuesta a las tarjetas con figuras, el niño no debe limitarse a señalar sino que debe mencionar el objeto representado, dando su nombre completo.

Articulación. Algunos niños pronuncian todas las palabras en forma clara y definida, desde el primer momento en que empiezan a hablar; otros hablan una jerga casi incomprensible para los de afuera hasta una edad relativamente avanzada. A los 2 años, las variaciones de un individuo a otro son, en este aspecto, muy grandes, y a menudo es necesario llamar a la madre para que sirva de intérprete a fin de poder estimar la respuesta del niño. Estas diferencias parecen depender, en gran medida, de las diferencias constitucionales entre los propios niños, pero también puede existir una considerable influencia por parte de la calidad y cantidad del lenguaje que el niño oye.

Casi no es necesario señalar que la articulación defectuosa sólo raramente puede constituir un serio problema a los 2 años, y que una guía específica para corregirla sólo es necesaria excepcionalmente, siendo lo más seguro que habrá de corregirse naturalmente así que el niño se haga más grande. En algunos casos es conveniente aconsejar a los

padres, sin embargo, que se preocupen por hablarle al niño clara y simplemente, usando palabras sueltas y frases cortas; que se preocupen por
ganarse la atención del niño antes de dirigirse a él y que, sobre todo,
no den en remedar los errores del niño. A esta edad, por supuesto, no
podrá aplicarse ningún tipo de ejercicio sistemático de pronunciación.

El lenguaje a los 3 años

Hasta la edad de 2 años el desarrollo del lenguaje ha tenido lugar,
en gran parte, como un tipo de conducta relativamente independiente,
relacionado sólo incidentalmente con otros campos del comportamiento,
como en las reacciones adaptativas y personal-sociales. No falta, por
cierto, la función comunicativa aun antes de los 24 meses; pero cuando
el lenguaje es usado para la comunicación de deseos, ideas y experiencias va acompañado de acción expresiva, a la cual apunta o complementa,
pero sin llegar a sustituirla. Las bases del lenguaje están en vías de adquisición, pero todavía son nuevas y su manejo difícil, y cuando la necesidad apura, es más fácil retroceder a los métodos de comunicación más
primitivos que satisfacen plenamente la mayor parte de las exigencias en
esta temprana edad. La medida del desarrollo del lenguaje durante este
período inicial puede efectuarse satisfactoriamente, en su mayor parte,
en términos cuantitativos simples, determinables objetivamente. ¿Cuántas
palabras usa el niño? ¿De qué largo son sus combinaciones espontáneas?
¿Con qué frecuencia combina palabras? ¿Qué pronombres usa correctamente? ¿Emplea el plural o los tiempos pretéritos? Las respuestas a
todas estas preguntas proporcionan un índice del desarrollo del lenguaje
relativo del niño en función de la mecánica del habla. Aun los tests que
suponen la comprensión y uso del lenguaje, tales como nombrar figuras
o cumplir órdenes simples, no se hallan muy lejos, a los 2 años, de la
etapa elemental de la respuesta condicionada.

Hacia los tres años el cambio más notable en la conducta verbal,
fuera de su desarrollo cuantitativo en cuanto a la riqueza de vocabulario y complejidad de las oraciones, es el progreso hacia su integración
funcional con el comportamiento total del niño. Aunque todavía es el
lenguaje un instrumento nuevo e imperfecto, ya se hallan presentes, en
su mayoría, las bases sobre las que habrá de levantarse, en años ulteriores,
el imponente edificio del idioma. El vocabulario es extenso; son comunes las oraciones largas de estructura compuesta y compleja; aunque
imperfectamente, los tiempos y modos verbales y las partes de la oración
son diferenciados. Es común la generalización, y tanto en el habla como
en la comprensión de lo que dicen los demás, las situaciones no presentes
son tratadas verbalmente.

Desde los 3 años en adelante, como resultado de estos cambios, la
madurez del lenguaje debe ser estimada sobre la base de su relación

con los modos de conducta totales del niño y en función de la relativa complejidad o dificultad de las situaciones que pueden tratarse verbalmente. La extensión del vocabulario, en los tests en que puede ser investigada, se estima en función del número de palabras que el niño es capaz de definir satisfactoriamente mediante el uso de otras palabras. La comprensión de instrucciones cada vez más complejas y la capacidad de tratar verbalmente las situaciones hipotéticas, configuran la mayor parte de los tests usados de aquí en adelante, y en rigor, de la mayoría de los tests satisfactorios de aptitudes generales.

Vocabulario. Desde la edad en que el vocabulario sobrepasa la etapa en que pueden contarse o estimarse aproximadamente las palabras usadas por el niño —generalmente alrededor de los 2 años o algo antes— no existe, hasta la edad de 6 años, en que por primera vez aparece el test de vocabulario de Stanford, ningún test clínico satisfactorio para la extensión del vocabulario. La técnica de Smith (113) es admirable, pero para la práctica clínica ordinaria resulta demasiado engorrosa aparte de demandar mucho tiempo. El test de la Acción-Agente es considerado con propiedad como test de comprensión y no proporciona ninguna medida del número total de palabras que el niño comprende.

De acuerdo con Smith, el vocabulario medio, a los 3 años, es de 896 palabras, con un promedio de 1222 palabras a los 42 meses. Las cifras para los 3 años representan un aumento del 100 por ciento sobre los 30 meses, es decir, el promedio del crecimiento más alto entre dos edades cualesquiera de prueba, después de la primera gran afluencia de palabras nuevas entre los 18 y 24 meses.

Comprensión. El test de lenguaje más simple, a los 36 meses, es el de nombrar las figuras, y reclama a esta edad un éxito prácticamente completo. Esto representa la terminación de la etapa en que la capacidad de responder con el nombre apropiado al simple estímulo visual de un objeto familiar, expuesto directa o gráficamente, posee significación con respecto al desarrollo del lenguaje solamente.

El test de Acción-Agente, que aparece por primera vez a los 36 meses, es el primero que exige al niño la comprensión de situaciones no-presentes expuestas verbalmente, con el requerimiento de una respuesta verbal simple, por lo común de una sola palabra. Este test, basado en uno de los tests de asociaciones de Woodworth-Wells, y uniformemente establecido por Stutsman (117), ha demostrado ser de valor entre las edades de 36 y 60 meses. Los resultados para el grupo normativo a los 36 y 48 meses se hallan de acuerdo en lo sustancial con las cifras de Stutsman. Las dificultades principales con este test, a los 3 años, surgen de la frecuente negativa del niño a responder verbalmente a los tests a esta edad, y del hecho de que requiere un período de atención algo más largo de lo que muchos niños de 3 años pueden ofrecer.

El test de figuras de Binet, empleado aquí según la adaptación de Stanford, agrega a la simple situación de nombrar las figuras la exigencia de un análisis. La exigencia de que el niño nombre espontáneamente tres elementos de la figura parece ser adecuada para los 3 años. Ocasionalmente se dan una o dos frases descriptivas, o aun una prueba temprana de comprensión dinámica de la figura por medio de una frase-acción, pero tales respuestas no deben esperarse del niño medio de 3 años.

La pregunta: *"¿Qué debes hacer cuando tienes sueño (hambre, frío)?"*, produce una respuesta satisfactoria en una de las tres tentativas, a los 3 años, y en dos tentativas, a los 42 meses. A los 3 años, el niño declara su sexo con toda facilidad, pero no es tan fácil conseguir que lo haga a los 30 meses.

Diferencias individuales en las respuestas de lenguaje a los 3 años. Aunque las situaciones de lenguaje descritas como representativas de la etapa de madurez correspondiente a los 3 años determinan respuestas satisfactorias de la mayoría de los niños de esa edad, existen muchas y amplias diferencias individuales, aun entre aquellos cuya historia ulterior demuestra que son de dotación normal. Es raro, a esta edad, el niño que no habla en absoluto, pero hay muchos cuyo lenguaje representa, todavía, la etapa más inmatura de los 24 a 30 meses, especialmente en la contestación de las preguntas. La gran actividad y el interés en sus propios objetivos, característicos de tantos niños de 3 años, desempeñan un considerable papel en la producción de estas diferencias, pues tornan difícil la fijación de la atención aun para el breve lapso que se necesita para realizar los cuestionarios de prueba. Esto puede conducir a una falta total de respuesta para la pregunta, o a una respuesta basada sobre algún fragmento de ésta captado por el niño. Cuando la situación requiere, como en el caso del test de Acción-Agente, una serie de preguntas, es muy fácil que la atención se desvanezca rápidamente, produciéndose contestaciones al azar o insistentemente repetidas, con una completa desviación final del tema. Raramente es posible aplicar la serie completa del test de Acción-Oyente a esta edad y mantener un adecuado contacto de simpatía con el niño durante la lista entera de preguntas [5]. La interpretación del fracaso en estos tests de lenguaje en función de la atención o de la inmadurez personal-social, es algo más fácil que en niveles cronológicos inferiores, pero debe estar basada en la familiaridad con el uso real de los tests en muchos exámenes clínicos.

El interrogatorio del examinador por parte del niño es un rasgo mucho más notorio del examen, a los 3 años, que en cualquier edad anterior, aunque éste no alcanza la cúspide hasta los 4 años. A los 3, a menudo las preguntas son de naturaleza automática o retórica, sin verdadera necesidad de respuesta, permaneciendo inalterable el contacto simpático con el niño, aunque sus preguntas no sean contestadas.

Articulación. Aunque una elevada proporción de niños de 3 años todavía exhibe huellas de pronunciación infantil en diverso grado, por

---

[5] En las secciones dedicadas a la descripción de los tests de Acción-Agente y de Comprensión (L-9 y L-11) se hallarán las respuestas características de los niños de 3 años a estos tests, en comparación con las de los niños de 4 y 5 años.

regla general, su lenguaje es comprensible para aquellas personas ajenas a la familia, y rara vez hay serias dificultades en las situaciones de examen en que se espera un tipo conocido de respuesta. Los infantilismos, además, tienden a caer, a esta edad, dentro de modelos familiares, por ejemplo, la sustitución de la *r* por la *w* en palabras tales como *run* y *ride;* de la *th* por la *d* en *that* o *then,* y el empleo de la *t* común, en lugar de aquellos sonidos que el niño encuentra difíciles de pronunciar, como en *ti, too, tai, tik,* en vez de *three, four, five, six* (tes, tato, tinto, teis, en lugar de tres, cuatro, cinco, seis). Con frecuencia, da pruebas de poder pronunciar todos los sonidos fundamentales de la lengua cuando quiere, pero en su conversación ordinaria prefiere retroceder a su pronunciación más cómoda, aunque rudimentaria.

Dado que este tipo de articulación infantil aparece frecuentemente en niños que más tarde, a los 5 ó 6 años, o aún antes, ya hablan con entera normalidad, no debe ser considerado, a los 3 años, como un problema que exija tratamiento especial. Las tentativas de "corregir" esos defectos, salvo en las manos más expertas, fácilmente pueden perturbar el funcionamiento del complejo, delicado y aún imperfectamente integrado sistema de respuesta involucrado en la producción del habla, crear un sentimiento de inseguridad con respecto al lenguaje y conducir finalmente a problemas mucho más serios y persistentes.

El lenguaje a los 4 años

Si se la compara con las demás etapas del desarrollo preescolar, puede decirse que la edad de los 4 años es el período más floreciente del lenguaje. El niño de 3 años, aunque bastante parlanchín, no ha descubierto aún el poder de las palabras ni el placer de usarlas para controlar y enriquecer toda clase de situaciones. El niño de 5 años, más maduro —un pequeño adulto al lado de Tres y Cuatro— maneja su equipo verbal con relativa deliberación y autocontrol. Pero a los 4 años el niño habla, habla sobre cualquiera y todas las cosas, juega con las palabras, pregunta infatigablemente, convierte las respuestas más simples en largas historias, realiza comentarios favorables sobre su propio comportamiento y censura el de los demás y pone en la balanza toda clase de comparaciones. El examen de un niño brillante y despierto de 4 años a nada se parece tanto, a menudo, como a un precipitado experimento de libre asociación.

Gran parte de esta profusa conversación es de tipo digresivo y sólo se relaciona con la situación de prueba inmediatamente anterior, mediante la asociación, a menudo oscura, que la ha puesto en marcha. Con frecuencia anécdotas y reminiscencias vienen a la mente del niño, sugeridas por detalles secundarios de la situación de prueba, y no hay más salida que escuchárselas antes de poder regresar al objetivo perseguido, como en el caso de la niña de 4 años que a la pregunta: "¿Qué nada?", contestó: "Oh, usted verá. Yo estaba jugando con Bárbara y un perro grande vino y me mordió justo en el brazo. ¿En qué brazo fue, mamá?". Evidentemente, la suya era una respuesta diferida, relacionada con la pregunta anterior, "¿Qué muerde?", a la cual había contestado correctamente; pero no siempre la relación es tan clara como ésta y muchas aparentes "fugas de ideas" que ocurren en los exámenes son, en realidad (¡desde el punto de vista del nivel de madurez de los 4 años!), ideas perfecta y lógicamente relacionadas con el asunto tratado.

Pero la mayor parte de la charlatanería de los 4 años se halla en función del examen. El niño tiende a verbalizar todas las situaciones, incluso las de construcción con cubos o de correspondencia de las formas: "Bueno, vamos a ver... debe ser éste de aquí". Cuando se le pide que señale la más larga de dos líneas, la más linda de dos figuras, no puede limitarse a señalar una de ellas, sino que necesita caracterizar a las dos. Ésta es la grande y ésta es la chica". "Ésta es la linda y ésta es la cómica".

El dibujo se halla verbalizado en alto grado, según se insinuó en el capítulo precedente. He aquí un monólogo típico de los 4 años, al dibujar un hombre: Éste va ser un nene. Ésta una piena (pierna) del nene. Ésta es la otra pierna. No tengo lugar para hacer la otra mano; la voy a hacer aquí. Vean, ése va a ser un hombre. ¿Ven, eh, ven? Ésa es la cara del hombre; eso son las manos; esos son los rulos. Ésa es la boca y ésa es la nariz. Aquí está el brazo. Eso son las cinco manos". Casi todos los dibujos son titulados de antemano, aunque a menudo sufren uno o más cambios de nombre a medida que van cobrando forma.

El hecho de nombrar el dibujo de antemano es una cuestión de gran importancia a los 4 y 5 años en muchos casos. Existe, a esta edad, un crecido número de niños que para dibujar, digamos, una casa, trazan una especie de cuadrado muy satisfactorio, pero que en el test de copiar figuras geométricas les cuesta enormemente copiar el cuadrado. Algunos de estos niños, verbalizando su dificultad, se dan a preguntar insistentemente lo que representa el modelo, "¿Qué es eso?", "¿es una caja (o una casa o una ventana)?" En algunos casos es imposible conseguir que realicen tentativa alguna antes de haber arribado a una respuesta para esas preguntas. A menudo el niño se contesta a sí mismo: "Es una caja", u otra cosa por el estilo, procediendo a dibujar con todo aplomo su figura usual del objeto mencionado, con poca o ninguna referencia al modelo.

Una respuesta de este tipo constituye, por supuesto, una categoría completamente diferente de la simple respuesta de copia; pero a menudo es imposible efectuar una interpretación diferente. Esto proporciona un ejemplo relativamente simple y característico de la forma en que el lenguaje comienza a integrarse funcionalmente con el modo total de conducta durante este período, en un proceso que a partir de esta etapa de la vida hace cada vez más difícil considerar los tests como instrumentos para medir específicamente el desarrollo del lenguaje o motor o adaptativo o personal-social, conduciendo al estado en que ya puede decirse que lo que se procura medir con los tests es el "desarrollo mental general" o "inteligencia general".

Fuera de los tests de dibujo, también hay otros que inducen al niño a formular preguntas, preguntas que representan, a veces, un inteligente análisis del problema, pero que más frecuentemente no son sino verborragia o un recurso para ganar tiempo mientras la situación es sopesada. El niño de 4 años incapaz de resolver un test, tratará de "escaparse por la tangente" verbalmente, o devolviendo la pregunta al examinador, y a veces con tal persistencia, que para evitar contestar, es el propio examinador quien debe escapar por la tangente, pasando momentáneamente a otro test, en espera de una ocasión más favorable.

El niño de 4 años comenta elogiosamente su propio desempeño, especialmente en busca de confirmación si no se halla muy seguro de su acierto: "¿Lo hice bien, eh?" "¿Soy vivo, eh?" Siempre es aceptada la alabanza, por muy evidente que sea el desacierto. También suele excusarse: "Eso es difícil". "Yo nunca hice eso", o, más sutilmente, "Mi mamá no me deja hacer eso". La crítica de los demás brinda otra "salida" al niño que no se halla completamente seguro de su propia respuesta: "Jaimito (un hermanito menor) no sabe hacerlo, pero yo sí". Esta tendencia a criticar a los demás no se limita, de ningún modo, a la situación clínica, como muchas madres abochornadas podrían atestiguarlo.

La forma en que el lenguaje del niño se extiende más allá de la situación inmediata o egocéntrica se refleja en el cambio, en el tipo de preguntas de comprensión que pueden ser utilizadas a esta edad. El grupo de preguntas tomadas de la vieja escala de Stanford que exigen del niño la verbalización de su comportamiento habitual relacionado con las necesidades físicas ("¿Qué debes hacer cuando tienes sueño?", etc.), ha resultado ser demasiado fácil para los 4 años. Para la etapa comprendida entre los 4 y 5 años han resultado más adecuadas las preguntas referentes al comportamiento social aprendido, o situaciones más generalizadas, representadas en la escala social por preguntas del tipo: "¿Qué debes hacer antes de cruzar la calle?" y "¿Qué debes hacer cuando has perdido algo?"

En las secciones dedicadas a la descripción de los tests de Acción-Agente y de Comprensión se encontrarán ilustrativos ejemplos de las respuestas de los 4 años, en comparación con las recogidas en las edades adyacentes. La tendencia a sobrecontestar surge claramente de muchos de estos ejemplos, al igual que las demás tendencias aquí descritas. El otro test a este nivel en que el lenguaje figura en forma más prominente es el de las figuras de Stanford. Aquí la conducta de lenguaje característica para los 4 años no se revela tan claramente. Alrededor de un cuarto de los niños de esta edad va más allá de la simple enumeración de los objetos representados en la figura e insertan una o más frases descriptivas, mientras otros proveen una especie de interpretación; estos últimos suelen ser los más sobredotados.

Si bien la locuacidad descrita es característica de los 4 años en general, es el niño sobredotado de esta edad· quien la exhibe en toda su gloria y riqueza. En realidad, la superioridad potencial de estos niños es sugerida, a menudo, más por el alcance y la complejidad de su lenguaje que por los verdaderos éxitos o fracasos en las pruebas. El alerta, la respuesta a los detalles menudos, el intenso interés que lo lleva más allá del problema inmediato pueden ser, en sí mismos, aspectos de un nivel superior de inteligencia; sin embargo, también pueden ser ellos, precisamente, los factores determinantes de un desempeño diversificado y engañosamente reducido, en función de una calificación de positivo a negativo. En tanto que este problema persiste en algunos niños en todo el período anterior a la entrada en la escuela primaria, la mayoría lo supera en el tiempo que va desde los 4 a los 5 años, edad esta última en que ya han desarrollado una suficiente madurez social y control de sí mismos para satisfacer las exigencias del examen sin tantas complicaciones.

El lenguaje a los 5 años

A los 5 años no sólo ha adquirido el niño capacidad para emplear el lenguaje eficazmente, sino que ya empieza a tener una noción de las reglas y limitaciones sociales con respecto a su uso. Hasta cierto punto, éste es el resultado de una mayor madurez y equilibrio y de un discernimiento más profundo de lo que es más apropiado para una situación dada; pero en muchos casos los efectos de la represión y la falta de confianza en sí mismo se hacen patentes en las respuestas más breves del niño. La inhibición del lenguaje en el examen clínico es mucho más común a los 5 que a los 4 años; el niño tiene ahora su sentido crítico más desarrollado y se muestra menos seguro de su desempeño; con frecuencia el examinador se ve obligado a apelar a todo su tacto para alentar al niño a realizar el examen completo y obtener las mejores respuestas de que es capaz.

Al comparar al niño de 5 años con el de 4 es fácil sobreestimar la calidad y estabilidad de su mayor madurez. Se trata todavía de una adquisición relativamente nueva, reforzada hasta cierto punto por el reciente ensanchamiento de la experiencia social que incluye, frecuentemente, la asistencia a un jardín de infantes. Las responsabilidades creadas por estos cambios de ambiente requieren muchas adecuaciones de valores y hábitos; a menudo se halla el niño bajo una considerable tensión resultante de los conflictos así planteados y, bajo esta presión, fácilmente puede retroceder a sus anteriores modos de conducta.

Los nuevos tests de lenguaje apropiados para esta edad son algo diferentes de las situaciones preescolares más tempranas, asemejándose más, en cambio, a los utilizados comúnmente con niños en edad escolar. El concepto numérico —hasta diez— se supone ya perfectamente establecido;

los nombres de colores más familiares deben ser usados correctamente; los nombres de los objetos familiares deben ser definidos verbalmente en función del uso, y el niño debe recordar su edad. La respuesta a las figuras de Stanford va más allá de la etapa meramente enumerativa, incluyendo, comúnmente, cierto aspecto descriptivo. La elección comparativa (como con los pesos y en el caso del discernimiento estético) entre dos objetos, sobre la base de instrucciones verbales, deberá ser rápida y segura. Una prueba de los primeros pasos en la comprensión económica la constituye la capacidad de nombrar dos o tres monedas correctamente. Si se le hacen al niño tres encargos simples simultáneamente, es capaz de recordarlos y realizarlos sucesivamente. Las preguntas de comprensión requieren la adaptación verbal a situaciones social o hipotéticamente significativas. En tanto que la mayoría de estos tests investiga las aptitudes surgidas alrededor de los 4 años, por regla general éstas no se hallan firmemente establecidas hasta los 5 años.

Otro carácter distintivo de este grupo de tests, tomado en conjunto, es el hecho de que las componentes "verbal", "adaptativa", "personal-social", y aun la "motriz", ya no se presentan más como aspectos significativos individuales de la respuesta. El proceso anteriormente descrito como la integración de estos campos, en que el lenguaje desempeñaba el papel de unificar la conducta relacionada con todos ellos, ya está alcanzando un punto culminante. De ahora en adelante, no habiendo factores específicos de complicaciones, los tests que dependan del planteamiento y resolución en términos verbales de todo tipo de problemas, son de aplicación particularmente amplia en la apreciación de la madurez intelectual.

El problema de la edad propicia para aprender a leer. A la edad de 5 años una nueva forma de conducta verbal, tan importante para el desenvolvimiento ulterior del individuo como el habla en los primeros años, empieza a asomar en el horizonte. Pasará un año, poco más o menos, y el niño ingresará en primer grado, enfrentándose de lleno con el problema de aprender a leer. Aunque la cuestión de la lectura cae, en su mayor parte, fuera del alcance de esta obra, es perfectamente pertinente una breve consideración de la misma, en cuanto se relaciona con la situación general del niño de 5 a 6 años.

La insistencia de las viejas tradiciones indica que los niños deben empezar a aprender a leer a los 6 años, pese al escepticismo y aun al desacuerdo. expreso de numerosos investigadores recientes. La gran mayoría de los planes de estudios para el primer grado son elaborados sobre este supuesto, y son pocas las escuelas actuales que contemplan el caso de aquellos niños de inteligencia normal en que no se cumple aquel postulado tradicional. Enseñar a leer a la fuerza, frecuentemente conduce a una inadecuación temporaria o permanente y a perturbaciones más o menos serias del curso normal del aprendizaje escolar. Los problemas resultantes son comunes entre los escolares remitidos a las clínicas de orientación una vez que ya ha sido hecho el daño; el psicólogo cuyo campo de acción es el de la edad preescolar, puede prevenir gran parte de este daño, si se halla familiarizado con las etapas primeras del desarrollo y se mantiene alerta a cualquier índice significativo que el niño pueda proporcionar antes de ingresar en la escuela.

La mayoría de los niños, presumiblemente, puede empezar a aprender a leer entre los 6 y 7 años de edad. El problema de si esto significa o no que la enseñanza oficial deba comenzar a esta edad no corresponde ser tratado aquí. Pero hay que reconocer que son muchos los casos de niños que, pese a tener una inteligencia normal y una capacidad también normal para el aprendizaje de la lectura, deben postergar su aprendizaje hasta una etapa de madurez más avanzada. Esto es de particular importancia en cuanto se relaciona con aquellos niños que, a causa de su aparente superioridad intelectual, se los considera capaces de ingresar en primer grado a una edad inferior a la requerida comúnmente. A menudo se pide al psicólogo clínico una guía que sirva de orientación en este asunto, pero no siempre se reconoce completamente la responsabilidad que un tal consejo implica.

Con demasiada frecuencia se realiza la admisión de un niño de edad inferior a la normal sobre la sola base de un elevado promedio psicométrico y en ausencia de todo índice ostensible de incompetencia. Pero una calificación de inteligencia superior se halla muy lejos de ser el único factor de importancia a considerar.

En espera de que el problema de la época más oportuna para iniciar el aprendizaje de la lectura sea más acabadamente estudiado que hasta el presente, llegándose a su final esclarecimiento, debemos tener presente, entre tanto, una lista de condiciones que, en su totalidad o en su mayoría, el niño debe reunir para poder ser considerado apto para el ingreso al primer grado. El niño deberá poseer los siguientes rasgos en un grado igual al del niño medio de 6 a 6 ½ años.

1. Visión normal (o corregida).
2. Audición normal.
3. Nivel mental general de 6 a 6½ años.
4. Buena coordinación motriz, especialmente control manual, según se manifiesta en el dibujo.
5. Personalidad relativamente madura.
6. Uso y comprensión normal del lenguaje.
7. Articulación no más que ligeramente inmatura.
8. Desarrollo relativamente parejo en los distintos campos de la conducta.
9. Interés en cuentos de un largo moderado y capacidad para seguirlos.
10. Capacidad para controlar la atención dirigiéndola a tareas determinadas.
11. Capacidad de adecuarse a las exigencias de la rutina escolar.

Durante el transcurso del examen clínico ordinario pueden obtenerse datos relacionados con la mayoría de estos puntos, y además, mediante la observación de las respuestas del niño, complementadas por la entrevista. Si así se desea, también puede administrarse uno de los tests corrientes de "Disposición para la lectura" ("Reading Readiness").

Si el niño muestra un grado de madurez satisfactoriamente elevado en todos los puntos de la lista, en la mayoría de los casos no habrá nin-gún impedimento para brindarle la oportunidad de ingresar a primer grado. Si, en cambio, se presenta algo menos maduro que lo que en general se exige a un niño de primer grado, el adelanto del ingreso no deberá aprobarse a menos que existan circunstancias muy especiales [6].

§ C. SITUACIONES DE LA CONDUCTA

(L-1) LIBRO DE FIGURAS

(15 meses—4 años)

Esta situación, concebida en un principio con fines de transición o para entusiasmar al niño, ha demostrado encerrar un verdadero valor para la apreciación evolutiva, especialmente en la conducta verbal y el control motor. Como test, no se halla uniformemente establecido y probablemente haya de permanecer así, puesto que la gran flexibilidad permitida en la forma de su presentación lo hace de enorme utilidad para despertar el interés y establecer una corriente de simpatía, así como también para dar oportunidad al ingenio y perspicacia del examinador para obtener respuestas significativas de niños en esas edades (15-30 meses) en que no siempre es fácil provocar una conducta verbal.

El procedimiento aquí reseñado sólo responde al propósito de pro-porcionar una guía general y podrá ser variado por el examinador ex-perimentado, en cada caso particular, de acuerdo con el interés y reacti-vidad del niño. El libro puede recorrerse con todo detalle, página por página, o en forma salteada, prestando atención sólo a las páginas más interesantes, o a la ligera y con toda rapidez. No es aconsejable insistir con una misma pregunta, y cuando el niño no contesta alguna, la contes-tará el propio examinador después de darle al niño una oportunidad ade-cuada —muy breve por lo común— para hacerlo.

Procedimiento. El libro se halla en posición sobre la mesa cuando el niño entra en la habitación, atrayéndole inmediatamente la atención. El examinador empieza a mostrárselo antes, casi, de hallarse el niño en posición, comenzando por la:

Cubierta (15-24 meses). Señálese uno de los niños que aparecen en la cubierta, diciendo: *"Mira la nena; va a caballo en un pollo".* Vuél-vase la hoja por la esquina superior, vacilando un instante después de haber levantado la página para darle una oportunidad al niño de completar el movimiento de la hoja si así lo desea. (30-36 meses). Señálese como antes

---

[6] En las páginas 345, 346 se han expuesto dos casos ilustrativos del problema del ingreso temprano al primer grado. En la obra *Biographies of Child Development* (40) hay una sección (incluida entre las referencias correspondientes a este capítulo) dedicada al problema del pronóstico de la incapacidad para la lectura, la cual com-plementa lo dicho más arriba sobre la disposición para el aprendizaje de la lectura.

diciendo: *"¿Qué está haciendo? ¿Sobre qué está montada? ¿Damos vuelta la hoja?"*

Minino en el Pozo (18-30 meses). *"Mira la nena"*, señalando la niña del fondo. *"¿Dónde tiene los zapatos? ¿Tiene los zapatos puestos? ¿Dónde está el sombrero?*, etc. (30-36 meses) *"¿Qué está haciendo la niña?"*

Tommy Tucker (15-18 meses) *"¿Dónde está el perrito (guau-guau)"*, indicando la página de la izquierda. Si en la casa del niño tienen un perro y se conoce el nombre de éste, a veces es conveniente emplearlo. (24-30 meses) Señálese el perro, diciendo: *"¿Qué es esto?"* Si no hay respuesta: *"¿Dónde está el perrito (guau-guau)?"* (36-42 meses) *"¿Cuántas chicas están mirando por la ventana?"*

Bo-Peep. *"¿Conoces a la pequeña Bo-Peep? Ella ha perdido sus ¿—?"* Concédase al niño una oportunidad de completar el verso (*sleep*), haciéndolo por él en caso de que no responda.

Miss Muffet (18-24 meses). *"¿Ves esta nenita?* (señalando): *¿tiene una cuchara? ¿Dónde está la cuchara?"* (30-36 meses) *"¿Ves esta nenita? ¿Qué pasó con su comida?"* (36-42 meses) *"¿Conoces a la pequeña Miss Muffet? ¿Está sentada en una ——?"* (*tuffet*).

Simón el bobito. Éste puede usarse a los 18-24 meses, especialmente si el niño ya está empezando a responder a las preguntas. Pregúntese por los zapatos del niño, el sombrero, los ojos, etc.

El Nene Arroró. (18-24 meses.) Si el niño reconoció al perro en las figuras de Tommy Tucker o si ha empezado, desde entonces, a señalar las figuras, esta vez se le puede pedir que nombre al perro. (30-36 meses) *"¿Qué está haciendo el nene?"*

Rica sopa. (18-24 meses.) *"¿Dónde están las flores?"* (30-36 meses) *"¿Qué están haciendo las nenitas?" "¿Cuántas nenitas cenando?"*

Triqui Pum Traqui. (18-30 meses.) *"¿Qué es eso?"*, señalando la sombrilla.

Las variantes y ampliaciones de este procedimiento deberán emplearse según se presente la situación, tratándose siempre de interesar al niño y de extraer la mayor cantidad de datos posible, respecto a su uso y comprensión del lenguaje hablado. Si el niño demuestra escaso interés por el libro al principio del examen, o si el lenguaje parece inhibido, puede abandonarse la situación momentáneamente, volviendo sobre ella más tarde, en un momento oportuno.

Tendencias de la conducta. El niño de un año o menor, considera el libro como un objeto manipulatorio, arrastrándolo por la mesa, poniéndoselo sobre la cabeza o simplemente haciéndolo a un lado. Ya a los *15 meses*, sin embargo (aunque los informes de la madre dicen que todo lo que hace con libros y revistas es romperlos), dejará el libro sobre la mesa, ayudando, incluso, al examinador, a dar vuelta las hojas. Da golpecitos sobre las figuras de brillante colorido con interés evidente.

A los *18 meses* da vuelta las hojas sin ayuda, si bien puede hacer falta que el examinador sujete el libro para evitar que se caiga de la mesa. El niño vuelve las hojas torpemente, sin embargo, y comúnmente, más de una hoja por vez. Cuando el examinador señala las figuras, el niño se detiene a mirarlas con interés selectivo, o bien nombra o señala una figura reactivamente, por lo general el perro o el nene.

A los *2 años* vuelve las hojas de a una y con toda destreza, y nombra o señala el perro, el nene, los zapatos, la cuchara, etc. A los *3 años* ya hay respuestas para las preguntas de acciones: *"¿Qué está haciendo la nena?"* etc., y a veces completa uno o más de los versos iniciados por el examinador. La mayoría de los niños de esta edad son demasiado conscientes de sí mismos para recitar los versos sin ayuda, aun cuando los conozcan, especialmente en los primeros momentos del examen. A los *42 meses* a veces se comportan de este modo, dando incluso el número (dos o tres) de niños en algunas de las figuras, o realizando algún comentario espontáneo relacionado con ellas.

El libro atrae a la mayoría de los niños, pero no tan irresistiblemente que se nieguen a abandonarlo a cambio de otros materiales de prueba. Ofrece la gran ventaja de no incluir figuras de automóviles, tan seductores para la mente motorizada de nuestros pequeños rapaces.

Significado del test. Los tipos de preguntas formuladas y las respuestas requeridas son, en cierto número de casos, similares a los utilizados en algunos tests corrientes, tales como las tarjetas con figuras, los de nombrar objetos, etc.; pudiendo volverse la situación altamente reveladora, en consecuencia, en aquellos casos en que los procedimientos más rígidos seguidos en estos tests no logran vencer la inhibición o falta de atención, en grado suficiente, para arrojar un resultado decididamente positivo o negativo. En tanto que el éxito en la prueba de nombrar o reconocer las figuras del libro no puede considerarse como completamente equivalente al éxito en la prueba de las tarjetas de figuras, no es grande la diferencia, probablemente, en cuanto a las edades en que éste se produce; y en el caso en que la tarjeta sea rechazada y aceptado el libro, el éxito con este último influirá poderosamente en la impresión del examinador sobre el nivel de madurez para este tipo de conducta.

Series Genéticas

Edad 15 meses — Inhibe acción de agarrar y manipular el libro. Ayuda a dar vuelta las hojas. Da golpecitos sobre las figuras.

18 meses — Demuestra un activo interés por el libro. Vuelve las hojas, dos o tres por vez. Mira las figuras en actitud selectiva. Nombra o señala el perro o el nene.

21 meses — Nombra o señala los zapatos.

24 meses — Vuelve las hojas de a una. Nombra o señala muchos detalles de las figuras (el niño con un vocabulario superior al término medio nombra la sombrilla como "paraguas").

36 meses — Responde la acción cuando se le pregunta: "¿Qué está haciendo él?", etc. Puede agregar la última palabra del verso iniciado por el examinador.

42 meses — Agrega la última palabra del verso o recita uno. Puede decir cuántos niños (hasta dos o tres) hay en la figura.

(L·2)   El lenguaje inicial, según informes

(12-30 meses)

La información requerida en esta sección debe obtenerse del padre si bien han de asentarse en el registro todas las palabras y frases pronunciadas por el niño ante el examinador, anotando la calidad de la articulación y la propiedad del uso.

Procedimiento. a. Vocabulario (12-24 meses). Pregúntese cuántas palabras emplea el niño, y si no son más de quince o veinte, cuáles son. Si la madre no proporciona una lista extensa, interróguese específicamente por *no, sí, hola, adiós, auto (tu-tu), perro (guau-guau)*, y otras palabras comunes entre las primeras que dice el niño. Pregúntese luego si el niño da nombres a las personas, juguetes, animales, alimentos, ropas y muebles comunes. Este tipo de cuestionario arroja, a veces, un considerable aumento .de la lista de palabras inicialmente recordadas por la madre. Pregúntese, además, si el niño comunica sus deseos, cuando quiere un juguete, o cuando quiere comer, o ir al baño, y en caso afirmativo, en qué forma lo hace.

b. Jerga. (12-24 meses). Si no se hace oír ampliamente en el examen, pregúntese si el niño practica en la casa. ¿Suena realmente como una verdadera conversación en una lengua extranjera? ¿Se habla el niño a sí mismo? ¿O bien dirige su jerga hacia los demás? ¿Cuánto duran estas "conversaciones"? ¿Consisten principalmente en la repetición de unos pocos sonidos o son de carácter variado? Sus "soliloquios", ¿tienen lugar cuando se encuentra solo, cuando lo acuestan, etc.?

c. Largo de las combinaciones de palabras. (15-24 meses). Pregúntese: *"¿Junta unas palabras con otras espontáneamente?"* Procúrense tantos ejemplos como sea posible, indagando especialmente por la combinación más larga que se le haya escuchado. Pregúntese específicamente si dice: "Papá va" [7], "Papá adiós", "Va auto (tu-tu)", u otras combinaciones igualmente comunes. Frases aprendidas tales como "se acabó" (*all gone*), "tan grande" (*so big*), y otras comunes combinaciones de nurserí equivalen a una sola palabra.

d. Partes de la oración (24-30 meses). Indáguese acerca del uso de los pronombres *yo, mí, tú.* (*I, me, you*), y de los pretéritos y plurales. No es de esperar, a los 24 meses, un uso correcto de los pronombres, pero ya debe haber señales de cierto discernimiento.

Significado de la conducta. El desarrollo del vocabulario durante los dos primeros años ya se ha examinado ampliamente en la sección general de este capítulo, donde se hizo notar la profusa variedad observada en los niños normales de esta edad. Las normas sólo representan una tendencia

---

[7] *"Daddy go".* La palabra *go* (ir) es, por sus características fonéticas, una de las primeras palabras que usan los niños en inglés... —y en castellano: "go-go"! El equivalente en castellano sería: *"Papá é fé".* (Papá se fue). [T.]

central, debiendo esperarse frecuentes desviaciones de las mismas er la
práctica clínica. Cuando la madre lleva listas de las palabras usadas por el
niño, habrá que esperar, seguramente, que el número de palabras sea mayor que cuando la madre sólo se basa en su memoria para recordarlas. El
significado de las desviaciones muy marcadas sólo puede interpretarse a la
luz del estudio clínico completo del niño y su medio, tal como se indica en
la parte general.

El vocabulario y la jerga pueden, hasta cierto punto, influirse recíprocamente. Algunos niños que muestran un rápido crecimiento del vocabulario durante el período comprendido entre los 12 y 78 meses pueden
contar con poca o ninguna jerga. Por el contrario, el niño dueño de una
jerga tipo conversación, ricamente variada y de alto poder expresivo,
puede hallarla tan satisfactoria como medio de expresión que no empiece
a extender su vocabulario en forma significativa hasta entrada la segunda
mitad del año. Tanto un vocabulario adelantado como una jerga desusa-
damente bien desarrollada sugieren sobredotación, aunque no a ciencia
cierta, si falta la confirmación de los otros campos. En general, habrá que
esperar: más jerga que palabras antes de los 18 meses y más palabras que
jerga después de esa edad.

La combinación espontánea de palabras no es frecuente antes de los
18 meses, aumentando rápidamente de ahí en adelante. Las primeras combinaciones suelen incluir un sustantivo y un verbo. Hacia los dos años
aumenta el largo de las combinaciones empezando a ser usada la oración,
si bien pronombres y modificantes no se tornan comunes hasta algo más
tarde.

De cuarenta niños del grupo normativo examinados a la edad de 18
meses, según los informes obtenidos, sólo se producían combinaciones en
un 25 por ciento de los casos, sumando cantidades iguales las de dos y las
de tres palabras. A los 2 años, la norma cae entre las tres y las cuatro
palabras, siendo la información de tres o más para un 76 por ciento de los
casos y de cuatro para el 43 por ciento. En sólo un 9 por ciento de los casos
no hubo información de combinación alguna.

Para ejemplos de las combinaciones de palabras a los 18 y 24 meses
remitimos al lector al análisis general del lenguaje a los 24 meses, donde
también se encontrará el comentario pertinente sobre el uso de los pronombres, tiempos pretéritos y formas plurales.

SERIES GENÉTICAS

Edad 15 meses — De cuatro a seis palabras, incluyendo nombres. Jerga variada. Combina el ademán con la vocalización para expresar un deseo.

18 meses — Diez palabras, incluyendo nombres.

21 meses — Veinte palabras, incluyendo nombres. Combinación espontánea de
dos palabras. La vocalización consiste más en palabras que en jerga.

24 meses — Combinación espontánea de tres a cuatro palabras. Usa los pronombres *yo, mí, tú* (I, me, you) con discernimiento parcial.

30 meses — Usa los tiempos pretéritos *(past tense)* y las formas plurales.

(L-3)   INDICAR LAS PARTES DEL CUERPO

(18-24 meses)

Procedimiento. Se dirá: *"Muéstrame tu pelo; ¿dónde tienes el pelo?"* Una sonrisa puede ser de utilidad. Pregúntese, en forma similar, por los ojos, la nariz, la boca. En caso necesario, empléense las fórmulas: *"Abre la boca"*, *"Cierra los ojos"*, u otras semejantes. A fin de provocar las respuestas puede usarse un muñeco o una figura grande, si de este modo el niño responde con más facilidad, pero raramente ha sido necesario apelar a este recurso.

Significado de la conducta. Tanto Binet (9) como Terman (121) situaron este test a los 3 años, exigiendo tres éxitos; pero en realidad es demasiado fácil para esa edad y aun para los 2 años. De diecinueve niños del grupo normativo a los 18 meses, sólo ocho no lograron responder correctamente a una parte del test, en tanto que 48 de los cincuenta niños de 2 años de Muntz pasaron las cuatro partes. Esta capacidad de responder a las cuatro partes, a los 24 meses, representa un salto desde el 5 por ciento de los 18 meses.

A los *18 meses*, el niño reconoce correctamente el cabello y los ojos con más o menos la misma frecuencia: más raramente reconoce la nariz y la boca. Los varones se desempeñan algo mejor que las niñas en este test.

El principal valor del test estriba en que es uno de los pocos para esta temprana edad que exige una respuesta a un estímulo exclusivamente verbal, desprovisto de la ayuda del ademán o demostración. Es por esto de valor especial en aquellos casos en que la propia habla del niño se halla por debajo del término medio, y se desea establecer si la comprensión del lenguaje hablado se halla o no también atrasada. La situación implica una gracia infantil casi universal, que constituye una parte del juego entre infantes y adultos en la mayoría de los hogares. Los niños de asilo pueden no aprobarla por falta de esta experiencia.

SERIES GENÉTICAS

Edad 18 meses — Conoce una parte
24 meses — Conoce cuatro partes

NÚMERO DE NIÑOS QUE RECONOCIERON EL PELO, LOS OJOS, LA NARIZ Y LA BOCA A LOS 18 Y 24 MESES

	18 meses (19 casos del grupo Normativo)	24 meses (50 casos del grupo especial de investigación Muntz)
	%	%
No reconoce ninguna parte	42	
Reconoce 1 parte	21	
Reconoce 2 partes	16	2
Reconoce 3 partes	16	2
Reconoce 4 partes	5	96

PARTES RECONOCIDAS POR EL GRUPO DE 18 MESES

Pelo   reconocido   correctamente por el 42 % de los niños
Ojos   reconocidos   correctamente por el 47 % de los niños
Nariz   reconocida   correctamente por el 26 % de los niños
Boca   reconocida   correctamente por el 16 % de los niños

(L-4)   Nombrar objetos

(18-30 meses)

Procedimiento. (18-21 meses). Este test es empleado aquí como introducción a la situación del lanzamiento de la pelota. Se saca la pelota y acercándola al niño, aunque siempre fuera de su alcance, se le dirá: *"¿Qué es esto?"* (variantes: *"Dime qué es esto"*, *"Dile a mamá qué es esto"*). Repítase las veces necesarias, pero sin prolongar la situación al punto de producir una perturbación emocional en aquellos niños a quienes sólo interesa la posesión de la pelota. En su lugar, se alcanzará la pelota, iniciando inmediatamente la situación de lanzamiento.

(24-30 meses). Expónganse, en orden, la moneda, la llave, el zapato (el examinador señalará su propio zapato), el lápiz, el cuchillo y la pelota. Al tiempo en que se exhibe cada uno, se preguntará: *"¿Qué es esto?"* Repítase la pregunta tantas veces como sea necesario, pero sin olvidar la advertencia formulada más arriba con respecto a una insistencia demasiado prolongada. Sea o no nombrado correctamente el objeto, se preguntará en cada caso: *"¿Y qué se hace con él?"* Obsérvese si la pregunta es contestada mediante el lenguaje o el ademán (tal como la imitación de hacer girar la llave en la cerradura). La pelota, último objeto en ser presentado, se le alcanzará al niño, iniciándose inmediatamente la situación del lanzamiento.

Tendencias de la conducta. Este test todavía no ha sido uniformemente establecido, y representa el residuo clínico de dos tests probados anteriormente y descartados en sus formas originales. Ha sido de gran utilidad para reforzar la impresión general producida por el desarrollo del lenguaje del niño dentro de los niveles cronológicos indicados.

El análisis de las respuestas obtenidas con grupos de niños a quienes se les administró el test como parte del examen clínico, demuestra que son pocos los niños de menos de 2 años que dan respuestas satisfactorias para otros objetos que no sean la pelota. A los *18 meses* cerca de la mitad de los niños nombra la pelota respondiendo a la pregunta: *"¿Qué se hace con ella?"*, mediante el lanzamiento.

A los *2 años*, por lo general es posible obtener respuestas para varios de los renglones indagados. En caso de una respuesta muy pobre o de falta de atención, puede ser preferible saltear algunos de éstos, siguiendo directamente con la pelota, que siempre despierta interés. Los objetos menos nombrados a esta edad son la llave y el cuchillo.

El niño de *30 meses* presta una atención más sostenida a la serie completa, siendo lo más probable que nombre tres objetos por lo menos.

Los resultados para la pregunta *"¿Qué se hace con él?"* no pueden establecerse, por el momento, ni siquiera a manera de normas aproximadas. Son pocos los niños de 2 años que la contestan con respuestas verbales, pero probablemente la mitad de los niños, a los 30 meses, da una respuesta correcta por lo menos en uno de los casos. (Ejemplo: *"Llave:* "En la puerta"; *Moneda:* "Monedero"; "Se pone en el bolsillo"; "En la alcancía"; "Caramelos". *Lápiz:* "Escribir"; "En el papel". *Zapato:* "Se pone"). Tal como se la ha incluido en la forma actual del test, esta prueba sirve simplemente para dar al niño otra oportunidad de contestar una forma corriente de pregunta, reforzando la impresión general del examinador de su madurez verbal. La pregunta no debe hacerse en la forma *"¿Para qué sirve?"*, pues la mayoría de los niños en esta edad contestarán "para mí" u otra cosa por el estilo.

SERIES GENÉTICAS

Edad 18 meses — Nombra la pelota.
     24 meses — Nombra dos objetos.
     30 meses — Nombra tres objetos. Contesta por lo menos una de las preguntas "¿Qué se hace con él?"

(L-5)   CUMPLIR INSTRUCCIONES CON LA PELOTA

(18-24 meses)

Procedimiento. Colóquese la sillita infantil contra la pared, no demasiado cerca de la mesa de examen o de la madre. Alcáncesele la pelota, diciendo: *"Llévale la pelota a mamá"*; *"Pon la pelota en la silla"*; *"Tráemela"*; *"Ponla sobre la mesa"*. Concédase un tiempo razonable para cumplir cada mandato, repitiéndose las instrucciones, en caso necesario, sin ningún cambio. Mientras se le hable, se mirará directamente al niño, cuidando de evitar toda mirada o ademán que pueda indicarle su objetivo. Úsese un tono de voz uniforme, cargando el acento sobre "a mamá", "en la silla", "sobre la mesa". Si no acierta a cumplir la orden correctamente, concédase una segunda oportunidad marcando más el acento, pero no sin antes haberle permitido completar su respuesta. Procúrese no interrumpirlo, o sugerirle un "no-no" con el tono de la voz.

Significado de la conducta. La respuesta satisfactoria de este test exige una fiel comprensión del mandato, "Pon la pelota en la silla", etc. En la mayoría de los casos es necesario seguir las instrucciones al pie de la letra. Puede suceder que un niño comience evidentemente a cumplirlas, caminando hasta la silla, iniciando la acción de colocar la pelota, pero sin abandonarla realmente, o que la extienda hacia el examinador pero negándose a soltarla. Estas respuestas se consideran satisfactorias. Una simple mirada o ademán hacia el objetivo no es, sin embargo, suficiente, pues lo más probable es que solamente constituya una respuesta a la palabra "silla", "mamá", etc. El lanzamiento de la pelota hacia el objetivo puede considerarse, generalmente, como una respuesta positiva.

Como en el caso de otros tests para estos mismos niveles cronológicos, no siempre el que nos ocupa puede ser administrado o calificado sobre una base estricta de positivo-negativo. La dificultad para controlar la atención es acrecentada por el hecho de que el niño se halla parado y moviéndose por toda la pieza durante la presentación, y el interés por jugar con la pelota puede anular las instrucciones completamente, especialmente en el caso de los varones. En estos casos, a menudo es imposible la interpretación diferencial del fracaso, en cuanto a si se trata de inatención o de falta de capacidad para aprobar el test, no debiendo adoptarse ninguna de las alternativas como plenamente evidente. La realización del grupo completo de cuatro tareas exige también un esfuerzo demasiado prolongado de la atención en muchos niños de 18 meses, y a veces es aconsejable interrumpir la prueba sin haberlas dado todas. Estas consideraciones no son de tanto peso a los 2 años, aunque el factor atención todavía es importante en muchos niños de esa edad.

Tendencias de la conducta. A los *18 meses,* en aquellos casos en que hay cooperación por parte del niño, más de la mitad le alcanzan la pelota a la madre y la colocan discriminativamente sobre la silla o la mesa. Las niñas son algo más reactivas al test que los varones, muchos de los cuales prefieren dedicarse a un activo juego con la pelota en lugar de prestar atención a las instrucciones. A los *24 meses,* la mitad de los niños cumple correctamente con los cuatro mandatos, cuando se muestran lo bastante dispuestos a colaborar como para administrar las cuatro pruebas. En esta edad no existe ninguna diferencia significativa entre varones y mujeres.

SERIES GENÉTICAS

Edad 18 meses — Cumple dos mandatos, si colabora.
     21 meses — Cumple tres instrucciones.
     24 meses — Cumple las cuatro instrucciones.

(L-6) TARJETAS CON FIGURAS

(18-36 meses)

No es sino hasta promediar el año y medio cuando el niño empieza a manifestar interés por las figuras o a efectuar una asociación entre la figura y el objeto representado. Aun hasta los 2 años, es frecuente que este interés sea breve y superficial, salvo en el caso de que la exhibición de las figuras vaya acompañada de un cuento, y aun así, las variaciones de un individuo a otro son considerables. La presentación de las tarjetas con figuras llena las exigencias de este nivel evolutivo, pues sólo demanda breves períodos de atención, con un repetido refuerzo por parte del examinador cuando éste es necesario. El test abarca el período evolutivo desde la edad en que por primera vez realiza el niño una asociación entre la figura y el objeto por ésta representado, hasta la etapa en que ya reconoce las figuras de todos los objetos familiares sin dificultades. No es en ningún sentido importante un test de vocabulario, ya que prácticamente todos los objetos representados se hallan incluidos en el vocabulario hablado o comprendido a los 2 años, en tanto que el desempeño máximo en el test no se da hasta un año más tarde.

Procedimiento. Levántese la Tarjeta A, diciendo: *"Vamos a mirar unas figuras"*. Aproxímese la tarjeta, adecuadamente orientada, hacia el niño y permítasele que la tome si efectúa además de hacerlo. Señálese la figura del perro, diciendo: *"¿Qué es esto?"* En caso de que no sea posible obtener ninguna respuesta, no se insista demasiado tiempo, repitiendo, en cambio, la pregunta, para las otras figuras. Si el niño comprende súbitamente lo que debe hacer con una de las figuras presentadas ulteriormente, puede repetirse el test con aquellas que al principio no obtuvieron respuesta. Si el niño nombra correctamente una o más figuras de la Tarjeta A, continúese con la tarjeta B en forma similar. Si el niño no acierta con ninguna de las de la Tarjeta A, puede probarse con el "reloj" de la Tarjeta B, o si no parece probable una respuesta satisfactoria puede iniciarse la segunda parte del test descrita más abajo.

Si nombra ocho o más figuras correctamente, esto es suficiente para el test en el nivel más elevado en que se da, o sea, los 36 meses.

Si nombra menos de ocho figuras, comiéncese con la Tarjeta A (o con la Tarjeta B si todas las figuras de la primera tarjeta fueron nombradas correctamente), diciendo: *"¿Dónde está el...?"* (Alternativas: *"Muéstrame el..."*. *"Señala con el dedo el..."*) Con los niños más chicos es preferible usar "perrito", y reemplazar con las expresiones "guau-guau" y "tictac" las correspondientes palabras adultas en caso de que éstas no sean comprendidas. Es más probable que la palabra "flor" determine una respuesta correcta que la palabra "hoja".

El factor tiempo es importante en la conservación del interés del niño; deben evitarse las pausas largas entre una pregunta y otra, y al registrar las respuestas podrá usarse toda clase de abreviaturas.

El orden del interrogatorio, tanto para nombrar como para señalar, es el que sigue:

Tarjeta A: Perro, zapato, taza, casa.

Tarjeta B: Reloj, canasta, libro, hoja, bandera, estrella.

Tendencias de la conducta. Las respuestas deben registrarse al pie de la letra, y en la medida de lo posible, de acuerdo con sus características fonéticas. Cualquier respuesta apropiada es considerada como un acierto. Una respuesta aparentemente sin sentido para la pregunta del perro, puede ser el nombre de un perro o de un gato conocido del niño. "Guau-guau" (u otra imitación del perro) y "tictac" son perfectamente aceptables. "Miz" o cualquier otro animal familiar puede ser aceptado en lugar del perro, pero las respuestas de este tipo son todavía inmaturas, más características de los niveles inferiores de aplicación del test. "Leche", "café", o cualquier otro alimento o bebida que pueda tomarse en taza o en vaso, constituyen respuestas aceptables, aunque inmaturas, para la taza. "Flor" y "árbol" en lugar de *hoja* son más comunes que la palabra correcta, aun a los 3 años, por lo cual deben considerarse como respuestas acertadas.

A los *15 meses*, algunos niños reconocen al perro. Otros, al preguntárseles por el zapato, señalan los que tienen puestos. Uno y otro tipo de respuestas aparecen en más de la mitad de los casos, a esta edad. Un crecido número de los que fracasan no dan ninguna señal de entender la prueba en absoluto.

Una respuesta común a los *18-21 meses* consiste en aceptar la tarjeta, echarle una rápida mirada, darla vuelta para mirarla del otro lado y devolvérsela al examinador. La repetición de la pregunta determina finalmente, en muchos casos, una respuesta apropiada, pero no es aconsejable insistir demasiado. A los *24 meses*, muchos niños todavía dan vuelta la tarjeta para ver lo que hay del otro lado, pero ya no es tan probable que la devuelvan inmediatamente después de haber hecho esto.

Las principales causas del fracaso, aparte de la simple incapacidad para reconocer cualquiera de las figuras, estriban, o bien en la incapacidad de comprender la tarea a realizar, o en la incapacidad de mantener despierta la atención durante todo el test.

Existe una clara diferencia sexual en el tipo de respuesta obtenido a los 18 meses; las niñas, en conjunto, pueden reconocer un número mayor de figuras que los varones; pero los varones muestran más tendencia a nombrar una figura por lo menos. Esta diferencia decrece a los 24 meses, desapareciendo completamente a los 36 meses. Si se administra el test a los 42 meses, el niño da muestras de su mayor madurez, leyendo los objetos en orden y de corrido, sin necesidad de instrucciones individuales por parte del examinador.

(L-7)   DECIR EL NOMBRE COMPLETO

Procedimiento. Pregúntese: "*¿Cómo te llamas?*" Si el niño contesta sólo el primer nombre (o un sobrenombre) como, por ejemplo, David o Cacho, se le dirá: "*¿David qué?*" "*¿Cómo es lo que falta?*" "*¿Cuál es tu otro nombre?*" En caso necesario, pregúntese: "*¿Te llamas David Pérez?*", usando, por supuesto, un apellido incorrecto. Un sobrenombre es perfectamente aceptable en lugar del nombre.

SERIES GENÉTICAS

Edad 15 meses — Si se halla dispuesto a colaborar, señala una figura (generalmente el *perro*) o su propio zapato.

18 meses — Reconoce una o más figuras (generalmente el *perro*), nombrándolas o señalándolas.

21 meses — Reconoce dos o más, nombrando o señalando.

24 meses — (a) Nombra tres o más.

              (b) Reconoce cinco o más, nombrando o señalando.

30 meses — (a) Nombra cinco o más.

              (b) Reconoce siete o más, nombrando o señalando.

36 meses — Nombra ocho o más.

42 meses — Recorre la tarjeta espontáneamente, nombrando las diez figuras.

NÚMERO DE DIBUJOS DE LAS TARJETAS DE FIGURAS QUE RECONOCIERON, NOMBRÁNDOLAS O SEÑALÁNDOLAS, LOS NIÑOS ᴅEL GRUPO NORMAṬIVO A LOS 18 Y 24 MESES

Número de los dibujos recorridos	18 meses			24 meses		
	Varones %	Niñas %	Grupo %	Varones %	Niñas %	Grupo %
0	37	32	34	7		3
1	47	26	37	14		6
2	16	26	21	0		0
3		5	3	21	26	24
4		5	3	7	16	12
5		0	0	0	11	6
6		5	3	21	26	24
7				14	11	12
8				7	5	6
9				7	5	6
10						

NÚMERO DE DIBUJOS NOMBRADOS POR LOS NIÑOS DEL GRUPO NORMATIVO A LOS 18, 24 Y 36 MESES, EN LAS TARJETAS DE FIGURAS

Número de los dibujos nombrados	18 meses			24 meses			36 meses		
	Varones %	Niñas %	Grupo %	Varones %	Niñas %	Grupo %	Varones %	Niñas %	Grupo %
0	53	79	66	7	16	12			
1	42	11	26	29	11	18			
2	5	5	6	0	21	12			
3		5	2	21	16	18		6	3
4				21	16	18		0	0
5				21	16	18		6	3
6				0	0		13	12	12
7				2	3		27	23	25
8							20	23	22
9							20	18	19
10							20	12	16

Si el examinador no logra obtener ninguna respuesta, puede pedirse a la madre que le haga la misma pregunta, siguiendo los métodos prescritos.

Significado de la conducta. El test es fácil para los 3 años, edad en que lo aprobó el 85 % del grupo normativo, pudiendo acreditarse el éxito con propiedad a los 30 meses. Una atención muy pobre puede ser causa del fracaso, pero la brevedad de la situación permite subsanar esta dificultad en la mayoría de los casos. El fracaso puede resultar de una actitud negativa, debido quizá a la excesiva repetición de la misma pregunta en la casa. Algunas veces las respuestas resultan incomprensibles por causa de la articulación defectuosa.

La variación en los tipos de respuestas obtenidos es relativamente pequeña. El error más común a los 30 y 36 meses es decir simplemente el primer nombre o el sobrenombre. Las respuestas individuales —por ejemplo, dar un nombre equivocado o contestar "Yo soy una nena" (si el test consistente en decir el sexo acaba de ser administrado inmediatamente antes)— son raras a los 3 años. Hay algo más de variación cuando se aplica el test a los 4 años, en que, a no dudarlo, de ordinario no se prueba. Esta variación aparece casi exclusivamente entre los varones, entre los cuales los "No sé" y la incapacidad de responder son más comunes que a los 3 años, generalmente a raíz de una inhibición; también se dan algunas veces, a esta edad, respuestas cómicas, como cuando un niño dice el nombre de otro niño, etc.

Norma: 30 meses: Dice el nombre completo.

(L-8) ANÁLISIS DE FIGURAS

Procedimiento. Dígase: *"Aquí tengo una figura que me gustaría mostrarte".* Exhíbase la figura del Hogar Holandés, aguárdese unos segundos para dar tiempo al niño a que la tome o haga algún comentario espontáneo sobre ella, y luego añádase: *"Dime sobre qué es la figura".* En caso necesario, se tratará de animarlo, pero si no sobreviene ninguna respuesta, se dirá: *"Dime todo lo que ves en la figura".* Si todavía no se produce respuesta: *"Muéstrame el gatito; ¿dónde está el gatito?... Muy bien; bueno, ahora dime, ¿qué más ves?"* Se repetirá *"¿qué más?"* tantas veces como sea necesario.

Repítase con la figura de la Canoa, la del Correo y, si se desea, con la figura Colonial. Si hay mucha inhibición, el test puede suspenderse después de las dos primeras figuras, si ya se ha obtenido la enumeración espontánea de tres o más objetos en una de las figuras.

Tendencias de la conducta. Terman ha distinguido (en la forma antigua de la escala de Stanford) tres tipos de respuesta: el principalmente enumerativo, el principalmente descriptivo, y el interpretativo. Éstos fueron asignados a los niveles de madurez correspondientes a los 3, 7 y 12 años, respectivamente. En el Stanford de 1937 el test·ha sido omitido para los dos niveles superiores pero conservado para los 3 años.

Dentro de los niveles preescolares, el tipo más común de respuesta es la simple enumeración de los objetos de la figura, con algunas frases descriptivas de tanto en tanto, que aumentan en proporción a medida que el niño se hace más grande. A los *3 años* la descripción es rara, fuera de un ocasional: "El Gato está durmiendo", y la frase aprendida "Nena chiquita". En alrededor de una cuarta parte de los casos, aparece alguna descripción a los *4 años*, y en casi las tres cuartas, a los *5 años*, en que la respuesta es preferentemente descriptiva, en alrededor del 40 por ciento de los casos. Unos pocos niños —generalmente sobredotados— proveen una interpretación satisfactoria de una o más figuras a los 4, 5 ó 6 años, pero respuestas tales son muy raras a los 3 años, siendo lo más probable que sean traídas por los cabellos. Es interesante destacar que cierto número de niños que a los 4 años interpretan, se limitan, a los 5, a describir, posiblemente debido a la actitud más crítica e independiente, característica de esta edad.

La incapacidad de responder, debida a veces a falta de comprensión y a veces a inhibición, es bastante frecuente a los *3 años*, aunque no a otros niveles superiores. Si una ligera frase de aliento no produce respuesta, la insistencia ulterior raramente da frutos. A los 3 años sucederá a veces que el niño nombre un objeto de la figura bajo la presión sobre él ejercida, devolviendo luego la tarjeta con un positivo "se acabó".

Los niños inteligentes de 4 y 5 años asocian, en ocasiones, la figura con algún cuento familiar y relatan, por ejemplo, la célebre Caperucita Roja, en respuesta a la escena holandesa. A menudo aparece esta tendencia a los 5 años, y aun la tendencia a interpretar todavía más lógicamente, en niños sobredotados, que son, al mismo tiempo, algo inmaduros, muy activos y muy habladores. Un niño muy inteligente de esta edad, pero extremadamente inmaduro, dio hace no mucho tres interpretaciones de la escena holandesa, cualquiera de las cuales hubiera sido aceptable para el nivel de los 12 años según la vieja escala de Stanford-Binet. Los niños de 5 años, más estables y socialmente maduros, aun siendo igualmente sobredotados, se limitan, por lo general, a una estudiada y deliberada descripción de la figura, que incluye, frecuentemente, una enumeración adicional de los objetos que no han quedado comprendidos en la parte descriptiva de la contestación.

A los 4 y 5 años las niñas muestran una tendencia ligeramente mayor que los varones a ceñirse a una enumeración. A los seis años esta tendencia se invierte. A los 6, además, las niñas interpretan algo más que los varones.

Las figuras de la Canoa y del Correo es más fácil que provoquen descripción que la escena holandesa, posiblemente debido a una adecuación más perfecta del niño a la situación planteada por el test, pues son aquellas las figuras presentadas en segundo y tercer término.

Series Genéticas

Edad 3 años — La respuesta positiva casi universal es la enumeración de unos contados objetos de la figura con una o dos palabras descriptivas, en
ocasiones.

La inhibición o la falta de comprensión de la tarea a realizar conduce,
a veces, al fracaso en la respuesta.

4 años — La enumeración es todavía la respuesta típica, pero en alrededor de
un cuarto de los casos aparece algún comentario descriptivo.

La ausencia de respuesta es rara.

Una minoría interpreta una o más figuras.

5 años — Alrededor de las tres cuartas partes de los niños proporcionan alguna
descripción de las figuras y alrededor del 40 por ciento circunscribe.
sus respuestas a lo descriptivo.

La ausencia de respuesta es rara. No se debe nunca, prácticamente,
a incomprensión de la tarea, sino primordialmente a una inhibición
basada en falta de confianza, rasgo éste encontrado con más frecuencia a los 5 años que en edades inferiores.

La interpretación, aunque representa menos del 5 por ciento del número total de los casos, es algo más frecuente que a los 4 años.

6 años — Cerca de la mitad de los niños circunscribe sus respuestas a lo descriptivo, y más de las tres cuartas partes emplean algún comentario
descriptivo.

Rara vez se da una ausencia total de respuesta.

La interpretación se manifiesta en más del 10 por ciento de los casos
entre las niñas, lo. cual representa un marcado aumento sobre los
4 y 5 años. No se observa el mismo aumento entre los varones.

(L-9) Test de acción-agente

(3-5 años)

Este test, el más notable de lenguaje en la mitad superior del período
preescolar, debe aplicarse, para el mejor provecho, en un punto tal del
examen en que ya se haya establecido una fuerte corriente de simpatía
entre el niño y el examinador, pero mucho antes de que el interés haya
empezado a desvanecerse o el niño comience a mostrar signos de fatiga.
Exige un período relativamente largo de atención, y puesto que gran parte
de la impresión que puede recibir el examinador de la personalidad del
niño descansa en sus respuestas a este test, debe brindársele la mejor oportunidad para que se desempeñe en la plenitud de sus facultades. Además

de proporcionar una medida de la comprensión· del lenguaje, el test permite observar facultades tales como las de sostener la atención y el interés, las tendencias hacia la persistencia y la estereotipia, la confusión provocada por semejanzas de sonido o la asociación de ideas, la consideración crítica de las respuestas en oposición a las contestaciones al azar, las tendencias a abandonar la tarea con facilidad o a irse por las ramas ante una dificultad creciente, y otros detalles que arrojan luz sobre la estabilidad y madurez personal-social del niño. Debido a la significación de estos factores para la apreciación del cuadro clínico total, debe prestarse cuidadosa atención a la influencia de todos los factores extraños o de perturbación en la situación en que se aplica el test.

Procedimiento. Atráigase la atención del niño y dígase: "*¿Qué corre?*" "*Dime algo que corra*". Puede resultar necesario repetir la pregunta, pero no se insista demasiado. Si no hay respuesta o el niño no contesta inadecuadamente se dirá: "*Los autos corren, ¿no es cierto? Y los caballos también corren*". (Conviene evitar ejemplos tales como "Los chicos y las chicas" que puede servir de respuesta, igualmente, a dos o tres de las preguntas siguientes, a fin de evitar las respuestas persistentes o repetidas, de comprensión dudosa.) Breve pausa y luego "*¿Qué grita?*" "*Dime algo que grite*". Nuevamente, en caso de que la respuesta no sea satisfactoria, se contestará la pregunta. Prosígase con el test en forma ajustada, sin agregar ninguna otra respuesta. Si tras la demostración de la primera pregunta se obtiene una buena respuesta, a menudo no hace falta contestar la segunda.

1. ¿Qué araña?	11. ¿Qué navega?
2. ¿Qué duerme?	12. ¿Qué hierve?
3. ¿Qué vuela?	13. ¿Qué flota?
4. ¿Qué muerde?	14. ¿Qué gruñe?
5. ¿Qué nada?	15. ¿Qué pica?
6. ¿Qué quema?	16. ¿Qué galopa?
7. ¿Qué corta?	17. ¿Qué duele?
8. ¿Qué sopla?	18. ¿Qué explota?
9. ¿Qué mata?	19. ¿Qué ruge?
10. ¿Qué se derrite?	20. ¿Qué maúlla?

Calificación. Todas las respuestas deben registrarse al pie de la letra. Muchas respuestas típicas, tales como "viento" para "¿Qué sopla?" y "revólver" para "¿Qué mata?" pueden registrarse por medio de las iniciales solamente. Las respuestas múltiples, tales como "nenes y gatos y pajaritos" para "¿Qué duerme?", así como cualquier comentario adicional, con o sin sentido, deben registrarse íntegramente.

Son respuestas acertadas, según Stutsman (118), aquellas que nombren:

1. El agente que realiza la acción.
   a. Objeto (tal como: "el cuchillo corta").
   b. Persona que maneja el objeto ("Yo corto"). En el caso de respuestas de este tipo conviene preguntar, sin embargo, "*¿Cómo cortas? Muéstrame cómo lo haces*", para asegurarse de que ha comprendido la pregunta.

2. El complemento directo, cuando éste suele ir asociado con la acción ("el papel quema").

3. Respuestas poco usuales con una asociación lógica.
   a. Cuando la palabra empieza con *s* como en *What sails?* (¿Qué navega? En este caso el niño puede interpretar "*What's sales?*" ¿Qué son ventas?), respondiendo, "Para la ropa de los chicos" o algo por el estilo [8].
   b. Otras respuestas desacostumbradas (como "Sally" el nombre de un bote, a la pregunta: "¿Qué navega?", o "Tigre" a "¿Qué se derrite?" bajo la influencia del cuento de *Little Black Sambo*).

La repetición de una misma respuesta será considerada válida si el niño contesta con discernimiento; en caso contrario, y es lo más frecuente, las respuestas repetidas deben considerarse incorrectas, aun cuando pudiesen ser adecuadas para algunas de las preguntas formuladas. Del "nene", ciertamente puede decirse que araña, duerme y muerde, de manera que si el niño da una respuesta apropiada para la pregunta intermedia "¿Qué vuela?" y contesta "nene" a las otras tres, todas estas respuestas habrán de considerarse correctas. Sin embargo, si la respuesta repetida es usada como contestación a más de una pregunta inapropiada, todas las contestaciones serán consideradas incorrectas, si bien el examinador podrá formarse, en cada caso, una idea bastante clara del grado de discernimiento mostrado por el niño para la apreciación de su conducta total.

Formas características de respuesta.

Respuestas simples correctas. Una sola palabra adecuada o una frase breve ("gatos", "los pájaros", "los perros muerden") constituyen el tipo más frecuente de respuesta en todas las edades, abarcando casi la mitad de las respuestas registradas, y a los 3 años, algo más de la mitad a los 4, y de dos tercios a tres cuartos a los 5. De modo que la diferencia entre los 4 y 5 años es más marcada en lo referente a la proporción de estas respuestas simples con el número total, que en cuanto al propio número de respuestas correctas, en que 5 aventaja a 4 por una sola palabra.

Respuestas múltiples. Aunque pocas en número a cualquier edad, parecen ser más características, sin embargo, las del brillante y parlanchín niño de 4 años que la del de 3 ó 5.

---

[8] En castellano las confusiones de este tipo son más difíciles. [T.]

262 EL NIÑO DE 1 A 5 AÑOS

Referencias personales. La respuesta "yo" ("me") o "yo araño" "yo duermo", etc. (*I do*), así como las referencias a personas y animales conocidos por el niño, parece reflejar un estado de inmadurez rápidamente decreciente a los 4 años y ya extinguido a los 5.

Confusión de sonidos. En corta proporción, aparecen en todas las edades. *Stings* (pica) a veces es entendido como *stinks* (oler mal), *melts* (derretirse) como *milk* (leche), *aches* (doler) como *eggs* (huevos) y *news* (maullar) como *music* (música); son equivocaciones de este tipo las que explican la mayoría de las confusiones observadas. El interés en jugar con las palabras observado en muchos niños de 5 años, se refleja en sus respuestas rimadas, tales como *What growls?* (¿Qué gruñe?) *"Owls"* (las lechuzas). (¿Qué araña? la caña.)

Repetición. La repetición de una misma respuesta disminuye notoriamente desde los 3 a los 5 años. En su forma más simple, con una o dos respuestas repetidas sin discernimiento, es a los 3 años cuando se presenta con más frecuencia. A los 4 y 5 es más probable que asuma la forma de una repetición ocasional de la respuesta previamente aceptada, en los casos en que el niño ignora la contestación correcta o cuando su interés ha empezado a flaquear. Las respuestas repetidas pueden ser perfectamente aceptables si el niño las aplica con evidente discernimiento. Un perro puede arañar, morder, nadar, gruñir, etc., si el niño usa la respuesta "perro" para estas preguntas solamente y no para aquellas inapropiadas, la calificación será positiva. Una respuesta de este tipo, sin embargo, unida a otra conducta, puede sugerir falta de imaginación o una limitada experiencia.

Respuestas simples incorrectas. Ejemplos de este tipo de contestaciones son: (¿Qué nada?) "Las casas"; (¿Qué explota?) "Los sapitos". A veces existe una asociación de ideas evidente, pero con frecuencia no hay ninguna relación a la vista. Es necesario estar preparado para no descartar por sin sentido una respuesta basada en una experiencia concreta del niño (¿Qué flota?) "Las casas" podría ser una respuesta muy buena para un niño que hubiera visto fotografías de inundaciones en los diarios y le hubiesen producido una fuerte impresión. Un ligero interrogatorio del niño o de la madre ayudan, por lo común, a aclarar las contestaciones dudosas.

Respuestas complejas. Las respuestas en forma de oraciones, completas ("Los chicos nadan cuando van al agua"), o incompletas ("¿Qué flota?": "En la espalda, cuando uno hunde la cabeza y levanta los pies y flota") son más características de determinados individuos que de una edad en particular. El locuaz niño de 4, o el deliberativo Cinco que considera y sopesa su respuesta ("Bueno, vamos a ver; yo creo que los perros gruñen a veces"), es probable que den una o más respuestas de este tipo, de igual modo que aquellos niños que se han adecuado perfectamente a la situación y se sienten con el examinador como en su casa.

Ausencia de contestación. La forma más común es "No sé", o simplemente el niño permanece callado o repite los verbos finales: "¿Qué corta?" "Corta". Puede indicar (al comienzo del test) falta de comprensión, como suele acontecer a los 3 años; verdadera ignorancia de la palabra o de la respuesta correcta (el caso usual a los 4), o una inhibición debida a timidez o falta de seguridad con respecto a la corrección de la respuesta in mente, como suele pasar a los 5 años. De ordinario, y cuando el niño ha contestado satisfactoriamente otras preguntas, estas respuestas deben tomarse en su valor aparente; en todo caso, es preferible no insistir demasiado con la pregunta, ya que esto tiende más bien a aumentar la actitud negativa del niño que a superarla. Si un comentario como *"Oh, estoy seguro de que lo sabes"*, no produce respuesta, es mejor seguir adelante, repitiendo la pregunta más tarde si así se desea.

Entre la contestación "No sé" y la ausencia de respuesta parece existir una división entre varones y niñas, a los 5 años, pues éstas tienden a permanecer calladas más que a expresar su falta de conocimiento. Dos tercios de los varones dijeron "No sé", por lo menos una vez, en tanto que de las niñas sólo algo menos de la mitad dio esta contestación. En un 36 por ciento de las niñas de 5 años se observaron una o más negativas a contestar, en tanto que sólo con el 25 por ciento de los varones ocurrió lo mismo.

Suelen encontrarse otras formas de eludir la contestación de una pregunta. A los 3 años es más probable que cuando el niño no sepa cómo contestar, responda al azar, antes de negarse, en tanto se mantenga atento. Una serie de preguntas desconcertantes, sin embargo, puede llevarlo a perder la atención, desoyendo toda pregunta ulterior. Entonces dirá: "No quiero hacer más esto", o pedirá algún sustituto específico, o se irá completamente por las ramas, hablando de tópicos sin relación alguna con el test. Una de las formas favoritas de eludirlo es pararse y empezar a caminar por la pieza, haciendo comentarios sobre otras cosas que se hallan a la vista. A los 4 años pueden producirse respuestas similares, pero el niño de 4 suele mostrarse más positivo en un pedido de que el cuestionario sea dejado a un lado. A los 5, inventa excusas o trata de echar la culpa a otro de su fracaso ("Mamá no me deja decir ésa"). Tanto a los 4 como a los 5, especialmente los niños sobredotados, suelen devolver la pregunta al examinador: "¡Dime tú!"

Respuestas misceláneas. A veces se dan respuestas que no resulta fácil clasificar dentro de las categorías antes mencionadas o que constituyen variaciones altamente individuales de las mismas. Un niño sobredotado de 4 años es probable que se valga de una o más preguntas de estímulo, usándolas como punto de partida para un esmerado relato de una experiencia personal. La influencia de la familia, así como las idiosincrasias personales se reflejan en respuestas tales como "¿Qué sopla?" "Dios", o la lista de ocho clases sucesivas de alimento proporcionada por un obeso niño de 3 años, en respuesta a otras tantas preguntas.

SERIES GENÉTICAS

Edad 3 años — Seis a siete respuestas correctas.

Las respuestas múltiples son raras.

Le cuesta retener la atención durante el tiempo requerido para la aplicación completa del test, con una marcada tendencia a "irse por las ramas", a medida que las preguntas se hacen más difíciles.

Son más frecuentes las respuestas inadecuadas o dichas al azar o la falta total de respuesta, que el "No sé".

A menudo suelen encontrarse referencias personales al propio niño o a una persona o animal de su conocimiento.

La repetición de una misma respuesta se da algo más frecuentemente que a los 4 y 5 años.

4 años — Trece respuestas correctas.

Alrededor de la mitad de los niños da una o más respuestas múltiples.

Generalmente logra mantener la atención durante la formulación de la serie completa de 20 preguntas, pero esto puede requerir la ayuda del examinador.

Más de la mitad de los niños dicen "No sé", en tanto que la ausencia total de respuesta sólo se da en unos pocos casos.

Más de la mitad de las niñas, pero sólo un tercio de los varones, dicen "No sé".

Las referencias personales se presentan ocasionalmente, más a menudo entre las niñas, pero es menos frecuente que a los 3 años.

La repetición de una misma pregunta es menos frecuente y menos prolongada que a los 3 años.

5 años — Quince respuestas correctas.

Menos de uno por cada cuatro niños da respuestas múltiples.

Generalmente no hay problemas de atención, pero a veces se producen tentativas deliberadas de eludir la pregunta.

Dos tercios de los varones y apenas algo menos de la mitad de las niñas dicen "no sé", por lo menos una vez. El 36 por ciento de las niñas y el 25 por ciento de los varones no dan respuestas a una o más preguntas.

La repetición es rara, comparada con los 3 y 4 años.

ANÁLISIS DE LAS RESPUESTAS REGISTRADAS EN EL TEST DE ACCIÓN-AGENTE POR NIÑOS DE 3, 4 Y 5 AÑOS[9]

	3 años %	4 años %	5 años %
Respuestas simples correctas	33	56	73
Respuestas múltiples	1	5	2
Referencias personales	5	2	0
Confusión de sonidos	4	2	3
Repetición	3	4	2
Respuestas simples incorrectas	8	10	9
Respuestas complejas o calificadas	2	2	2
"No sé"	6	11	5
Ninguna respuesta	11	2	5
Misceláneas	3	5	menos del 1 %
Rehusadas	22	0	0

[9] Puesto que al confeccionar estas tablas se omitieron los decimales, no todas las columnas suman exactamente 100 %.

PORCENTAJE DE RESPUESTAS CORRECTAS AL TEST DE ACCIÓN-AGENTE
CONTESTADAS POR NIÑOS DEL GRUPO NORMATIVO A
LOS 3, 4 Y 5 AÑOS

Edad en años Número de r. correctas	3	4	5
0	5		
1-3	15	12	
4-6	30	0	2
7-9	25	8	4
10-12	20	21	13
13-15	5	38	51
16-18		21	29
19			2

(L-10)   DECIR EL SEXO

Procedimiento. Este breve test puede introducirse en cualquier momento oportuno durante el transcurso del examen, una vez que se haya establecido una firme corriente simpática entre examinador y examinado. Puede servir muy bien para mantener la atención del niño entre dos pruebas, mientras se guarda el material usado y se trae el requerido para el test siguiente.

Hay que asegurarse de que el niño preste atención y entonces se le preguntará como al azar (si es varón): *"¿Eres un varoncito o una nena?";* (si es mujer) *"¿Eres una nena o un varoncito?"* Si no hay respuesta pertinente, se preguntará (si es varón) *"¿Eres una nena?";* (si es mujer) *"¿Eres un varoncito?"* Si la contestación es "No", se le formulará: *"Entonces, ¿qué eres?"* Las preguntas deberán formularse de un modo ligero y amable, pero una inquisición demasiado risueña puede determinar una respuesta jocosa, deliberadamente incorrecta, entre algunos niños.

Tendencias de la conducta. La capacidad para aprobar este test parece presentarse entre los 30 y 36 meses. Son pocos los niños que lo pasan en la primera de estas edades, en tanto que a los 3 años lo aprueban de dos tercios a tres cuartos de los niños, al tiempo que a los 4 lo aprueban prácticamente todos. A los 3 y 4 años, por consiguiente, la incapacidad de aprobarlo será más significativa que la capacidad de pasarlo, pudiendo ser el resultado de una verdadera incapacidad para comprender la pregunta o para efectuar la distinción necesaria, o de falta de atención o de una actitud negativa. A los 3 años, muchos niños contestan diciendo sus nombres. La tendencia a responder sólo la última parte de la pregunta constituye un tipo inmaturo de conducta, siendo esencial seguir la forma prescrita. Estas respuestas pueden tener la forma de una repetición de la elección nombrada en segundo término, o simplemente la negación "No". La respuesta jocosamente incorrecta antes mencionada no es común, pero a veces se da en los niños más inteligentes. El tipo de respuesta discriminativo: "Yo no soy una nena, soy un varón", es más característico de los 4 años (compárese con: "Ésta es la chica y ésta es la grande", en respuesta al test de las líneas, y con: "Ésta es la linda y ésta es la cómica", en respuesta al test de discriminación estética). A veces se encuentra, entre los 3 ½ y los 4 años, una indignada negativa de lo implicado en la pregunta: "No, ¡yo soy un chico *grande*!"

Una vigorosa respuesta negativa a la pregunta puede reflejar las bromas tradicionales de la familia de que han sido objeto los niños, consistentes en atribuirles el sexo opuesto. Si existen claros indicios de esto, es mejor no insistir con la pregunta.

Existe una ligera diferencia sexual a favor de los varones en este test, siendo algo más frecuente que las niñas respondan "Soy un varón".

(L-11) PREGUNTAS DE COMPRENSIÓN
(3-5 años)

Grupo A (3-4 años)

Procedimiento: "*¿Qué debes hacer cuando tienes hambre?*"
   "*¿Qué debes hacer cuando tienes sueño?*"
   "*¿Qué debes hacer cuando tienes frío?*"

Algunos niños pequeños no entienden la palabra "debes" (*must*). Cuando esto parezca ser la causa del fracaso, deberá repetirse la pregunta, usando la forma: "*¿Qué haces cuando...?*" En otro caso, no deberá cambiarse la forma. Una vez obtenida la respuesta, se podrán formular, en caso necesario, preguntas adicionales para aclarar el sentido de la contestación.

Significado de la conducta. La capacidad para entender y contestar este tipo simple de preguntas raramente se encuentra antes de los 3 años y falta todavía en muchos niños de esta edad. Representa un grado de madurez ligeramente superior al requerido para la comprensión del tipo de pregunta del test de Acción-Agente (L-9), para el cual la mayoría de los niños de 3 años proporciona respuestas satisfactorias. Desde el punto de vista de la comprensión, no existe gran diferencia entre los 4 y 5 años con este test; dos respuestas aceptables de entre tres, representan el desempeño medio en cada edad. Desde el punto de vista de la calificación objetiva, por consiguiente, el test no es muy discriminativo por encima de los 4 años. Existen, sin embargo, interesantes diferencias cualitativas entre las respuestas características a ambas edades, lo cual hace conveniente en muchos casos administrar el test a los 5 años.

La tercera pregunta de la serie se presta a ser interpretada erróneamente y los niños entienden, a menudo, "tienes un resfrío" (*you have a cold*) en lugar de "tienes frío" (*you are cold*). El malentendido no es común a los 5 años, pero a los 3 y 4 años es casi tan común esta interpretación como la correcta.

Las preguntas difieren considerablemente en su tendencia a provocar un tipo simple, relativamente uniforme, de respuesta. La primera pregunta ("hambre") lleva aparejada, en este aspecto, la mayor uniformidad, con la respuesta simple "comer" al frente de todas las demás, y cada vez más frecuente con la mayor edad. La segunda ("sueño") provoca respuestas algo menos uniformes, pero "dormir", "acostarme", "irme a dormir" son las contestaciones más frecuentes a los. 4 y especialmente a los 5 años. La tercera pregunta ("frío") no apunta a una forma uniforme de respuesta, aun siendo correctamente interpretada, provocando una variedad mucho mayor.

SERIES GENÉTICAS

Edad 3 años. Las respuestas son variadas y específicas, con frecuentes referencias personales. Donde el de 4 contesta: "Comer" o "Dormir", el de 3 años dice: "Como" o "Duermo". "Cuando tienes frío", es entendido casi siempre como "cuando estás resfriado" [10], a esta edad. A veces, el niño interpreta que la pregunta encierra una alusión inmediata y entonces contesta: "Yo no tengo sueño", "no", o "Yo no". Las respuestas características de los 3 años son las siguientes:

Hambre: Tomar el desayuno.
　　　　Caramelos.
　　　　Comer cereales (o papas, pan, etc.)
　　　　Como.
　　　　Un vaso de leche.
　　　　Almorzar algo.
Sueño: Duermo.
　　　　Levantarme.
　　　　Bajarme de la cama.
　　　　Hasta mañana (*Beddie-night*).
　　　　Acostarme.
　　　　Irme a dormir sobre almohadas.
Frío: Salir.
　　　　Me resfrié.
　　　　Me enfermo.
　　　　Me sueno la nariz.
　　　　Hiela; está mojado afuera.
　　　　Estornudo todos los días.
　　　　Ponerse un saco.
　　　　Llamar al médico.
　　　　Ella se va a mejorar del resfrío.
　　　　Tomar algún remedio.
　　　　Mi saco, encima.
　　　　Yo no.

Edad 4 años. Es casi tan probable como a los 3 años que las respuestas sean de naturaleza específica, pero son más largas y más detalladas, y con algo menos de referencia personal. Al mismo tiempo, las simples

---

[10] En inglés la confusión es relativamente fácil, pues las dos frases sólo difieren en el verbo: "When you *are* cold" y "When you *have* a cold". Claro está que en castellano la confusión es casi imposible. [8.]

respuestas típicas ("Comer", etc.) empiezan a hacerse más frecuentes. La pregunta de "frío" es comprendida con más frecuencia que a los 3, pero "estar resfriado" todavía es una interpretación común. He aquí algunas respuestas características de los 4 años:

Hambre: Ir a lo de abuelita. (Interrogado) Como allí.
Treparme al estante, agarrar un cuchillo y cortarme un pedazo de pan.
Almorzar. (Desayunar, cenar, etc. Compárese con el "comer pan", etc., más característico de los 3 años.)
Buscar algo para comer.
Sueño: Acostarme. (Irme a la cama, a dormir.)
Tirarme.
En la cama, me meto.
Uno está cansado.
Levantarme.
Me levanto, no más, y mamá está en la cocina cocinando y me dice: "¡Eh, Pedrito!"
Tirarme en la cama.
Frío: Abrigarme.
Buscar un saco (suéter, etc.)
Entrar a casa.
Ponerme un abrigo.
Tomar un remedio y me sano.
Enfermarme.
Te pones un porrón caliente en los pies.
Mi mamá me pone una untura en el pecho.
...Voy al negocio y digo: "¿Qué hay de lo de taparme con la cama?" (Parte de un largo cuento, parcialmente incom-prensible.)

Edad 5 años. Como en otros campos, el niño de 5 años muestra una tendencia mucho menor a sobrerresponder al contestar las preguntas, sien-do la regla general a esta edad y especialmente para las dos primeras preguntas, la respuesta simple y adecuada. En más de la mitad de los casos, el niño contesta "comer" a la primera pregunta y "dormir", en una sola palabra o como parte de una breve frase, a la segunda pregunta, en cerca de la mitad de los casos. Cuando el niño elabora respuestas más complejas, éstas son adaptativas y realistas. Cuando hay referencia per-sonal, ésta se halla dirigida a "usted" y "su" [11], en lugar del "yo" y el "mí" de los 3 años. Rara vez los niños interpretan la pregunta del "frío" erróneamente. He aquí algunas muestras de respuestas dadas por niños de 5 años, aparte de las más simples:

Hambre: Comer.
Hacer comida.
Cenar.
Entrar y agarrar un pedazo de pan y manteca.

[11] "You" y "your". En inglés es común una forma de construcción impersonal con la segunda persona, equivalente a las construcciones impersonales castellanas con "uno" y "se": *When you are cold you must get warn*, lo que equivale a: Cuando *uno* tiene frío debe abrigarse, etc. [T.]

Sueño: Irme a dormir (o a la cama).
Acostarme.
Roncar.
Abrigarme en la cama.
Frío: Entrar a la casa.
Prender el fuego.
Toser.
Ponerme una frazada.
Meterme debajo de las cobijas y taparme la cabeza.
Entrar y ponerme un saco y sombrero.
Normas: 3 años: Contesta una pregunta.
42 meses: Contesta dos preguntas.

NÚMERO DE PREGUNTAS DE COMPRENSIÓN DEL GRUPO A, CONTESTADAS CORRECTAMENTE A LOS 4 Y 5 AÑOS

Nⁿ contestadas:

	4 años %	5 años %
0	8	1
1	12	5
2	46	53
3	34	40

Grupo B (4-5 años)

Procedimiento. a. *"¿Qué debes hacer cuando has perdido algo?"*
b. *"¿Qué debes hacer antes de cruzar la calle?"*

Las respuestas correctas a la pregunta *a* deben implicar búsqueda: "Buscarlo", "Encontrarlo", "Pedirle a mamá que me ayude a buscarlo", etc. "Conseguir otro" es una respuesta menos directa a la implicación principal de la pregunta, por lo cual se considera incorrecta. Algunos niños contestan: "Buscar un policía" u otra cosa por el estilo, demostrando haber entendido la pregunta en el sentido de "¿Qué debes hacer cuando te has perdido?" En esos casos se dirá: *"Sí, muy bien. ¿Y qué debes hacer cuando has perdido algo que es tuyo?"* Entre las respuestas incorrectas se cuentan algunas tales como "Gritar", "Me dan una paliza", "Rompí mi muñeca", "Nada".

Para la pregunta *b*, la respuesta debe sugerir prudencia o conformidad con las disposiciones para cruzar la calzada: "Mirar si viene algún auto", "Esperar la luz", "Darle la mano a mamá", "Esperar a mamá", "Mirar a izquierda y derecha". Son incorrectas: "Correr", "Apurarse", "Me dan una paliza", etc. A veces la pregunta es mal interpretada por un niño a quien se le ha prevenido que no debe cruzar la calle mientras juega: "No cruces la calle", "No bajes a la calle". En estos casos, la pregunta puede volver a formularse nuevamente, en estos términos: *"Si has salido a pasear con tu mamá y llegas a la esquina, ¿qué debes hacer antes de cruzar la calle?"*

Significado de la conducta. Estas preguntas, aunque no completamente uniformadas hasta el momento, han demostrado ser de utilidad clínica para cubrir el vacío existente entre el cuestionario del Grupo A y las preguntas para edades superiores. Las implicaciones sociales de la segunda la tornan de particular significación para el nivel de madurez de los 4-5 años.

El test fue aplicado por el Dr. E. E. Lord a 45 niños, a la edad de 4 años. El grupo fue cuidadosamente escogido desde el punto de vista de la inteligencia y ocupación de los padres, ofreciendo una distribución normal en ambos aspectos. De estos cuarenta y cinco niños, el 53 por ciento no logró contestar correctamente ninguna de las preguntas, el 27 por ciento contestó una sola y el 20 por ciento contestó las dos. El número de éxitos es lo bastante elevado para recomendar la aplicación del test a los 4 años, pero es algo arduo para esta edad. La experiencia clínica parece indicar que a los 4 ½ años debe esperarse una respuesta acertada y dos a los 5 años.

(L-12)   DISCERNIMIENTO DE PREPOSICIONES

(36-48 meses)

Procedimiento A. El examinador se pondrá de pie y pedirá al niño que haga otro tanto. Colóquese la caja de prueba en el suelo, y apártese la silla del niño a cierta distancia de la mesa. Asegúrese que el niño preste atención y dígase: *"Pon la pelota sobre la caja"*, acentuando las palabras *sobre* y *caja,* y alcanzándole la pelota. Si es necesario, repítase la instrucción antes de alcanzarle la pelota. Una vez que el niño haya respondido, se recobrará la pelota y atrayendo nuevamente su atención, se le dirá: *"Ahora pon la pelota en la caja".* Repítase con *detrás* (o *atrás*) *de, delante de* (o *en frente de, frente a*), y *debajo de* (*abajo de*) *la silla,* acentuando siempre la preposición o frase preposicional y el objeto. No se haga ningún comentario sobre el desempeño del niño hasta que éste haya cumplido todos los mandatos.

Procedimiento B. Utilícense la pelota o los cubos rojos y la silla solamente, sin la caja de prueba. Pídase que coloque los cubos o la pelota *sobre, debajo de, detrás de, delante de* y *junto a la silla.* Algunos niños responden colocando el objeto sobre la silla en todos los casos, pero realizando una visible distinción entre *delante de, detrás de,* etc. En estos casos, modifíquese la orden: *"Pon el cubo en el piso detrás de la silla",* etc.

Significado de la conducta. La forma A de este test es la usada originalmente por Muntz (91) con su grupo de investigación de cincuenta niños de 2 años y más tarde por Holbrook (59), con cincuenta niños de 3. Los métodos alternativamente descritos han tendido a reemplazarla en la práctica clínica, debido a la ventaja de usar un solo objeto con el cual se relacionan las diferencias preposicionales. Hasta ahora, sin embargo, no existen normas definitivas para estos procedimientos alternados.

Holbrook halló que el 76 por ciento de sus niños de 3 años respondían correctamente a tres partes del test, siendo *sobre* y *en* las preposiciones mejor conocidas. Sólo el 40 por ciento pasó las cuatro partes. El grupo de 2 años demostró ser incapaz, prácticamente, de discernir entre las instrucciones.

Los tipos de procedimientos descritos en *B* omiten *en*, agregando *junto a*. Esto modifica la dificultad de la tarea; pero los resultados anteriores indican que, si bien la proporción de niños que aprueba tres partes es algo menor que el 76 por ciento de Holbrook, la cifra está ligeramente por encima del 50 por ciento, lo cual dejaría sin cambios los requerimientos para la edad de 3 años. A los 4 años, lo normal son cuatro respuestas acertadas.

El uso de los cubos ofrece la ventaja de que no rueden una vez colocados en posición. La pelota ofrece ciertas ventajas, especialmente con los niños más pequeños, debido al interés espontáneo que ella despierta y porque permite que el test sea usado como situación de transición, juntamente con los demás tests que requieren el uso de la pelota.

NÚMERO DE RESPUESTAS CORRECTAS DADAS POR CINCUENTA NIÑOS DE 3 AÑOS DE UN GRUPO DE INVESTIGACIÓN ESPECIAL AL TEST DE LAS PREPOSICIONES

(Holbrook)

2 respuestas correctas	94 %
3 respuestas correctas	76 %
4 respuestas correctas	40 %
5 respuestas correctas	36 %

TESTS SUPLEMENTARIOS DE LENGUAJE

(54-72 meses)

A fin de obtener una información adicional acerca del estado del lenguaje del niño de 4 a 6 años, ha sido costumbre, en la práctica clínica, el uso de tests escogidos de las escalas de Stanford (1916) y de Kuhlmann (1922). Estos datos suplementarios no sólo amplían el cuadro clínico, sino que representan una eficaz ayuda para dar continuidad a la serie de exámenes comenzada durante la edad preescolar y proseguida hasta después de los 6 años.

He aquí los tests de este grupo más íntimamente asociados con el desarrollo del lenguaje:

(L-12)   Definiciones en función del uso (Stanford V-4; Kuhlmann V-6).

(L-14)   Nombrar Rojo, Amarillo, Azul, Verde (Stanford V-2; Kuhlmann V-8).

(L-15)   Conocimiento de las monedas (Stanford VI-5).

(L-16)   Cumplimiento de tres encargos (Stanford V-6).

(L-17)   Conocimiento de la edad (Stanford V-alt.).

(L-18)   Distinción entre la mañana y la tarde (Stanford VI-alt. 2).

Nuestras propias experiencias nos han conducido a modificar ligeramente la edad de colocación de estos tests, del mismo modo que lo hicieron las revisiones ulteriores de las escalas originales. No es nuestra intención. aquí. considerar extensamente estas modificaciones; en su lugar indicaremos rápidamente algunas de las observaciones más significativas en los párrafos siguientes. Los procedimientos a seguir en cada test ya han sido indicados por los autores.

Definiciones en función del uso. El test puede aplicarse a los 4 años, donde pueden esperarse dos o más respuestas acertadas. A los 5 años el niño aprueba cinco de las seis partes del test. Cuando se dispone de poco tiempo o la atención es difícil de controlar, el éxito en las tres primeras, o en tres de las cuatro primeras, puede considerarse, por regla general, como un desempeño a la altura de los 5 años, pues prácticamente todos los niños de esa edad que obtienen tres aciertos en esas preguntas, logran cuatro o cinco en el test completo.

Conocimiento de los colores. El 74 por ciento del Grupo Normativo a los 4 años, nombró un color —generalmente el rojo— en tanto que sólo el 42 por ciento nombró dos o más. A los 5 años, el 61 por ciento de los niños nombró los cuatro colores correctamente. Estos resultados coinciden con la ubicación de Stanford-Kuhlmann.

DEFINICIONES ACERTADAS EN FUNCIÓN DEL USO PROPORCIONADAS POR NIÑOS DEL GRUPO NORMATIVO A LOS 4 Y 5 AÑOS

	4 años %	5 años %
Ninguna acertada	37	10
1 definición o más	63	90
2 definiciones o más	52	88
3 definiciones o más	37	88
4 definiciones o más	30	81
5 definiciones o más	4	70
6 definiciones o más	0	39

RESPUESTAS ACERTADAS EN EL RECONOCIMIENTO DEL ROJO, AMARILLO, AZUL Y VERDE DE NIÑOS DEL GRUPO NORMATIVO A LOS 4 Y 5 AÑOS

	4 años %	5 años %
Ninguna	26	11
1 ó más	74	90
2 ó más	41	83
3 ó más	22	72
4 ó más	19	62

Nombrar monedas. Éstas son de 5 centavos (*nickel*), 1 centavo (*penny*), 25 centavos (*quarter*) y 10 centavos (*dime*), y son presentadas en ese orden. El requisito de Stanford para los 6 años, tres respuestas correctas, fue cumplido por el 61 por ciento de nuestro grupo normativo a los 5 años, por lo que la hemos considerado como una respuesta correspondiente a los 5 años.

Distinción entre la mañana y la tarde. Este test puede adquirir mayor significación, en el caso de niños de 5 a 6 años, agregando la pregunta: *"¿Y cuándo empieza la tarde?"* Esto constituye una especie de prueba de que el acierto no ha sido puramente casual y evita un corriente malentendido en que incurren los niños con esta pregunta. A los 5 años los niños fallan, pero generalmente lo aprueban a los 6. Cualquier aproximación más o menos correcta es aceptable, como, por ejemplo, "Cuando comemos", "Después de la mañana", "Cuando volveremos a casa de la escuela", "Cuando vamos a la escuela" (En el caso de alumnos que asisten a Jardines de Infantes que funcionan de tarde), "a las doce", "a la una", etcétera.

(L-19) Interpretación del humor

(4-5 años)

Procedimiento. Expóngase la figura (Lámina XIX) del hombre que pesca un zapato del agua, y dígase (sin sonreír): *"A ti te gustan las figuras cómicas, ¿no es cierto? ¿Es cómica ésta?"* Regístrese cualquier respuesta. Luego pregúntese: *"¿Por qué es cómica?"*, registrando la respuesta nuevamente [12].

Significado de la conducta. El sentido infantil de apreciación de lo cómico es uno de los rasgos más difíciles de medir por medio de procedimientos uniformemente establecidos, por lo cual la respuesta del niño al test que nos ocupa implica una gran dificultad en lo concerniente a su interpretación. En realidad, el test no ha sido muy usado en la práctica clínica, debido a su dificultad. Es prácticamente imposible formular la pregunta sin que ésta constituya, de por sí, una guía, así como es apenas posible determinar, para el uso individual, hasta qué punto la respuesta ha sido influida por la expresión facial del examinador, su actitud general y la atmósfera total del examen.

¿Qué quiere decir o qué entiende el niño con la palabra "cómico" *(funny)?* En su origen parece aplicarse a lo insólito o desproporcionado o a cualquier disposición extraña de los objetos familiares. Una niñita de 2 años, cuando por la noche le leían en voz alta el *Peter Rabbit* de

---

[12] Si se desea realizar, en casos especiales, una observación más completa de la respuesta a las figuras cómicas, pueden utilizarse las tarjetas con dibujos reproducidos en las Figs. 16A, B y C, págs. 56-59 del libro *Mental Grouth of the Preschool Child* (30).

Beatriz Potter, usaba regular y espontáneamente· esta palabra cada vez que
aparecía la figura de Peter cogido en 'la red de grosella, "patas arriba".
Cada vez que la figura aparecía invariablemente la señalaba, pronun-
ciando una sola palabra, "cómico" [13], en un tono solemne y sin la menor
señal de placer en su expresión facial. Aun hasta los 4 y 5 años es éste
el significado generalmente aceptado de la palabra (recuérdese, "Ésta es
la linda y ésta es la cómica [funny]", en respuesta al test de Comparación
Estética), que luego se conserva comúnmente, en el lenguaje adulto, sin
ninguna connotación humorística.

Este significado de la palabra "funny" empieza a adquirir, del mismo
modo, hacia los 5 años, una función defensiva. Los niños de 5 y 6 años,
ninguno muy seguro de su capacidad para dibujar un hombre en forma
satisfactoria, a menudo anticipan su crítica, anunciando que van a dibujar
un hombre "cómico" (a funny one; un muñeco). A veces llegan incluso
a negarse rotundamente a dibujar, hasta que no se les ocurre la alternativa anterior. Raramente se ha podido observar que el anunciado "hombre cómico" o muñeco tenga algo que lo distinga de la figura dibujada
normalmente.

El test fue aplicado a un grupo de investigación de cuarenta y siete
niños de 5 años. Treinta y uno (66 por ciento) contestaron que "sí" a la
pregunta "¿Es cómica ésta?" pero sólo en veinte casos hubo indicios
de que alguno de los aspectos cómicos de la figura hubiera impresionado
al niño, y en cierto número de éstos la interpretación fue errónea. Varios,
por ejemplo, confundieron el muelle con una mesa o una silla: "El perro
sobre la mesa"; "El chico tiene un perro en la mesa y un árbol en la
mano". Sólo nueve se rieron, en tanto que otros siete sonrieron al mirar
la figura... ¡o al examinador! Dos adoptaron una respuesta evasiva:
"Porque lo dibujaron cómico", "Porque parece cómico". Otros ponen
el acento en el hecho de que el hombre es negro: "Él es todo negro";
"Él tiene la cara y las manos negras". Sólo cinco mencionaron el hecho
de que había pescado un zapato y en sólo tres de estos casos resultó claro
que el hecho les había impresionado como insólito, debido al tono excla-
mativo de la voz o al acompañamiento de risas: "¡Pescando con un zapato!" "¡Saca un zapato!" (riéndose). La simple afirmación: "Saca un
zapato", u otra equivalente, sin más muestras accesorias de apreciación,
no puede tomarse más que como eso: una simple enunciación.

En casos escogidos, sin embargo, este tipo de test es eficaz para poner
de manifiesto la capacidad de conversación y las características de la
personalidad. Puede resultar de utilidad en los estudios especiales de la
capacidad superior a la normal y de la génesis del "sentido del humor"·en
los niños de corta edad.

---

[13] *Funny*. Este término no equivale a los castellanos "cómico" o "gracioso", exactamente, pues su significación es más amplia, y al mismo tiempo que "cómico", puede
significar *raro, insólito*, etc. [T.]

CAPÍTULO IX

CONDUCTA PERSONAL-SOCIAL

La expresión personal-social ha demostrado ser sumamente útil para describir, no solamente las formas de reaccionar del niño ante las situaciones sociales, sino también su manera individual y característica de reaccionar ante todas las situaciones. La conducta personal-social incluye primordialmente la conducta social, pero además, y no en grado secundario, los modos de conducta que caracterizan la propia personalidad e individualidad del niño. En realidad, gran parte de la conducta personal-social es esencialmente personal antes que social. Los estudios relacionados principalmente con la conducta social como tal, han resultado algo estériles en cuanto a proporcionarnos un mayor conocimiento del niño como individuo, y el interés primordial de este libro es el niño como individuo, con sus reacciones también individuales.

La conducta que aquí se designa con la expresión personal-social no debe ser aislada para observarla. Dondequiera que tengamos un niño respondiendo a una situación cualquiera, ella se hará presente. Aparece en la conducta motriz, verbal y adaptativa; la observamos en el hogar, en la *nursery school* y en la calle. Dentro de sus límites existen algunos aspectos que se dan en un radio mucho más amplio que los de otro campo cualquiera.

En el estudio de la conducta personal-social del niño como individuo, nos encontramos, ante todo, con la necesidad de contar con normas generalizadas para cada edad. Pese a las amplias variaciones en la conducta y las múltiples y diversas influencias en acción, existe una determinación evolutiva básica que controla la conducta. En general, pueden observarse ciertas características específicas de cada edad, las cuales, una vez dispuestas en una gradación genética, representan un perfil de las tendencias evolutivas comunes a la mayoría de los niños y que determinan, en gran parte, el curso que habrá de seguir la conducta con la creciente madurez.

Estos patrones del desarrollo, normales y usuales, pueden usarse como puntos de referencia y comparación en el estudio del niño en su ser individual, especialmente si se formulan las tendencias de acuerdo con sus series evolutivas, en lugar de hacerlo estáticamente, como desempeños aislados. Es la corriente de un patrón en desarrollo la que nos ayuda a conocer a un niño dinámicamente. Si sólo lo conocemos en ciertos niveles cronológicos y sólo en relación con ciertas normas, entonces sí nos hallamos realmente aproximándonos a él en forma estática. Siguiendo la corriente de una serie de patrones nos hallamos en condiciones de juzgar si su curso oscila de un extremo a otro, si se hunde adoptando un curso subterráneo para reaparecer luego en toda su fuerza, o si se mueve preferentemente hacia adelante con sólo algunos remolinos a retaguardia.

Una vez familiarizados con los modos de desarrollo normativamente típicos, ya nos hallamos en condiciones de sopesar ajustadamente los desvíos de la conducta de un niño individual y de interpretar la corriente o tendencia de su patrón evolutivo individual. Un niño puede exhibir, consecuentemente, amplias oscilaciones de la conducta de un extremo a otro. Puede suceder, por ejemplo, que alcance una habilidad inusitadamente precoz en cierta conducta sólo para perderla a una edad más avanzada. Por ejemplo, puede ocurrir que sepa enlazar los cordones de los zapatos a los 2 años y que, sin embargo, a los 4 todavía siga pidiendo ayuda. O, por el contrario, puede hallarse muy por debajo de la norma usual y luego, de golpe, desempeñarse en forma perfectamente acorde con la norma y aun por encima de ésta. Así, puede ocurrir que se niegue a acostarse sobre el vientre hasta los 10 meses de edad y luego empezar súbitamente a gatear, haciéndolo tan bien como un niño de 10 meses que haya estado gateando durante un mes o más. Puede tener un apetito extremadamente pobre hasta los 2 años y luego, bruscamente, manifestar un hambre voraz. Puede orinarse de noche sistemáticamente, hasta los 3½ años, y un buen día aparecer seca la cama sin que nunca más' vuelva a orinarse.

Un niño con estas amplias oscilaciones de la conducta en un campo, es lo más probable que también las tenga en otros campos. Ésa es la forma en que él se desarrolla, y lo que parece ser una incongruencia del desarrollo está de acuerdo, en realidad, con su tipo particular de desarrollo. Un curso tal, aparentemente errático, es más fácil de comprender cuando puede confrontársele con algún patrón normativo alrededor del cual ocurren sus variaciones.

En algunas edades, estas oscilaciones de un extremo al otro pueden ser sumamente amplias y seguir siendo, sin embargo, normales. A los 2½ años, por ejemplo, tal como Hattwick (54) lo ha señalado, es perfectamente normal que un niño varíe entre los dos polos opuestos de la agresión y la complacencia. Parte de su conducta se halla señalada por tendencias en extremo agresivas tales como el apoderamiento de las cosas y la resistencia a obedecer, en tanto que en otras ocasiones se muestra en extremo complaciente, cediendo con mucha mayor facilidad. Un niño cuyo estilo típico de desarrollo consiste en oscilar de un extremo a otro, es natural que exagere estas oscilaciones propias de los 2½ años. La exageración puede llegar a ser tan marcada y llevar a tales contradicciones de la conducta, que posibilite la errónea impresión de que es cada situación específica del medio y no su estado evolutivo la causa determinante de su comportamiento.

Una clara comprensión de los modos de desarrollo más básicos y sus respectivos modos de operación hace posible, también, advertir que lo que se considera un fracaso en un nivel dado puede ser, en realidad, un estado más adelantado que un "éxito" temprano. Una enseñanza aparentemente exitosa en un nivel dado puede dejar de tener éxito en el nivel siguiente. Ocurre con gran frecuencia que muchos bebés a quienes se ha acostumbrado a ir al baño para mover el intestino hasta el año de edad, se resisten, repentinamente, a ir al baño, efectuando sus movimientos diarios a horas irregulares. La madre puede sentirse ineficiente o bien puede tratar de forzar al niño a ajustarse a sus deseos, puesto que antes lo había hecho. En realidad, el niño ha empezado a adquirir un control voluntario del esfínter, y su "fracaso" no se debe a otra cosa' que a la contracción del esfínter. La contracción voluntaria del esfínter precede a su relajamiento voluntario, asociándose ulteriormente con la capacidad del niño para verbalizar sus sensaciones, de modo que puede llegar al baño antes de relajar el esfínter.

En ningún otro campo como el personal-social pueden observarse con más claridad estos altos y bajos, estos progresos y "regresiones". Puesto que la estructura neurológica indispensable es más compleja, tanto más sujeta a dañarse se hallará bajo la presión ejercida. Muy a menudo observamos regresiones en la eliminación, la alimentación o el vestirse, cuando un nuevo bebé ingresa a una familia, según cual sea la habilidad de adquisición más reciente. Pero no siempre ocurre lo mismo, pues algunos niños responden a esta situación justamente en la forma contraria, es decir, mediante la progresión en esos campos. En estos casos, parecen ser estimulados por la nueva influencia social, adquiriendo más el papel de madres que el de infantes. Las características subyacentes o básicas de la individualidad o personalidad del niño son siempre activas, determinando la forma en que él habrá de reaccionar ante cualquier situación dada y la medida en que habrá de expresar las conductas que suelen ser características de su nivel cronológico.

Sin embargo, la conducta personal-social del niño en edad preescolar no depende de sí mismo solamente. Al igual que la conducta postural, el desarrollo de la conducta personal-social sigue una serie básica de maduración, pero sin aferrarse a esta serie constante y rigurosamente. Más bien necesita, en cambio, una guía. Puesto que generalmente es la madre quien guía al niño durante los primeros años, es de extrema importancia para ella tener cierto conocimiento de la ruta a lo largo de la cual viaja su hijo. Es casi como si el sistema nervioso del niño se viese completado por la madre, a quien toca pensar y prevenir por cuenta de éste. Si ella posee *in mente* una visión anticipada de la serie genética a través de la cual es probable que se desarrolle la conducta, se hallará en situación de prever e interpretar la conducta en desarrollo, en todas sus variaciones. Ella sabrá por qué el niño se comporta como lo hace y sabrá más a ciencia cierta cómo habrá de comportarse en una situación dada. No tratará de que él haga demasiado por sí mismo. Puesto que sabe en qué etapa se encuentra, ella misma puede proporcionar los dos primeros pasos de una conducta dada, dejando luego que él mismo dé el tercero (lo cual no podría hacer si la madre no le hubiese suministrado los dos primeros). Por ejemplo, puede suceder que todavía no se halle capacitado para guardar los juguetes a una orden, pero sí si la madre se los alcanza. Esta clase de tratamiento se contrapone al manejo estático en función de una edad aislada. Los subproductos de la tensión experimentada por una madre que exige demasiado del niño porque no sabe lo que debe esperar de él, y se halla incapacitada para ver el más mínimo aspecto de la conducta en su verdadera perspectiva, pueden terminar provocando una desviación de la tendencia de la conducta total fuera de su curso normal.

A los fines de una orientación práctica, será conveniente, por lo tanto, cargar el acento sobre las series naturales de formación de patrones de conducta. Un importante principio que siempre debe tener presente la madre y que será ilustrado más abajo, es que el niño, en gran parte, aprende hacia atrás más que hacia adelante. Antes aprende a desvestirse que a vestirse, a sacarse un bocado de la boca que a introducírselo, a comprender una mojadura que a evitarla y vaciar los cestos de desperdicios que a llenarlos. (Esto no nos sorprenderá si pensamos que el adulto no hace sino aprender hacia atrás cuando aprende por experiencia. Ve el resultado final y cambia entonces su acto original para lograr un mejor resultado.) Sólo muy gradualmente empieza el niño a interesarse, no ya en los resultados de las cosas solamente, sino también en su principio. Conforme va creciendo responde más y más ante una situación, hasta que finalmente es capaz de realizar todo el proceso sin ayuda. Aquí se han incluido algunas de las series cronológicas más caracterizadas en la formación de patrones de la conducta personal-social. Se han dedicado secciones separadas a la alimentación, al sueño, la eliminación, el vestirse, la comunicación, el juego, la conducta estética y el desprendimiento evolutivo. La comunicación se ha examinado hasta cierto punto, en su relación con cada uno de los otros campos, pero también es de interés considerarla en sí misma, siguiendo algunas series generales tales como: "No", "No tengo ganas" (*I don't want to*) y "No quiero" (*I won't*). La conducta expresiva del desprendimiento evolutivo se halla comprendida, igualmente, dentro de otros campos, pero existe un desarrollo más general que exige ser perfilado en su relación con la capacidad del niño para desprenderse de su madre, tornándose emocional y físicamente independiente. Las diversas categorías no pueden ser, en la naturaleza de las cosas, mutuamente excluyentes.

Es evidente, por cierto, que algunos comportamientos personal-sociales manifestados en las situaciones cotidianas dependen, en gran medida, de la educación recibida en la casa. Aun en tales casos, el concepto evolutivo es importante, puesto que nunca la enseñanza podría haber producido efecto si el organismo no hubiese estado preparado para ser enseñado. Sin embargo, dado que se le pueden enseñar al niño muchas "gracias" personal-sociales algún tiempo antes de la época en que las hubiera ostentado naturalmente sin la enseñanza, la aparición temprana de una cualquiera de las conductas incluidas en la lista no constituye por sí sola un signo de precocidad o superioridad. Por el contrario, los distintos renglones de la conducta han sido colocados lo bastante tarde como para poder afirmar que un niño que no haya alcanzado ninguno de ellos, con o sin enseñanza, a la edad indicada, se halla en retraso en la medida que atañe a esos renglones. Sin embargo, todas las colocaciones cronológicas son aproximadas. Las tablas con las series genéticas tienen por objeto proporcionar un perfil orientador de las tendencias y del orden sucesivo típicos. Por todo lo cual *debe concederse un amplio margen para las variaciones normales de un individuo a otro.*

Cada una de las secciones que siguen a continuación ha sido presentada con un sumario tabular a manera de introducción. Las fotografías del Capítulo V, que ilustran algunos aspectos escogidos de la conducta personal-social, se han indicado entre paréntesis. A continuación se ha agregado un breve comentario general. Aquellos renglones estadísticamente más representativos y clínicamente valiosos, reaparecen nuevamente en los esquemas evolutivos, en la Sección 1, págs. 347-364.

La serie precedente de aptitudes no da un cuadro completo de la conducta alimentaria, pero sí una idea de las principales tendencias. Las diferencias individuales se destacan muy claramente en relación con la alimentación. El apetito, la reacción ante el gusto, la vista, el olfato, la consistencia y el color, y la reacción a las comidas nuevas, desempeñan todos un papel bien definido. El apetito parece seguir, a veces, una curva definida, con su punto más bajo entre los 15 y 18 meses; en tanto que a los 30 meses fluctúa desde el hambre extrema hasta la más completa inapetencia. En esta última zona cronológica pueden observarse oscilaciones semejantes también en otros campos de la conducta.

Las dificultades para alimentarse, en caso de ser crónicas, suelen hacerse presentes desde el nacimiento o poco después. Los niños que padecen estas dificultades son particularmente sensibles a la situación alimentaria. Así, pueden negarse a comer si en la habitación está presente alguien más, aparte de la madre; los bocados más pequeños pueden producirles arcadas aun hasta los 4 años de edad, y pueden vomitar cuando ven comer a otros. Algo más fundamental que la mera enseñanza yace en la base de estos serios problemas alimentarios. Afortunadamente, con un manejo adecuado, tienden a ceder con la edad.

En los casos ordinarios, la enseñanza tiene mucho que ver con la capacidad o incapacidad para comer. Entre los 15 y 24 meses surgen

§ A.   ALIMENTACIÓN

SERIES EVOLUTIVAS

Sin Ayuda (Taza)

15 meses — Sostiene la taza con toma digital.
　　　　　Propenso a inclinarla demasiado rápido con rotación de la muñeca, volcando la mayor parte del contenido.
　　　　　Hay que vigilarlo de cerca.
18 meses — Se lleva la taza hasta la boca y bebe bien.
　　　　　Le alcanza la taza vacía a la madre; si ella no está allí para recibirla es probable que la deje caer.
21 meses — Maneja bien la taza, levantándola, bebiendo y volviéndola a colocar.
24 meses — Sostiene un vaso pequeño en una sola mano mientras bebe.
36 meses — Se sirve de una jarra. (Lámina VI, h.)

Sin Ayuda (Cuchara)

15 meses — Toma la cuchara y la introduce en el plato.
　　　　　Llena la cuchara bastante mal.
　　　　　Si se lleva la cuchara a la boca, es probable que la dé vuelta antes de meterla en la boca.
18 meses — Llena la cuchara.
　　　　　Le resulta difícil introducir la cuchara en la boca, es fácil que la dé vuelta en la boca.
　　　　　Vuelca considerablemente.
24 meses — Introduce la cuchara en la boca sin darla vuelta.
　　　　　Derrame moderado.
36 meses — Las niñas suelen tomar la cuchara con presión supina.
　　　　　Poco derrame.

Reacción General ante las Comidas

15 meses — Inhibe tomar el plato.
　　　　　Le interesa participar de la comida.
18 meses — Le alcanza los platos vacíos a la madre.
24 meses — Todavía necesita ayuda para alimentarse.
　　　　　Tiende a distraerse y jugar con la comida, especialmente revolviéndola.
　　　　　Rechaza alimentos.
　　　　　Muy poca conversación durante las comidas.
36 meses — Raramente necesita ayuda para finalizar una comida.
　　　　　Le interesa poner la mesa.
　　　　　O habla, o come.
　　　　　Se levanta frecuentemente de la mesa.
48 meses — Pone la mesa correctamente.
　　　　　Combina bien la acción de hablar con la de comer.
　　　　　Raramente se levanta de la mesa.
　　　　　Le gusta servirse él mismo.
60 meses — Come rápidamente.
　　　　　Sumamente social y hablador durante las comidas.

muchas dificultades porque sólo se le permite al niño una participación insuficiente en su alimentación. Por el contrario, también suelen surgir dificultades a los 24 y aun a los 36 meses porque es demasiado lo que se pretende del niño. Darle de comer al niño cuando no hay nadie más presente cerca de él; llenarle la cuchara sin llevársela a la boca; suministrarle las comidas en platos; confinarlo a la silla infantil si resulta difícil mantenerlo sentado a la mesa; permitirle que coma solo, llamando cuando ha concluido; permitirle que de vez en cuando coma con la familia si está en condiciones de hacerlo, permitirle elegir sus comidas, y otros muchos son factores que pueden influir considerablemente sobre el éxito o el fracaso en la alimentación. "Éxito" no significa aquí, simplemente, lograr que los alimentos ingresen en el niño, sino, más bien, el desenvolvimiento natural y saludable de la criatura al alimentarse.

§ B. SUEÑO

Series evolutivas

Siesta

15 meses — Generalmente hace una siesta, que ha pasado desde las últimas horas de la mañana a las primeras de la tarde.

36 meses — La siesta empieza a desaparecer, aunque el niño descansa o juega en la cama sin ofrecer resistencia.
Si se va a dormir, hace una siesta de una hora, por lo menos.

48 meses — La siesta ya está perdiéndose definitivamente, pero todavía persisten los patrones de los 36 meses.
Puede empezar a resistirse a descansar en la cama.

60 meses — La siesta es rara.

Al Acostarse: Siesta o Sueño Nocturno

15 meses — Se lo acuesta fácilmente.

18 meses — Pueden surgir dificultades cuando el niño se queda solo.
Puede romper a llorar llamando a la madre para que lo acompañe.
Hay que recostarse al lado del niño o sentarse cerca de la cuna y esto lo induce a dormir.

21 meses — No se va a dormir inmediatamente.
Se queda pidiendo cosas tales como agua, comida o ir al baño, antes de acostarse. Es más común por la noche.

24 meses — Pide algún juguete como un osito o un auto, para llevárselo a la cama.

30 meses — Dilata el momento de irse a la cama ideando un complicado ritual que debe ser rigurosamente respetado.

36 meses — No le hace tanta falta llevarse juguetes a la cama.

48 meses — Trata de evitar irse a la cama.
Raramente se lleva cosas a la cama con él.

Durante el Sueño

18 meses — Suele despertarse llorando por la noche. A menudo esto va asociado con la mojadura de la cama.

21 meses — Suele despertarse llorando o pidiendo que lo lleven al baño.

24 meses — Generalmente reacciona sin alborotar cuando se lo levanta de noche, temprano, para llevarlo al baño. Se halla medio dormido al levantarse.

36 meses — Empieza a dormir toda la noche sin orinarse o tener que levantarse.

48 meses — Duerme toda la noche sin tener que levantarse a orinar. Puede despertarse llorando por causa de un sueño, que por lo común es capaz de contar.

60 meses — Se muestra más tranquilo durante el sueño.

Permanentemente se halla el niño proporcionando indicios de su capacidad e idiosincrasia, a lo largo de su desarrollo. Toca al adulto permanecer alerta a estos signos, respetando los apetitos y deseos del niño. Con el conocimiento anticipado de la forma en que madura de ordinario la conducta alimentaria, resulta posible encontrar el equilibrio entre lo que el niño está preparado a hacer y lo que se le exige que haga.

El sueño puede ser uno de los aspectos de la vida infantil más fáciles de solucionar, o el más difícil. Pueden surgir muchas dificultades si el niño es acostado muy temprano, o cuando se le quiere hacer dormir la siesta y él sólo desea descansar. Por regla general, es el niño el que sale airoso de todas las batallas, y es de lamentar que no se le detenga a mitad de camino porque cuando se le complace parcialmente se hace mucho menos exigente.

En las series anteriores se han anotado los problemas más comunes al acostarse, que es cuando se presentan las mayores dificultades con el sueño. Pero existen otras muchas formas de adecuación preliminar al sueño, que muestran lo difícil que es, a menudo, para el niño, relajar su estado consciente. Entonces apela a diversos recursos para alcanzar este relajamiento: canta, charla, hace rodar la cabeza, la golpea contra la almohada, se chupa el dedo, etc. Cada uno de estos estados sigue su propio curso sucesivo hasta que deja de ser necesario.

Es el niño en dependencia emocional el que más inconvenientes presenta en lo concerniente al sueño. Hasta los 4 años todavía puede verbalizarse a sí mismo, durante el día, que él es un chico grande, pero por la noche apenas si es un pobre chiquito. Le cuesta dormirse, a menos que su madre se halle en el cuarto, y si se despierta por la noche, entonces quiere pasarse a la cama de la madre. Nadie sino la madre puede llevarlo a la cama y nadie sino la madre, con exclusión incluso del padre, puede atenderlo cuando se despierta. Un tratamiento drástico no mejora su comportamiento en el sueño, consiguiendo, solamente, acrecentar su dependencia de la madre. Puede planearse una lenta separación y ponerse en práctica cuando el niño parezca hallarse preparado, pero generalmente es incapaz de adecuarse por sí solo, sin la decisión y la ayuda de los adultos.

§ C. ELIMINACIÓN

SERIES EVOLUTIVAS

15 meses — 1. Reacciona ante el baño dispuesto a colaborar, especialmente para los movimientos intestinales.
2. Indica los pantalones o pañales mojados, generalmente señalándolos.
3. Suele despertarse seco de la siesta.

18 meses — 1. Necesidades reguladas, tanto en el control intestinal como urinario.
2. Suele despertarse de noche, llorando para que lo cambien.

21 meses — 1. Empieza a decir sus necesidades usando la misma palabra, generalmente, para ambas funciones.
2. Orina con mayor frecuencia.

24 meses — 1. Distingue verbalmente entre las funciones intestinales y las urinarias, pero no se muestra seguro.
2. Hay que llevarlo al baño a horas especiales.
3. Rara vez padece accidentes intestinales.
4. Se mantiene seco de noche si se lo levanta.

30 meses — 1. Los períodos entre las eliminaciones se hacen más largos.
2. Puede resistirse a ir al baño si se lo lleva con demasiada frecuencia.

36 meses — 1. Responde a las horas de rutina y entre éstas generalmente no necesita ir al baño.
2. Toma sobre sí mismo la responsabilidad de ir al baño, pero siempre comunica adónde va.
3. Tiene tendencia a retener demasiado tiempo; empieza a saltar de un lado para otro, y termina mojándose los pantalones, antes de llegar al baño.
4. Puede ir él solo, pero necesita que lo ayuden con los botones posteriores.
5. Trata de limpiarse él mismo, pero sin mayor éxito.
6. Verbaliza la diferencia existente entre niñas y varones, diciendo que las niñas se sientan cuando van al baño y los varones, en cambio, se quedan parados.
7. Las niñas suelen tratar de orinar estando de pie, imitando a los varones (42 meses).
8. Se mantiene seco de noche sin necesidad de levantarse (42 meses).

48 meses — 1. Va solo y se arregla las ropas sin dificultades.
2. Todavía puede avisar antes de ir, pero insiste en ir él solo, prefiriendo, a menudo, dejar la puerta del baño cerrada.
3. Le gusta meterse en el baño cuando éste está ocupado.
4. Muestra marcado interés por el baño en casas ajenas.
5. Revela un interés excesivo por los movimientos intestinales, formulando muchas preguntas respecto a las personas y los animales en lo concerniente a esta función.

60 meses — 1. Se las compone completamente por sí solo, incluyendo la limpieza.
2. No dice a los adultos cuando va al baño.
3. Varones y mujeres concurren a baños separados, por lo general, en los jardines de infantes.
4. Empieza a ser consciente en cuanto a exponerse a ser visto.
5. Empieza a manifestar una reacción tonta ante la ida al baño.

Una primera tendencia a enseñar al niño para la eliminación ya a las 3 semanas de edad, empieza a ceder rápidamente el paso a una nueva consideración de la forma en que el niño adquiere el control. Los "éxitos" de la enseñanza temprana a menudo eran transitorios y superficiales, pasando por alto la excesiva cantidad de tiempo perdida en el baño. El control voluntario es complejo y se alcanza gradualmente. De la conducta visible del niño tal como aparece perfilada en las series anteriores, se pueden deducir los cambios fisiológicos que deben tener lugar en los sistemas intestinal y urinario para determinar esa conducta. Tómese, por ejemplo, el control intestinal. A menudo se logra una reacción positiva a la enseñanza suministrada, después de las comidas, desde 1 mes hasta los 4 meses de edad. Antes de esta época, los movimientos intestinales han ocurrido comúnmente durante la comida. Pero después de los 4 meses, esta estrecha relación existente entre la alimentación y la eliminación deja de tener vigencia, tornándose la hora de la eliminación sumamente irregular. De los 8 a 9 meses se establece una nueva relación después de una comida, posiblemente dos, y el niño parece hallarse definitivamente enseñado al año de edad, pero sólo para volver a repetir sus anteriores retrocesos, hasta el punto, incluso, de negarse definitivamente a ser llevado al baño. Una hora muy frecuente, por entonces, para el movimiento intestinal es durante o precisamente después de la siesta.

A los 15 meses puede haber cedido la resistencia a ser llevado al baño, pero el relajamiento del movimiento intestinal no tiene lugar sino inmediatamente después que el niño ha sido retirado del baño. Unas semanas más tarde, sin embargo, cuando se lo lleva a la hora habitual en que tiene lugar su movimiento del intestino, responderá al estímulo expulsando a menudo su movimiento intestinal en forma explosiva. Puede interpretarse esta conducta como el método infantil de desarrollo del control del esfínter. Al principio responde, al ser colocado en posición, mediante la contracción del esfínter, y luego mediante una relajación demasiado brusca. Errores similares de exageración ocurren en otras formas de control motor.

La marcha de los 15 meses a los 2 años no es muy segura. La hora de los movimientos varía, puede volver a resistirse al baño, y hasta los 2 años puede sufrir accidentes ocasionales. Después de esta edad, los accidentes son raros, pero una nueva complicación puede surgir entre los 27 y 30 meses de edad, cuando el niño retiene los movimientos intestinales hasta dos o tres días, y cuando tienen lugar el niño sufre constipación. La retención es ejercicio y expresión de su creciente control intestinal.

El control urinario es alcanzado en forma similar. Una fase adicional tiene lugar a los 21 meses en que se observa un marcado aumento en la frecuencia. Esto puede deberse o bien a la tentativa de contraer tras una pequeña cantidad, o la evacuación incompleta de la vejiga debida a la contracción del esfínter. La etapa de los 30 meses en que el niño se mantiene por largos períodos sin orinar, encontrando, luego, dificultades para relajar el esfínter, presenta las mismas dificultades que las que acaban de mencionarse para los movimientos intestinales. A los 36 meses el niño se aguanta tanto tiempo, que al fin empieza a hacerse encima, experimentando un rápido y fácil relajamiento cuando llega al baño. Pasada esta época, el control voluntario progresa notoriamente, siendo aceptadas las horas de rutina.

La referencia verbal a la eliminación es sumamente significativa, en cuanto ella expresa la etapa evolutiva alcanzada por el niño. Como en otros campos de la conducta, aquí también aprende hacia atrás. Al principio sólo es capaz de señalar un charquito, o sus pañales mojados. Más tarde ya puede "informar" verbalmente, durante el acto. Por fin, informa antes del acto. Un niño que recién empieza a informar que se ha mojado o ensuciado a los 2 años, en lugar de la edad usual de 15 meses, tiene todavía un largo camino por delante antes de llegar a estar "enseñado". Las palabras adoptadas pueden guardar cierta relación con la efectividad de la enseñanza. Las palabras "baño" o "excusado" pueden significar poco y nada para el niño, en tanto que las palabras simples que expresan concretamente la función excretoria, serán más eficaces para ayudar a establecer el control.

§ D. VESTIRSE

Series evolutivas

15 meses — 1. Colabora extendiendo el brazo o la pierna.
18 meses — 1. Puede quitarse los guantes o mitones, el sombrero y las medias.
  2. Puede abrir los cierres relámpago.
  3. Trata de ponerse los zapatos.
24 meses — 1. Puede sacarse los zapatos si los cordones están desatados.
  2. Ayuda a vestirse; encuentra las sobaqueras e introduce en ellas los brazos.
  3. Ayuda a subirse o bajarse los pantalones.
  4. Se lava y seca las manos, pero no muy bien. (Lámina V, d, h.)
36 meses — 1. Mayor interés en desvestirse y mayor habilidad. Puede necesitar alguna ayuda con las camisas y suéteres.
  2. Es capaz de desabotonar todos los botones anteriores y laterales empujando los botones fuera de los ojales.
  3. Al vestirse no distingue entre lo de atrás y lo de adelante. Es frecuente que se ponga los pantalones al revés, y le cuesta ponerse las medias de modo que los talones queden atrás. Se pone los zapatos, pero puede equivocar el pie.
  4. Intenta enlazar los cordones de los zapatos, pero por lo general lo hace incorrectamente.
  5. Se lava y seca las manos.
  6. Se cepilla los dientes, bajo la vigilancia de la madre.
48 meses — 1. Puede desvestirse y vestirse él solo, con poca ayuda.
  2. Distingue entre la parte anterior y la posterior de las ropas y se las pone correctamente.
  3. Se lava y seca manos y cara.
  4. Se cepilla los dientes.
60 meses — 1. Se desviste y viste cuidadosamente.
  2. Ya puede ser capaz de atarse los zapatos. (Lo usual es a los 6 años.)

La vestimenta infantil se ha simplificado considerablemente en los últimos años, de modo que el niño no sólo puede tratar de ayudar a vestirse, sino que puede hacer realmente muchas cosas de las cuales antes era incapaz, con una vestimenta más complicada. Este hecho puede inducirnos a error, haciéndonos pretender demasiado del niño de corta edad. La acción de vestirse se halla tan íntimamente ligada con la coordinación motriz, que es necesario medir lo que el niño puede hacer por sí mismo y no pretender que haga más.

En la conducta del vestirse se observa una marcada diferencia sexual. Las niñas se saben vestir mucho mejor y más temprano que los varones, debido a una coordinación motriz fina superior y, especialmente, a la mayor flexibilidad de rotación de la muñeca. Hay niñas que ya a los 2 y 3 años se visten tan fácilmente que es posible que lleguen, incluso, a vestirse y desvestirse sólo por broma, en tanto que, en el otro extremo, hay varones de 5 y 6 años a quienes todavía les cuesta prenderse los botones y vestirse en general. La rotación deficiente de la muñeca en los varones también puede observarse en el lavado de las manos, en que son incapaces de adoptar el acostumbrado movimiento de rotación de las manos, frotando, en su lugar, una palma contra la otra, y en su ineptitud para hacer girar un picaporte lo bastante para abrir la puerta.

Aquellos precoces en el vestirse son difíciles de manejar, dado que ellos (¡o ellas!) no permitirán ninguna ayuda aunque todavía la necesiten, en tanto que los atrasados necesitarán y pedirán ayuda hasta mucho después de lo que la madre desearía.

Resulta sorprendente comprobar que aquellos niños emocionalmente dependientes, no dependen de la madre, por regla general, para vestirse, sino que ocurre exactamente lo contrario, mostrando desde edad temprana una marcada independencia para vestirse. Las dificultades en el vestirse pueden extenderse hasta el jardín de infantes, y si se pretende demasiado de un niño de coordinación motriz precaria, puede llegar a perturbar toda su adecuación a la escuela.

§ E. COMUNICACIÓN

Series evolutivas

15 meses — 1. Responde con ademanes masivos, totales.
          2. Expresa las negativas mediante protestas corporales.
          3. Responde a unas pocas palabras-clave y escogidas.
18 meses — 1. Se comunica tanto por señas como por palabras, pero las palabras ya empiezan a reemplazar a los ademanes.
          2. Responde a las órdenes simples.
          3. Verbaliza las partes finales de las acciones, tales como: "adiós", "gracias", "se fueron" (all gone).
          4. Las negativas pueden ser expresadas con un "no", pero más comúnmente lo hace mediante una reacción corporal.
21 meses — 1. Pide de comer, ir al baño, y de beber.

2. Repite las palabras sueltas que se le dicen, o la última o dos últimas palabras de una frase.

24 meses — 1. El habla acompaña la actividad.
2. Formula preguntas tales como: "¿Qué es éso?"
3. Verbaliza las experiencias inmediatas.
4. En grupo,. mucha vocalización, pero poca conversación.
5. Se refiere a sí mismo por su nombre.
6. Expresa las negativas con un "no".

30 meses — 1. Pide que le dejen hacer solo las cosas aunque no sea capaz de ello.
2. Puede repetir cualquier cosa que se le diga. (A este tipo de niño puede costarle comprender lo que se le pregunta o se le pide.)
-3. Dice su nombre completo.
4. Se refiere a sí mismo más por el pronombre que por el nombre.
5. Atrae la atención del adulto. "Mírame".
6. Puede suceder que diga "no" cuando quiere significar "sí".

36 meses — 1. Expresa su interés en adaptarse a las normas convenidas con frases como: "¿Está bien?" "¿Hay que hacerlo así?"
2. Expresa sus deseos verbalmente. "Lo puedo hacer solo", o: "Quiero hacer esto y aquello."
3. Suele pedir ayuda, especialmente a la madre, aunque sea capaz de hacer solo la tarea para la cual pide ayuda.
4. Formula preguntas retóricas.
5. Expresa limitaciones mediante: "No puedo", o: "No sé", o bien cambiando rápidamente de tema.
6. Expresa las negativas con más frecuencia mediante: "No tengo ganas" (I don't want to), que con: "No".

48 meses — 1. Puede mantener largas conversaciones.
2. Efectúa razonamientos más complicados, haciendo los cálculos para sí.
3. Puede contar historias, mezcla de realidad e irrealidad.
4. Inicia las oraciones con interjecciones tales como: oh, eh, uy, y sí, señor.
5. Pide explicaciones detalladas, a menudo pregunta: "¿Por qué?" tantas veces, que finalmente el adulto no sabe qué contestar.
6. Se interesa por lo cómico (funny) de las cosas. "¿No sería cómico andar en un ómnibus roto?"
7. Usa pródigamente la palabra todo, como en: "Yo sé todo". Suele terminar las frases con un "y todo".
8. Tiende a alabarse. "Soy vivo, ¿eh?" "¡Qué ideas tengo! ¿no?"
9. Manda y critica a los demás.
10. Le pone motes a la gente. "Eres una rata". "¿Qué tal, Srta. Fulanita?" "Señora traviesa".
11. Atrae la atención de los adultos hacia sus habilidades específicas con frases como: "¿Quieren verme?"
12. No le gusta admitir su incapacidad, y la disimula diciendo: "Voy a hacerlo un poquito distinto". Puede enojarse si falla y decir: "Te voy a dar en la boca", o: "Estoy loco".
13. Las negativas antes expresadas por "No" y "No tengo ganas", pueden ser reemplazadas por: "No quiero" (I won't).

60 meses — 1. Puede contar un largo cuento con exactitud.
2. Puede seguir agregando y agregando a la realidad, haciéndolo cada vez más fantástico.
3. Demuestra cortesía y tacto al hablar. Cuando se le pide que haga algo, contesta: "Seguro". Si la tarea es muy difícil puede decir: "No sé hacer las difíciles".
4. Todo es "fácil", aun antes de haber iniciado una tarea.
5. Formula muchas preguntas acerca de cómo funcionan las cosas, para q'·· sirven, y el significado de las palabras.

La conducta de la comunicación constituye una categoría en extremo significativa de la conducta personal-social, puesto que sin ninguna clase de comunicación le resultaría difícil al niño, por cierto, manifestar muchas formas de la conducta personal-social. A despecho de su valor significativo, sin embargo, es relativamente poco lo que se conoce sobre uno de los aspectos más importantes del comportamiento del lenguaje, a saber, el equipo verbal del niño para la comprensión.

La conducta expresivo-verbal en la maduración del niño ha sido detallada más arriba y más en particular en el Capítulo VIII. Pero no es suficiente lo que sabemos acerca de lo que el niño realmente comprende. Mucho antes de que más de un padre cese de hablar del niño en su presencia, éste sabe muy bien lo que de él se está diciendo, si no en detalle, por lo menos en la intención general. A edades más avanzadas, hallamos que el contacto verbal con el niño es, con mucho, el más rápido y eficaz, siempre que la aproximación sea realizada al nivel de madurez adecuado. A menudo la palabra o frase exactas pueden liberar la tensión de un momento difícil. *"Podrías* devolvérselo", es una frase que le permite al de 2½ años devolver un juguete sin avergonzarse. Un mayor esfuerzo para utilizar la aproximación verbal basada en la creciente capacidad de comprensión del niño, dará por resultado la consecución de relaciones personal-sociales más armoniosas. El conocimiento más preciso del aspecto puramente madurativo de la comprensión del lenguaje mejoraría notablemente nuestros métodos de asistencia infantil. Nuevamente se hace sentir aquí la significación del punto de vista evolutivo.

§ F.   ACTIVIDADES DE JUEGO

Series evolutivas

15 meses — 1. Ejercitación sin fin de las actividades de marcha.
2. Arroja y recoge objetos y vuelve a arrojarlos.
3. Pone y saca un objeto tras otro en los recipientes.

18 meses — 1. Cambios de atención muy rápidos, expresados especialmente por cambios motores gruesos. Se mueve activamente de un lugar a otro y "se mete" en todo. (Lámina IV.)
2. Arrastra los juguetes.
3. Transporta en los brazos o alza una muñeca u osito.
4. Imita diversas acciones tales como leer el diario, barrer, pasar el plumero.
5. Juego sin compañía o contemplativo.

24 meses — 1. Cambios menos rápidos de la atención. Le interesa mirar detenidamente el material de juego y manipularlo, tocándolo, palpándolo y golpeándolo. (Lámina V.)
2. Le atraen las muñecas y ositos (mimetismo doméstico) (Lámina V, k); ensarta las cuentas (Lámina V, b, g), o las deja caer en los orificios de la parte superior de las cajas o en tarros, para luego sacarlas y

volver a repetir de nuevo todo el proceso; juega con cubos y vagón (prefiere transportarlos en el vagón a construir con ellos).

3. No imita las acciones que recuerda sino solamente aquellos hechos que existen en el presente para sus sentidos.

4. El juego paralelo predomina cuando se halla con otros niños, aunque es evidente que le gusta su compañía. (Lámina V, e.)

5. Le interesa poco lo que hacen o dicen los demás niños, pero suele alzarlos o empujarlos fuera de su camino, exactamente como si se tratara de objetos físicos.

6. Escasa reciprocidad social pero abundante arrebatiña y apropiación física, acompañada de la defensa de los propios derechos mediante puntapiés y tirones de pelo que suelen concluir en un alegre forcejeo.

7. No pide ayuda; el adulto debe mantenerse constantemente alerta y listo para auxiliarlo sin esperar a que se lo pida.

36 meses — 1. Empiezan a entrar en juego la dramatización y la imaginación.

2. Le interesa combinar los distintos juguetes tales como cubos con autos, y construir caminos, garajes y puentes. (Lámina VII, b.)

3. Muestra un interés creciente por jugar con otros niños más que por jugar solo (Lámina VII). Suele jugar en grupos de dos o tres, pero éstos cambian constantemente de carácter y actividad.

4. La actividad en cooperación empieza a reemplazar los contactos físicos. (Lámina VII.)

5. Acepta esperar su turno. (Lámina VII, e.)

6. Bajo cierta vigilancia, guarda los juguetes en su lugar.

48 meses — 1. Considerable progreso en el uso constructivo de los materiales de juego, en la manipulación y en el juego dramático. (Lámina VIII, f, h.)

2. Se le ocurren ideas muy complicadas pero es incapaz de ejecutarlas en detalle, o de un día para otro.

3. Prefiere jugar en grupos de dos o tres niños (Lámina VIII, f, h). A menudo posee un compañero favorito del propio sexo.

4. Propone turnos, pero le gusta mandar a los demás, y a menudo se muestra tonto en el juego, pudiendo hacer mal las cosas deliberadamente.

5. Guarda los juguetes en su lugar por su cuenta.

6. Marcado aumento de actividad.

7. Le gusta disfrazarse. (Lámina VIII, c, d, e.)

60 meses — 1. Le gusta mucho recortar figuras y pegarlas, trabajar en un proyecto específico tal como la construcción de una casita o un bote (el proyecto puede ser ejecutado de un día para otro), y disfrazarse con ropas de adulto.

2. Muestra un interés bien definido por finalizar una tarea empezada, aunque le pueda llevar varios días.

3. Juega en grupos de dos a cinco. Los lazos de amistad se hacen más fuertes.

4. La rivalidad lo estimula en sus actividades.

5. Le interesa hacer excursiones.

Los tipos de conducta de juego cada vez más maduros a partir de la actividad motriz gruesa de los 18 meses, pasando por el juego manipulatorio simple e individual o paralelo y contemplativo de Dos, por los juegos crecientes sociales de Tres y la dramatización de Cuatro, hasta el juego más contenido y creador de Cinco, se hallan bien ilustrados en las

Láminas IV y siguientes, hasta la IX. En su mayor parte, estas figuras ilustran el juego natural en una *nursery school*, pero la conducta así manifestada es igualmente típica para otras situaciones.

En la Clínica se ha seguido controlando diez años (124-125), un método normativo más controlado para observar la conducta en el juego. Una vez finalizado el examen de práctica, se le pregunta al niño si quiere jugar con algún juguete. La respuesta prácticamente invariable es: "Sí". Se le conduce entonces a una habitación equipada con algunos juguetes de tipo común y corrientemente dispuestos. El examinador entra en la pieza junto con el niño, diciendo al tiempo que entran: *"Puedes jugar con lo que te guste más. Yo voy a estar ocupado, pero tú puedes jugar como más te guste".* El examinador se sienta en una silla convenientemente dispuesta, de modo que permita una libre observación, y empieza a tomar notas, guardando un registro marginal de todo lo que el niño hace y dice y del tiempo empleado en cada cosa. El tiempo de juego dura quince minutos, al cabo de los cuales el examinador se levanta y dice: *"¿Nos vamos ahora?"*

Los juguetes de la habitación fueron escogidos de modo que resultaren atrayentes dentro de un amplio margen cronológico. Figuraban: cubos, un martillo de juguete, escaleritas, un vagón con una cuerda, una muñeca con un colchón y una frazada, una silla y mesa infantiles, hojas en blanco, lápices y dos libros para niños.

El número de veces que pasa el interés de un niño de un juguete a otro, la constructividad del juego, y la elección de los juguetes varían de una edad a otra. Sin embargo, puesto que la conducta en el juego de cualquier niño como individuo es estudiada en función de las actividades de juego usuales en los niños normales de la misma edad, se ponen de manifiesto significativas características individuales. Para mencionar sólo algunos ejemplos: existe el niño que dispersa sus energías, probando primero con un juguete y luego con otro; el que concentra su atención en lo primero que se pone al alcance de su vista; el que evidentemente sólo juega para complacer al adulto; el que exige al examinador que preste atención aun habiendo sido prevenido que éste estaría ocupado; el que golpea suavemente con el martillo de juguete, mirando reiteradamente al examinador para asegurarse de que no lo molesta, etc.

Cuando la conducta en el juego de un niño es estimada con la ayuda de las normas de madurez, se ponen de relieve rasgos concretos de individualidad. Fácilmente puede descubrirse el niño que carece en sí mismo de recursos. También puede localizarse el niño que desperdicia sus energías sin ningún provecho y ayudarlo a guiar sus esfuerzos hacia determinados fines. El método ha demostrado ser de un gran valor para observar tanto las tendencias genéticas como las diferencias sexuales en la conducta de juego, como así también rasgos básicos de individualidad.

§ G.   CONDUCTA ESTÉTICA [1]

SERIES EVOLUTIVAS

18 meses—*Pintura*.

1. Movimientos de todo el brazo.
2. Muy pocos trazos por página, a menudo en forma de arco.
3. Cambia el pincel de una mano a otra.
4. Un solo color le basta.

Cubos.

1. Los lleva alrededor de la pieza, los golpea entre sí o los vuelca en masa.
2. La única construcción puede ser una torre de 3 ó 4.

Música.

1. Canturreo o canto espontáneo de sílabas.
2. Amplio margen en el tiempo, tono e intensidad de la voz.
3. Presta gran atención a ciertos sonidos tales como: campanillas, silbidos, relojes.
4. Reacción rítmica a la música con una actividad total del cuerpo.

Figuras, rimas y cuentos.

1. Presta atención a las figuras de los libros que representan objetos que le son familiares.
2. Escucha versos con sonidos interesantes, especialmente si van acompañados de acción o de figuras. Le gusta que se los canten.

24 meses—*Pintura*.

1. Más trabajo de la muñeca que a los 18 meses. (Lámina V, e; Lámina XIV, c.)
2. Menos cambios de mano, aunque frecuentemente pinta con un pincel en cada mano.
3. Borronea el papel con poca preocupación por el color. Pinta varios colores, unos encima de otros, vigorosamente, resultando una mancha confusa. (Lámina XIV, a.)
4. Experimenta con líneas verticales y horizontales, con puntos y movimientos circulares. (Lámina XIV, a, b.)
5. Se pasa fuera de los límites: pinta sobre la mesa, el caballete, el piso, sus propias manos y sobre otros niños.
6. El proceso y no el resultado final, es lo que importa al niño.
7. Se distrae fácilmente, y no siempre sigue con la vista los movimientos de la mano. (Lámina V, e.)
8. Experimenta un placer social en pintar en un mismo papel con otro niño.

Dactilopintura.

1. Se resiste primero a tocar la pintura y ensuciarse los dedos, pero le gusta después de algunas pruebas.
2. Hace movimientos rítmicos con la mano entera.

---

[1] Las series que siguen describen la conducta en la escuela de nurserí y fueron redactadas por la señorita Janet Learned, Maestra en Artes y profesora de orientación en la Nurserí de Orientación de la Clínica Yale.

Arcilla.
1. Se resiste primero a tocar la arcilla y ensuciarse las manos, pero le gusta después de unas pruebas.
2. Manipula, golpeando, apretando y tirando pequeñas porciones; a menudo se la pasa al adulto.
3. Utiliza otros materiales en combinación con la arcilla, tales como: cubos, autos y animales de madera.
4. A menudo prueba el gusto de la arcilla.

Arena, piedras, agua.
1. Llena baldes y platos con arena y piedra, que luego arroja, vaciando.
2. Le interesa en alto grado jugar con agua; pompas de jabón, "pintura" con agua, barquitos y lavado extensivo de las manos. (Lámina V, c, d, h.)

Cubos.
1. Uso manipulativo; llena vagones, los vacia; hace rodar los cubos.
2. A veces los usa imaginativamente, como carbón, cenizas, madera, etc.
3. Alguna construcción de torres e hileras, a menudo combinando cubos de distinto tamaño al azar.

Música.
1. Canta versos sueltos de canciones, generalmente fuera de tono.
2. Reconoce algunas melodías.
3. Le gusta el equipo rítmico: bote de hamaca, hamaca, sillón de hamaca. A menudo, éstos lo estimulan a cantar.
4. Abunda en reacciones rítmicas: al saltar dobla las rodillas, se balancea, hace oscilar los brazos, ladea a uno y otro lado la cabeza y golpea el suelo con los pies.

Figuras, versos y cuentos.
1. Le gustan las figuras simples con pocos detalles y de colorido pálido.
2. Le interesan los versos.
3. Su lenguaje es, a menudo, rítmico y de repetición.
4. Presta atención a los cuentos simples y breves con repeticiones, sobre temas familiares.

Misceláneas.
1. Fuerte sentido del tacto: le gusta tocar pieles, sedas, angora, etc.
2. También prueba el sabor de muchos objetos, tales como: arcilla, pintura, lápices, etc.; pone la lengua contra el vidrio, la madera, etc.
3. Fuerte tendencia a la imitación.

36 meses—*Pintura.*
1. Trazos más variados y rítmicos.
2. Surgen los primeros indicios de dibujo.
3. A menudo cubre la página entera con un solo color o con manchones de diversos colores.
4. A veces da nombre al producto final, pero rara vez es posible reconocer alguna semejanza.
5. El producto final le produce alegría y orgullo, exclamando: "¡Miren lo que hice!"
6. Trabaja con mayor concentración y precisión.
7. No le gusta compartir el papel con los demás.

Dactilopintura.
1. Experimenta con movimientos de los dedos, como así también de toda la mano.
2. Cierto sentido del diseño.

Arcilla.
1. Le gusta manipularla, golpearla, hacerle agujeros con los dedos y apretarla. (Lámina XIV, f.)
2. Primeros indicios de forma: hace "tortas" redondas y chatas, y pelotas. Amasa rollos alargados y angostos, etc. (Lámina XIV, e.)
3. Suele nombrar el producto con una aproximación general en la forma.

Arena.
1. Hace tortas, budines, etc. (Lámina VII, g.)

Cubos.
1. Orden y equilibrio en las construcciones.
2. Los combina con autos, trencitos, etc.
3. A menudo le pone nombre a lo que está haciendo.

Música.
1. Frecuentemente puede reproducir canciones enteras, aunque generalmente fuera de tono.
2. Comienza a hacer coincidir los tonos simples.
3. Menos inhibición para cantar en grupo.
4. Puede reconocer varias melodías.
5. Experimenta con instrumentos musicales.
6. Le gusta participar en grupos rítmicos.
7. Trota, salta, camina y corre, guardando bien el compás de la música.
8. Le gusta disfrazarse para los ritmos.

Cuentos.
1. Interés mucho más sostenido en escuchar cuentos. (Lámina VII, d.)
2. Le sigue gustando lo familiar, pero con más detalles y menos repeticiones.
3. Insiste para que los cuentos le sean contados y leídos nuevamente, palabra por palabra y· sin ningún cambio.

48 meses—*Pintura.*
1. Dibuja y hace letras toscas.
2. Imaginación activa, con vuelcos de ideas, al tiempo que pinta.
3. Aumento del acompañamiento verbal para explicar las figuras.
4. Los productos encierran un valor personal para el niño y quiere llevárselos a su casa.
5. Toma el pincel a la manera adulta.

Dactilopintura.
1. Sigue experimentando con los dedos, manos y brazos, en forma rítmica.
2. Hay cierta representación y puede ponerle nombre.

Arcilla.
1. Usa grandes masas de arcilla.
2. Progresa en la representación y en imaginación (Lámina XV, h.)

Cubos.
1. Hace complicadas y extensas estructuras, combinando piezas de muchas formas en disposición simétrica. (Lámina VIII, f.)

2. Cierto interés por continuar la construcción al día siguiente si ésta queda levantada.
3. Construye en colaboración, en pequeños grupos. (Lámina VIII, f, h.)

Música.
1. Aumento en el control de la voz.
2. Puede jugar juegos simples cantados.
3. Le interesa mucho dramatizar los cantos.
4. Crea cantitos durante el juego, a menudo para burlarse de otros niños.

Cuentos.
1. Le gusta lo humorístico de los cuentos y los versos sin sentido.
2. Crea cuentos con un lenguaje simplísimo y juega con las palabras.

Misceláneas.
1. Gran interés por el juego dramático.
2. Gran progreso en el sentido del humor.

60 meses—*Pintura.*
1. Comienza teniendo una idea *in mente.*
2. Generalmente los resultados son reconocibles. (Lámina IX, c; Lámina XIV, k, l.)
3. Las figuras son generalmente simples, con pocos detalles. (Lámina XIV, k.)
4. Los detalles que para él son más importantes, los dibuja más grandes; a menudo una flor es más grande que una casa.
5. Conoce los colores y los nombra correctamente.
6. Temas: personas, casas, barcos, trenes, autos, animales y paisajes con sol. (Lámina XIV, k.)
7. Con frecuencia empieza a sentirse incapaz de reproducir sus ideas.

Arcilla.
1. Hace objetos reconocibles, generalmente con un propósito determinado, por ej., para regalos, para usarlos en el juego dramático con los muñecos, como mercancías para jugar a la tienda, etc.
   2. Frecuentemente pinta los productos.

Cubos.
1. Un grupo numeroso proyecta una construcción antes de ponerse a trabajar, llevando a cabo la empresa colectivamente y en detalle.
2. Construye grandes y sólidos edificios, combinando a menudo otros materiales, tales como cajones, barriles, sillas, etc.
3. Amplio juego dramático concentrado en torno al edificio, con un interés que puede durar varios días.

Música.
1. La música puede reproducir con precisión los tonos simples que van del *do* medio hasta el segundo *fa* superior.
2. Muchos pueden cantar entonadamente melodías cortas.
3. Reconoce y aprecia un extenso repertorio de canciones.
4. La mayoría puede sincronizar los movimientos de la mano o el pie con la música.
5. La mayoría puede brincar, saltar en un solo pie, y "bailar" rítmicamente al compás de la música.

Cuentos.
1. El interés se extiende a la función y el origen de las cosas.
2. Empiezan a gustarle los cuentos de fantasía.

La apreciación de las experiencias estéticas se establece mucho antes de que tenga lugar la expresión artística. A los 18 meses el niño ya ha venido reaccionando a la música, a las figuras y versos durante varios meses, pero sus experiencias creadoras son todavía muy limitadas, con excepción de la expresión rítmica y el juego sonoro que pueden hacerse presentes ya en el primer año de vida. Sus primeras tentativas artísticas son simples y fortuitas, a medida que experimenta con los distintos medios. A los 2 años, su experimentación todavía es en gran parte motriz y manipulatoria, pero ya empieza a hacerse más vigorosa, más definida y más complicada. Es menos individual ahora en su expresión artística que antes, teniendo gran propensión a la imitación de sus coetáneos. A los 3 años, el orden empieza a hacerse presente, paralelamente a una mayor precisión y control en el uso de los medios artísticos. Gradualmente la imaginación entra en juego (hacia los 4 años), combinándose con el sentido del humor para producir obras que son la delicia del niño y sobre las cuales experimenta un sentimiento de propiedad. A medida que se torna más serio, a los 5 años, con un nivel más elevado para sus ambiciones que no le resulta fácil alcanzar, se vuelve consciente de su capacidad, concentrando su talento en temas más convencionales. Cuando sus tentativas artísticas tienen un carácter bien organizado, el niño puede perder algunos de los placeres de la expresión, pero este placer es reemplazado por la satisfacción más profunda de la cosa lograda.

Las diferencias individuales son, quizá, más marcadas en la expresión estética que en cualquier otro campo de la conducta. Las mayores variaciones se observan en la aptitud musical. Puede darse el caso de un niño de 21 meses que cante algunos cantos ajustadamente, en tanto que algunos adultos no llegan nunca a poseer esta capacidad. La falta de capacidad, a menos que dependa de defectos físicos, puede no manifestarse durante los años preescolares, pero el talento en la expresión artística puede descubrirse muy temprano.

§ H. DESPRENDIMIENTO EVOLUTIVO

Series evolutivas

Conducta en los paseos

15 meses—Sólo camina una distancia muy corta y luego pide el coche. Le gusta caminar tomándose del cochecito (más que de la persona que lo acompaña).

18 meses—Corre adelantándose al adulto; todos los desvíos le interesan.
A veces se le puede llevar mucho más fácilmente por medio de un petral. Le gusta el petral. A menudo éste ayuda a impedir que se caiga.

21 meses—Más consciente de la presencia del adulto.
Explora menos.
Frecuentemente quiere tomarse de la mano del adulto.
Le gusta ayudar a empujar el cochecito.

24 meses—Se entretiene con diversas actividades a lo largo del camino; recoge palos y piedras.

El adulto tiene que esperarlo, llamarlo o atraerlo con algún nuevo interés.

Si se le presiona, es lo más probable que se vaya en la dirección contraria.

Puede rehusarse a tomar la mano del adulto, salvo cuando camina por el cordón o sobre las paredes bajas, que son su delicia.

30 meses—Todavía se sigue distrayendo a lo largo del camino.

Responde al "adiós" del adulto cuando éste se aleja dejándolo solo, echándose a correr para reunirse con él.

Toma la mano del adulto por propia iniciativa y puede no desear dejarla.

Empieza a formarse una idea de la meta.

36 meses—Tiene una idea definida de la meta.

Puede rehusarse a tomar la mano del adulto salvo en los cruces.

48 meses—Corre adelantándose al adulto, pero lo espera en los cruces.

No le gusta tomar la mano del adulto para cruzar la calle.

Le gusta realizar pequeños mandados fuera de la casa. Se las compone bien si éstos son sobre la misma vereda.

60 meses—Puede ir él solo al jardín de infantes.

Cruza las calles sin ningún peligro, salvo si son de mucho tránsito, e incluso puede llegar a ayudar a un niño más chico a cruzarlas.

ADECUACIÓN A LA ESCUELA

18 meses—Se acomoda bien a un grupo de nurserí, si no ve partir a la madre.

Puede resistirse a que persona alguna lo lleve al baño, no siendo la madre.

24 meses—Puede ser capaz de decirle adiós a la madre.

Puede preguntar por ella durante su ausencia, pero reacciona cuando le aseguran que volverá.

Generalmente responde cuando la maestra lo lleva al baño.

Se siente muy feliz cuando vuelve a ver a la madre.

30 meses—Es capaz de decir adiós, pero puede ofrecer más dificultades para separarse de la madre que a los 2 años.

Se lleva cosas de la casa a la escuela, aferrándose a ellas durante su permanencia en la escuela.

Se muestra mejor adecuado.

Aunque feliz de volver a ver a la madre, a menudo dilata la partida.

36 meses—Buena adecuación al llegar a la escuela, durante la actividad y al irse.

48 meses—Buena adecuación a la entrada en el jardín de infantes.

Tendencia a irse más allá de los límites permitidos en la escuela; se introduce corriendo en los corredores.

Quiere llevarse los útiles escolares a la casa.

60 meses—Va a la escuela él solo o con otros niños si la escuela se halla lo bastante próxima. Se acomoda a dejar a los adultos en la casa.

Buena adecuación; se muestra deseoso de cumplir.

Le gusta llevarse a la casa las cosas que hace y conservarlas.

Las diferencias individuales con respecto al desprendimiento evolutivo son notorias. Algunos niños raramente muestran apego alguno a los adultos, en tanto que otros muestran un marcado apego desde el nacimiento, y les cuesta adecuarse fuera del hogar, hasta los 4 ó 5 años. En general, sin embargo, los niños realizan un lento proceso hacia la consecución de la independencia, y hacia un creciente desprendimiento de la madre, tanto en la casa como fuera de ella. El crecimiento regula una buena parte de este desprendimiento, pero un trato cuidadoso puede suavizar las asperezas y prevenir las actitudes de excesivo apego o desapego hacia los padres.

Se han reseñado más arriba dos series del desarrollo fuera de la casa. Ya vimos muchos aspectos del desarrollo del desprendimiento en la casa, relacionados con la comida, el sueño, el vestirse y la eliminación. Es interesante hacer notar que un excesivo apego a la madre casi siempre afecta y perturba la conducta en el sueño, pues es a la hora de dormir cuando más agudamente siente el niño la separación de la madre.

Así que el desprendimiento evolutivo prosigue su curso natural, una creciente independencia se refleja en la forma en que el niño afronta sus tareas y empresas. En un comienzo sólo puede comenzar o finalizar una labor, pero no continuarla desde el principio al fin. Más tarde puede iniciar, proseguir y terminar una tarea sin apelar a otros recursos que los suyos. Sin embargo, los niños se conducen, generalmente, en una forma que les es característica. De este modo, existen los que siempre tienen dificultad para empezar cualquier actividad: irse a la cama, ir al baño, venir a la mesa. Los hay que tienen dificultades durante el cumplimiento de la actividad, y los que, por fin, aunque la empiezan y continúan con todo éxito, les cuesta terminarla o realizar transiciones.

El concepto del desprendimiento es relativo. El grado de desprendimiento depende, inevitablemente, de la madurez general psicomotriz del individuo. El curso del creciente desprendimiento está indicado por las elocuentes caracterizaciones incluidas a continuación, de las edades preescolares:

18 meses—A esta edad el niño muestra interés y necesidad por la terminación de lo emprendido, así también como una gran dificultad para efectuar transiciones de una situación a otra. Las transiciones deben ser físicas en gran medida. Para conseguir desviarlo se hace necesario moverlo corporalmente, o cambiarle materialmente el objeto de su interés.

24 meses—A esta edad empieza a aparecer cierto interés por los principios, y las transiciones son más fáciles. En su mayor parte, éstas son realizadas mediante el lenguaje. No obstante, Dos todavía se muestra vacilante en la búsqueda de experiencias nuevas, en gran parte debido a la falta de control físico. (53.)

30 meses—Éste es un período característico por las amplias oscilaciones y las conductas marcadamente extremas. Primero se apega más estrechamente que nunca y un instante después se aleja corriendo. Puede negarse rotundamente a separarse de su madre en la *nursery school*, pero se escapa de la casa.

36 meses—Los tres años constituyen, decididamente, un período de ajuste. Momentáneamente el niño parece mostrarse más bien seguro de sí mismo y capaz de realizar las adecuaciones necesarias. La edad de los tres años ha sido caracterizada como un nivel en que el niño se detiene para "tomar aliento". (53.)

48 meses—Ante todo, los 4 años es la edad de las extralimitaciones. Este tipo de conducta sin frenos se observa en todos los campos: físico, verbal, personal-social.

60 meses—Nuevamente vuelve el niño a ajustarse, pero esta vez en un nivel su-
    perior. Las tendencias a la extralimitación han sido ampliamente inhibidas
    de modo que fácilmente puede cumplir el niño con los requisitos de
    situaciones perfectamente formales.

La clave de la higiene mental en la primera niñez yace en la construcción de una independencia apropiada. Aun en la infancia, debe
respetarse este principio de la independencia. No hay que limitarse a
separarlo del pecho de la madre. Mediante lentas gradaciones, debe des-
arrollar la fortaleza que yace en la base del desprendimiento. No es
posible que juegue siempre sobre la falda de la madre; a su tiempo, deberá
también empezar a jugar en el corralito. No es posible que siempre haya
de jugar en el mismo cuarto con su madre; debe aprender a jugar en una
pieza contigua, primero durante algunos minutos, luego durante una hora
entera. Si la madre debe abandonar la casa, debe contentarse con mirarla
por la ventana, aunque le demande un gran esfuerzo. Con el tiempo, deberá aprender a ir solo a la cama y más tarde, también solo, a la escuela.

Éstos son los primeros pasos en la conquista de la confianza en sí
mismo, pero no hay que apresurar la separación, y a todo lo largo del
desarrollo preescolar nuestras exigencias deben conformarse a la inmadurez del niño.

TERCERA PARTE

CAPÍTULO X

FILOSOFÍA DEL EXAMEN DEL DESARROLLO

Existen muchas maneras de observar las características de la conducta de un niño pequeño: formales e informales; causales y deliberadas; experimentales y circunstanciales; naturalistas y normativas; psicométricas y biográficas. Podemos colocar al niño en cuestión en una silla (si así lo quiere); o bien podemos dejarlo corretear por la habitación, mientras pedimos a la madre que nos cuente los mil y un detalles de su vida cotidiana y los acontecimientos extraordinarios en lo que lleva vivido. Las líneas posibles de investigación y observación directa son tantas, que por fuerza habremos de sistematizar y economizar nuestros esfuerzos. Disponemos del niño por sólo una hora escasa. ¿Cuál será la forma más productiva de acercarnos a él? ¿Qué principios habrán de guiarnos en nuestra investigación y apreciación crítica de sus movimientos, sus palabras, su adecuación a nosotros?

La formulación de estas preguntas equivale a plantear un problema filosófico relacionado con el propósito y la teoría de los exámenes psicológicos. Desgraciadamente, este aspecto filosófico es muchas veces pasado por alto. El aficionado y el técnico limitado (el experto en pruebas mentales) aplican frecuentemente sus tests psicométricos "científicos" porque, ¿no se les ha enseñado acaso que no deben variar los procedimientos ya establecidos? Apuran el procedimiento y apuran al niño. Deducen con toda precisión la edad mental y el cociente mental, adornando incluso este último, a veces, con valores decimales. Mientras tienen lugar estos cómputos matemáticos, los padres, impresionados y ansiosos, esperan afuera. Y para coronar este clima biométrico se les da, finalmente y por todo resultado, un lacónico C. I. desprovisto de interpretación o calificaciones, si bien no sin cierto aire de autoridad. Entonces se da el caso por concluido: el niño ha sido "psicologado". ¡El siguiente!

Si bien el párrafo anterior quizá sea algo exagerado, servirá, de todas maneras, para hacer resaltar la importancia de una aplicación comprensiva y humana de los métodos psicológicos en el estudio de los niños de corta edad. El niño preescolar ya ha hecho su aparición en la escena educacional; su estado social ha alcanzado un amplio desarrollo; sería, pues, un desatino querer aplicarle, sin ninguna discriminación crítica, los mismos métodos psicométricos abreviados que han demostrado ser totalmente inadecuados para la clasificación educacional y la orientación de los niños en edad escolar. Los métodos de medición mental demasiado simplificados se apoyan excesivamente sobre la base de un concepto de inteligencia general. En modo alguno pueden hacer justicia a la rica variedad de individualidades y a las diversas características de crecimiento de los niños de uno a cinco años.

Nuestra tarea consistirá en obtener una apreciación mejor de las formas individuales en que maduran los niños preescolares, considerándolos en su individualidad. Para el examen del desarrollo no es tan importante la capacidad general del niño, como la relación entre varias aptitudes específicas en maduración y el modo de su individualidad, según se refleja en su historia pasada y su estado actual. El *niño total* dejará de ser una abstracción académica tan pronto como tratemos de determinar la agrupación de sus rasgos de conducta y las tendencias del curso de su crecimiento. El examinador verdaderamente compenetrado con este punto de vista evolutivo prestará la mayor atención a la vida pasada del niño, considerando el examen psicológico, no como una serie de tests de prueba, sino como un medio o una etapa para alcanzar a conocer la forma característica en que este niño particular se enfrenta con las situaciones que la vida le plantea. En realidad, el examen es, en sí mismo, una situación, y tan cargada de factores de estímulo, que el niño se ve forzado a revelar su naturaleza.

Tan pronto como se mire el examen evolutivo desde esta nueva perspectiva, se comprenderá que no hay razón por la cual haya de confinarse al surco estrecho de la valuación mental. El examen evolutivo debe convertirse en un recurso plurilateral para observar las distintas facetas de la personalidad del niño, las formas de sus reacciones, su comportamiento general y su adaptación a las exigencias sociales de toda la situación creada.

Esta filosofía del examen no implica, sin embargo, un descuido de los métodos, falta de habilidad o negligencia de la precisión y el control, allí donde control y precisión son indispensables. El sondeo evolutivo requiere habilidad e inteligencia. Y hace más humano el procedimiento todo de la observación psicológica, desterrando algunas de sus falsas solemnidades y pretensiones.

Desde luego, debemos ganarnos la confianza de la madre (generalmente es ella quien acompaña al niño) y hacer de ella nuestra aliada. Dudamos que sea aconsejable la separación rutinaria, y a veces difícil, de madre y niño. El "examen" comienza no bien tenemos al niño ante nuestra vista. ¿Con cuánto apego se aferra a la madre? ¿Qué parte desempeña ella en esta acomodación inicial? Mucho es lo que se puede aprender en estos primeros momentos, observando las manifestaciones naturales, irreprimibles, de la relación madre-niño. Ya poseemos una clave para apreciar la madurez social del niño. Y a medida que se avanza hacia la parte formal del examen, son muchas más las claves que van poniéndose a nuestra disposición. Quizás, entonces, el niño se halle dispuesto a dejar a la madre con tal propósito. O quizá, en cambio, ésta deba sentarse cerca suyo, ofreciéndole su protección. El desarrollo del examen debe regularse de acuerdo con las limitaciones del niño. La adhesión rígida a un procedimiento prescrito en la administración de los tests, debe reservarse sólo para ciertos aspectos del examen, cuando se desea un alto grado de uniformidad. Pero más debe confiarse en la conducción hábil de la serie total de hechos, de manera que el examen rinda una cosecha óptima como situación específica que la vida le presenta al niño. Mediante la eficiente combinación de libertad y control es como se logra el máximo de datos psicológicos. He ahí la base en que descansa el arte del examen evolutivo.

En consecuencia, al mismo tiempo que dejamos cierto margen para la individualidad del niño, también debemos dejarlo para la individualidad del examinador. Pero aquí también el examinador se verá obligado a alcanzar el equilibrio justo entre uniformidad y variación. En realidad, lo más seguro es que el examinador se esfuerce por conservar celosamente ciertos procedimientos fijos, porque sólo confrontando situaciones igualmente condicionadas, podrá efectuar comparaciones entre niño y niño y entre una y otra edad. Cualquiera sea el conocimiento que el examinador extraiga de la experiencia, sólo podrá derivar de la observación de niños más o menos comparables. Y es muy probable, también, que exista uno o dos tests de su predilección, porque en el transcurso de su experiencia han demostrado ser particularmente reveladores.

Pese al hecho de que cada niño (y por lo tanto cada examen) es único, subsisten ciertas leyes y modos básicos que definen y delimitan las diferencias. Por esta razón, la percepción inteligente y experta perfecciona las normas de la experiencia. Suele decirse de algunos examinadores que poseen un don natural de observación. Este don se basa, por lo general, en rasgos favorables de la personalidad. Pero que estos examinadores tengan también una intuición divina, eso ya resulta más dudoso. Porque en el análisis la intuición no es difícil, si existe un juicio experto, nacido de claras percepciones previas.

Por todas estas razones somos partidarios de un tipo sistemático de examen evolutivo, moderadamente uniforme en su mecánica, pero conducido con espíritu de libre exploración. Aun cuando el examen evolutivo sea complementado por la observación extensiva de la conducta del niño en la casa, en la escuela o la nurserí, éste conservará todavía un lugar central en el esquema entero de su estudio. Si surgen aparentes contradicciones entre la conducta manifestada en el cuarto de examen y la exteriorizada en las demás situaciones, las divergencias deben ser reconciliadas. Pero con más frecuencia, sin embargo, se encontrará que el examen del desarrollo indica precisamente aquellos rasgos de la conducta que se desea investigar más profundamente. Tan sistemático y revelador puede ser el examen evolutivo, que algunos examinadores prefieren no realizar entrevista alguna hasta no haberlo finalizado. Tal vez así uno pueda acercarse al niño en una actitud menos preconcebida, al observarlo primero en las condiciones neutrales del examen sistemático. En muchos casos, resulta conveniente realizar una pequeña entrevista preliminar al examen. Una entrevista ulterior tendrá entonces en cuenta las características de la conducta observadas durante las situaciones de prueba. A través de nuestra experiencia en la Clínica de Yale, hemos comprobado que la observación del niño en los grupos de la nurserí resulta más provechosa cuando ha sido precedida por un examen clínico. Y si la madre ha observado el examen a través de una pantalla de visión unilateral, el estudio de las respuestas del niño en el examen puede convertirse en un medio para explicarle lo observado por ella.

Todas las ventajas del examen evolutivo sistemático se hacen más efectivas si realizamos un segundo examen después de un tiempo o de un curso de tratamiento educacional. El primer examen se convierte, así, en la piedra de toque para el segundo. Si procedemos sistemáticamente, cada serie de exámenes caerá dentro de un orden sucesivo y estaremos en condiciones de comparar al niño con su yo anterior. En cierto sentido, él es la norma fundamental. En nuestras cuantificaciones, al tiempo que lo comparamos consigo mismo, lo comparamos con los demás; pero nuestra apreciación última se basará en la capacidad que demuestre para resolver el continuo problema del desarrollo.

Esta es la aptitud más importante, pues incluye a todas las otras. En su constitución entera, es el factor decisivo, puesto que yace en la base de todos sus éxitos, dificultades y fracasos. No podemos formarnos una opinión exacta de su "carácter" sin considerar la dinámica de su desarrollo. Y tampoco definir sus necesidades educacionales si no tenemos en cuenta la naturaleza del desarrollo en su condición de proceso morfogenético concreto. Este proceso determina la forma y dirección de las reacciones del niño. Hasta los conceptos de crecimiento y madurez resultan ociosos, si no se los traslada a las verdaderas realidades de la formación de los modos de conducta. El examen evolutivo, en su concepción más pura, no se ocupa de los productos finales como tales, sino de los mecanismos subyacentes del crecimiento psicológico.

CAPÍTULO XI

CONDUCCIÓN DEL EXAMEN DEL DESARROLLO

La conducción del examen del desarrollo en los años preescolares requiere una técnica especial. En un capítulo anterior se describió al niño de 18 meses como un no-conformista, para quien cada cambio brusco representa un precipicio; del de 2 años se dijo que poseía una sana reserva con respecto a los extraños, que era difícil de conducir y que prefería seguir su propia iniciativa; del de 3, que poseía cierta adaptabilidad activa, hallándose abierto a toda sugestión, si bien no es muy de confiar, pues su cooperación es inconsecuente, fragmentaria y vacilante; del de 4, que era independiente y sociable, charlatán y categórico; del de 5, por fin, que era merecedor de una confianza relativa, obediente, que manifiesta una forma positiva de responsabilidad. Estas caracterizaciones, sin más agregados, bastan para mostrar que no solamente hay una creciente adecuación a las situaciones sociales con la edad, sino también que es necesario variar la conducción del examen, adaptándolo a la madurez o inmadurez social del niño. Huelga decir que a cualquier edad hay niños más difíciles de examinar que otros, e inversamente, los hay tan dispuestos a cooperar, que prácticamente se examinan ellos mismos.

§ A. LA CONDUCCIÓN Y LAS DIFERENCIAS DE MADUREZ

Cuando el niño llega a la clínica es conducido, junto con su madre u otra persona que lo acompañe, a la sala de recibo donde se les invita a dejar sus cosas y a ponerse cómodos. Se indica la ubicación del baño para que el niño pueda ser llevado en caso necesario, y luego madre y niño son dejados solos, en la certeza de que el examinador no habrá de tardar en venir. Dado que muchos niños llevan desagradables ideas asociadas con los consultorios médicos, es conveniente evitar la palabra "doctor" y todo uso de ropas o atavíos que puedan sugerir la idea de "doctor".

El primer contacto del examinador con el niño ha de ser en extremo cauteloso en las edades más tiernas, volviéndose, a medida que el niño se hace más grande, cada vez más simple y directo. Lo más conveniente es describirlo, por lo tanto, en función de los distintos niveles cronológicos. Será conveniente, también, el uso del pronombre femenino para referirse al examinador y al masculino para referirse al niño [1].

15 Meses

A la edad de 15 meses, todavía debe considerarse y manejar al niño más como infante que como "ambulatorio". Deben usarse los procedimientos de examen preescolar apropiados para los 18 meses, si bien la edad de 15 meses presenta problemas especiales de manejo que indicaremos brevemente.

El examinador debe esperar a que todo esté tranquilo para entrar en la sala de recibo; allí encontrará al niño o bien en el corralito, o arrastrándose por el piso, caminando, o sentado en la falda de la madre. Al entrar, el examinador hace caso omiso del niño, se sienta y se dirige a la madre. La entrevista se lleva a cabo en forma bastante expeditiva y luego se le pide a la madre que lleve el niño a la pieza de examen, aun cuando éste pueda caminar sin ayuda.

Se le puede examinar en una mesa y sillas bajas, pero dado el fuerte impulso motor de esta edad, es mejor colocarlo en la silla alta (Lámina XVIII), siempre que esté acostumbrado a este tipo de sillas. Generalmente acepta con prontitud que lo coloquen en la silla. La madre lo sienta y luego se sienta cerca de él. El libro de figuras se halla sobre la mesa alta, frente al niño. Inmediatamente se le muestra el libro. Si protesta y trata de salir de la silla trepándose, puede sentarse en la falda de la madre, delante de la mesa.

A esta edad el examen se realiza rápidamente. Como la actividad del niño es casi enteramente espontánea, apenas influida por la demostración, y prácticamente insensible a las instrucciones verbales, el examinador debe cuidarse de no insistir a fin de obtener una conducta observable. Si el niño arroja un juguete al suelo, esta actitud debe ser interpretada como de rechazo, cambiando inmediatamente la situación por otra nueva, para evitar que continúe arrojando objetos y adopte ésta por toda y única respuesta. Con frecuencia cesa de arrojar los cubos al suelo si se le ofrece la oportunidad de ponerlos en la taza. Por lo demás, la conducción del examen no difiere notablemente de la de los 18 meses, que estudiaremos con más detalle.

---

[1] No ofreciendo esta diferenciación ninguna ventaja práctica en castellano, hemos preferido conservar el género masculino para examinador y examinado por igual. [T.]

18 Y 24 MESES

El examinador demora su entrada unos minutos, dando tiempo al niño para que explore y se adapte a la habitación. Si el niño ha llegado llorando, es particularmente aconsejable esperar a que se haya calmado. El examinador debe cuidar celosamente de no irrumpir en la pieza inesperadamente, sino que debe proporcionar algún aviso de su proximidad. Si por casualidad el niño se ha alejado de la madre, aventurándose solo por el vestíbulo, se le concederá el tiempo necesario para una retirada juiciosa. Si se mantiene firme en su habitación, se mostrará lo bastante fuerte como para tolerar que el examinador lo "arree" al cuarto de recibo al entrar. El examinador cierra la puerta, le sonríe a la madre y, eligiendo la silla más alejada del niño, se sienta inmediatamente. Un extraño sentado no es, ni remotamente, tan formidable y desconcertante como un extraño de pie.

Entonces el examinador cambia brevemente algunas palabras con la madre, primero sobre tópicos neutros, y luego sobre los temas que le serán de utilidad para orientarse con respecto a la capacidad del niño. Los problemas y dificultades que la madre pueda tener con el niño no deben tratarse en su presencia. No se realiza ninguna aproximación hacia el niño, pero el examinador responde como al azar y afablemente a cualquier salida de éste. El examinador deberá disuadir a la madre de cualquier tentativa de hacer al niño conducirse de tal o cual manera, como dar palmadas con las dos manos, decir "adiós", mostrar sus juguetes o hacer cualquiera otra gracia. Cualquiera de estas acciones que sea espontánea, no obstante, obtendrá una sonrisa de reconocimiento. En este tiempo, el niño está ocupado, por lo general, con una sillita o un libro que se le habrá procurado, o algún juguete que haya traído consigo. Si se aferra de la madre o no parece hallarse a gusto, convendrá sugerirle a ésta que lo ponga en su falda. Si aun así sigue inquieto, la entrevista será abreviada. El momento ideal para poner fin a la entrevista y sugerir el pasaje a aguas más claras, es cuando el niño empieza a mostrarse ligeramente aburrido.

A los 18 y 24 meses no debe realizarse ninguna tentativa de separar al niño de la madre. Una vez concluida la entrevista, que no debe prolongarse más de diez o quince minutos, el examinador se encara directamente con el niño, diciéndole: *"Vamos a jugar con algunos juguetes. Mamá también viene"*. Con una seña hacia la madre, el examinador abre la puerta y los tres pasan a la sala del examen, el examinador al frente. Generalmente la madre no tiene dificultades para sacarle, como al azar y sin ningún comentario, cualquier juguete con que el niño hubiese estado jugando, o bien puede decir: *"A la vuelta podrás tomarlo de nuevo"*. Si el niño formulara una verdadera protesta, se le permite que lo lleve consigo a la pieza de examen, esperando cualquier ocasión favorable, una vez que algún otro objeto se haya ganado el interés del niño, para sacárselo.

Al tiempo de entrar a la pieza, la madre lleva al niño de la mano, a menos que éste prefiera andar solo, y si se muestra temeroso de la expedición emprendida, la madre podrá alzarlo. El examinador entra en la pieza de examen, él primero, diciendo: *"Aquí es donde están los juguetes; aquí es donde nosotros jugamos; ¿no es precioso?"* (pregunta puramente retórica). El examinador penetra en la pieza y después que madre y niño se hallan dentro, se da vuelta y cierra la puerta. Al mismo tiempo, señalando la silla de la madre, dice: *"Esa es la silla de Mamita, ésta es la del Nenito"* (señalándola e indicándole que puede alcanzarla caminando alrededor de la mesa, apartándole la silla y atrayendo su atención hacia el libro situado sobre la mesa), *"Y ésta es mi silla"*, al tiempo que se sienta. Para efectuar esta maniobra se contará con la ayuda de la madre, y así, todo andará suave y plácidamente, sin prisa, pero tampoco con tardanza. Si no surge ningún tropiezo, el niño ya se hallará sentado.

Si se aferra a la madre, puede correrse la silla infantil hacia ella, diciendo el examinador: *"Siéntate aquí, al lado de Mamita"*. Al mismo tiempo el examinador empieza a mostrar el libro de figuras. Si el niño llega a ponerse detrás de la mesa y empieza a mirar el libro de pie, se le mostrará el libro como si se hallara sentado, y muy pronto el niño habrá de sentarse espontáneamente, o aceptará la invitación de hacerlo. Esta invitación no tiene por qué ser verbal, sino que puede consistir en un simple y ligero movimiento de la silla. A esta edad deberá ofrecérsele cierta ayuda o protección, por lo menos al sentarse, especialmente si al hacerlo se halla interesado en el libro. Una caída al suelo en este momento pondría brusco fin al examen. El niño lo bastante independiente para caminar por la pieza, alejándose de su madre, generalmente puede ser arreado (nunca forzado) nuevamente a la mesa y puesto en posición. Con frecuencia, cuando el niño se queda parado al lado de la madre, sin miedo, pero sin hacer movimiento alguno hacia la silla, puede conseguirse que se siente al lado de la madre sin resistencia. Si ofrece verdadera resistencia, entonces se le permite sentarse en la falda de la madre, reemplazándose la mesa por otra más alta. Una concesión del examinador, al principio, puede conducir a menudo, por sorprendente que parezca, a ciertas concesiones por parte del niño.

El examinador empieza a mostrar el libro antes, casi, de que el niño se encuentre en posición. Esta situación es empleada con fines de transición y para entusiasmar al niño, aunque posee de por sí un verdadero valor para la estimación evolutiva. El examinador dispone de completa libertad para su empleo: el libro puede ser cuidadosamente estudiado o pasado a la ligera. Si el niño no se muestra reactivo, el examinador suple esta falta de respuesta contestándose él mismo. Ejemplo: *"¿Qué es esto? Es un perrito"*, etc. En la mayoría de los casos, este ataque desarma al niño por completo.

Al comienzo de la demostración con el libro, es muy probable que la madre trate de ayudarlo animándolo a contestar, señalando, etc. Ésta es una excelente oportunidad para indicar a la madre cuál es el papel exacto que a ella le toca. *"Está bien así. Yo le voy a hablar ahora. Todo irá perfectamente"*. El papel de la madre consiste en prestar su apoyo moral al niño mediante su presencia, pero no en intervenir en el examen —a menos que se le pida especialmente. El examinador debe apresurarse a hacerse cargo de la situación si sobreviene cualquier contratiempo, tal como romper el lápiz o mojar el piso, a fin de evitar que la madre reprenda al niño o le indique de cualquier manera que se ha comportado mal.

Cuando el interés por el libro empieza a desvanecerse, el examinador presenta los cubos. Sólo entonces, y no antes, será retirado el libro. Este control de la relación existente entre el interés, la representación y el retiro es la clave para el manejo del examen a estas edades. El alcance de la atención del niño es muy limitado y breve, de modo que el examen debe moverse con una rapidez proporcional, pero cuidando de hacer las transiciones de una situación a otra lo más plácidas posible. No se puede pretender que el niño permanezca sentado sin una ocupación interesante, ni que se muestre obediente a la razón o que haga cosa alguna nada más que para complacer al examinador. Sólo habrá de responder en la forma en que se sienta impulsado a hacerlo por sus propias necesidades y deseos interiores. No habrá de renunciar, por cierto, a un juguete, solamente porque el examinador así lo desee, pero, en cambio, es seguro que lo soltará apenas se le ofrezca algo nuevo. A veces resulta peligroso recuperar un objeto de prueba del niño, pero generalmente esto puede lograrse sin dificultades si el examinador se limita a sujetarlo, esperando que el niño lo suelte para sacárselo. A veces le dará el juguete a la madre; en este caso, ésta se lo pasará al examinador.

A los 18 meses, las instrucciones verbales u órdenes se le dan al niño en frases cortas, y generalmente repitiéndolas; a los 2 años pueden usarse frases breves y sueltas. El examinador siempre debe dirigirse al niño por su sobrenombre o nombre, más que usando el pronombre personal: *"Pedrito, hazlo"*.

Si el niño muestra aversión a permanecer en la mesa ya en pleno examen, de ordinario se debe, o bien a que está perdiendo el interés, o bien a que está perdiendo confianza en sí mismo. La dependencia de la madre y el impulso a la actividad motriz son los factores más comunes de complicación. La aproximación prudente y la consiguiente cuidadosa actitud del examinador, así como la presencia de la madre, deben subsanar la primera complicación; la regulación apropiada de la marcha del examen basta, de ordinario, para contrarrestar la segunda. Las garantías verbales no son en sí mismas especialmente útiles, puesto que la comprensión del niño a estas edades es todavía muy limitada. El tono de la voz, sin embargo, parece a menudo significar algo para el niño y a veces suele responder en forma sorprendente a una frase bien elegida como "se acabó" *(all gone)*, "basta", "chico grande". En cierta ocasión en que un niño que se hallaba sentado en la falda de la madre se había vuelto de espaldas, el dedo en la boca, los ojos cerrados y cerrados todos los sentidos al examinador y a sus reiteradas invitaciones a jugar, el examinador, en un relámpago de inspiración exclamó de pronto: *"¡A despertarse!"*, ¡con un completo y sorpresivo éxito!

TRES AÑOS

La introducción al examen del niño de 3 años sólo difiere ligeramente de la de niños más pequeños. Al entrar, el examinador puede dirigir directamente al niño una sonrisa y un "¡hola!", sin exigir respuesta alguna. La duración de la primera entrevista depende, como antes, de la actividad desplegada por el niño en ese lapso. Si se encuentra a gusto, entonces el examinador podrá levantarse y preguntar: *"¿Vamos a jugar con algunos juguetes?"*, tendiéndole la mano. Puede suceder que acepte o no la mano, pero si acepta la invitación verbal, el examinador dirá: *"Mamá va a esperar"*, y a la madre: *"Dentro de un ratito volvemos"*, llevando al niño hacia la puerta. Al tiempo que se acercan a la pieza de examen, el examinador dirá: *"Aquí es donde están los juguetes"*, etc., tratando de mantener vivo el interés del niño por los juguetes y de prevenir una retirada hacia su madre. Si no se muestra decidido a aceptar la invitación, el examinador agregará rápidamente: *"Mamá también viene"*, y ésta acompañará al niño. Alrededor de un tercio o algo menos de los niños de esta edad abandonan a la madre simplemente con una mirada hacia atrás. Como no representa una gran ventaja examinar al niño sin la madre, a esta edad, no hay que ejercer ninguna presión. La respuesta del niño a la invitación, sin embargo, es significativa, y siempre habrá de formularse, por lo tanto, a menos que el niño se muestre ostensiblemente dependiente de la madre. Si el niño inicia la marcha con decisión y después se arrepiente, el examinador siempre estará listo para decir: *"Vamos a hacer que venga mamá también"*. A veces es necesario interrumpir el examen para ir a buscar a la madre.

El examinador debe observar si el niño prefiere tomar la mano de la madre o la suya al entrar a la pieza de examen, o si prefiere la independencia, respetando siempre sus deseos. Muchos niños de esta edad se dirigen a la pieza de examen y se sientan allí en forma completamente espontánea. Si el niño parece inseguro de lo que debe hacer, el examinador le dirá: *"Esa es tu silla y ésta es mi silla. Vamos a mirar el libro"*. Si el niño no se sienta sino que se queda parado detrás de la mesa, se hará caso omiso del hecho de no haberse sentado, dándose comienzo al examen. Como en edades anteriores, no bien empiece a interesarse, generalmente en las situaciones de la construcción con cubos, se sentará espontáneamente o a una indicación. A esta edad raras veces hace falta recurrir a la ayuda de la madre, que se limita a su función de espectador pasivo. El examinador no debe vacilar, sin embargo, en acudir a la madre, si su influencia es necesaria para ayudar a la adecuación del niño.

A los 3 años el niño es examinado, de ordinario, sin ninguna dificultad, siempre que el ritmo del examen se adapte a su naturaleza y el examinador no se muestre porfiado. Es de esperar a esta edad, sin embargo, y aun en los niños más dóciles, el rechazo de una o más situaciones. Esta negativa deberá ser respetada, aunque el examinador podrá decir: *"Vamos a hacerlo después"*. Puede presentarse de nuevo la situación, más tarde, durante el transcurso del examen: *"Vamos a hacer esto ahora"*. El examinador deberá aceptar una segunda negativa en caso de que ésta se produzca. A menudo se puede negociar con el niño de 3 años: *"Vamos a hacer esto ahora y entonces podremos..."* (algo tentador para el niño).

En ocasiones suelen encontrarse niños altamente sobreactivos a esta edad, más interesados en treparse a la mesa y sillas o en cambiar los muebles de lugar, que en cumplir los requisitos del examen. Para controlar a algunos de estos niños, será necesario que la marcha de una situación a otra sea extremadamente rápida, con entusiastas comentarios por parte del examinador y una profusión de alabanzas. Con otros no habrá más remedio que darles breves intervalos durante el examen para que desahoguen parte de sus energías. Se le permitirá que se levante y corra por la pieza, y luego: *"Ahora vuelve aquí que vamos a ver otra cosa"*. Algunos niños trabajan perfectamente bien mientras trepan y saltan. En algunos casos se hace necesario retirar la silla infantil de la pieza.

En el caso de niños dependientes, el contacto puede establecerse por medio de la madre, quien se sentará muy cerca, a su lado, y tomará parte activa en el examen, construyendo torres, haciendo demostraciones, participando del espíritu del examen, etc. Cierta vez un niño de 3 años, sumamente inhibido y dependiente, prácticamente fue examinado por su padre, uno como hay pocos, en verdad. La perspicacia y el tacto del padre eran notables y el examinador pudo indicarle, casi sin palabras, la forma adecuada de considerar cada situación.

CUATRO AÑOS

La aproximación del examinador al niño de 4 años es más directa que en los casos antes descritos, sin por ello ser precipitada. Tras un breve período de adecuación y unas pocas observaciones a manera de introducción, el examinador puede decir: *"¿Viniste a jugar con algunos juguetes?"*, invitándolo a entrar en la pieza en forma tal que descarte la compañía de la madre. *"¿Vamos a jugar? Mamá va a esperarnos aquí"*. Y a la madre: *"Dentro de un ratito volvemos"*. El examinador deberá mostrarse discreto al ofrecerle la mano al niño de 4 años, puesto que algunos no se hallan muy dispuestos a aceptar al examinador en forma total, en tanto que otros pueden interpretarlo como un atentado contra su independencia. Si el niño parece necesitar alguna seguridad, aceptará gustoso la mano del examinador. La mayoría de los niños de esta edad acompañan al examinador sin titubear, si éste así parece esperarlo, y aunque suelen preguntar frecuentemente por la madre durante el transcurso del examen, en seguida se tranquilizan cuando se les dice que está afuera esperando. Algunos se hallan más a gusto en el examen y hablan con más libertad cuando se encuentran a solas con el examinador. Es de desear, por consiguiente, efectuar la separación en lo posible, pero nunca habrá de engañarse al niño, avergonzarlo, rogarle o forzarlo de cualquier otra manera. En caso de que surja cualquier dificultad seria para separar al niño de la madre, se deberá invitar a ésta a que acompañe al niño. Una vez comenzado el examen se le dará instrucciones en el sentido de que debe limitarse al papel de un espectador pasivo, a menos que su falta de respuesta al niño lo afecte indebidamente.

Al entrar al cuarto de examen se le indica al niño su silla. A esta edad apenas existe, prácticamente, dificultad en lograr que el niño se siente. Como en edades anteriores, ahora también el examen debe ser conducido a buen paso; por regla general no se presentan inconvenientes para efectuar las transiciones. Muchos niños de 4 años suelen pedir ir al baño en el transcurso del examen. La mayoría, sin embargo, permanecen sentados a la mesa durante todo el examen, aunque a menudo demuestran su tensión o inquietud agitando los pies, retorciéndose en la silla, etc. El examinador debe mantenerse alerta a estos signos, pasando de una situación a otra lo bastante rápido para evitar que la inquietud se apodere completamente del niño. Si se levanta, generalmente vuelve a sentarse a un pedido del examinador.

A esta edad más que a ninguna otra, el examinador podrá advertir que el objeto del examen es desplazado con éxito por el niño mediante sus preguntas y anécdotas. Puede llegar a descubrir, incluso, que es el niño quien está realizando el examen. La mayoría de las preguntas habrá que contestarlas en la forma más simple posible, recordando al niño la tarea que tiene entre manos. Si las preguntas se vuelven muy numerosas y desligadas del tema, el examinador dirá: *"Ya te voy a decir después que hayas terminado; ahora vamos a hacer esto"*. El niño de 4 años responde bien a los elogios, por lo cual habrá que alabarlo por sus aciertos y sus esfuerzos. Es el niño inhibido el que habrá que alentar especialmente, a fin de que se sienta a gusto. El niño exuberante, sobreproductivo, debe ser mantenido bajo una discreta vigilancia, recordándosele de vez en cuando que tiene una tarea que cumplir. No obstante, si se le presiona demasiado, puede estallar indignado y negarse a realizar una sola prueba más. Mucho mejor es prever esta reacción y adelantarse a ella pasando a la situación siguiente, o intercalar algunas situaciones más interesantes para el niño.

CINCO AÑOS

El niño de 5 años ha perdido gran parte de la ingenuidad de sus predecesores y el examen, acorde con su madurez, ya no consiste en una situación de juego. Se ha convertido ahora en una serie de tareas agradables impuestas por una especie de maestro. Este niño se halla acostumbrado, sin embargo, a tratar a extraños y mantenerse firme en su terreno; ya empieza a acostumbrarse a dominar su atención, su actividad y su locuacidad, y colocado en una situación adulta, trata de acomodar sus iniciativas a las del adulto. Todo esto, por supuesto, dentro de ciertos límites. Puede y debe ser tratado, por lo tanto, a la manera adulta, también dentro de ciertos límites.

Por lo común, previamente a la visita, se le ha dado una explicación simple pero satisfactoria de su objeto, por lo cual el examinador lo puede abordar muy pronto después de su llegada. *"Tengo algunas cosas para mostrarte. ¿Quieres venir conmigo?"* Esto, junto con una sonrisa amable bastará, por lo general, para que el niño acompañe gustosamente al examinador al cuarto de examen. Cualquier vacilación será subsanada con una observación como: *"Tu mamá nos esperará aquí"*, al tiempo que se dirá a la madre: *"En seguida volvemos"*. A esta edad lo usual es que el niño posea la suficiente confianza en sí mismo para dejar a la madre. Puede ocurrir que pregunte una o dos veces por ella durante el examen, pero raramente insistirá en verla. Si resulta realmente difícil la separación, se permitirá a la madre que lo acompañe al cuarto. Se sienta, a cierta distancia del niño, permaneciendo silenciosa e inactiva durante el examen, si bien puede cooperar para que el niño acepte la silla y la mesa. La presencia de la madre, sin embargo, es menos deseable a esta edad que en las anteriores, porque a los 5 años el niño es más consciente de sí mismo que sus menores.

De ordinario, el niño de 5 años es capaz de acomodarse a cualquier orden en que las situaciones sean presentadas, pero generalmente es prudente, a menos que inmediatamente se muestre charlatán, posponer los tests de tipo verbal hasta tanto no se sienta completamente a gusto. La construcción con cubos y el dibujo interesan por igual a los niños y cualquiera de estas situaciones puede usarse para iniciar el examen. También es capaz de acomodarse a las pausas en el examen, pero aun así, no son de desear, debiendo proseguir el examen lo bastante rápido para impedir que se disipen el interés y la atención del niño. No debe ejercerse una indebida insistencia sobre una respuesta determinada, o una repetición excesiva del mismo test o de tests similares, ante una negativa o fracaso. La negativa a contestar puede solucionarse con: *"Bueno, ya lo vamos a hacer después"*, si la causa de la resistencia parece ser una inhibición. Si parece tener miedo de fallar, el examinador podrá decirle: *"Ésa es difícil, ¿no es cierto? Pero tú prueba; haz todo lo que puedas"*. Dado que ahora el niño tiene mayor conciencia de sus fracasos e incapacidad en las situaciones de prueba, no siempre pueden soslayarse con un *"¡Muy bien!"*, cuando es obvio que no están muy bien. Si el fracaso está a la vista, el examinador podrá decir: *"Ésa era difícil. Lo hiciste muy bien"*, o cualquier otra observación, que demuestre que las dificultades y el esfuerzo del niño han sido apreciados.

En circunstancias ordinarias, el examen del niño de 5 años no presenta dificultades. De tanto en tanto, aparece un niño inquieto; entonces se le permite levantarse e ir hasta la ventana para mirar por ella y *"Luego acabaremos"*. Algunos niños no necesitan un gran estímulo para finalizar el examen, pero generalmente se les puede convencer de que se queden mediante la frase: *"Ya casi hemos acabado. Un rato más solamente"*.

§ B. RITMO Y ORDEN

R I T M O

El examen ideal no consiste simplemente en una serie de tests aplicados uno tras otro a un niño de buena conducta y dispuesto a cooperar. A los 18 y 24 meses, especialmente, el éxito del examen depende mucho más del examinador que del niño. (Al hablar del éxito de un examen, nos referimos no a lo bien que el niño responde comparativamente con su nivel cronológico, sino a la obtención de respuestas significativas, con un mínimo de negativas y sin ningún trastorno emocional.) El niño es una pequeña criatura dinámica, con un fuerte impulso motor, una capacidad de atención relativamente limitada y aptitudes también limitadas, y además, especialmente reacio a las ocupaciones sedentarias prolongadas. Estos factores son causas de dificultades, pero comúnmente no insuperables, en toda situación que le exija una atención sostenida mientras permanece sentado, para poder resolver problemas que ponen a prueba, exigen y en algunos casos, exceden, sus aptitudes e intereses. En estas edades, el niño ya empieza a advertir algunas de sus facultades, poniéndolas él mismo a prueba, con independencia del adulto. El afán de hacer una cosa por sí mismo a menudo se extiende al afán de hacerla a su manera, y puede conducir, inversamente, al impulso de *no* hacerlo en la forma que desea el adulto, y aun de no hacerlo en absoluto. Resulta interesante tener en cuenta estos factores particulares, cuando cada paso que damos debe tender también a convencer al niño de que se halla seguro, de que la madre está con él, de que no intentamos hacer nada con su persona o con el *status quo*. Quizá el niño pudiese alterar el *status quo*, pero no nosotros.

Cada examinador resuelve estos problemas en forma distinta, pero en general se puede decir que hay que tratar de desarmar al niño manteniéndolo junto a la madre, evitando realizar una aproximación directa, y tratando de no pedirle nada. Esto tiende a eliminar el "No", tan a menudo descrito como característica de estas edades; en realidad, sólo un examinador incauto puede aceptar el "no" sin vacilar, al pie de la letra. Debemos tratar, también, de descender del nivel del adulto que le pide hacer tal o cual cosa, al del amigo que juega con él en su propio plano. Esto no sólo significa que el examinador entra en el espíritu del juego, pues juego ha de ser para el niño, sino que incluso llegará a jugar si esto es necesario, y habrá de limitar el alcance de su interés y de su atención al radio de acción del niño.

Cuando el niño se halla cansado, debemos mostrarnos prudentes y no insistir. Cuando él se interesa por algo, nosotros nos mostramos contentos, y cuando para él algo "se acabó", para nosotros también se acabó. Las transiciones se realizan con rapidez y el interés se mantiene despierto sustituyendo el material viejo por otro nuevo, una vez que aquél ha sido utilizado a satisfacción del niño. Esto puede significar, incluso, ninguna utilización en absoluto. Un niño puede recorrer la serie entera de objetos de prueba en menos de diez minutos. Esto puede hacernos pensar que no hemos agotado todas las posibilidades del niño frente a cada objeto, pero si él ha jugado con cada objeto, abandonándolo luego, no se podría obtener más de él, sino verdaderamente menos, haciéndole repetir o extender su desempeño. Inversamente, puede suceder que un niño se niegue a devolver un juguete cuando nosotros sentimos que ya nada más puede decirnos, por mucho que siga jugando con él. Lo que debemos recordar es que si interrumpimos el curso de su interés nada más que porque el nuestro se ha agotado, bien puede suceder que al presentarle el juguete siguiente no nos demuestre nada.

En todas las edades preescolares el interés debe aumentar paulatinamente, a medida que se desarrolla el examen; nada debe ser agotado por completo. Esto quiere decir que el ritmo del examen es de primordial importancia. Éste difiere para cada niño y sólo puede ser determinado empíricamente. Por lo general, tras un comienzo lento o relativamente lento, se vuelve rápido. El examinador que debe detenerse para realizar minuciosos registros de cada respuesta o para fijarse lo que debe seguir a continuación, etc., hallará que el ritmo se empantana, el interés se disipa, el niño comienza a levantarse cada vez más frecuentemente y a correr por la pieza, debiendo tentársele para que vuelva: entonces su interés debe ser avivado de nuevo y muy probablemente, en realidad, más que interés sea resistencia lo que se obtenga. Si, no obstante, el pasaje de una situación a otra adquiere una plácida oscilación, se pueden llegar a insertar una o dos situaciones de escaso interés para el niño y lograr un verdadero esfuerzo gracias al solo impulso alcanzado por el examen. Para recuperar la ligera pérdida de movimiento que esto habrá de ocasionar, el examinador deberá apresurarse a volver al ataque con una situación atractiva para el niño.

ORDEN

Es el orden el que mejor estimula, levanta y sostiene el interés a todo lo largo del examen. Del mismo modo en que los niños muestran ciertas diferencias en la rapidez con que agotan las posibilidades de las diversas situaciones de prueba, también difieren en el monto de interés que una situación dada les despierta. Corresponde al examinador percibir estas diferencias y actuar de acuerdo con ellas, y es por esta razón que a veces el orden de las situaciones es alterado a fin de satisfacer las necesidades del caso. Sin embargo, es mejor apartarse de un plan básico de aplicar los tests al azar. Las desviaciones, si se practican conscientemente y con discernimiento, tienen sentido, puesto que nos ayudan a interpretar la conducta del niño en función de su madurez y también de su personalidad.

Al examinar un niño deseamos descubrir lo que él es capaz de hacer y también lo que no es capaz de hacer; cómo hace las cosas de que es capaz y cómo intenta hacer aquellas de que no es capaz. El primer requisito es la cooperación del niño, y para contar con ella debemos ganarnos su confianza y su interés. Las tareas demasiado difíciles no tardan en agotar el interés y desalentar el esfuerzo. En general, por lo tanto, los exámenes están planeados de tal modo que en una situación o grupo de situaciones dadas, la progresión va de las tareas más simples a las relativamente más difíciles, volviendo luego nuevamente al nivel de la capacidad del niño.

Dado que la repetición del mismo tipo de situaciones se hace aburrida para el niño con extrema rapidez, con frecuencia se introducen variaciones. Puede parecer conveniente y lógico, por ejemplo, aplicar todos los tests que exigen una respuesta verbal en una serie (a los 4-5 años); y sin embargo, puede resultar más prudente dar sólo algunos, intercalar algunos tests de ejecución y aplicar más tarde el resto de los tests verbales.

El problema de la transición de una situación a otra es de particular importancia en los niveles cronológicos inferiores (18-24-36 meses). El niño puede ofrecer dificultad para renunciar a un juguete a cambio de otro a menos que se le proporcione un "puente", o que tienda a ser tan perseverante, que el examinador deberá cuidar de proveer con frecuentes intervalos situaciones tendientes a producir un cambio en la dirección y corriente de la conducta. Las situaciones que despiertan resistencia o negativas deben ser pospuestas hasta haberse logrado una cooperación más completa por parte del niño.

Hasta donde los principios importan, podemos resumir todo esto diciendo que primero se dan las tareas fáciles, que éstas se varían, que se procura facilidad de las transiciones y que hay que mantenerse alerta a cualquier síntoma de que el interés se disipa, o de resistencia, sosteniendo un sentimiento de éxito durante todo el transcurso del examen.

El orden corriente para administrar las situaciones de prueba se ha reseñado en § 2, página 387. La Sucesión de Situaciones fue elaborada sobre la base de la experiencia clínica, para impartir unidad orgánica al examen y para mantener una fluidez máxima del desempeño. Sin embargo, el orden sólo es un medio para llegar a un fin, y el examinador puede alterar el orden ante la conducta de cualquier niño en particular, si con estas alteraciones se hace posible alcanzar los dos objetivos de unidad y fluidez.

CAPÍTULO XII

ADAPTACIONES CLÍNICAS A LAS CONDICIONES ATÍPICAS

En el capítulo anterior nos referimos al examen del niño preescolar en las condiciones ordinarias de examen. Las dificultades allí descritas con que tiene que vérselas el examinador, se encuentran dentro de la escala normal de las variaciones individuales o son más o menos características de los niveles cronológicos estudiados. Ahora nos ocuparemos del niño recalcitrante o inhibido y del niño con defectos físicos que entorpecen la aplicación de los tests, pues no es nuestro propósito dejar al lector con la impresión de que los procedimientos técnicos descritos son suficientes para satisfacer todas las condiciones que pueden presentarse en la práctica clínica diversificada. También es cierto, incluso, que por diversas razones algunos niños excepcionales son inexaminables, en un sentido formal, en cierta etapa de sus carreras, si bien el número de tales casos es extremadamente reducido.

La utilidad del examen del desarrollo para estimar y pronosticar la madurez, se basa en la presunción de que el desarrollo sigue cierto curso fijo; de que los acontecimientos se siguen unos a otros en un orden sucesivo natural; de que si un niño ha alcanzado un nivel dado de madurez a cierta edad, alcanzará, a la siguiente edad y como el día sigue a la noche, el siguiente nivel de madurez. Esta presunción se cumple sólo en ciertas condiciones: se cumple para un niño de dotación física y mental normal y con oportunidades para una experiencia normal. Cuando la dotación mental se halla blanda o moderadamente limitada, siendo los demás factores iguales, el curso del desarrollo no se verá considerablemente alterado, pero sí la velocidad, que será proporcionalmente afectada. Si el equipo físico es sensiblemente defectuoso, las oportunidades para una experiencia normal son limitadas y por lo común la experiencia no es de carácter usual; si la dotación mental se halla seriamente reducida, el niño será incapaz de aprovechar la experiencia en una forma normal; si la experiencia es muy anormal en sí misma, el desarrollo no puede seguir su curso natural por lo mucho que depende de las experiencias.

No es fácil definir lo que se entiende por experiencia normal. Ella está determinada, al mismo tiempo, por la dotación mental y por el medio ambiente. El mejor medio para la experiencia social normal del niño de corta edad ha sido descrito como un hogar familiar único, con una situación familiar estable, con relaciones emocionales sanas y una actitud consecuente y bondadosa en el manejo del niño. También están implicadas las oportunidades para jugar, para trabar amistad con otros niños y para aprender. Esta amplia descripción apenas insinúa los múltiples elementos que configuran la experiencia normal. Es obvio, sin embargo, que un niño imposibilitado para oír o para ver, que no puede caminar o usar las manos bajo un control normal, no puede gozar de todas las experiencias abiertas al niño normal; ni tampoco el niño de asilo, o el niño confinado por meses a una cama de hospital o el acosado por temores, ansiedades o resentimientos, ni siquiera el niño fiscalizado de la mañana a la noche y a quien nunca se le permite hacer nada por sí mismo. Muchos de estos niños podrán alcanzar, finalmente, un desarrollo normal o relativamente normal, pero el curso seguido por este desarrollo será atípico en mayor o menor grado.

Debe usarse suma cautela, por lo tanto, para apreciar el desarrollo de un niño cuyo equipo, tanto físico o empírico, se halla considerablemente desviado de lo normal. Más de un examinador se ha asombrado cuando un niño clasificado primeramente como altamente defectuoso, regresa algunos años más tarde hecho una refutación andante de las viejas predicciones. Es lamentable pensar en el consejo equivocado que debe haber sido cumplido religiosamente sobre la base de un pronóstico imprudente. Tampoco son raras las equivocaciones en el sentido opuesto. Con demasiada frecuencia se ofrecen esperanzas de una futura normalidad, no tanto sobre la base del desempeño en el examen como debido a una apreciación errónea, a inexperiencia, o a demasiada facilidad para excusar los fracasos apoyándose en los defectos. A menudo el deseo es padre del pensamiento.

Todo lo que se puede decir no es bastante para señalar que en condiciones atípicas, los juicios definitivos basados en un solo examen evolutivo son en extremo azarosos. Es necesario realizar observaciones repetidas a lo largo de un extenso período durante el cual el niño se halle en las mejores condiciones posibles para el desarrollo. Estos exámenes deberán ser complementados mediante la observación de la conducta en la casa y mediante la valuación de la respuesta del niño a un programa de enseñanza cuidadosamente planeado y aplicado durante un período de meses o años.

EXAMEN DEL NIÑO CON PERTURBACIONES EMOCIONALES

La estimación de un niño emocionalmente perturbado debe ser prudente. Tanto su aproximación como su manejo deben ser sumamente hábiles o sólo se conseguirá aumentar sus dificultades con el examen. Si el niño se muestra insólitamente temeroso de las personas o lugares extraños, o excesivamente inhibido en esas condiciones, puede ocurrir que ni la presencia de la madre ni todo el tacto del mundo por parte del examinador sean suficientes para tranquilizarlo. En estas ocasiones el niño puede llorar amarga e inconsolablemente, o bien puede gritar y luchar y pelear, o bien puede recogerse sobre sí mismo y rechazar pasivamente todas las invitaciones u ofrecimientos que se le hagan.

Cuando el niño presenta una resistencia activa, especialmente por encima de los 18 meses, es convicción y experiencia de quien escribe que sólo raramente se consigue algo, insistiendo en la tentativa de lograr una adecuación al examen. Si los problemas empiezan tan pronto como el niño llega a la clínica y la madre no ha conseguido calmarlo antes de entrar el examinador, por regla general éste sólo agrega leña al fuego con su presencia o con cualquier maniobra que intente realizar. Si los problemas empiezan con la entrada del examinador o con la entrada al cuarto de examen, la madre a veces consigue apaciguar al niño, entre otras formas, permitiéndole conservar el saco y el sombrero puestos como garantía de que en cualquier momento se le permitirá irse; entretanto, el examinador se apresurará a demostrar sus intenciones benévolas ofreciéndole un juguete o jugando él mismo con un juguete. El examinador no debe mostrar más de uno o dos juguetes antes de tiempo, pues de otro modo quitará toda novedad a las situaciones del examen propiamente dicho. Como último recurso se presentará la pelota, pues es frecuente que acepten jugar con ella.

Frente a un llanto vigoroso y persistente o a pruebas de verdadero miedo o cólera, el examen debe suspenderse lo antes posible. Es más que significativo que la mayoría de estos niños dejen de llorar tan pronto como se les viste para partir, llegando incluso, a decir "adiós" con toda amabilidad. Ésta es la ocasión del examinador para preparar el terreno para una segunda visita más exitosa, diciendo: *"Adiós; la próxima vez vamos a jugar con los juguetes. La próxima vez nos vamos a divertir mucho con ellos"*. La madre será especialmente aleccionada para que no regañe o avergüence al niño o lo reprenda de cualquier manera por su comportamiento en la clínica. En realidad, será necesario tranquilizar a la madre, también, puesto que es muy posible que se sienta confundida y humillada por la exhibición del niño. La actitud del examinador debe ser de simpática comprensión, y ni la madre ni el niño deben llevarse la idea de que lo ocurrido ha sido algo sumamente insólito o inesperado; en verdad, el examinador jamás deberá mostrar enojo o desilusión, ni sentirse inclinado a disciplinar al niño o a ejercer presión o autoridad sobre él. Tampoco debe hacerse que la madre se sienta culpable; se la podrá instruir, sin embargo, para que le haga alguna mención al niño de "la señorita buena" (el examinador o examinadora) y los "lindos juguetes", en forma preparatoria para la visita siguiente. Si la segunda visita es tan borrascosa como la primera, deben dejarse pasar seis o más meses antes de intentar una tercera vez, siendo conveniente proporcionar a la madre ciertos consejos y guías para que se oriente con respecto al niño durante el intervalo.

A veces puede ocurrir que un niño se resista al examen, entregándose, al parecer, a una conducta deliberadamente perversa: voltea la silla, patea la mesa, tira los juguetes por todo el cuarto, se rompe las ropas, escupe, etc., divirtiéndose con esto, según parece, extraordinariamente. Si el juego con la pelota no lo conduce inmediatamente a cauces más aceptables, deberá despachárselo con la invitación a "jugar mucho" la próxima vez que venga. El examinador no deberá permitir jamás ser arrastrado a un conflicto de voluntades con el niño.

El niño que simplemente rehusa contestar, quedándose parado al lado de la madre y resistiéndose a cualquier tentación, deberá ser ignorado momentáneamente. El examinador podrá hablar con la madre o fingirá leer el libro de las figuras. Una de las niñitas del grupo normativo de 3 años se resistió en forma totalmente pasiva, de manera similar, durante una hora aproximadamente, hasta que por fin cooperó en buena forma. De ordinario, nosotros no solemos persistir tanto tiempo, y generalmente los niños pueden superar al examinador en este juego. A veces, si el examinador abandona el cuarto por cinco o diez minutos, es probable que a su regreso se encuentre al niño jugando y deseoso de continuar; pero es igualmente probable, no obstante, que reasuma su actitud anterior. Cierto espacio de tiempo de juego libre en otra pieza bien equipada con juguetes, frecuentemente permite desahogarse a estos niños y a su regreso al cuarto de examen no surgen más dificultades. En este caso, el niño debe ser prevenido de que debe volver al cuarto de examen. A veces el cambio a otro cuarto de examen o aun el cambio de examinador obran milagros. Es un hecho que las mujeres, aunque no más hábiles que los hombres, generalmente tienen más éxito en el trato con los niños de corta edad, debido a que son aceptadas más fácilmente por éstos. De cuando en cuando, sin embargo, aparece un niño a quien "no le gustan las mujeres".

Siempre queda un niño que no responde a ninguna de estas tácticas, manteniéndose inconmovible en su negativa a hablar o jugar; en ese caso, como ya se insinuó, el examinador prudente deberá ceder sin ningún resentimiento, limitándose a sugerir: *"Puedes volver de nuevo y la próxima vez jugaremos con los juguetes"*. Si el examinador hubiera presionado al niño demasiado, la segunda visita no tendría más éxito que la primera. Si, no obstante, el examinador ha dejado hacer al niño, no le ha mostrado enojo y lo ha protegido de las censuras o de la madre, se habrá ganado, seguramente, su confianza.

Defectos físicos

Muchos niños se presentan al examen con ineptitudes físicas y defectos que hacen imposible la aplicación de los procedimientos técnicos ordinarios. En tales circunstancias es evidentemente injusto someter al niño a las condiciones prescritas para casos normales, siendo permisible, en cambio, adaptar el examen a casi cualquier forma que le permita mostrar su capacidad.

No es práctico citar y describir todas las anomalías que pueden presentarse. Las adaptaciones que el examinador debe realizar varían de un caso a otro, dependiendo del tipo y grado de deficiencia presentado por el niño, de las compensaciones que ha realizado, de la edad, etc. Puede ser completamente imposible determinar el C.I. o el C.D. * del niño en el sentido convencional de un examen; pero con tacto, flexibilidad y criterio es mucho lo que el examinador puede llegar a conocer de la madurez del niño, su personalidad y muchos aspectos reveladores de su capacidad potencial.

Defectos motores

Ante una ineptitud motriz, los fracasos y retardos en el campo motor no deben ser "contados" como fracasos y retardos; no deben ser "contados" en absoluto. No debe apreciarse el desarrollo del niño en función de su rendimiento motor, aunque, por supuesto, habrá de estimar su capacidad motriz. El niño tullido que no camina a los 3 años de edad, no caben dudas que está atrasado en el desarrollo de la marcha, pero no por ello ha de ser necesariamente un niño retardado. En tanto que deba determinarse el nivel de su desarrollo motor, deberá estimarse su madurez sobre la base de sus respuestas en los demás campos de la conducta, y la imposibilidad de caminar, pararse en un pie, etc., no deberán considerarse adversamente.

Si fuera éste el único ajuste a realizar, no existirían mayores dificultades para examinar a un niño tullido. Es raro, sin embargo, que una ineptitud se presente tan diferenciada y se la pueda extraer tan nítidamente para los fines del examen. Aunque nosotros hemos separado los campos de la conducta a los fines prácticos de estudio, en realidad se hallan íntimamente relacionados. El examinador debe asegurarse muy bien al apreciar una respuesta en cualquiera de los campos, de que no se halle seriamente influida por el defecto motor. Si el control del niño, por ejemplo, es tan pobre que necesita tomarse de la mesa para mantenerse en la posición sentada, se encontrará evidentemente en desventaja para las situaciones de manipulación manual. Si las dificultades motrices del niño in-

* C. D., cociente de desarrollo. También C. M., cociente de madurez. [E.]

cluyen numerosos movimientos involuntarios no coordinados, los patrones prensorios y manipulatorios se verán falseados y aun las respuestas visuales pueden ser perjudicadas por los movimientos sin control de los ojos y de la cabeza. También puede estar afectado el lenguaje. En estos casos, el examinador tendrá que basarse, en lo posible, sobre aquellas respuestas no afectadas o menos afectadas por la deficiencia física.

El éxito se vuelve, entonces, mucho más significativo que el fracaso. Y aun el "éxito" no siempre puede ser estimado en la forma corriente. Estamos acostumbrados a juzgar el desempeño, en gran medida, por el producto final. Si un niño dibuja la cruz imitativamente, no nos queda ninguna duda de que es capaz de hacerla, y le acreditamos, por consiguiente, un desempeño exitoso al nivel de los 3 años. Teórica y realmente es posible, sin embargo, "aprobar" este test, no en un plano motor sino en el plano adaptativo, sin trazar cruz alguna en absoluto. El examinador de experiencia y criterio clínicos tiene amplias libertades para interpretar la *intención* de la conducta del niño.

Los verdaderos procedimientos técnicos a seguir sólo puede determinarlos el examinador al enfrentar cada caso y sus limitaciones. El examinador deberá entonces agotar todos los recursos posibles para tratar de que el niño responda en forma reveladora. Habrá de permanecer atento a cualquier indicio o clave que proporcione el niño. Para examinar un niño lisiado, el examinador debe, ante todo, ajustar el equipo de modo que el niño se sienta seguro y cómodo en su silla. La conservación de la posición sedente puede demandar tanto esfuerzo y atención por parte del niño, y éste puede hallarse hasta tal punto en guardia constante para no caerse, aun cuando parezca estar perfectamente sentado, que no le será posible desempeñarse de acuerdo con su verdadera capacidad. Quizás sólo haga falta proveerle un sillón para que se sienta cómodo y a gusto; puede hacerse necesario sujetarlo o sostenerlo en la silla, o que la madre lo tenga en la falda, cerca de la mesa. También puede necesitar, cada tanto, un descanso de la tensión a que se ve sometido en la posición sedente.

Debe recordarse que el éxito es tan importante para un niño defectuoso como para uno normal, si no más. El examinador puede proporcionarle toda la ayuda que necesite. Podrá colocarle los cubos, el lápiz, etc., en la mano y luego cerrarle los dedos alrededor; puede ayudarle a mantener firme la cabeza y las manos; puede sujetar la torre y ayudarlo a soltar y alinear los cubos, y en la manipulación del lápiz. Una vez que el niño haya dado cuanto pueda dar de sí, el examinador puede llegar a guiarle la mano y proporcionarle. en forma totalmente deliberada, un éxito ficticio. Su respuesta al éxito puede indicar cierto discernimiento con respecto a la tarea mucho más significativo que su ineptitud para ejecutar la tarea sin ayuda.

El juicio siempre estará calificado por los factores de complicación; la ineptitud real, el halo de ineptitud que puede extenderse a otros campos de la conducta, la fatiga debida a trabajar bajo la acción de una de-

ficiencia seria, las desviaciones en la técnica del examen, la ayuda ofreci-
da, la interpretación, etc. También debe reconocerse que en muchas condiciones el niño se halla en mayor desventaja en ciertas edades que en
otras. El niño con parálisis cerebral, por ejemplo, que tenga la suficiente
edad para haber adquirido la facultad de hablar, puede aparecer mucho
más favorecido que su menor, que no puede hablar y cuyas adaptaciones
manuales no se hallan menos afectadas. La repetición del examen es casi
siempre necesaria para una acabada comprensión del niño defectuoso.

Defectos de lenguaje

Si el oído es normal, el examen de un niño que no hable en forma
inteligible o que no hable en absoluto, no presenta grandes dificultades.
Particularmente en las edades más tempranas (18 meses-3 años) existen
relativamente pocas situaciones en que las respuestas verbales sean esenciales, y el niño puede mostrar fácilmente sus habilidades encarando las
tareas manuales adaptativamente o mediante señas y ademanes. En edades más avanzadas (3-4-5 años) puede reforzarse el examen con tests adicionales de ejecución. Pueden administrarse muchos tests verbales, no obstante, dado que las respuestas pantomímicas son perfectamente aceptables
a falta de lenguaje. Por ejemplo, es posible responder a un crecido número de las preguntas de Acción-Agente mediante el ademán, aunque la
respuesta más será *acción* que *agente*. Las preguntas de comprensión son
contestadas, a menudo, en igual forma, como cuando el niño cierra los
ojos o ronca, en respuesta a "¿sueño?"; o finge comer en respuesta a
"¿hambre?" Aun en niveles más altos de la escala de definiciones (¿Qué
es una silla, un tenedor?, etc.) el niño puede sugerirlas mediante el
ademán sin necesidad de servirse del lenguaje. Una comprensión satisfactoria apropiada a su edad, combinada con un desempeño normal en los
tests de ejecución es todo cuanto se necesita para establecer la normalidad
intelectual de un niño que oye pero que no habla, y también para establecer la normalidad potencial de su desarrollo del lenguaje.

Muchos de estos niños se muestran indecisos para responder a los
tests verbales, o bien se inhiben debido a la conciencia de su defecto;
pero se muestran repentinamente aliviados y reactivos cuando se les dice
que no necesitan contestar sino simplemente "*mostrarme*".

Si el defecto de lenguaje se halla combinado con una deficiencia
motriz seria y el niño no puede responder ni a los tests verbales ni a los
de ejecución, no tendrá ningún medio a su disposición para demostrar
sus aptitudes. En tales casos, el examinador se verá reducido a interpretar
los indicios normativos de atención, de interés y esfuerzo, empresa ésa
tan azarosa que mejor será diferir el juicio que formularlo.

Defectos auditivos

Es la ausencia de comprensión del habla más que la falta misma del lenguaje, la que ofrece dificultades en el examen de un niño sordo. Cuando existe un serio defecto auditivo, tanto el examinador como el examinado deben servirse de ademanes y de la pantomima para la comunicación. Dado que el niño no puede hablar, el examinador deberá usar tests de ejecución para estimar su madurez, y puesto que el niño no puede oír, no podrán usarse aquellos tests de ejecución que requieren instrucciones verbales (como el de dibujar burbujas). Los tests deben ser escogidos de tal manera que el niño no tenga ninguna dificultad para comprender lo que se espera de él.

Muchas situaciones de prueba (construcción con cubos, dibujar, tablero de formas, encastre de las formas, jugar con la pelota, etc.) prácticamente se explican a sí mismas; el examinador se limita a señalar o demostrar, dando luego al niño su oportunidad para responder. Algunos tests verbales no pueden usarse en absoluto, pero muchos otros pueden adaptarse con todo éxito para los niños sordos. En los párrafos siguientes describiremos algunas adaptaciones que pueden llevarse a la práctica fácilmente. Sin duda, los propios tests se encargarán de sugerir otras variantes y aplicaciones. Pueden llegar a ser necesarias, incluso, para el examen de un niño que hable un idioma extranjero, si no se dispone de ningún intérprete. Debe recordarse siempre que en muchos casos los tests sufren tantas alteraciones que ya dejan de ser los mismos tests, siendo imposible valuarlos correctamente como equivalentes a los niveles cronológicos asignados regularmente. Las respuestas pueden ser utilizadas, sin embargo, para efectuar una determinación aproximada del nivel de comprensión y discernimiento del niño, y para complementar la información provista por los tests de ejecución, incluyendo los tests especialmente elaborados para los niños sordos.

Puente (3-4 años). Cuando se presenta esta situación a un niño con sus facultades auditivas normales, a menudo se le llama "casa" a la construcción, y "puerta" a la abertura existente entre los dos cubos de la base. Para proporcionar al niño sordo aproximadamente las mismas claves, puede demostrarse la puerta haciendo pasar un lápiz a través de la abertura.

Bolita y Frasco (18 meses-2 años). El niño de corta edad o bien introduce espontáneamente la bolita en el frasco o bien puede inducírselo a hacerlo señalando primero la bolita y luego el frasco. Para provocar la extracción de la bolita de dentro del frasco, el examinador empieza por mostrar al niño sordo una bolita en la palma de la mano, enseñándole luego la mano vacía y la bolita dentro del frasco.

Hombre Incompleto (4-5 años). Las instrucciones para completar el Hombre Incompleto no siempre pueden transmitirse con éxito al niño sordo. A menudo será necesario que el examinador señale la oreja del hombre y el lugar correspondiente a la otra oreja; también puede hacer una pantomima, simulando dibujar la otra oreja, e incluso puede llegar a dibujarla realmente. Si el niño no prosigue con las partes restantes, se le devuelve el dibujo al niño, vuelve a ofrecérsele el lápiz y se le anima con el ademán de continuar.

Partes omitidas. (4-5 años). Si el niño logra completar el Hombre con éxito, puede continuarse inmediatamente con el test de las Partes Omitidas, que· el niño indicará con el ademán.

Tarjetas de Figuras (18 meses-3 años). Con los dispositivos y equipos ordinarios de examen, no puede usarse la situación de la Tarjeta de Figuras en su totalidad, pero el examinador puede determinar la aptitud del niño sordo para reconocer las representaciones gráficas. Se presentan una junto a otra, la taza blanca esmaltada y la tarjeta con las figuras, y el examinador señala tan pronto una como la otra; luego el examinador puede proseguir señalando su propio zapato, mirar al niño en forma inte۬rrogante, y luego mostrarle la tarjeta. El libro y el reloj pueden presentarse de la misma manera. Es· evidente que sería perfectamente posible disponer de otros objetos para exponerlos en forma similar.

Tarjetas de Figuras de Stanford (3-4-5 años). Las tarjetas de Figuras de Stanford pueden ser presentadas al niño y éste podrá responder o no. Naturalmente, el éxito es mucho más significativo que el fracaso. El señalar, con pruebas reales de interés, a veces puede interpretarse como enumeración; los ademanes, así como la imitación del llanto en la Escena Holandesa, pueden considerarse, de igual manera, como descripción.

Contar (4-5 años). Este test suele obtener respuestas acertadas si el examinador lo demuestra con dos y luego con tres cubos, señalándolos y alzando después el número correcto de dedos. Entonces se colocan cuatro cubos en hilera y el examinador se queda a la expectativa, mirando al niño. Si la respuesta con el cubo es correcta, puede usarse la prueba de los centavos.

En todas estas situaciones es el desempeño acertado el que importa realmente, porque sólo en este caso puede estar seguro el examinador de que los requisitos del test· han sido comprendidos. Es sorprendente la rapidez con que un niño sordo inteligente capta los pequeños indicios del examinador. Su deseo, casi ansiedad, de comprender y cumplir correctamente lo indicado, constituye un rasgo interesante y significativo, y su percepción del éxito puede ser definidamente reveladora.

Al valorar los resultados del examen, debe recordarse que el niño sordo se halla seriamente afectado en la comprensión, expresión y experiencia, y por lo tanto, aun con una dotación mental potencialmente normal, casi inevitablemente habrá de mostrar, sobre la base de los tests ordinarios, cierto grado de retardo en comparación con el niño normal. Siempre hay que esperar en el examen un grado moderado de retardo aun cuando se les haya impartido enseñanza especial durante largo tiempo.

Defectos visuales

El grado de dificultad experimentado por un niño visualmente defectuoso para cumplir los requisitos del examen evolutivo, depende, en gran medida, de la gravedad del defecto. En forma general, puede afirmarse que un niño que vea lo bastante bien como para caminar por la casa sin protección, podrá responder bien al examen aun cuando la vista sea evidentemente pobre. Puede ocurrir que haya que hacer las demostraciones a una distancia del niño más reducida de lo que se acostumbra, lentamente y dándole un realce especial, y ampliándolas en lo posible, pero resulta sorprendente la escasa frecuencia con que se hacen necesarias desviaciones marcadas de los procedimientos técnicos. No deberán considerarse los fracasos claramente originados en su incapacidad de ver; un desempeño acertado al nivel cronológico del niño será altamente significativo.

Estos hechos se hallan mejor ilustrados en breves reseñas de exámenes reales. Una de las experiencias más sorprendentes fue la de un niño de 3 años cuyas pupilas habían sido dilatadas en la creencia errónea de que debía visitar una clínica óptica. Su desempeño resultó superior al nivel de 3½ años, y aun llegó a hacer una excelente demostración con las formas y las figuras geométricas, pese a la parálisis de acomodación. Un nuevo examen, realizado algunos días más tarde, sin la atropina, no arrojó ningún progreso significativo en el desempeño.

Muy interesante fue también el caso de una niñita con cataratas congénitas y un alto grado de miopía, cuya carrera evolutiva tuvimos oportunidad de seguir. Aunque fracasaba sistemáticamente en las pruebas que exigían una discriminación visual real, nunca tuvo dificultades para evidenciar su normalidad. A los 18 meses poseía un vocabulario de diez palabras; logró constituir una torre de tres cubos, sacó la bolita del frasco, hizo imitativamente un garabato, y colocó la pelota sobre la silla y la mesa, a la orden. Su defecto visual perturbó, evidentemente, sus respuestas al dibujo de un trazo, al tablero de formas y la caja de prueba; aparentemente, no vio los agujeros de la caja en absoluto. Mostró un gran interés por las luces y su incierta disposición social con el examinador pudo explicarse por su imposibilidad de advertir los cambios en la .expresión facial. En realidad, su disposición para el trabajo fue excelente.

A los 2 años, seis meses después del tratamiento (*needling*) de aguja de las cataratas, imitó el tren de cinco cubos y trató de imitar el puente. Identificó tres figuras. Ya usaba frases cortas como: "Mamá sentada en la silla", y era capaz de decir su nombre completo y de recitar uno o dos versos infantiles con algún requerimiento. Mostró tener dificultades con las situaciones de dibujo, las formas de colores y el tablero de formas debido a su vista defectuosa. Ésta se hallaba tan seriamente afectada que incluso mostró algunas cegueras parciales.

A los 3 años usa anteojos. Nuevamente falla en la imitación del puente, y aunque ahora imita el trazo, no discierne la dirección ni tampoco imita la cruz. Coloca una forma geométrica aumentada correctamente, y todas las formas de colores. Resuelve el tablero de formas con dificultad, pero lo resuelve. Contesta a las preguntas de comprensión correctamente, respondiendo a los tests verbales sin dificultades. Por primera vez muestra una tendencia a "cubrir" su deficiencia en la respuesta a las figuras:

perro	"perro"
zapato	"auto"
casa	"Ese es un garaje"
reloj	"Ese es un jarrón, parece un jarrón"
canasta	"luna"
libro	"Ese es un auto"
hoja	"Ese es un gato"
bandera	"Ese es un plato"

Cuando se le presentó la Escena Holandesa, exclamó: "Ése es un chico. Sáquela".

Indudablemente, la dotación de esta pequeña niña es perfectamente normal. Con su capacidad para superar el examen pese a su deficiencia física, demostró desde la edad más temprana poseer una aptitud intelectual enteramente normal.

La ceguera total es otra cuestión. El examen de un niño ciego mediante los procedimientos normales sería casi imposible a los 18 meses y a los 2 años, aunque podría llegar a saberse mucho por medio de la observación de su juego espontáneo y de sus adaptaciones a la rutina cotidiana. Después de los 3 años ya pueden aplicarse los tests verbales. Gran parte de la aptitud de responder del niño ciego depende del tipo de asistencia y enseñanza recibidas; mucho más podría esperarse de un niño que hubiese recibido una educación especial en una institución para niños ciegos que de otro que hubiera sido sobreprotegido en su casa. Como en el caso del niño sordo, el defecto es tan serio que aún en las mejores condiciones habrá que esperar cierto grado de retardo en los años preescolares. La respuesta a la enseñanza es el reactivo, la respuesta a un examen es un simple indicador.

Significado de las desviaciones en la conducción del examen

Cuando posee un conocimiento y comprensión completos del desarrollo normal, el examinador experimentado puede ir mucho más allá de la simple estimación del nivel de madurez. El examen evolutivo, en manos competentes, es mucho más que una mera serie de tests. Es, además de muchas otras cosas, una situación social que el niño debe ser capaz de satisfacer. Los requisitos sociales del examen dependen del nivel cronológico del niño y la experiencia toda está planeada de tal modo que el niño no debe hallar dificultades reales para aceptar la nueva situación;

por el contrario, más bien debe disfrutar de ella. Se le concede tiempo para que realice su propia estimación de las intenciones del examinador, se le da tiempo para que desarrolle sus propias ideas, se lo protege, se lo alaba, se le brindan juguetes tentadores, y no se lo apura ni se lo molesta ni se lo presiona o censura. A medida que se hace más grande, se supone que habrá aprovechado suficientemente las experiencias acumuladas como para tornarse confiado y razonablemente responsable en las situaciones sociales. El examen evolutivo ha sido pensado, en realidad, para tornar la conformación del niño fácil y agradable.

El supuesto es, en consecuencia, que un niño normal cuyas experiencias de la vida hayan sido usadas, habrá de aceptar y disfrutar del examen. Que éste es un supuesto válido y modesto lo demuestra el hecho de que en el servicio clínico en gran escala, aplicado a niños de todas las clases y provenientes de todo tipo de ambiente, sólo dos o tres entre cien, como máximo, no logran adecuarse al primer examen, y de que a ninguna edad esta proporción es significativamente mayor que en otra edad cualquiera. Si un examinador dado tiene un porcentaje mucho más alto de niños que no logran adecuarse, la presunción será que las condiciones del examen no son las apropiadas; esto puede significar que los dispositivos físicos y el equipo no son adecuados o que los métodos mismos son defectuosos. Si las condiciones para el examen son favorables, el niño que no logra adaptarse a la situación del examen es, indudablemente, anormal. Si las condiciones deben ser alteradas considerablemente para que pueda acomodarse, también será anormal. La anormalidad puede descansar en sus experiencias pasadas que no lo han preparado para una contingencia de este tipo o puede tener raíces mucho más profundas.

Así considerado, el examen no sólo pone a prueba la capacidad del niño para construir torres y dibujar círculos, sino también su aptitud para relacionarse con personas extrañas, para conformarse a las situaciones nuevas, para ceñir su conducta a la tarea entre manos; el examen revela sus intereses, la calidad de su atención, la rapidez con que su interés se agota, su tenacidad frente a las dificultades, la percepción de sus propias habilidades, su voluntad de "probar", su reacción al elogio, al éxito, al fracaso, su comunicatividad, su minuciosidad o descuido, su prontitud para aceptar o pedir ayuda, etc., etc.; en suma, que son innumerables las formas en que el niño se revela a sí mismo. Las respuestas inusitadas y extravagantes son de valor e inmediatamente se las reconoce como significativas; la forma y modo de la respuesta son tan significativos como la respuesta misma.

La situación del examen puede aportar, también, un valioso conocimiento de la madre y de la relación madre-niño, otra razón más para permitir a la madre que acompañe al niño al cuarto de examen en las edades más tempranas. Si la madre no es advertida del papel que le corresponde sino hasta después de haber empezado el examen, el examinador tendrá una magnífica ocasión para observar la intuición con que reacciona la madre y la perspicacia que posee. Resulta sorprendente el número de madres que inmediatamente se dan cuenta de que no saben lo que se espera de ellas, y cuán alertas y reactivas se muestran a la menor insinuación del examinador. Se hallan a la espera de una palabra o ademán, y, manteniéndose a la expectativa, no se inmiscuyen en el examen si no se les pide. Otras madres se muestran extremadamente ansiosas u oficiosas, demasiado listas a ayudar o disculpar, impacientes, antipáticas, antagónicas o simplemente rudas. El niño puede ignorar a la madre, incluso excluirla, o bien puede querer mostrarle cuanta cosa cae en sus manos y exigir de ella una palabra de encomio para cada tarea; puede insistir en sentarse cerca de ella, puede solicitarle silenciosamente permiso para tocar juguetes. Aun cuando la madre no acompaña al niño al cuarto, la forma en que se separa de ella y la frecuencia o ausencia de referencias a la madre en el transcurso del examen también son reveladoras.

El examen evolutivo revela, por lo tanto, no solamente la madurez y capacidad potencial del niño, sino también gran parte de su personalidad, su estabilidad emocional, sus impulsos e intereses, sus temores y conflictos antagónicos. No servirá como medio para el análisis o diagnóstico final de sus perturbaciones emocionales, pero sí como un recurso eficaz para reconocer a muchos niños que se hallan en dificultades. El examen los revela y proporciona al terapeuta las claves básicas de orientación para la programación de las medidas de reeducación.

Se ha incluido a continuación una reseña abreviada del examen "fracasado" de un niño de asilo para quien se pidió el examen debido a las dificultades originadas por su conducta. Se informó que golpeaba y mordía a los otros niños, que se golpeaba a sí mismo y se arrancaba el pelo, que peleaba con las personas que lo atendían, que no jugaba y sólo se sentía contento cuando se sentaba solo, hamacándose adelante y atrás. No hablaba. La agencia quería saber si el niño se hallaba seriamente retardado, o si el tratamiento mediante un hogar adoptivo le ofrecería esperanzas de mejorar.

Examinador	*Dan—Edad: 21 meses.*
	Entra caminando sala ex. de la mano enfermera. Se para delante de la silla; expresión estólida, boca abierta.
Ex. da vuelta pgs., habla de las figuras	Mira un momento, *se da vuelta*, mira el libro de nuevo.
Presenta los cubos	Toca la parte superior del cubo, *se da vuelta*.
Hace una torre de 2, voltea el cubo de arriba	
Se retira	No hay respuesta.
Cambia los cubos de lugar	Trata de *alcanzar* los cubos, *se da vuelta*.
Construye una torre de 4, la voltea	Observa.
Repite la torre	Observa.
No le hace caso (Lee el libro) ..	Se da vuelta. Mira la silla.

Pone los cubos en el piso delante de él .... | *Se sienta en cuclillas, luego se sienta en el piso.*

(La enfermera lo coloca en la silla) .... | No les hace caso, meneando un dedo, *balancea* el tronco.

No se **resiste.**
Trata de tomar los cubos de la mesa.
Deja caer uno al suelo y luego otro.

Agrega la taza; pedido y seña de que inserte los cubos .... | *Toma un cubo y lo suelta: se balancea.*
Deja caer un cubo en la taza .... | Se acerca al cubo y se balancea.
Toma el cubo y lo suelta.
Toma la taza, la suelta, se balancea.
Mete la mano en la taza, la *saca.*
Se acerca al cubo, se balancea.

Hace una torre de tres .... | Toma un cubo y lo suelta. Se hamaca.
Le da un cubo en la mano ...... | Lo toma, lo suelta, se hamaca.
Introduce lentamente 6 cubos en la taza y espera .... | *Arroja el cubo* al suelo.
Introduce 2 más .... | Toma, los suelta en la mesa.
Toma, los suelta en el piso.

Presenta la bolita [1] y el frasco ... | Toma la bolita [1] inmediatamente.
Señala el frasco .... | Toma el frasco, se lleva la b [1] inmediatamente.
Señala el frasco .... | *Se hamaca, suelta la b [1] en la mesa.*
Toma el frasco, mira su interior.

"¿Tómala?" .... | Mira al **Ex.**
Se sienta inmóvil; se hamaca.
Se sienta tomando el frasco, mira hacia adentro.

Ex. le pide el frasco .... | No hay respuesta.
Hace dar vuelta el frasco, observando cómo rueda la b [1].
Se hamaca.
Sacude ligeramente el frasco.

Coloca la segunda bolita en la mesa .... | La toma, la lleva a la boca, la sostiene, sacudiendo la cabeza, *se la lleva a la boca sin metérsela varias veces, mira el frasco.*
Mira al **Ex.** inexpresivamente.
Lleva la b [2] cerca de la boca, hace girar el frasco, sale b [1].

Vuelve a introducir b [1] .... | B [2] a la boca, se hamaca, b [2] a los labios, se hamaca, frota la mesa con el frasco.
Toma el frasco, "Gracias" ...... | Lo suelta después de un rato.
Vuelve a presentar el libro de figuras .... | *Todavía tiene b [2] en la boca.*
Señala las figuras, hablando ..... | Deja de hamacarse, mira b [2], se hamaca.
Hace ademán de tomar el libro, tanteando.
Finalmente ayuda a volver la hoja, dejando caer b [2].

Vuelve a presentar los cubos ... | Estira las dos manos, los toma y los suelta.
Torre de dos .... | *Lleva un cubo a la torre,* lo suelta, la torre se cae.
Arroja los cubos al suelo.

Tren .... | *Los barre vigorosamente* fuera de la mesa.
Agrega la taza, dándole un cubo tras otro .... | Introduce inmediatamente, por una vez empieza a *probar la torre,* luego pone el cubo en la taza.

Retira la taza de los cubos	Mira al Ex., dice *"meh meh"* (*¿más*)
Presenta nuevamente taza y cubos	Introduce 6, se detiene.
"Más"	Continúa.
	Después que termina, se hamaca.
"¿Sácalas?"	Saca 2 y los vuelve a colocar.
	Saca 2 y los vuelve a colocar.
Retira cubos y taza	"Meh-meh".
Ofrece papel y crayón	Toma el crayón, da golpecitos sobre el papel.
Toma el crayón, demuestra un garabato	Trata de alcanzar el crayón, por dos veces *golpea el crayón rompiéndolo*.
	"Meh-meh".
Demuestra garabato	Toma el crayón, lo suelta.
Demuestra garabato	Se demora, *crayón al suelo*.
	"Meh-meh".
Tablero de formas	Lo tira al suelo.
Introduce las piezas y vuelve a presentarla	Se resiste, *se da vuelta*.
Retira la mesa, le da la pelota ..	La toma, se sienta y la sujeta.
Lo invita a arrojarla	No hay respuesta.
	Pasivo durante las tentativas de jugar con pelota.
Vuelve a ofrecer la taza y los cubos	*Arroja el cubo al suelo, mira al Ex.*
	Tira todo al piso. La taza al piso.
Vuelve a ofrecer	Introduce todos.
Le ofrece la mano para irse	La toma gustoso.

La conducta de Dan está saturada, evidentemente, de implicaciones anormales o, si se quiere, psiquiátricas. He aquí un niño que no acepta la situación del examen, al menos no de corazón, pero que tampoco lo rechaza completamente. Es capaz de interesarse, pero es incapaz de ceder completamente a su interés. Repetidamente se halla al borde de captar el espíritu del momento; pero cada vez, nuevamente, se retrae. Aquello que consigue ejecutar, lo quiere volver a hacer una y otra vez. Cuando finalmente intenta construir una torre y falla, su conducta se resiente inmediatamente, y, aunque se halla realmente tentado, no consigue permitirse una segunda prueba. Por fin, trata, aparentemente, de ver si lo castigarán por haber arrojado los juguetes al piso; cuando no le aguarda ningún castigo, inmediatamente se conforma a la situación.

En cuanto a los aspectos evolutivos se refiere, Dan camina solo, llena la taza con los cubos, inhibe el impulso de comerse la bolita, comunica al examinador que quiere la taza y los cubos y que no quiere el tablero de formas. Éstos son muy pocos datos para poder formular una estimación de su estado en función del cociente evolutivo; en este sentido, podría decirse que el examen ha sido un fracaso.

Pero, ¿fue realmente un fracaso? Sin analizar su conducta en detalle, siempre queda el hecho de que si bien no respondió al examen en la forma convencional, en cambio manifestó conducta y una conducta muy significativa, bajo el estímulo de la situación del examen. Aunque no pueda otorgársele un cociente evolutivo en función de las condiciones de prueba aprobadas o falladas, el examinador estará justificado, por lo menos, para decir: primero, que la dotación de Dan *no* es probablemente en extremo deficiente; segundo, que sus dificultades de conducta *no* han de explicarse, con la mayor probabilidad, en función de un serio retardo mental; y tercero, que el cuidado de un hogar adoptivo podrá recomendarse vehementemente como medida terapéutica para sus dificultades emocionales.

Las maniobras de que el examinador se valió para tratar de asegurarse la cooperación del niño, no las expondremos aquí como ideales o como las únicas que se podrían haber realizado. No es probable, sin embargo, que recurso alguno hubiese inducido al niño a cumplir con los requisitos del examen en una forma normal; es un extremo probable, por el contrario, que otras medidas más enérgicas hubiesen producido un rechazo completo, pasivo o activo, reacción que, por otra parte, no se había cansado de predecir la enfermera. En este caso, nos hubiéramos visto privados de claves informativas tanto en cuanto a su estado evolutivo como a su organización emocional.

En tales casos, el examen es encarado, no como un episodio aislado y completo en sí mismo a partir del cual habrá de determinarse el futuro del niño, sino como un eslabón de una cadena de hechos. No es sino un capítulo del cuento, una entre toda una serie de observaciones concebidas para seguir y valorar el *curso* del desarrollo. Así considerado, el examen individual adquiere nuevos valores y la conducta no convencional en el examen se torna tan significativa como la adecuación y el desempeño más corrientes.

CAPÍTULO XIII

LA INDIVIDUALIDAD Y SU CARACTERIZACIÓN

¿Cómo se manifiesta la individualidad? En el aspecto físico del niño, en las características bioquímicas y fisiológicas, en las disposiciones y modos de conducta y en los distintos métodos de maduración y aprendizaje.

Huelga decir que no intentamos realizar aquí un amplio estudio de tópico tan vasto. Sin embargo, si de la observación psicológica del niño ha de resultar algo más que una mera clasificación psicométrica, se hace necesario tener en cuenta sus actitudes y características distintivas. El examen psicológico debe proporcionar por lo menos un párrafo donde se condensen las manifestaciones observadas de la individualidad.

§ A. POSIBILIDADES DE CARACTERIZACIÓN

Si existiese un método claro y exacto para medir o al menos clasificar la personalidad, sería posible resumir la individualidad de un niño. con una frase o rótulo precisos. Pero aun las categorías, aparentemente tan terminantes, como *introvertido, extravertido, agresivo, esquizoide, inestable, alerta, sociable,* etc., tienen sus limitaciones. Estas limitaciones deben ser formuladas en función de situaciones concretas y circunstancias calificativas. Es posible el lineamiento de útiles perfiles psicográficos que reproduzcan la magnitud estimada de los rasgos seleccionados. Pero, de igual modo, estos perfiles necesitan siempre una elucidación interpretativa. En el estado actual de la psicotecnología no podemos eludir la formulación descriptiva de nuestras conclusiones al asentar la individualidad de la conducta. La formulación puede llenar páginas enteras o expresarse en uno o dos párrafos.

La extensión y el contenido de cualquier caracterización variarán, naturalmente, con cada niño individual, con la naturaleza del problema, si lo hay, y con el propósito y la percepción del observador. En lo que se refiere a los instrumentos para la caracterización, no son menos que los nombres y adjetivos que tiene la lengua inglesa para designar rasgos de carácter. Allport (1) compuso una lista de unós 18.000 términos con este significado. Entre éstos, sólo hay unos pocos ·cientos que pueden ser convenientemente usados para describir la individualidad observada.

Puesto que cada caracterización debe corresponder a un niño en· particular, debiendo tener en cuenta la historia única de este niño único, es difícil establecer reglas de procedimiento universales. El método de caracterización basado en un vasto repertorio de términos descriptivos es, en cierto sentido, literario. Se sirve de· los sub-productos naturales de la situación de prueba y de la entrevista. Se apodera de las actitudes y reacciones reveladoras. Se vale por igual del examen en su totalidad y de los detalles sintomáticos. Exige discernimiento clínico y es más fructífero cuando el examinador posee una experiencia amplia y ordenada.

Esto significa, naturalmente, que el método tiene sus dificultades y peligros. Con un observador no crítico, hiperimaginativo e hiperintuitivo, la caracterización literaria puede apoyarse demasiado en impresiones subjetivas. Sin embargo, cuando al examen realista se une el uso hábil de los recursos de la lengua inglesa, puede lograrse un tipo de retrato sumamente valioso para interpretar la naturaleza del niño y para precisar sus necesidades individuales.

La mejor manera de evitar los errores subjetivos es formular la caracterización en función de la evidencia objetiva de la conducta realmente observada. La valoración de la conducta en función de factores emocionales invisibles e inferidos es otra cuestión. Hay que cuidar de no confundir valoración con caracterización. Es aconsejable, por lo tanto, apoyarse fundamentalmente en la narración sumaria de la conducta manifestada en los cuatro campos principales: motor, adaptativo, del lenguaje y personal-social.

Es posible asignar a cada uno de estos campos una clasificación descriptiva del nivel de madurez, basada en los valores normativos de los tests administrados. En caso de existir una amplia diversificación en cualquiera de estos campos puede hacerse notar el hecho específicamente. Si existiese, por ejemplo, una marcada discrepancia entre el control motor fino y el control motor grueso, esto puede indicarse en forma concreta. Si existen marcadas discrepancias en los niveles de madurez para los cuatro campos fundamentales, este hecho constituye, en sí mismo, un importante elemento de caracterización.

Dentro de cada campo es posible registrar hechos seleccionados de la conducta o peculiaridades en las reacciones que tengan significado sintomático. En el campo *motor* son caracterizados aquellos renglones, tales como el total de energía, la actividad corporal, fatiga y actitud postural, especialmente si se presentan en forma atípica o marcadamente por encima o por debajo de lo común. La actitud postural se indica a fin de determinar si es tensa, reflejada; equilibrada, firme, variable.

El sentido común del observador, unido a la práctica y a la perspectiva psicológica, determinará qué renglones deberán elegirse para ser especialmente mencionados. Pero es arriesgado buscar los rasgos como entidades o encasillar las observaciones sobre la base de un esquema preconcebido. Es más seguro registrar los rasgos salientes y sintomáticos de la conducta y dejar que el registro mismo haga el resto. Y por cierto que lo hace, si los renglones registrados han sido acertadamente escogidos y se los considera como indicadores funcionales de la individualidad del niño.

En el campo de la *conducta adaptativa*, puede tomarse nota de los signos especiales de discernimiento, originalidad, iniciativa, decisión, capacidad inquisitiva, etc. Sin pretender estimar en abstracto la magnitud de tales rasgos, puede resultar esclarecedor incluir unas pocas manifestaciones concretas en las notas. A menudo es ventajoso efectuar una mención específica del desempeño típico u óptimo.

En el campo del *lenguaje*, es bueno registrar la articulación del niño, la fluidez del habla, las inflexiones e inhibiciones, su don de conversación y su expresividad fisonómica o verbal.

El campo de la *conducta personal-social* atrae la atención hacia todas las reacciones que reflejan la vitalidad emocional y las motivaciones del niño; sus reacciones frente al éxito, el fracaso y la fatiga; sus reacciones a la novedad y a lo sorpresivo; su sentido del humor. Aquí, nuevamente, es mejor describir sucintamente breves aspectos reveladores de la conducta que intentar un retrato fisonómico.

Al comentario sumario sobre los cuatro campos fundamentales de la conducta puede hacerse un breve agregado para resumir el curso de las reacciones del niño frente al examen total, ya que estas reacciones, en su conjunto, pueden ser altamente reveladoras de la individualidad. También pueden resultar índices particularmente elocuentes de talento o dones generales.

La caracterización, aun dentro de los prudentes límites antes trazados, enriquece el resultado del examen psicológico y nos lleva más allá de los confines de la clasificación psicométrica. Ella nos obliga a considerar al niño como un individuo único que pone en evidencia la individualidad de su conducta en cada reacción a los estímulos, tanto controlados como incidentales, de una sucesión dinámica de situaciones. Nosotros confiamos en que gracias a estas caracterizaciones, se extenderá la utilidad de los exámenes evolutivos, señalándose las diferencias individuales en función de la constitución y de la personalidad del niño. Se trata aquí de un esfuerzo conservador por comprender al niño antes que clasificarlo o cuantificarlo.

La entrevista proporciona importantes datos para la caracterización del niño, especialmente si tiene un problema de conducta o alguna deficiencia de desarrollo. En tales casos, la entrevista estará dirigida preferentemente hacia la investigación de la historia evolutiva del niño. ¿Cómo ha respondido a las exigencias del desarrollo y a los obstáculos del aprendizaje? ¿Cómo adquirió, modificó y cambió los hábitos de la adaptación personal? Cada niño tiene un estilo y un modo distinto de crecimiento. En casos especiales, se hace importante convenir una serie de exámenes evolutivos, a fin de determinar los problemas y peculiaridades del crecimiento de la conducta en un niño individual.

En los casos complicados, la valuación de las características de crecimiento y la interpretación de la individualidad de la conducta requieren el juicio clínico de un experto. Una valuación correcta puede exigir, además, una investigación pediátrica y neurológica especial, y también una cuidadosa exploración de la evolución del niño.

A fin de ilustrar las diferentes clases y grados de caracterización hemos incluido varios sumarios a manera de muestra. No los presentamos, sin embargo, como modelos, sino más bien como ejemplos de diversos tipos de sumarios. Se refieren principalmente a niños de mentalidad normal. Se han agregado, sin embargo, algunos ejemplos con problemas sociales y en condiciones de deficiencia mental.

§ B.   CARACTERIZACIONES ILUSTRATIVAS

1. Principiante escolar *(Sumario tabular descriptivo)*

Niña SH. Edad: 5 años y 1 mes.

Nivel general de madurez: Ligeramente adelantado en todos los campos.

Aspecto evolutivo. Promedio alto. En un año más estará lista para entrar a la escuela.

Caracterización descriptiva:

Motriz. Cantidad de actividad, media. Se queda quieta en la mesa. Hace tamborilear los talones mientras espera que pase alguna otra cosa, pero si no, se queda quieta. Sin embargo, se trepa a las escaleras y las baja repetidamente y quiere subir las escaleras de la cúpula. Maneja bien los materiales: construye bien, dibuja bien. No es desmañada ni torpe.

Adaptativa. Muchos detalles en su dibujo: incluye garaje, muñeca, conejo y pelota, en el dibujo de la casa. Le pone ruedas al cochecito que dibuja espontáneamente. Elabora el dibujo de un hombre: pantalones, botones, pelo. No cree ser capaz de dibujar formas pero lo hace correctamente.

Lenguaje. Habladora. Información sobre lo que le gusta hacer: "Me encanta cortar". Imaginativa: "Eso no es un garabato, es pasto". Se disculpa por los fracasos: "Yo no sé hacer nudos. Lo traté una vez". Excelente disposición para la conversación. Observadora: "La otra como ésta (mesa) está afuera en la otra pieza, pero es más chica".

Personal-social. Amistosa. Habladora. Dice: "Me gusta esto". Al irse, nos responde a la invitación de que vuelva: "La esperamos por casa. Cuando guste".

Dice: "No puedo" y "No sé", pero por lo general tiene éxito. Es tenaz. "¿Se acuerda de lo que le dije que sabía hacer? Dije que podía escribir sobre la espalda". Lo hace.

No pide ayuda. Encara las tareas con cierta competencia (salvo las excusas verbales). Cambia el tema si falla: Escribe el nombre incorrectamente. Sonríe y dice: "Me parece que voy a escribir otra cosa". Y cuando el puente se desmorona: "Ah, éstos no me gustan, voy a utilizar estos otros".

Se acomoda bien. Es muy consciente de su aspecto exterior y no quiere que se le arrugue el vestido. Acepta plácidamente las situaciones nuevas.

2. CANDIDATO PARA PRIMER GRADO (*Breve sumario discursivo*)

Varón KC. Edad: 5 años y 3 meses.
Nivel general de madurez: Aproximadamente 5½ años. Clase: de 5 a 6 años.
Aspecto evolutivo: Término medio.

Caracterización descriptiva:
   Caracterización general. Espíritu de cooperación; agradable, bien equilibrado.
Parecía gustarle el examen y sonreía frecuentemente. Los comentarios se circunscribieron principalmente a los temas relacionados con las situaciones de prueba, pero
no hubo indicios de inhibición o apocamiento. Prestó atención a las instrucciones
y trabajó concentradamente en sus tareas. Su desempeño no sufrió diversificaciones;
todas las pruebas de los 5 años fueron aprobadas y logró realizar dos de las correspondientes a los 6 años. Todas las respuestas estuvieron de acuerdo con el nivel
de desarrollo indicado.
   Conducta motriz. El control al dibujar era bueno, con líneas quizá algo más
derechas y seguras que lo común para esta edad. Hizo el cuadrado y el triángulo
con toda facilidad, y la diagonal resultó satisfactoria después de borrar una línea
falsa. Falló en el rombo, pero se acercó al éxito en la segunda y tercera tentativas.
Es diestro y, según la madre, nunca ha mostrado inclinación a usar la mano izquierda.
   Conducta adaptativa. Contó cuatro y diez centavos correctamente y respondió
a "¿Cuántos?" pero no pudo continuar más allá de once. Construyó la puerta sin
dificultad, copiando del modelo; las piezas fueron colocadas con precisión y seguridad.
Hizo corresponder las diez formas correctamente.
   Lenguaje. Articulación clara, sin residuos infantiles. La conversación espontánea fue escasa, pero se expresó libremente cuando las situaciones de prueba así lo
exigieron y ante las preguntas del examinador. Contestó diecisiete preguntas en los
tests de Acción-Agente, con respuestas de una palabra en todos los casos.
   Conducta personal-social. Se viste sin ayuda, incluidos los botones; enlaza los
cordones de los zapatos y trata de atarlos, pero no sabe hacer el nudo. Puede ir
a un negocio y recordar una o dos cosas para llevar a la casa, sin necesidad de
tenerlo escrito en un papel. Asistió al jardín de infantes sólo los dos últimos meses
del año escolar, pero su adaptación a los niños que habían estado todo el año en
el grupo fue satisfactoria. Su maestra cree que en el otoño ya estará listo para entrar
en primer grado.
   Conclusión. Un niño con un buen promedio de inteligencia y de personalidad
bien integrada y relativamente madura. Aunque se encontrará uno o dos meses por
debajo de la edad del primer grado, esta ligera diferencia se verá compensada
por su ligera superioridad sobre el término medio en el nivel de sus aptitudes. El
cuadro total indica que no hallará dificultades serias para satisfacer las exigencias
escolares.

3. RECOMENDACIÓN DE RETARDAR EL INGRESO EN LA ESCUELA
(*Sumario discursivo extenso*)

Varón NR. Edad: 5 años y 1 mes.
Nivel general de madurez: 5 años. Clase: 3 a 7 años.
Aspecto evolutivo: Promedio elevado, pero puede andar despacio en el desenvolvimiento
escolar inicial.

Caracterización descriptiva:
   Caracterización general. Activo y lleno de energías, pero no excesivamente excitable y sin indicios de notoria inestabilidad. Demostró interés y espíritu de colaboración
en la mayoría de los tests, pero la atención fue fluctuante. En varios casos hubo
tendencia a las respuestas demasiado precipitadas, sin suficiente estudio de la si-

tuación; donde las condiciones de la prueba lo permitieron (la construcción con cubos, por ejemplo) se corrigió después del fracaso inicial. En por lo menos uno de los casos en que esto no era posible (correspondencia de las formas), perdió la prueba, pero no sin dar muestras de un discernimiento suficiente para haberla aprobado. Mostró tendencia a divagar sobre tópicos de conversación inapropiados, pero siempre fue fácil volverlo a la tarea que tenía entre manos. El desempeño considerablemente diversificado, con fracasos en pruebas correspondientes a los 4 y 4 años y medio, y éxitos en 6 y 7 años. La calidad de sus mejores respuestas indicaron un nivel básico por lo menos un poco superior a su edad. No ha asistido al jardín de infantes.

Conducta motriz. El dibujo fue completamente flojo. Copió la cruz, pero la figura no resultó simétrica y las líneas eran vacilantes. En las tres veces que lo intentó, la tentativa de copiar un cuadrado dio por resultado el trazado precipitado de una figura circular; y el triángulo no se diferenciaba del cuadrado. El hombre resultó prácticamente irreconocible, pero él distinguía pies, manos, cabeza, ojos y boca en su dibujo. Espontáneamente hizo otro dibujo amorfo y dijo que era un aeroplano. Aferraba el lápiz fuerte y torpemente con la mano derecha. Dice preferir la mano derecha, pero todavía a los 3 años la madre pensaba que podía ser zurdo.

Conducta adaptativa. La comprensión de los números fue inferior; contó cuatro centavos como tres, combinando los dos últimos en un movimiento rápido del dedo. Así lo repitió más de una vez y no demostró comprender la pregunta: "¿Cuántos?" Para construir la puerta se lanzó a la tarea con apenas una rápida ojeada al modelo, alcanzando un resultado sustancialmente correcto, a no ser por la pieza central que quedó directamente, sobre la mesa, entre las dos piezas laterales. Cuando se le pidió que comparase su construcción con el modelo, inmediatamente efectuó el cambio necesario. Su desempeño con las formas, con sólo siete éxitos en vez de ocho, debe ser clasificado técnicamente como un fracaso en el nivel de los 4 años; pero éste se debió a una consideración demasiado rápida del problema unida a la elección azarosa de las tres primeras formas. En este punto, sin embargo, demostró de pronto un completo entendimiento de la tarea a realizar, e identificó rápidamente y correctamente todas las formas restantes, incluyendo las más difíciles.

Lenguaje. La articulación era infantil, pero por lo general era posible comprender la mayor parte de lo que decía. Se nos informa que recientemente se ha producido un acelerado mejoramiento en este aspecto. No obstante la pronunciación defectuosa, sus éxitos en las pruebas más importantes implicaban el uso y comprensión del lenguaje. Respondió diecisiete preguntas del test de Acción-Agente y preguntas comprensivas en los niveles de 4, 4 $\frac{1}{2}$ y 6 años, y proporcionó definiciones en función del uso. Brindó descripciones superiores de las figuras de Stanford, introduciendo una interpretación ("La niña salió y le entró una basura en el ojo") en respuesta a la primera de ellas. Nombró cinco días de la semana.

Conducta personal-social. Según se nos informa, es capaz de vestirse solo, necesitando, de ordinario, cierta atención para corregir las omisiones y errores. Se las compone bien aun con botones pequeños, aunque no sin cierta torpeza y las más de las veces con ayuda ajena. Puede ir a un negocio en busca de dos o tres cosas sin llevarlas anotadas y rara vez se olvida de alguna. Se nos dice que el juego con los demás niños es normal, aunque la mayoría de sus compañeros son uno o dos años mayores. Distingue mañana y tarde y explicó que la tarde comienza "después de la mañana, cuando se acaba la escuela", aunque no asiste a la escuela. Reconoce correctamente las monedas de uno, cinco, diez y veinticinco centavos. Por lo común es un niño alegre, pero a veces tiene ataques de mal humor en momentos de tensión, fatiga o excitación. Come bien, con pocas preferencias marcadas para las comidas, pero no le gusta estar sentado mucho tiempo a la mesa. No se duerme hasta media hora o tres cuartos de hora después de haberse acostado, pero luego duerme profundamente toda la noche.

Perspectivas. No es improbable que con la mayor madurez y estabilidad, la asistencia a la escuela y los contactos sociales cada vez más amplios, el desempeño psicométrico se haga más parejo, alcanzando un alto promedio, tal vez ligeramente superior de clasificación. Cuando comiencen las clases, en el otoño, se encontrará precisamente por debajo de la edad mínima para el ingreso en primer grado, y puede ocurrir la tentación de colocarlo en primer grado en vez de mandarlo al jardín de infantes. Esto no sería prudente por varias razones. En primer lugar, el defecto en el lenguaje es todavía lo bastante marcado como para constituir un estorbo social, mientras que en las condiciones más libres del jardín de infantes, será fácilmente superado. En segundo lugar, la combinación de un desempeño diversificado, con la conducta motriz y del lenguaje, con el concepto numérico específicamente retrasado y con el control de la atención todavía inmaturo, indica un tipo de personalidad apenas integrada, carente de la suficiente madurez para realizar un trabajo satisfactorio en primer grado. En los casos de este tipo, se ha comprobado frecuentemente que el niño todavía no se halla en condiciones de aprender a leer y es preferible, para evitar serias dificultades en la escuela, darle la ventaja de colocarlo un poquito por encima más bien que por debajo de la edad media, cuando ingresa en primer grado.

4. Un niño dinámico en edad de nurserí *(Caracterización funcional)*

Niña SN. Edad: 2 años.

Desempeño: elementos ilustrativos.

Motriz. Camina, corre, sube y baja la escalera tomándose del pasamanos.

Adaptativa. Torre de cuatro, tren de cuatro cubos, imita los trazos verticales y horizontales, hace coincidir todas las formas coloreadas.

Lenguaje. Habla con frases; articulación del tipo jerigonza; identifica diez figuras. Tres órdenes con la pelota.

Personal-social. Ha regulado sus necesidades durante el día; se alimenta con ayuda; juego imitativo con la muñeca.

Caracterización. Las cualidades sobresalientes del desempeño de SN son la rapidez, la decisión y el control. Aunque se nos dice que últimamente se ha vuelto sumamente tímida, su adaptación al examen es fácil e inmediata. Al entrar a la sala de mínimas muestras de timidez: vacila antes de franquear la puerta, se levanta el vestido y se lleva el meñique a la comisura de los labios. No bien divisa el libro de figuras, todos estos signos desaparecen.

Camina rápido, con las piernas y rodillas muy juntas, y los talones separados, con algo del paso de pato. Se sienta sola con entera facilidad, casi sin mirar. Su manejo de los juguetes es hábil y rápido. La rapidez no se hace tan patente, sin embargo, en la velocidad del movimiento como en el carácter instantáneo y completo de cada respuesta y en el pasaje veloz a cada nueva situación. La decisión se hace ostensible en la competencia inmediata del desempeño y en el hecho de que una vez que ella ha *terminado* nada puede inducirla a repetirse. La decisión de su conducta indujo al examinador a intentar respuestas parciales en un nivel más alto. Casi sin excepción la situación fue rechazada, y cuando no, sobrevino el fracaso. SN no da respuestas parciales. O hace una cosa muy bien o no la hace en absoluto.

El control se manifiesta de varias maneras y penetra todos los campos de la conducta. SN controla su timidez y no llora ni retrocede en busca de la madre. Controla su volubilidad. En contraste con el incesante fluir de la jerga manifestado en el examen de los 18 meses, ahora permanece silenciosa la mayor parte del tiempo, aunque puede realizar algunas observaciones espontáneas. Contesta a las preguntas, pero sólo a aquellas que le interesan a ella. Está demasiado ocupada para prestar atención a los adultos; se refiere a su madre una sola vez durante el examen y ocasionalmente invita al examinador a compartir su placer frente a un objeto. No permite que los rápidos giros de su atención impidan la terminación de una respuesta ni tampoco que perjudiquen la conducta. El juego es vigoroso sin ser turbulento; tampoco se excede en·las respuestas. El mecanismo motor también se halla bajo control. Aunque se trata de una criatura activa y abandona varias veces la mesa, esto no sucede tanto porque no pueda quedarse quieta como por los impulsos de su interés cambiante. Aun conducido a la velocidad máxima, no siempre marcha el examen lo bastante rápido para ella y su naturaleza veloz y certera traslada inmediatamente la idea a la acción. Se la puede manejar fácilmente con la indicación verbal: "Ven y siéntate que yo te lo voy a dar".

Donde mejor se pone de manifiesto este conflicto entre ímpetu y control es quizá en su respuesta al tablero de formas. Después del primer cambio se precipita demasiado en su consideración del problema y no logra adaptarse; en la segunda prueba corrige inmediatamente el error, y en la tercera, se fija antes de lanzarse al ataque.

5. Un bebé candidato para ser adoptado (Memorándum clínico)

Niña LW. Edad: 15 meses.
Nivel general de madurez: 15 + meses.
Aspecto evolutivo: Término medio elevado.

Caracterización descriptiva. Niñita rubia, cabello abundante y sedoso, carita redonda, aspecto frágil, de muñeca. Camina bien; empezó a los 11 meses; los pies muy juntos, ligero bamboleo, se lleva las cosas por delante. Encuentra dificultad para soltar. Construye una torre de dos, llena la copa, garabatea, hace algo parecido a un círculo y ejecuta una cuasi-adaptación a la rotación. Charla en jerigonza y posee más de veinticinco palabras. Escoge la figura del perro, muestra su propio zapato, mira hacia la valija de los materiales en busca de la taza. Cierta simpatía verbal. Responde cuando se la anima. Como es frecuente a los 15 meses, se enoja con el examinador por dirigir el examen (pero no por señalar los juguetes dispersos). Insistió en sentarse en la falda de la madre adoptiva, no por medio del llanto, sino importunándola y negándose a jugar con los juguetes hasta que se la colocó allí. Esto no impresionó como timidez sino como autoridad. Carente de miedo, se siente firme sobre su propio terreno. La dificultad para soltar no sólo es manual sino también emocional; se negaba a soltar los juguetes y chilló amenazadoramente al examinador cuando éstos le fueron retirados. Pidió los juguetes de la valija, pero sin energía; los pedidos sólo fueron perentorios cuando quiso retener lo que ya tenía. Se apacigua inmediatamente y se la entretiene con facilidad. Ni tenaz ni amiga de repetir dos veces la misma cosa. Opera rápidamente, luego quiere más y también quiere guardar lo que tiene. Ningún trastorno. La madre adoptiva espera una conducta excesivamente ideal.

Su nivel general de madurez está ligeramente por encima de los 15 meses; el lenguaje es decididamente acelerado. El desarrollo está ligeramente por encima del término medio para su edad y la consideramos un promisorio candidato para la adopción en un hogar que se le ofrezcan algunas seguridades. Deberá esperar el período usual de prueba por el término de un año, para ser sometida luego·a nuevo examen. Debido a los rasgos positivos de su personalidad, deberá escogerse un hogar que respete su personalidad y donde no se crea que un niño con espíritu necesita una disciplina férrea. Su colocación no debe demorarse.

6. Un niño preescolar infradotado. Colocación en un hogar adoptivo.
(Breve nota clínica)

Varón, LM. Edad: 4 años.
Este niño fue examinado a los 2, 3 y 4 años de edad. Abajo se suministran los respectivos índices del nivel de madurez.

Edad en años	2	3	4
Campo de la conducta:			
Motriz	44 semanas	18 meses	24± meses
Adaptativa	1 año	17 meses	24 meses
Lenguaje	44 semanas	18— meses	21 + meses
Personal-social	1 año	18— meses	24± meses

Caracterización descriptiva. Rechoncho, pelirrojo; pequeño para su edad. Rasgos y hábitos típicos del mongoloide. Muy dócil y obediente, bastante alegre. Las respuestas son inmediatas y completas; su desempeño al nivel de los 2 años no parece (al menos superficialmente) demasiado defectuoso en calidad; la atención y dirección son verdaderamente buenas en calidad. En todo el año pasado, sin embargo, apenas ha mejorado ligeramente su manera de sentarse en la silla (tarea todavía muy precaria), en tanto que el niño normal alcanza esta facultad en cuestión de días. Aceptado sin ninguna dificultad en su hogar adoptivo, es el mimado de la familia; no crea problemas. Más adelante se hará necesaria la atención institucional. Nuevos exámenes con intervalos de un año.

7. Deficiencia motriz y mentalidad normal
(Carta a una Agencia Social)

La ————— Asociación Pro Ayuda al Inválido

Sr. Director. ————— —————

De nuestra mayor consideración.

Nos dirigimos a usted a fin de comunicarle sucintamente los resultados a que hemos arribado en el caso de C ————— P —————, de 6 años y medio de edad, cuyo examen evolutivo usted nos había encomendado.

Examinamos por primera vez a este niño a la edad de 4 años. Traía el antecedente de haber tenido un nacimiento dificultoso y de haber mostrado síntomas de lesión cerebral tres días después del parto quirúrgico. La deficiencia motriz al tiempo del primer examen era tan grande que casi le resultó imposible ajustarse a las situaciones ordinarias de prueba. El estado de su conducta, entonces, era, en suma, como sigue:

Características motrices: Graves atetosis doble y espasticidad. No se puede sentar solo; hay que tenerlo en la falda y sostenerle la cabeza. Los movimientos prensorios carecen de objetivo, pero puede tomar los cubos con ayuda del examinador y dejar caer varios de ellos en una taza. Puede pasar de la posición supina a la prona y girar estando prono.

Conducta adaptativa. Señala las figuras; cuenta hasta cinco; dice la edad.

A pesar de este pobre desempeño, dio múltiples indicios de un potencial normal de inteligencia general, especialmente en el sentido numérico y en comprensión. Desde el punto de vista emotivo, se mostró amable y dispuesto a colaborar, aunque, según se nos dijo, ocasionalmente podía manifestarse "testarudo". Se urgió a los padres para procurarle una prolongada ejercitación muscular y el mayor número posible de experiencias normales, especialmente el juego con otros niños.

Lenguaje. Enunciación sorda de los nombres (Don = John). Dice *gone, car, more milk, no good, may gon kool* (Mary gone to school) [1].

Personal-social. Come pan él solo, pero con gran esfuerzo. Acostumbrado a regular sus necesidades desde los 11 meses. Le gustan los compañeros. Tamborilea con los pies. Cuando escucha la radio marca el compás con los pies.

C ———— P ———— fue nuevamente examinado a la edad de 6 años y medio con los siguientes resultados:

Características motrices. Posee un andador que utiliza muy bien, empujándolo y conduciéndolo por medio de los pies. Tolera permanecer sujeto al andador por más de una hora, hasta que la espalda y el cuello empiezan a cansarse.

En la manipulación de los objetos no ha progresado nada. Señala sólo con extrema dificultad.

Conducta adaptativa. Reconoce las monedas. Sabe el nombre del presidente. Repite tres dígitos hacia atrás. Define en función del uso.

Lenguaje. Habla con un susurro, realizando un tremendo esfuerzo. Pero articula en respuesta a las preguntas. Le gusta que le lean (*Black Sambo*). Corrige errores y omisiones en la lectura.

Conducta personal-social. Todavía se le da de comer en la boca. Avisa siempre para ir al baño. No se orina de noche. En el juego teatral se representa a sí mismo como un chofer de camiones.

Sobre la base de estos dos exámenes nos complace informarle que su mentalidad se está desarrollando en forma perfectamente normal y muy satisfactoria. Desde el punto de vista del control emocional, alerta e inteligencia general lo consideramos (teniendo en cuenta sus deficiencias) un notable muchachito.

Se halla capacitado para adquirir una educación. Debe aprender a leer en silencio. Esto puede llegar a convertirse en un importantísimo recurso para el desarrollo adecuado de su personalidad. Por el momento no puede ir a la escuela, pero deberán proporcionársele los servicios de una maestra particular. La posibilidad de una vocación parcial o especialmente adaptada para los años adultos, no deberá descontarse en el planeamiento general de un programa.

Lo saluda a usted muy atte.

[1] Fue (o ido), auto, más leche, mal, maía fé cuela (María se fue a la escuela). Mantenemos las palabras inglesas en el texto porque los equivalentes castellanos no poseen las mismas características fonéticas. Obsérvese que la *a* en *car* y en *more* no suena, de modo que el predominio de las guturales y nasales es casi absoluto. Recuérdese también que la *l* de *milk* y de *kool* tiene resonancia vocálica de *u*, a diferencia de la *l* castellana. [T.]

8. Niño en edad de pre-jardín de infantes superior
(Sumario narrativo informal)

Niña VS. Edad: 3½ años.

Esta niña fue previamente examinada a los 2 y 3 años de edad. A continuación damos un sumario de la impresión recogida en el último examen.

Se le dijo a VS que hoy debía subir al piso de arriba para jugar con el examinador. Estaba ansiosa por venir: se hallaba esperando a la puerta del cuarto de los niños y se lanzó hacia el hall, delante del examinador. Deseaba subir en el ascensor e hizo seña afirmativa con la cabeza cuando se le preguntó.

Hubo poca o ninguna superabundancia en la conversación, absteniéndose de preguntar por la situación que vendría a continuación, como había hecho en el examen de los 3 años. Cuando se golpeó la puerta, ni siquiera volvió la vista y en general no prestó atención a ningún ruido extraño, tan completa era su concentración. Su velocidad y capacidad ejecutiva se pusieron particularmente de manifiesto en el dibujo. Sostuvo el lápiz en posición inclinada, próximo a la punta del dedo, demostrando así una notable madurez en su control.

Como en todos sus exámenes, la tarea más difícil fue la que más le gustó. Su respuesta al rombo fue ésta: "Bueno, ¡vamos a ver qué podemos hacer con éste!" Sin embargo, no logró dominarlo. El rectángulo con diagonales lo aprobó en la primera tentativa y después de la segunda ya lo dominaba completamente. Respondió inmediatamente a situaciones que eran demasiado fáciles para ella, contestando con voz tonta. Su superioridad está notablemente bien acabada.

Se puso un poco inquieta durante las pruebas de lenguaje, pero descargó su tensión haciendo gimnasia motriz en la silla, al mismo tiempo que contestaba las preguntas con prontitud. Supo decir el nombre, el sexo, y repitió los dígitos, en tanto que en los exámenes anteriores permaneció conscientemente callada ante estas preguntas. Después de dibujar presumiblemente un ombligo en el Hombre Incompleto, se negó a nombrarlo, y cuando se le preguntó si era el ombligo, pareció muy confundida. En contestación a las preguntas del test de Acción-Agente, se refirió cinco veces a sí misma usando el pronombre *yo* y también se refirió a sí misma con la palabra nosotros. "Ya no lloramos más". Esta es, probablemente, la sujeción y autoconciencia de un niño mucho más grande, pero al mismo tiempo este rasgo es y ha sido una fuerte característica de VS.

Como se verá a continuación, quedó evidenciada en su capacidad para delimitar las respuestas una organización superior de la atención:

(1) No la distrajeron los ruidos.
(2) Sólo una respuesta múltiple en el test de Acción-Agente (hubo muchas a los 3 años)
(3) Señaló las formas geométricas (no las levantó).
(4) Sólo señaló las mujeres bonitas (ninguna referencia a las feas).
(5) Sólo señaló la línea más larga (ninguna referencia a la más corta).
(6) Ninguna superabundancia en la conversación.

Las aptitudes superiores se ponen de manifiesto no sólo en las clasificaciones de madurez, sino también en el vocabulario y la elección de las palabras, en la expresión artística (dibujo espontáneo) y en su dominio de las situaciones sociales.

9. Individualidad en la infancia *(Reseña comparativa)*

He aquí, para finalizar, una breve reseña informal de los niños B y D, ya presentados al lector gráficamente en el Capítulo V. Tuvimos oportunidad de observar a estos niños durante todo el primer año de vida y luego nuevamente a los cinco años. Sobre la base de la conducta manifestada durante el primer año, realizamos una apreciación comparativa de ambos niños con referencia a quince rasgos de la conducta, en la forma que se indica a continuación:

1. *Total de energía* (cantidad e intensidad general de la actividad).
2. *Comportamiento motor* (porte postural, control muscular general y equilibrio, coordinación motriz y facilidad de acomodación motriz).
3. *Independencia* (auto-suficiencia general y confianza en sí mismo, sin necesidad de la asistencia de los demás).
4. *Reactividad social* (reactividad positiva ante las personas y las actitudes de los adultos y otros niños).
5. *Apego familiar* (grado de cariño y de identificación con el grupo familiar).
6. *Comunicatividad* (referencia expresiva a los demás por medio de mímica y vocalizaciones).
7. *Adaptabilidad* (capacidad general para acomodarse a las situaciones nuevas).
8. *Explotación del medio* (utilización y elaboración del medio y otras circunstancias a fin de adquirir nueva experiencia).
9. *Sentido del "humor"* (sensibilidad y reactividad jocosa ante lo sorpresivo, novedoso o incongruente en las situaciones sociales).
10. *Inadaptación emocional* (equilibrio y estabilidad de las respuestas emocionales en situaciones de estímulo).
11. *Expresividad emocional* (animación y sutileza de la conducta expresiva en las situaciones emocionales).
12. *Reacción ante el éxito* (expresión de la satisfacción ante un desempeño afortunado).
13. *Reacción a la restricción* (expresividad de la conducta como reacción al fracaso, al malestar, al desengaño, a la frustración).
14. *Facilidad para sonreír* (facilidad y frecuencia de la sonrisa).
15. *Facilidad para llorar* (inclinación al ceño fruncido y las lágrimas).

Las apreciaciones comparativas de los rasgos que anteceden, según se manifestaron en el primer año de vida, demostraron ser altamente proféticas.

Los niños B y D ofrecían las individualidades contrastantes que resumimos a continuación, pero no se deberá entender que pretendemos insinuar que un conjunto de rasgos sea necesariamente superior al otro. Cada niño, como cada uno de nosotros, es, en su configuración psicológica, una combinación de activo y pasivo.

Ya a la edad de 8 y 12 semanas, la personalidad altamente dinámica de D produjo una fuerte impresión, aun habiendo sido observada por medio del cine. Se emplearon los siguientes adjetivos para caracterizar su individualidad: rápido, activo, alegre, adaptado, vigoroso, fuerte, alerta, curioso. Aunque decididamente extravertido, evidenció, ya a las 24 semanas, un sorprendente discernimiento al leer las expresiones faciales de su madre. A la edad de 28 semanas había elaborado una técnica de carácter moderado para influir sobre las situaciones domésticas que no le agradaban en absoluto. Era capaz de alterar rápidamente su reactividad emocional, pasando de la sonrisa al llanto y del llanto a la sonrisa para alcanzar un fin determinado. De igual modo, a los 5 años, sus reacciones emocionales son lábiles y versátiles. No tiene dificultades para alterar sus respuestas emocionales. Posee una alta capacidad de percepción de las expresiones emocionales en los demás y es, por consiguiente, altamente adaptable a las situaciones sociales. Debido a este alerta emocional, al mismo tiempo que demuestra cariño por la madre evidencia un vigoroso desprendimiento de ella. No es dado a los estados de ánimo persistentes. No produce la impresión de que sus características emocionales hayan estado fundamentalmente determinadas por las experiencias de la vida. La naturaleza subyacente de su "emotividad" a las 12 semanas, 52 y 260 semanas parece más bien constante. Si bien con una configuración exterior alterada, es perfectamente probable que perduren las mismas características de sus reacciones emocionales en los años venideros.

B presenta una constelación de características diferentes. Aunque de ningún modo emocionalmente superficial, resulta, por comparación, menos vívido, menos

expresivo y más contenido que D. B es tenaz, deliberado, moderadamente sociable
y amable: todas características tan evidentes al año como a los 5 años.

B todavía muestra ineptitudes e inhibiciones motrices comparables a las mani-
festadas en la infancia. D, por el contrario, ha dado pruebas concluyentes de una
coordinación motriz superior ya desde una temprana edad, y tanto en control postural como en locomoción y destreza manual. A las 20 semanas manipulaba un
collar con cuentas de madera con precoz discernimiento; a las 44, hacía sonar un
sonajero de bisagra con un hábil movimiento rotatorio de las muñecas; al año, sacaba
un enchufe eléctrico en forma adaptativa. A los dos años, colocaba y volvía a colocar
repetidamente los enchufes eléctricos, atornillaba lamparitas, corría y descorría el
cerrojo de las puertas y manejaba un batidor de huevos. La dirección y destreza
de sus incesantes manipulaciones sugieren vehementemente, en este ejemplo, discernimiento y aptitud mecánica.

Hemos dedicado un párrafo entero a los rasgos motores porque son los que
mejor se prestan para una apreciación objetiva. Cuando los demás rasgos de la
individualidad puedan ser medidos y estimados con la misma facilidad, la psicología
aplicada encontrará un terreno cada vez más amplio para la investigación de las
diferencias individuales en el primer año de vida. Existe un grado significativo de
concordancia interna entre los rasgos de la conducta de los mismos niños entre el
primer año y el 5º. Esta coincidencia parece descansar en cierta cualidad biológica
característica; cualidad que por ahora no puede ser formulada cuantitativamente de
manera satisfactoria, pero cuya existencia es incontrovertible.

No debe generalizarse demasiado el resultado de nuestras investigaciones, pero
ellas muestran elocuentemente que hay ciertos rasgos fundamentales de individualidad,
cualquiera sea su origen, que aparecen temprano, perduran más tarde y se consolidan
bajo condiciones ambientales variables. Esto no significa que el medio físico y
cultural no tengan influencia sobre el organismo en crecimiento. Creemos, sin
embargo, que esta influencia puede encuadrarse apropiadamente, si la consideramos
obrando sobre ciertos caracteres constitucionales básicos y sujeta a ellos. El medio ex-
trínseco impresiona las configuraciones circunstanciales y locales, pero cierto *naturel*
estará allí desde el principio.

CAPÍTULO XIV

LA SUPERVISIÓN DEL DESARROLLO Y EL PRINCIPIANTE ESCOLAR

En este último capítulo volveremos a hacer resaltar un punto ya destacado en la introducción: la importancia de descubrir y comprender las características individuales de los niños mientras ellos están todavía en los primeros años. Métodos tales como los reseñados para el estudio del niño como individuo y para el diagnóstico de los defectos y desviaciones del desarrollo, sirven un propósito social, si se los usa en forma conveniente para definir los procedimientos educacionales e higiénicos. En el período preescolar de la vida estos procedimientos deben, por fuerza, estar altamente individualizados. Los bebés y aquellos que empiezan a dar los primeros pasos no pueden ser reunidos en grupos apropiados para la regulación social. La protección del desarrollo infantil inicial requiere una forma muy personal de supervisión evolutiva.

Un programa comprensivo de supervisión evolutiva sería ideal si consistiese en una serie de medidas defensivas y tuviese por objeto integral la promoción del crecimiento óptimo. Una vez aceptado este objetivo como principio guía, el problema del principiante escolar se desvanece o adquiere una forma tan alterada que, de hecho, deja de existir. En realidad, ¿qué es un principiante escolar? ¿Un niño de seis, cinco, cuatro, tres, dos años? ¿Y cuándo y cómo deben los padres preparar al niño para la escuela? ¿Y cuándo y cómo debe la escuela preparar a los padres para la complicada tarea de criar al niño? ¿Y quién puede trazar la línea separatoria entre la educación de los padres y la educación inicial de la infancia? Todas estas preguntas se hallan inextricablemente interrelacionadas, y es por esa misma razón que las sociedades educacionales de salud pública deben interesarse en este diversificado terreno preescolar, erizado de problemas de ingeniería social.

La protección de la sociedad democrática exige una creciente vigilancia del bienestar de los niños en edad preescolar. El Congreso realizado en la Casa Blanca sobre los Niños en la Democracia fue convocado por el Presidente de los Estados Unidos para fortalecer los fundamentos de un Estado democrático. Se sometieron a consideración cuatro temas básicos:

1) Objetivos de una sociedad democrática con respecto a los niños; 2) Fundamentos económicos de la vida familiar y del bienestar infantil; 3) Desarrollo mental de niños y jóvenes en la actual vida americana; 4) El niño y los servicios sociales para la salud, la educación y la protección social.

Los adolescentes, que pronto habrán de convertirse en votantes, y los padres, son de la mayor y más inmediata importancia en una educación para la democracia. Pero cualquier perspectiva de largo alcance deberá tener en cuenta, también, a los infantes y niños por debajo de los 6 años. En todo el transcurso de los años preescolares existe una íntima interacción entre las psicologías de niños y padres. La democracia es una forma de vida que exige una actitud de tolerancia y lealtad. Si queremos sentar las bases de dicha actitud en los niños jóvenes, debemos comenzar por la educación de los adultos. Deben ser los adultos quienes, con su propia conducta, proporcionen los modelos y señalen el camino para una vida democrática. Y los adultos con una mayor responsabilidad son, naturalmente, los padres y jefes de familia. Para los 16.000.000 de niños preescolares en América existe un número correspondiente de padres, madres, abuelos, tíos y tías. Todo cuando hagan estos adultos y sus comunidades, con este enorme ejército de niños y para él, habrá de tener no poca influencia en la evolución de nuestra democracia.

Esto no quiere decir que se pueda enseñar la democracia por instrucción directa a un niño en edad preescolar. La democracia es una virtud madura, un producto del crecimiento gradual que incluye obediencia, autocontrol, autodirección. Por razones evolutivas, sin embargo, la actitud democrática de honestidad mental sólo podrá hallar un comienzo sano en aquellos hogares que reflejan esa misma actitud.

El respeto por la dignidad del individuo es la componente fundamental del ideal democrático. Este respeto exige un mayor interés de la sociedad por las bases psicológicas de la vida familiar y del cuidado infantil. Los niños preescolares en una condición social precaria, no sufren sólo físicamente. También padecen psicológicamente. Un sentimiento de inseguridad mental se apodera de ellos. En los hogares promiscuos e inestables, los niños dan abrigo a ansiedades y perplejidades. Se ven forzados a presenciar escenas y experimentar choques que la decencia ahorra a otros niños más afortunados. Son innumerables los hogares donde se usan todavía métodos de disciplina férrea: regaños crónicos, gritos, amenazas terroríficas, bofetadas, golpes. Huelga decir que tan inconsiderado olvido de la dignidad del individuo es incompatible con el espíritu de la democracia. De hecho, están tan extendidas las prácticas crudas y erradas en el trato infantil que constituyen un problema de salud pública, una ardua tarea de higiene mental preventiva.

¿Cómo puede emprender la sociedad esta tarea? Mediante el ensanchamiento incesante de la protección de la salud infantil, ya contemplada tanto en la práctica médica privada, como en las medidas específicas de la comunidad. Habiendo **amparado** el nacimiento y la nutrición del bebé, nos corresponde luego **vigilar el curso** de su desarrollo hasta el ingreso en la escuela.

Existen tres zonas principales de regulación social donde las medidas tendientes al bienestar del niño preescolar están destinadas a evolucionar a paso acelerado. Estas tres zonas son: 1) la Supervisión médica del desarrollo infantil; 2) la Educación de los padres y futuros padres; y 3) la Readaptación del jardín de infantes y de la escuela de nurserí.

El rápido progreso de las ciencias biológicas y la ulterior socialización de la medicina clínica habrán de tener un efecto profundo sobre los futuros modelos de regulación social. Los crecientes conocimientos acerca de los procesos del desarrollo infantil encontrarán extensa aplicación. El diagnóstico psicológico y la comprensión de los niños como individuos, serán de más en más necesarios, ya se trate de niños normales, sobredotados o infradotados. La protección del crecimiento óptimo requerirá un interés igualmente repartido por el bienestar mental y físico; y cada vez será de mayor importancia la articulación de los diversos esfuerzos en los tres campos de regulación social antes mencionados.

1. *Supervisión médica del desarrollo infantil.* La primera responsabilidad por la protección de la vida, la salud y el desarrollo inicial del infante, descansa en la profesión médica, especialmente en la pediatría. A través de la práctica médica y de los baluartes sociales tales como los centros para el bienestar infantil, todas las sociedades civilizadas proveen lo necesario para la vigilancia periódica del crecimiento físico del niño. Esta supervisión considera principalmente el problema de la nutrición, pero actualmente se está dedicando mayor consideración a los factores psicológicos que yacen debajo de la salud mental. El desarrollo es un proceso continuo que sólo puede ser vigilado mediante exámenes periódicos, los cuales han de tener en cuenta las características de la conducta del individuo y reconocer la importancia potencial de las clínicas de orientación infantil, de los centros consultivos y nurseríes de orientación, en cualquier programa comprensivo de supervisión del desarrollo.

2. *Educación de padres y futuros padres.* La educación del adulto se ha convertido en un medio de creciente importancia en la regulación social. Son infinitas las oportunidades para guiar a los padres en el terreno del cuidado infantil y preparación del niño. Sin embargo, dado que los niños difieren tan radicalmente unos de otros y cambian tan rápido durante el período de su crecimiento inicial, las posibilidades de instrucción técnica acerca de las particularidades del manejo del niño se ven forzosamente limitadas. Las instituciones educacionales pueden prestar el mayor servicio ayudando a los padres a adquirir una filosofía práctica del crecimiento que les proporcione la perspectiva justa para considerar los problemas cotidianos de la niñez.

Desde el punto de vista del sistema de instrucción pública, es más básica la educación de los futuros padres que la de los padres. Debe hacerse a los adolescentes una presentación más franca de los hechos elementales relacionados con el ciclo del crecimiento humano. La biología animal, pese a su carácter concreto, no se acerca lo bastante estrechamente a los problemas de la vida humana. Escuelas y colegios podrían ofrecer cursos de instrucción sobre la biología humana que se ocupasen con mayor limpidez del origen, nacimiento, crecimiento físico y crecimiento mental de los bebés. Los planes de estudio podrían dar lugar, también, a un tipo práctico de psicología, relacionado con las leyes de la naturaleza humana y con el desarrollo de la mente infantil. Una preparación psicológica de esta índole, lejos de ser introversiva, tendería a sacar al adolescente fuera de sí mismo, capacitándolo en última instancia para adoptar ideas más objetivas sobre los problemas de la paternidad. La educación francamente encaminada hacia los problemas del desarrollo humano inicial y de la conducta infantil daría sus frutos en sólo una década, puesto que dentro de pocos años estos jóvenes serán padres, y tendrán una concepción más inteligente del ciclo vital de sus propios bebés.

3. *Readaptación del jardín de infantes y de la escuela de nurserí.* El problema de la educación preescolar debe considerarse en función de todo el período de la infancia hasta el sexto año molar. No se puede organizar educacionalmente este vasto dominio por medio, simplemente, de la expansión institucional. No se pueden multiplicar los jardines de infantes y nurseríes indefinidamente. Debemos reestructurar, por el contrario, ambas instituciones, de modo tal que sus beneficios alcancen a todo el mundo y abarquen el período entero de los años preescolares. Por medio de los horarios limitados y la asistencia diferencial; incluyendo a padres y niños simultáneamente en el programa de educación; convirtiendo los jardines de infantes y nurseríes en centros de orientación y de ejemplo, la clientela preescolar aumentará enormemente sin necesidad de adiciones indebidas al presupuesto. No existe ninguna razón para que el sistema de instrucción pública en colaboración con las instituciones de salud pública y de medicina, se abstenga de efectuar contactos periódicos con niños de dos, tres y cuatro años. Éstos son problemas de administración y de inventiva social. Jamás podremos solucionarlos si nos aferramos con excesiva tenacidad a la modalidad y régimen de la escuela primaria tradicional.

Existe todavía un grado lamentable de rigidez en lo referente a la regulación del ingreso escolar. Se ha afirmado demasiado que la tarea de la escuela primaria es enseñar a leer. Y la triste experiencia ha demostrado que la mera admisión en el primer grado sobre la base de la edad cronológica no es suficiente garantía de que el niño se halla listo para aprender a leer. El resultado es una amplia variedad de conflictos entre el plan de estudios, niño, maestra y padres. Esto conduce a los ajustes deficientes, a sentimientos de inadecuación, al celo mal entendido en la enseñanza, a desengaños y confusiones. En medio de este desorden, las autoridades escolares no consiguen distinguir entre las verdaderas ineptitudes para la lectura y las simples y benignas diferencias en la madurez y capacidad evolutivas.

La lectura es una conquista compleja que llega tarde en la historia cultural de la raza. ¿Por qué no habría de llegar con dificultad y retardo a los incontables niños que, por razones de madurez y herencia, carecen a los seis años de un dominio suficiente de las coordinaciones básicas de ojos, manos, habla, percepción y comprensión?

Un niño de corta edad necesita no poco orden del control voluntario para poder, a un mismo tiempo, ponerse de pie, sostener un libro de cierto peso entre los dos dedos de una mano más bien pequeña, contener la mano "libre", ejecutar movimientos con los ojos de izquierda a derecha, siguiendo unos caminitos estrechos y abigarrados de símbolos impresos, traducir estos símbolos y enunciar (¡con expresión agradable!) "Yo soy un hombrecito de chocolate, yo soy, yo soy. Yo puedo correr, puedo, puedo". Algunas escuelas no exigen todas estas tareas a la vez. Por fortuna existe una tendencia creciente a la lectura en silencio y en posición sentada. Las exigencias psicológicas y neurológicas de la iniciación en la lectura siguen siendo tan complejas, sin embargo, que no puede prescindirse de una consideración inteligente de las diferencias subyacentes.

Es sumamente significativo que muchas de las dificultades iniciales en la lectura desaparezcan cuando se les da a los procesos de maduración una oportunidad de consolidarse. Es significativo, también, que muchos de los casos más graves de incapacidad para leer, los cuales reclaman atención clínica y una terapéutica especial, ocurran en niños de gran inteligencia. La insospechada frecuencia de tales deficiencias debe hacernos detener a reflexionar.

La erupción de los molares a los 6 años señala un período de transición que acentúa las diferencias inherentes en el modo de desarrollo. Para satisfacer estas diferencias, la introducción del niño preescolar en la escuela primaria necesita ser más adaptativa. Algunas ciudades han establecido clases de "facilitación de la lectura" donde los que leen con dificultad o no leen en absoluto, son retenidos y preparados hasta capacitarlos para los métodos ordinarios de la enseñanza colectiva. Por medios individualizados se proporciona a los niños una experiencia visual y de lenguaje que precede, naturalmente, a la página impresa: experiencias en dibujo, en la lectura de figuras, en observación y en conversación. Estas medidas han tenido un efecto beneficioso y liberalizante sobre la escuela primaria. Han obligado a maestros y padres a considerar con más inteligencia las diferencias individuales en las aptitudes visuales y motrices, en el habla, en la experiencia social, y en la madurez emocional y vida hogareña de los principiantes escolares.

Sin embargo, si la organización de la instrucción pública fuera fundamentalmente más flexible y estuviera más estrechamente articulada con una supervisión higiénica del período preescolar, el problema de la lectura no tendría por qué agudizarse o magnificarse. Se hace mucho hincapié en las "agrupaciones homogéneas" y poco uso de los beneficios educacionales que resultan de poner a niños de diversas edades en estrecha asociación. Y se hace mucho hincapié en enseñar a leer a los seis años. La promoción del crecimiento óptimo es un objetivo más importante.

Cuando niño y cultura se ponen en conflicto, es hora de prestar atención a los factores del crecimiento. La lectura es un fin cultural principalísimo, establecido por la sociedad en una edad en que predominan fuertemente las imágenes visuales. Importante como es este fin, no puede ser alcanzado, sin embargo, por medio de la mera ejercitación y de la presión directa. Deben efectuarse concesiones a las necesidades nacientes y a los modos de desarrollo individual.

El problema de la lectura aquí examinado nos ha servido, simplemente, como ilustración de un importante principio, aplicable a incontables situaciones en las que no coinciden la preparación del niño y las exigencias de la cultura moderna. El niño se enfrenta con multitud de situaciones similares a lo largo de tortuosos caminos del desarrollo preescolar. La adquisición de dominio sobre vejiga e intestino, los "hábitos" de comer y dormir, el tránsito desde los alimentos líquidos a los sólidos, la adaptación al vestido, la higiene, el aseo, los retos; los modales en la mesa; el saludo con la mano derecha; el respeto por la propiedad de los demás y el juego en colaboración, son sólo un corto número dentro de una serie interminable de problemas.

Para el niño se trata de problemas evolutivos. Y el adulto debe considerarlos de la misma manera. La sociedad adulta debe abordar estos problemas en un plano práctico, no a través de autoritarios conceptos sobre la formación de hábitos, sino con una filosofía que acepte la relatividad progresiva del crecimiento y construya sobre esta base. En este sentido, nuevamente se demuestra que el crecimiento es una clave para determinar los requisitos de la orientación infantil.

El objeto de este libro ha sido facilitar la consideración evolutiva de todos los aspectos de la orientación infantil, ya sea que se relacionen con los problemas diarios del hogar y la nurserí o con los problemas más graves de la clínica. En capítulos anteriores se han detallado las gradaciones del crecimiento, a fin de hacer resaltar la interdependencia relativa, característica del desarrollo de la inteligencia y de la personalidad. La psicometría mecánica, cerrada, jamás podría llevar a cabo la tentativa de una psicología evolutiva individualizada del niño preescolar. La primera finalidad de esta forma de psicología es identificar e interpretar los *procesos* del crecimiento mental. La comprensión de estos procesos nos provee de una base racional para los procedimientos prácticos en el campo de la orientación de padres y niños.

El crecimiento es un concepto unificador que se apoya sobre la continuidad interna del ciclo total de la vida. Los problemas de la guía infantil en el ingreso escolar no pueden ser considerados en su correcta perspectiva, por consiguiente, mientras no sea en función de los años preescolares anteriores. Todo crecimiento se condiciona automáticamente a sí mismo. El crecimiento pasado modifica el crecimiento actual y ambos se proyectan, a su vez, en el futuro. La importancia fundamental del período preescolar se debe a su prioridad.

Es ésta la época más crítica en el desarrollo del individuo. Es entonces cuando la muerte, las enfermedades y accidentes reclaman su cuota más onerosa. Nuevamente debemos recordar las estadísticas, que en forma tan impresionante revelan el pasivo de los años preescolares, con toda una serie de defectos en vista y oídos, ineptitudes motrices, tartamudez, parálisis espásticas, deficiencia mental, actitudes defectuosas, ansiedad e inseguridad, inestabilidad y deformaciones de la personalidad. Pero tanto el activo como el pasivo nos hacen remontar hacia el período escolar. Los rasgos temperamentales de fuerzas y esperanzas, de sensibilidad y perceptibilidad superior, de talento artístico, excelencia emocional, equilibrio superior y resistencia, adaptabilidad social, dones de conducción, toda una pléyade de otros poderes latentes o nacientes, ya pueden entreverse en los años preescolares.

Gran parte del pasivo y el activo, sin embargo, permanece oculta o sólo se la puede reconocer imperfectamente, debido a que nos faltan los mecanismos sociales y educacionales necesarios para determinar las características de los niños. Aun en la infancia debería ya investigarse más a fondo, buscando los rasgos diferenciales de la individualidad. Cada infante es un individuo con patrones y potenciales de desarrollo únicos. Sólo un sistema consecuente y amplio de supervisión evolutiva puede poner oportunamente en evidencia aquellos rasgos de fuerza y debilidad que más le interesan a la familia y a la comunidad.

Por todas estas razones, creemos que la próxima década será testigo de la aplicación rápidamente creciente de los procedimientos médicos, biométricos y psicológicos, encaminados a establecer el activo y el pasivo del infante y del niño en sus primeros años.

DISPOSICIONES PARA LA ADMINISTRACION Y REGISTRO DEL EXAMEN

DISPOSICIONES PARA LA ADMINISTRACIÓN Y REGISTRO DEL EXAMEN

§ 1. LOS ESQUEMAS EVOLUTIVOS

Presentamos en este capítulo los esquemas del desarrollo, once en total, que corresponden a otros tantos niveles cronológicos a contar desde los 15 meses hasta los 6 años. Las fuentes de estos esquemas son tres: 1) el estudio básico que despejó el terreno y estableció el *modus operandi*, comunicado por Gesell en 1925 (30); 2) estudio complementario más reciente realizado con un grupo normativo de niños cuidadosamente seleccionados (cuyo desarrollo en la infancia había sido previamente estudiado [35, 39]) que aportó nuevos datos revisados para este volumen; 3) en forma adicional, los exámenes de cientos de niños en edad preescolar, tanto normales como atípicos, vueltos a examinar en los años escolares, en el servicio clínico. Estos exámenes nos enseñaron cómo adaptar nuestras observaciones y procedimientos a una amplia variedad de condiciones, enriqueciendo profusamente nuestra experiencia.

El grupo normativo, compuesto de 107 niños, era homogéneo y seleccionado. Sólo fueron incluidos aquellos sujetos sanos cuyos padres pertenecían a una categoría económico-social media con respecto a las ocupaciones, instrucción, pasatiempos e instalación del hogar. Las ocupaciones de los padres estaban comprendidas dentro de los valores 4,98 y 11,74 agrupados por Barr en su escala para la inteligencia de las ocupaciones. Los padres habían nacido en los Estados Unidos y los abuelos eran de procedencia del norte europeo.

Los exámenes normativos sucesivos de estos niños fueron realizados a los 18 meses, 2, 3, 4, 5 y 6 años por los miembros del cuerpo médico y un competente estudiante graduado [1], en la forma siguiente:

Edad	18 meses	2 años	3 años	4 años	5 años	6 años
Niñas	21	19	20	15	33	11
Varones	20	18	16	16	27	7
Total	41	37	36	31	60	18

[1] Los exámenes a los niveles de los 18 meses y años fueron tomados por la Profesora Ruth W. Washburn. Los exámenes al nivel de los 4 años fueron tomados por Pearl F. Gridley, Doctora en Filosofía, en el *National College of Education*.

Después fueron analizados los voluminosos protocolos de examen. Si mucho es lo que se gana con un control cuidadoso, no es menos lo que se pierde. Ningún investigador completa una obra sin desear hacerla toda de nuevo, incorporando todo cuanto aprendió la primera vez. Aquí, el servicio clínico demostró ser invalorable porque pudimos modificar los procedimientos estrictamente establecidos para obtener nuevas observaciones y para practicar revisiones muy deseables. En realidad, el servicio clínico demostró ser una fuente constante de ideas nuevas.

Al fin del proyecto de investigación, el análisis normativo nos reveló un detallado e importante cuadro de los cinco niveles cronológicos básicos; nuestra experiencia clínica nos proveyó los datos para las edades intermedias trazando un panorama más vívido y detallado del curso del desarrollo de la conducta. En los capítulos sobre los cuatro campos fundamentales de la conducta se han descrito las fuentes de los datos, e indicado cuándo una situación, aun no habiendo sido uniformemente establecida, es, a nuestro juicio, reveladora y de valor.

En su aspecto superficial, los esquemas evolutivos que siguen a continuación parecen limitarse a compilar una serie de renglones de la conducta, de acuerdo con la madurez evolutiva. En realidad, los esquemas representan mucho más que eso. Cada esquema presenta, para cada nivel cronológico, un grupo de renglones, el cual forma una especie de constelación de conducta relacionada y que es, en sustancia, una caracterización aproximada de la conducta normal para esa edad.

La aplicación de los esquemas es una simple cuestión de determinar si la conducta de un niño se ajusta mejor a la fórmula de una edad que a la otra, por el método directo de la comparación. Los renglones aislados de la conducta no tienen valor cronológico, no son sopesados, sumados o restados; el cuadro agregado es el que nos dice lo que nos interesa saber. No hay nada matemático en esta determinación ni tampoco hay nada místico. Se reduce a comparar, lo cual ni es cálculo ni intuición, sino un proceso enteramente distinto. La Colorimetría se basa en el mismo principio.

La aplicación de los esquemas en esta forma requiere, sin embargo, un profundo conocimiento de lo que son estas fórmulas, cuáles son sus características esenciales y cuáles las accesorias y más decorativas. Esto implica un conocimiento de mucho más de lo implicado en los esquemas, los cuales sólo proporcionan una parte extractada, representativa de la fórmula o constelación total. El conocimiento del curso que habrá de seguir cada función, permite al examinador comprender y valorar en función de la madurez toda la conducta que ve, aparte del éxito o fracaso aparente del desempeño. El niño que pone una sobre otra las tres piezas del tablero de formas en lugar de colocarlas en los espacios respectivos, no está fracasando en una prueba sino que está demostrando su nivel de madurez; y lo mismo el niño que arroja todos los materiales de prueba al suelo.

La comparación del niño con el esquema y el consiguiente arribo a una determinación de la madurez, es perfectamente simple cuando el desarrollo es simétrico en los cuatro campos de la conducta: motor, adaptativo, del lenguaje y personal-social. Cuando el crecimiento es asimétrico, sin embargo, o cuando hay una gran dispersión, aun dentro de un mismo campo, el problema no es tan simple, aunque no insoluble. Es en estos casos precisamente, donde a un examinador de mentalidad psicométrica le gustaría calcular y arribar a un valor intermedio; y es precisamente en estos casos en los que insistimos en que un valor intermedio no tiene sentido. Si los niveles de madurez de un niño, según se desprende del examen, son: Motor 36 meses, Adaptativo 42 meses, Lenguaje 30 meses, Personal-Social 30-36 meses, de ningún modo se hallaría representado por un promedio de 34, sino que mucho mejor lo describían los valores de conducta siguientes: Motor 36 meses, Adaptativo 42 meses, Lenguaje 30 meses, Personal-Social 30-36 meses.

*

En las páginas siguientes hemos incluido los esquemas, juntamente con breves notas explicatorias y observaciones que recuerdan el significado exacto de los distintos renglones. El lector advertirá que, ocasionalmente, se ha señalado uno de los renglones con (F). Esta designación indica que la conducta es *focal*, en otras palabras, peculiarmente característica de la edad en que ha sido colocada: de ordinario no se observa antes de esa edad y no se presenta *después* de esa edad. De este modo, el niño puede "fallar" en un renglón focal de la conducta, o bien porque no es lo bastante maduro, o bien porque es demasiado maduro, en cuyo caso el "fracaso" se convierte en un índice de mayor y no menor madurez. En todos los demás casos, el fracaso se debe, presumiblemente, o bien a inmadurez, retardo, falta de interés o cooperación, o a la impropiedad del test.

Siempre que fue posible, y para eliminar una enorme masa de datos tabulares, se han dado los valores normativos en porcientos de los renglones de la conducta, en función del grupo de niños examinado, y correspondientes al nivel cronológico sometido a estudio y al de la edad anterior, a fin de proporcionar un índice de la tendencia y frecuencia del desempeño. El 50 por ciento fue elegido como el porcentaje crítico. En aquellos casos en que un renglón de la conducta ha sido interpolado (colocado entre dos edades sobre la base de las determinaciones efectuadas a esas dos edades), se han dado los valores en porcientos de la edad anterior y siguiente. Los porcentajes encerrados entre paréntesis están basados en casos clínicos. Los grupos clínicos son menos homogéneos que los casos normativos, pero consisten en unos veinte a treinta niños relativamente normales. Los porcentajes clínicos se hallan en estrecho acuerdo con las tendencias normativas, habiendo sido incluidos por su valor indicativo. Las cifras normativas se han dado con preferencia a las cifras clínicas siempre que dispusimos de ellas.

No hemos incluido ningún porcentaje para los renglones de la conducta personal-social debido a la variabilidad de estos renglones, originada en los factores de enseñanza y personalidad. Estos renglones han sido asignados algo arbitrariamente, si bien con liberalidad, a los diversos niveles cronológicos, según se explicó en el Capítulo IX. También existe cierta escasez de valores en porcientos para las diversas aptitudes motrices, especialmente en los niveles cronológicos superiores; en este aspecto es mucho lo que debemos a la bibliografía del tema, tal como se indicó en el Capítulo VI.

ADVERTENCIAS Y NOTAS EXPLICATIVAS

Los procedimientos para administrar el test y los renglones de observación agrupados en el Esquema Evolutivo han sido detallados en la Parte Dos, Capítulos VI-IX. En caso de duda el lector podrá consultar estos capítulos, donde obtendrá instrucciones más específicas. Las notas siguientes se han incluido para la facilidad de las referencias, para aclarar las abreviaturas de los enunciados y para recordar los detalles de orden y método. Los renglones han sido designados con los mismos nombres que se usaron en el resto del volumen.

NIVEL DE LOS 15 MESES

(M) MOTRIZ	56 snas.	52 snas.	15 mes.
M-1 MARCHAS; pocos pasos, empieza y se detiene ..	26 *	44	(56)
M-1 MARCHA: se cae por desplome (F)			
M-1 MARCHA: ya no gatea	0	20	(54)
M-2 ESCALERAS: sube trepando un tramo entero (i)			(48)
M-17 CUBOS: torre de 2	16	43	(77)
M-18 BOLITA: la coloca en el frasco	25	40	(78)
M-22 LIBRO: ayuda a volver las hojas			(78)

(A) ADAPTATIVA			
A-2 CUBOS: torre de 2	14	43	(77)
A-7 TAZA Y CUBOS: pone y saca 6 (F)	0		(65)
A-20 DIBUJO: imitación incipiente de un trazo			(41)
A-12 TABLERO DE FORMAS: coloca la pieza redonda ...	18	38	(64)
A-12 TABLERO DE FORMAS: adapta en seguida la pieza redonda	19		(64)

* Las columnas verticales indican las frecuencias en porcientos. Los porcentajes basados en el grupo de casos clínicos se han puesto entre paréntesis. (F) = renglón focal, ver página anterior; (i) = informado; p = interpolado.

(L) LENGUAJE

		56 snas.	15 mes.
L-2	Vocabulario: 4-6 palabras o nombres (i)	36	(76)
L-2	Usa Jerga (i)		(90)
L-1	Libro: da golpecitos en la figura (F)		(52)
L-6	Tarjeta de figuras: señala el perro o su propio zapato		(63)

(P-S) PERSONAL SOCIAL

Alimentación: ya no usa mamadera.
Alimentación: inhibe tomar el plato de la bandeja.
Baño: regulación parcial de las necesidades.
Baño: controla el intestino.
Baño: muestra los pantalones mojados.
Comunicación: dice "ta-ta" o algo equivalente.
Comunicación: indica deseos (señala o vocaliza).
Juegos: muestra u ofrece los juguetes a la madre o al examinador.
Juegos: tira los objetos por juego o resistiéndose.

51 meses

MOTRIZ

M-1 Marcha: pocos pasos; empieza y se detiene.
No es suficiente la aptitud de dar unos pocos pasos él solo. Dar dos o tres pasos vacilantes de una persona a otra, o de una silla a otra, no es bastante para computar este renglón. El niño debe poseer bastante control como para detenerse y empezar nuevamente a caminar sin necesidad de apoyo.

M-1 Marcha: cae por desplome.
Las caídas frecuentes son características de los primeros tiempos de la marcha, y este tipo particular de caída tiene lugar cuando el niño se sienta de golpe, sin perder el equilibrio.

M-1 Marcha: ya no gatea.
Este renglón implica que la marcha es el método de locomoción preferido por el niño y que, aun cuando pueda desear velocidad o eficiencia, no habrá de retroceder a un método más primitivo. Bajo la influencia de una gran fatiga, sin embargo, a veces puede volver a gatear.

M-18 Bolita: la pone en el frasco.
A una orden o ademán, o espontáneamente.

ADAPTATIVA

A-? Cubos: torre de dos.
Demostración; la torre debe mantenerse parada.
A-7 Taza y cubos: pone y saca 6.

El examinador anima al niño para que llene la taza y continúe llenándola antes de vaciarla. Incluso, pueden ofrecerse los cubos sucesivamente al niño.

A-20 Dibujo: imitación incipiente de un trazo.
Aunque menos de la mitad de los niños de esta edad manifiesta esta conducta, cuando aparece es sumamente significativa. El renglón no ha de juzgarse tanto por el producto del crayón como por el movimiento realizado por el niño al tratar de imitar el trazo. Frecuentemente empieza como para efectuar el trazo, pero luego hace un garabato en su lugar.

A-12 Tablero de formas: coloca el círculo. Espontáneamente o después de una orden, seña o demostración, lo introduce completamente.

A-12 Tablero de formas: adapta el círculo en seguida.
Un gran porcentaje de niños que hayan logrado interesarse en la situación, realizarán la colocación o una colocación aproximada, rápida y adaptativa del círculo cuando el tablero de formas ha sido rotado, aunque es raro que el desempeño se repita debido al fugaz alcance del interés a esta edad.

LENGUAJE

L-1 Libro: da golpecitos en la figura.
Espontáneamente o después que el examinador la ha señalado.
L-6 Tarjeta de figuras: señala el perro o su propio zapato.

En respuesta a la pregunta: "¿Dónde está el perro; el zapato?"

PERSONAL SOCIAL

ALIMENTACIÓN: ya no usa mamadera. Incluida también la mamadera de la noche.

BAÑO: regulación parcial de sus necesidades.

Responde a la colocación regular en la bacinilla (no invariablemente), pero no avisa sus necesidades y no espera a ser llevado al baño si la necesidad no ha sido correctamente anticipada. Los "accidentes de excusado" son acontecimientos más que frecuentes.

BAÑO: control del intestino.

No avisa sus necesidades, pero responde a su colocación en la bacinilla a una hora regular.

BAÑO: muestra los pantalones mojados.

Retorciéndose, tirándose de los pantalones, alborotando, etc.

COMUNICACIÓN: dice "ta-ta" u otro equivalente.

Espontáneamente, o al dar o recibir un objeto.

JUEGO: tira los objetos por juego o resistiéndose.

He aquí un modo muy característico a esta edad, y que frecuentemente perturba las respuestas en el examen. Se observa frecuentemente en los niños defectuosos que operan a un nivel de 15 meses.

JUEGOS: muestra u ofrece los juguetes a la madre o al examinador.

Durante el examen.

NIVEL DE 18 MESES

(M) MOTRIZ		15 m.	18 m.
M-1 MARCHA: cae raramente			
M-1 MARCHA: rápido, corre tieso		(24)	(82)
M-2 ESCALERAS: sube, teniéndole una mano			61
M-2 ESCALERAS: sube y baja sin ayuda, cualquier método		(9)	54
M-5 SILLA PEQUEÑA: se sienta solo		(26)	51
M-5 SILLA DE ADULTO: se trepa		(43)	(75)
M-8 PELOTA: la arroja			
M-9 PELOTA GRANDE: un paso hacia ella (F)			(53)
M-22 LIBRO: vuelve páginas, 2 ó 3 a la vez			(45)

(A) ADAPTATIVA			
A-2 CUBOS: torre de 3-4		(27)	77
A-7 TAZA Y CUBOS: pone 10 en la taza		(29)	60
A-8 BOLITA: la saca reactivamente			65
A-16 DIBUJO: garabatea espontáneamente		(12)	57
A-20 DIBUJO: hace un trazo imitativamente		(10)	(52)
A-12 TABLERO DE FORMAS: apila las 3 (F)			(66)

(L) LENGUAJE			
L-2 VOCABULARIO: 10 palabras incluyendo nombres (i)		(32)	50
L-1 LIBRO: mira discriminativamente		(30)	(62)
L-6 TARJETAS DE FIGURAS: nombra o señala una			66 ·
L-4 PELOTA: la nombra			(53)
L-5 PELOTA: 2 instrucciones			(62)

(P-S) PERSONAL SOCIAL

ALIMENTACIÓN: alcanza el plato vacío a la madre.
ALIMENTACIÓN: se alimenta parcialmente solo, derramando.

BAÑOS: regulación diurna.
JUEGOS: arrastra los juguetes.
JUEGOS: lleva o alza una muñeca u osito.

18 meses

MOTRIZ

M-1 MARCHA: rápido, corre tieso.
Dos renglones alternados. La carrera tiesa es mejor describirla en función de la postura erguida en que se mantiene el cuerpo. Cualquier inclinación hacia adelante en la dirección de la carrera terminaría finalmente en una caída.

M-2 ESCALERAS: sube o baja sin ayuda, cualquier método.
Sube gateando o trepándose y baja retrocediendo o sentándose bruscamente en cada nuevo escalón, o bien sube y baja caminando, tomado de la baranda. Muchos niños de esta edad no tienen oportunidad de andar por escaleras.

M-5 SILLA PEQUEÑA: se sienta solo.
Cualquier método eficaz que involucre ponerse de pie preliminarmente de espaldas a la silla. A menudo, el niño espía por entre sus piernas o da vuelta la cabeza para asegurarse de que se halla bien encaminado, o bien se agacha un poco hacia el costado de la silla para luego deslizarse hasta la posición indicada. Montarse a caballo sobre la silla es más evolucionado.

M-5 SILLA DE ADULTO: se trepa.
El niño se para de frente a la silla, se trepa y luego se da vuelta para sentarse.

M-8 PELOTA: La arroja.
A diferencia de cuando la deja caer con un simple impulso; también implica lanzamiento en la posición de pie. El niño más pequeño se sienta a jugar con la pelota.

M-9 PELOTA GRANDE: un paso hacia ella.
Después de la demostración da un puntapié. No se le permite que se apoye en la pared, la mano de un adulto, etc.

ADAPTATIVA

A-2 CUBOS: torre de tres-cuatro.
Puede necesitar demostración para empezar y estímulo para proseguir. La torre debe mantenerse parada.

A-7 TAZA Y CUBOS: pone diez en la taza.
Espontáneamente o animándolo y con demostración.

A-8 BOLITA: saca reactivamente.
En respuesta a "Sácala". Tratar de enganchar la bolita con el dedo (raro) es una respuesta equivalente; sacarla por medio de sacudidas es más primitivo.

A-20 DIBUJO: hace un trazo imitativamente.
Imita el trazo sin fijarse en la dirección. Un trazo inmediatamente obliterado con garabatos constituye una respuesta correcta en un niño sobreproductivo.

A-12 TABLERO DE FORMAS: apila tres.
Sobre el tablero de formas o sobre la mesa. Comúnmente éste es el desempeño espontáneo frente a la situación.

LENGUAJE

L-1 LIBRO: mira discriminativamente las figuras. Puede no señalar o nombrar, pero cuando se le pregunta "¿Dónde está el perro?", etc., mira, sin lugar a dudas, al perro.

L-5 PELOTA: dos instrucciones.
Arrojar la pelota hacia la silla, mesa o madre, es aceptable. Sentarse él mismo en la silla con la pelota en las manos no es aceptable.

PERSONAL SOCIAL

ALIMENTACIÓN: se alimenta parcialmente solo, derramando.
Quiere decir: parte de la comida sin ninguna ayuda directa.

BAÑO: regulación diurna.
Responde a las colocaciones regulares en la bacinilla. La responsabilidad descansa sobre la madre, pero puede mantenerlo seco todo el día con sólo raros "accidentes". No indica sus necesidades pero espera un plazo razonable de tiempo hasta tener una oportunidad de usar el baño.

NIVEL DE 21 MESES

(M) MOTRIZ	10 m.	21 m.	24 m.
M-1 MARCHA: se agacha para jugar (i)			
M-2 ESCALERAS: baja, tomándolo de una mano			
M-2 ESCALERAS: sube, tomándose de la baranda			
M-5 SILLA DE ADULTO: se baja sin ayuda			
M-9 PELOTA GRANDE: la patea tras demostración ...	(25)	(56)	
M-17 CUBOS: torre de 5-6	27	p	76
M-19 PAPEL: hace un doblez imitativamente	32	p	62

(A) ADAPTATIVA			
A-2 CUBOS: torre de 5-6	27	p	76
A-3 CUBOS: imita empujar el tren	(42)	(57)	
A-11 PAPEL: lo dobla una vez imitativamente	32	p	62
A-12 TABLERO DE FORMAS: coloca 2 ó 3	30	p	87
A-10 CAJA DE PRUEBA: introduce la esquina del cuadrado (F)	(26)	(58)	
A-10 CAJA DE PRUEBA: recupera la pelota	(21)	(56)	

(L) LENGUAJE			
L-2 VOCABULARIO: 20 palabras (i)	(36)	(57)	
L-2 COMBINA: 2-3 palabras espontáneamente (i) ...	(33)	(57)	
L-5 PELOTA: 3 instrucciones	(25)	(50)	

(P-S) PERSONAL SOCIAL

ALIMENTACIÓN: toma bien la taza; la levanta, bebe, la vuelve a colocar.
COMUNICACIÓN: pide alimentos, ir al baño, agua.
COMUNICACIÓN: hace eco de las 2 ó 3 últimas palabras.
COMUNICACIÓN: tira de las personas para mostrar.

21 meses

MOTRIZ

M-1 MARCHA: se agacha para jugar. Implica un control y equilibrio suficientes como para poder mantener la posición en cuclillas durante varios minutos, mientras el niño juega en el piso o la tierra.
M-9 PELOTA GRANDE: la patea tras demostración. Balancea la pierna, golpeando la pelota vigorosamente con el pie; no se le permite apoyarse en la pared, etc.
M-19 PAPEL: hace un doblez imitativamente. Después de la demostración. No está implicado el plegado del papel.

ADAPTATIVA

A-2 CUBOS: torre de cinco-seis. Puede necesitar demostración para empezar y estímulo para proseguir.

La torre debe mantenerse firme.
A-3 CUBOS: imita empujar el tren. Uno o más cubos.

A-12 TABLERO DE FORMAS: coloca dos o tres.

En el tablero de formas, en cualquier momento durante la situación.

A-10 CAJA DE PRUEBA: introduce la esquina del cuadrado.

Espontáneamente o después de la demostración de la inserción. No introduce el cuadrado completamente.

A-10 CAJA DE PRUEBA: recobra la pelota de adentro.

Cualquier método tal como empujar la caja para arriba, levantarla e inclinarla, gatear dentro de la caja después de haberla dado vuelta, etc. Si el desempeño sólo parece accidental, repítase. La situación no puede usarse con niños muy altos que pueden alcanzar la pelota directamente (raro a los 21 meses). Ésta es una situación excelente para observar las reacciones del niño como individuo frente a una dificultad: su tenacidad, ingenio, reactividad emocional, etc.

LENGUAJE

L-2 COMBINA: dos-tres palabras espontáneamente.

Combinaciones tales como: "se acabó" (all gone), "chico grande" (big boy), "bueno, bueno" (oh, dear), no se computan. "Papi va", "Chau mamá", "nene cama" son combinaciones aceptables.

L-5 PELOTA: tres instrucciones.
Es aceptable el lanzamiento al objetivo correcto. Sentarse él mismo en la silla con la pelota en la mano no es aceptable.

PERSONAL-SOCIAL

ALIMENTACIÓN: toma bien la taza; la levanta, bebe y vuelve a colocarla.
El niño de más corta edad inclina la taza demasiado, de modo que vuelca copiosamente; también es propenso a dejar caer o arrojar la taza una vez que ha terminado de beber.

COMUNICACIÓN: pide la comida, ir al baño y de beber. Mediante el gesto o la palabra.

COMUNICACIÓN: hace eco a las dos últimas o más palabras que ha dicho el adulto.

COMUNICACIÓN: tira de las personas para mostrar.
Por ejemplo, cuando toma a la madre de la mano conduciéndola al resumidero de la cocina, a diferencia de edades más tempranas en que se queda parado en el resumidero señalándolo y vocalizando "uh-uh".

NIVEL DE 24 MESES

(M) MOTRIZ	18 m.	24 m.
M-1 CARRERA: sin caídas	12	48
M-2 ESCALERAS: sube y baja solo		
M-9 PELOTA GRANDE: patea		(59)
M-17 CUBOS: torre de 6-7	20	56
M-22 LIBRO: vuelve las hojas de a una		

(A) ADAPTATIVA		
A-2 CUBOS: torre de 6-7 ....,	20	56
A-3 CUBOS: alinea 2 ó más, tren	23	62
A-20 DIBUJO: imita trazo en forma de V	47	79
A-20 DIBUJO: imita trazo circular	32	59
A-28 ORACIONES: repite 3-4 sílabas		50
A-12 TABLERO DE FORMAS: coloca las piezas en el tablero separadamente (F)	(28)	(63)
A-12 TABLERO DE FORMAS: adapta en 4 pruebas	8	62
A-10 CAJA DE PRUEBAS: introduce el cuadrado	29	70

(L) LENGUAJE		
L-2 HABLA: ha reemplazado la jerga		
L-2 HABLA: oraciones de 3 palabras		73
L-2 HABLA: emplea, yo, mí y tú		48
L-6 TARJETAS DE FIGURAS: nombra 3 ó más	2	57
L-6 TARJETAS DE FIGURAS: reconoce 5 ó más	2	55
L-4 OBJETOS DE PRUEBA: nombra 2		(74)
L-5 PELOTA: 4 instrucciones correctamente		51

(P-S) PERSONAL SOCIAL

ALIMENTACIÓN: inhibe dar vuelta la cuchara.
BAÑO: no se moja por la noche si se lo levanta.
BAÑO: verbaliza sus necesidades sistemáticamente (i).
VESTIRSE: se saca la ropa simple.
COMUNICACIÓN: verbaliza las expresiones inmediatas.
COMUNICACIÓN: se refiere a sí mismo por su nombre.
COMUNICACIÓN: comprende y pide "otro".
JUEGOS: le alcanza la taza llena de cubos al examinador.
JUEGOS: juega con mimetismo doméstico (muñeca, osito, etc.).
JUEGOS: predomina el juego paralelo.

24 meses

MOTRIZ

M-1 CARRERA: sin caídas.
Pero no muy rápida todavía. Se balancea al apurarse.

M-2 ESCALERAS: sube y baja solo.
Puede usar la baranda.

M-9 PELOTA GRANDE: patea.
A una orden verbal, sin demostración. El examinador puede decir: "Patéala con el *pie*".

ADAPTATIVA

A-2 CUBOS: torre de seis-siete.
Puede necesitar la demostración para empezar y estímulo para continuar. La torre debe mantenerse en pie.

A-3 CUBOS: alinea dos o más, tren.

En respuesta a la demostración del tren.

A-12 TABLERO DE FORMAS: las coloca en el tablero separadamente.

No en los espacios, necesariamente, o en relación con los espacios correctos. Generalmente es la respuesta espontánea.

A-12 TABLERO DE FORMAS: adapta en cuatro pruebas.

A la rotación del tablero. Prueba y error o mejor.

A-10 CAJA DE PRUEBA: introduce el cuadrado.

Espontáneamente o después de la demostración.

LENGUAJE

L-2 HABLA: *yo, mí* y *tú.*
Puede no ser correctamente.

L-6 TARJETAS DE PRUEBAS: reconoce cinco o más.
Nombrando o señalando.

L-5 PELOTA: cuatro instrucciones correctamente.

El lanzamiento de la pelota hacia los objetivos correctos es aceptable.

PERSONAL-SOCIAL

ALIMENTACIÓN: inhibe dar vuelta la cuchara.
Por lo menos hasta hallarse la cuchara en la boca.

BAÑO: no se moja de noche si se lo levanta.
Toda la noche.

VESTIRSE: se saca la ropa sencilla.
Zoquetes, guantes, mitones; se sube los pantalones.

COMUNICACIÓN: verbaliza las experiencias inmediatas.
Monologa sobre sus actividades mientras las ejecuta.

JUEGOS: juega con mimetismo doméstico.

Acuesta la muñeca, la cubre con frazadas, finge alimentarla, etc.

JUEGOS: predominio del juego paralelo.

Juega al lado de otro niño, a menudo realizando la misma actividad, pero en forma completamente independiente.

NIVEL DE 30 MESES

	24 m.	30 m.	36 m.
(M) MOTRIZ			
M-1 Marcha: en puntas de pie (demostración)			
M-4 Salto: con los dos pies			
M-10 Trata de pararse en un pie			
M-17 Cubos: torre de 8	27	p	78
M-20 Sostiene el crayón entre los dedos			
(A) ADAPTATIVA			
A-2 Cubos: torre de 8	27	p	79
A-3 Cubos: agrega chimenea al tren	15	p	96
A-20 Dibujo: 2 ó más trazos para la cruz (F)	24	(72)	
A-20 Dibujo: imita trazos en forma de V y de H ..	32	(50)	
A-14 Formas coloreadas: coloca 1	(45)	(68)	
A-12 Tablero de formas: coloca 3 piezas tras la presentación	(37)	57	
A-12 Tablero de formas: adapta repetidamente, error (F)	(22)	48	
A-27 Dígitos: repite 2, 1 ó 3 pruebas	25	p	
(L) LENGUAJE			
L-7 Nombre completo (incluyendo i)		(52)	
L-6 Tarjetas de figuras: nombra 5	(17)	(43)	
L-6 Tarjetas de figuras: reconoce 7	(17)	(67)	
L-4 Objetos de prueba: dice el uso	(28)	(58)	

(P-S) PERSONAL SOCIAL

Comunicación: se refiere a sí mismo más por el pronombre que por el nombre.

Comunicación: muestra tendencia a la repetición en el habla y otras actividades.

Juegos: empuja los juguetes con buena dirección.

Juegos: ayuda a guardar las cosas.

Juegos: puede llevar objetos frágiles.

30 meses

MOTRIZ

M-1 Marcha: en puntas de pie.
Demostración: al principio puede dársele la mano.

M-4 Salto: con ambos pies.
En el lugar.

M-16 Trata de pararse *en un solo pie*.
El examinador efectúa la demostración, manteniéndose en esa posición para dar ánimos al niño. El niño de más corta edad rechaza esta situación.

M-20 Sostiene el crayón entre los dedos.
A diferencia de cuando lo sostiene en el puño.

ADAPTATIVA

A-2 Cubos: torre de ocho.
Puede necesitar la demostración para empezar y estímulo para proseguir. La torre debe mantenerse en pie.

A-3 Cubos: agrega chimenea al tren.
El examinador puede preguntar: "¿Dónde está la chimenea?"

A-20 Dibujo: dos o más trazos para la cruz.
Se computa sólo si la respuesta difiere de la respuesta del niño a la demostración del trazo.

A-14 Formas coloreadas: coloca una.
Puede demostrar la forma circular.

A-12 Tablero de formas: coloca tres piezas tras la presentación.
Espontáneamente o en respuesta a "Ponlas ahí dentro".

A-12 Tablero de formas: adapta repetidamente, error.
Generalmente lo resuelve con error en la primera rotación, pero los ensayos subsiguientes no eliminan el error.

LENGUAJE

L-7 Nombre completo.
Inclúyese el sobrenombre en lugar del primer nombre.
L-4 Objetos de prueba: dice el uso. De uno o más objetos. La computación es liberal, por ej., "¿Qué se hace con la llave?" Respuesta: "Puerta"; es aceptable.

PERSONAL-SOCIAL

Comunicación: se refiere a sí mismo por el pronombre más que por el nombre.
Puede confundir *yo* y *mí*. (Véase nota, al pie de la pág. 240).

Comunicación: muestra tendencia a la repetición en el habla y otras actividades.

Hace la misma observación una y otra vez; tiende a querer que las cosas se hagan siempre de la misma manera, en forma ritualista.

NIVEL DE 36 MESES

(M) MOTRIZ

	24 m.	30 m.	36 m.
M-2 Escaleras: alterna los pies al subir			
M-4 Salto: salta del último escalón			
M-6 Triciclo: anda usando los pedales			
M-10 Parado en un pie, en equilibrio momentáneo			
M-12 Bolitas: pone 10 en el frasco (en 30 segundos)			50

(A) ADAPTATIVA

A-2 Cubos: torre de 9 (10 en 3 tentativas)	9	(29)	58
A-4 Cubos: imita el puente	9		80
A-9 Bolitas: pone 10 en el frasco (en 30 segundos)			50
A-16 Dibujo: da nombre a su propio dibujo	6		77
A-18 Dibujo: nombra el hombre incompleto		8	54
A-21 Dibujo: copia círculo		(5)	86
A-20 Dibujo: imita cruz		5	77
A-14 Formas coloreadas: coloca 3		(16)	(57)
A-15 Formas geométricas: señala 4		(5)	54
A-12 Tablero de formas: adaptación sin error o con corrección inmediata del error		(24)	(59)
A-27 Dígitos: repite 3 (1 de 3 pruebas)			59
A-28 Oraciones: repite 6-7 sílabas	9		61

(L) LENGUAJE

L-1 Libro de figuras: dice la acción		(30)	(72)
L-2 Emplea el plural		(24)	(74)
L-6 Tarjetas de figuras: nombra 8		(5)	57
L-8 Figura: enumera 3 objetos		(28)	62
L-9 Acción agente: 7 correctas		(0)	50
L-10 Dice el sexo			73
L-11 Preguntas de comprensión a: contesta 1			65
L-12 Instrucciones: obedece dos preposiciones, pelota y silla		(10)	(75)

(P-S) PERSONAL SOCIAL

Alimentación: se alimenta solo derramando poco.
Alimentación: sabe servirse de una jarra.
Vestirse: se pone los zapatos.
Vestirse: desprende los botones de delante y laterales.
Comunicación: formula preguntas retóricas.
Comunicación: comprende y respeta los turnos.
Comunicación: sabe decir algunos versos.

36 meses

MOTRIZ

M-2 ESCALERAS: alterna los pies al subir.
Un pie por escalón.
M-4 SALTO: del último escalón.
Con ambos pies.
M-10 PARADO en un pie, equilibrio momentáneo.
El examinador efectúa la demostración y mantiene la posición para animar al niño a hacer otro tanto. Se le puede tomar el tiempo contando lentamente.
M-12 BOLITAS: pone diez en el frasco (en 30 segundos).
Usando una mano solamente, una bolita por vez.

ADAPTATIVA

A-2 CUBOS: torre de nueve (diez en tres pruebas).
La torre debe mantenerse en pie. Puede necesitar que lo animen para probar otra vez.
A-4 CUBOS: imita el puente.
Demostración.
A-16 DIBUJO: pone nombre a su propio dibujo.
Espontáneamente, o en respuesta a "¿Qué es esto?"

A-18 DIBUJO: nombra el hombre incompleto.
Lo llama hombre, chica, conejito, Ratón Mickey, etc.
A-14 FORMAS COLOREADAS: hace concordar tres.
Puede demostrarse la forma circular.
A-15 FORMAS GEOMÉTRICAS: señala cuatro.
No se permitirá que las haga concordar directamente.

LENGUAJE

L-1 LIBRO DE FIGURAS: dice la acción.
En respuesta a la pregunta: "¿Qué está haciendo el (o la)...?"

PERSONAL-SOCIAL

ALIMENTACIÓN: sabe servirse de una jarra.
Pequeña.
VESTIRSE: se pone los zapatos.
No necesariamente en el pie que corresponde.
COMUNICACIÓN: formula preguntas retóricas.
Sabe la respuesta; a menudo hace una pregunta porque desea que se la pregunten a él.

NIVEL DE 42 MESES

	36 m.	42 m.	48 m.
(M) MOTRIZ			
M-10 Se PARA en un solo pie durante 2 seg.			
M-11 BARRAS DE EQUILIBRIO: las pasa apoyando los dos pies			
M-13 DIBUJO: traza el rombo			
(A) ADAPTATIVA			
A-4 CUBOS: construye el puente con modelo	35	p	100
A-15 FORMAS GEOMÉTRICAS: señala 6	38	p	82
A-27 DÍGITOS: repite 3 (2 a 3 pruebas)		p	75
A-32 PESOS: da la pieza pesada (2 de 3 pruebas)	44	p	73
(L) LENGUAJE			
L-6 TARJETAS DE FIGURAS: las nombra todas	(5)	p	
L-9 ACCIÓN AGENTE: 9 correctas	28	p	83
L-11 PREGUNTAS DE COMPRENSIÓN, A: contesta 2	40	p	80
L-12 INSTRUCCIONES: obedece a 3 preposiciones, pelota y silla		p	70

(P-S) PERSONAL SOCIAL

VESTIRSE: se lava y seca la cara con las manos.
JUEGOS: el juego asociativo en grupos reemplaza al juego de tipo paralelo.

42 meses

MOTRIZ

M-10 Se PARA en un pie durante 2 seg. El examinador efectúa la demostración manteniéndose en esa posición para animar al niño a hacer otro tanto. Se puede controlar el tiempo contando lentamente.

M-11 BARRAS DE EQUILIBRIO: Las pasa con los dos pies.

Los niños de más corta edad las recorren apoyando un pie en la barra y el otro en el piso.

ADAPTATIVA

A-4 CUBOS: construye el puente con el modelo.

Sin demostración.

A-32 PESOS: da la pieza pesada (dos de tres pruebas).

De dos, uno más liviano y otro más pesado. El examinador puede hacer la demostración levantando y probando el peso de las piezas.

LENGUAJE

L-6 TARJETAS DE FIGURAS: las nombra todas.

Sin pregunta específica para cada figura.

PERSONAL-SOCIAL

VESTIRSE: se lava y se seca las manos o la cara.

Sin recordarle que se seque; el lavado o el secado pueden no ser muy eficientes.

JUEGOS: el juego asociativo en grupo empieza a desplazar al juego paralelo.

Varios niños se dedican a la misma actidad con frecuentes referencias y comentarios cruzados.

NIVEL DE 48 MESES

		36 m.	48 m.
(M) MOTRIZ			
M-2	ESCALERAS: baja caminando, los últimos escalones, un pie por escalón		
M-3	BRINCA en un pie		
M-4	SALTO: en largo, a la carrera o sin impulso		
M-8	PELOTA: la arroja de voleo por lo alto		
M-10	Se PARA en un pie, 4-8 segundos		
M-11	BARRAS DE EQUILIBRIO: pasa la barra de 6 cm, tocando el piso una vez para equilibrarse		
M-12	BOLITAS: las introduce (10 en 25 seg.)		50
(A) ADAPTATIVA			
A-5	CUBOS: imita la puerta	6	60
A-9	BOLITAS: las introduce (10 en 25 seg.)		50
A-17	DIBUJO: hombre con 2 partes	12	52
A-21	DIBUJO: copia la cruz	14	55
A-18	DIBUJO: agrega 3 partes al hombre incompleto	0	53
A-25	DIBUJO: 1 burbuja, colocada correctamente		61
A-11	PAPEL: dobla y pliega 3 veces tras la demostración ..	36	p
A-15	FORMAS GEOMÉTRICAS: señala 8	23	57
A-28	ORACIONES: repite 1 de 3 (12, 13 sílabas)		50
A-19	PARTES OMITIDAS: 1 correcta		52
A-23	CONTAR: señalando correctamente 3 objetos		
A-32	PESOS: elige el más pesado (3 de 3 pruebas)		55
(L) LENGUAJE			
L-9	ACCIÓN AGENTE: 13 correctas	5	58
L-14	TARJETAS DE COLORES: nombra 1		74
L-12	INSTRUCCIONES: obedece 4 preposiciones, pelota y silla		52

(P-S) PERSONAL SOCIAL

VESTIRSE: se sabe lavar y secar manos y cara; se cepilla los dientes.

VESTIRSE: se viste y desviste bajo vigilancia.

VESTIRSE: enlaza los cordones de los zapatos.

VESTIRSE: distingue entre la parte anterior y posterior de las ropas.

JUEGOS: juega cooperativamente con otros niños.

JUEGOS: construye edificios con cubos.

DESPRENDIMIENTO EVOLUTIVO: hace mandados fuera de la casa (sin cruzar la calle).

DESPRENDIMIENTO EVOLUTIVO: tiende a sobrepasar los límites prescritos.

48 meses

MOTRIZ

M-3 BRINCA en un pie.

El otro pie da un paso de marcha hacia adelante.

M-4 SALTO: en largo, a la carrera o sin impulso.

Los dos pies, como de una baldosa a otra.

M-10 Se PARA en un pie, 4-8 seg.

El examinador efectúa la demostración manteniéndose en esa posición para animar al niño a hacer otro tanto. Se le puede tomar el tiempo contando lentamente.

ADAPTATIVA

A-5 CUBOS: imita la puerta.

Demostración. Si falla, el examinador puede preguntar. "¿Te parece que es igual a éste?"

A-17 DIBUJO: hombre con dos partes. Como la cabeza y los ojos, o la cabeza y las piernas.

A-18 DIBUJO: agrega tres partes al hombre incompleto.

Puede demostrarse la oreja.

A-11 PAPEL: dobla y pliega tres veces la demostración.

Los pliegues deberán estar lo bastante bien hechos como para dejar una marca permanente en el papel.

A-19 PARTES OMITIDAS: una correcta.

Puede demostrarse el ojo.

A-23 CONTAR: señalando tres objetos correctamente.

Y contestando la pregunta "¿Cuántos?"

A-32 PESOS: elige el más pesado (tres de tres pruebas).

De dos (uno más liviano y otro más pesado). El examinador puede demostrar la forma de levantar y sopesar los cuerpos.

PERSONAL-SOCIAL

VESTIRSE: enlaza los cordones de los zapatos.

En esencia correctamente, pero sin atarlos.

JUEGOS: juega cooperativamente con otros niños.

Juego de grupo en el que cada niño desempeña un papel. "Yo haré de madre y tú serás la nena", o, "Yo haré las paredes y tú le pondrás el techo".

JUEGOS: construye edificios con los cubos.

Espontáneamente, en la situación de los cubos. Si se le pregunta, por lo general contesta que es una casa, o un garaje, etcétera.

DESPRENDIMIENTO EVOLUTIVO: tiende a sobrepasar los límites.

Del patio de juegos, y también a exceder las restricciones de otras muchas maneras, incluso en el lenguaje: "No quiero".

NIVEL DE 54 MESES

(M) MOTRIZ	48 m.	54 m.	60 m.
M-3 SALTA en 1 solo pie			
M-7 ARTICULACIÓN: ya no es infantil	44	p	66
F-13 DIBUJO: traza la cruz			

(A) ADAPTATIVA	48 m.	54 m.	60 m.
A-5 Cubos: hace la puerta con el modelo	23	p	75
A-21 Dibujo: copia el cuadrado ,.................	11	p	75
A-25 Dibujo: 3 burbujas correctamente			
A-15 Formas geométricas: señala 9 de 10	36	p	88
A-23 Contar: 4 objetos	22	p	87
A-19 Partes omitidas: 2 correctas	24	p	75
A-27 Dícitos: repite 4, 1 de 3 pruebas	22	p	58
A-31 Hace comparación estética	36	p	75

(L) LENGUAJE			
L-9 Acción agente: 14 correctas	49	p	79
L-13 Definición en función del uso: 4 correctas (F)	26	p	77
L-11 Preguntas de comprensión b: 1 correcta	27	p	

(P-S) PERSONAL SOCIAL

Comunicación: atrae la atención sobre su propio desempeño.
Comunicación: narra cuentos fantásticos.
Comunicación: manda y critica a los demás.
Juegos: actúa dramáticamente.

54 meses

MOTRIZ

M-3 Salta en un solo pie.
Salta hacia adelante.

ADAPTATIVA

A-25 Dibujo: tres burbujas correctamente.
Correcto el número y la ubicación.
A-23 Contar: cuatro objetos.
Y contesta a "¿Cuántos?"

A-31 Hace comparación estética.
Todas correctas.
A-19 Partes omitidas: dos correctas.
Puede demostrarse el ojo.

PERSONAL-SOCIAL

Comunicación: llama la atención sobre su propio desempeño.
"¡Fíjese lo que hice!", etc.
Comunicación: Critica y manda a los demás.
Otros niños: "¡Qué cómico, cómo habla!", etcétera.

NIVEL DE 60 MESES

(M) MOTRIZ	48 m.	60 m.	72 m.
M-3 Brinca con pies alternados			
M-10 Se para en 1 pie más de 8 segundos			
M-11 Barras de equilibrio: barra de 6 cm, sin pisar afuera en todo el recorrido			
M-12 Bolitas: pone 10 en el frasco (20 segundos) ..		50	

(A) ADAPTATIVA			
A-6 Cubos: construye 2 escalones ....,..		61	
A-17 Dibujo: hombre inconfundible con cuerpo, brazos, piernas, pies, boca, nariz, ojos. (Véase p. 182 para los porcentajes individuales)			
A-21 Dibujo: copia del triángulo ....,..	0	40	96
A-21 Dibujo: copia del rectángulo con las diagonales (66 m)		48	
A-18 Dibujo: agrega 7 partes al hombre incompleto ..	10	54	
A-25 Dibujo: coloca correctamente sólo 1, 2, 3, 4 burbujas	7	61	
A-23 Contar: 10 objetos correctamente	5	72	
A-23 Contar: 12 objetos correctamente (66 meses) ..		42	88

	48 m.	60 m.	72 m.
A-32 Pesos: no más de 1 error en el test de 5 piezas .	15	55	
A-24 Indica correctamente número de dedos en cada mano separadamente.		66	

(L) LENGUAJE

L-15 Nombra: monedas de 1 cvo., 5 cvos. y 10 cvos. .	25	60
L-9 Acción agente: 15 correctas	33	46
L-14 Nombra colores	19	63
L-8 Figura: cierto comentario descriptivo con enumeración	25	75
L-11 Preguntas de comprensión b: 2 correctas	20	p
L-16 3 encargos		

(P-S) PERSONAL SOCIAL

Vestirse: se viste y desviste sin ayuda.
Comunicación: pregunta el significado de las palabras.
Juegos: se disfraza con las ropas de los mayores.
Juegos: sabe dibujar algunas letras (60-66 meses).

60 meses

MOTRIZ

M-10 Se para en un pie durante más de 8 seg.
El examinador efectúa la demostración, manteniéndose en esa posición para animar al niño a hacer lo mismo. Puede tomársele el tiempo contando lentamente.
M-12 Bolitas: pone 10 (20 seg.).
Usando una mano solamente, una bolita por vez.

ADAPTATIVA

A-6 Cubos: construye dos escalones.
En respuesta al modelo de cuatro escalones hecho con diez cubos.
A-18 Dibujo: agrega siete partes al hombre incompleto.
La oreja puede ser demostrada.

A-23 Contar: 10 objetos correctamente.
Y contesta a "¿Cuántos?"
A-23 Contar: 12 objetos correctamente (66 meses).
Y contesta a "¿Cuántos?"
A-24 Dice correctamente el número de dedos de cada mano.
Pero no el total. No se le permite que los cuente.

LENGUAJE

L-16 Tres encargos.
En el orden correcto.

PERSONAL-SOCIAL

Juegos: sabe dibujar algunas letras (60-66 meses).
Se aceptan aunque estén invertidas.

NIVEL DE 72 MESES

(M) MOTRIZ	60 m.	72 m.
M-4 Salto: de una altura de 30 cm, cayendo sobre las puntas de los pies solamente		
M-8 Lanzamiento perfeccionado		
M-10 Se para alternativamente en cada pie, los ojos cerrados		
M-11 Barras de equilibrio: recorre la de 4 cm		
M-13 Dibujo: copia el rombo	9	61

(A) ADAPTATIVA		
A-6 Cubos: construye 3 escalones	36	67
A-17 Dibujo: el hombre tiene cuello, manos en los brazos, ropas		
A-17 Dibujo: las piernas del hombre son bidimensionales ..	26	67
A-21 Dibujo: copia el rombo	9	61
A-18 Dibujo: agrega 9 partes al hombre incompleto	19	50

	60 m.	72 m.
A-32 Pesos: 5 pesos, ningún error, mejor prueba	40	56
A-19 Partes omitidas: todas correctas	20	39
A-27 Dícitos: 4 correctos (2 de 3 pruebas) ....:.	48	67
A-24 Dice el Nº correcto de dedos de una sola mano y el total	17	45
A-26 Suma y resta dentro de cinco	33	54

(L) LENGUAJE

Aquí deben usarse los ítems puntualizados por Binet.

(P-S) PERSONAL SOCIAL

Vestirse: se ata los cordones del zapato.
Comunicación: distingue entre A. M. y P. M. *
Comunicación: conoce la derecha y la izquierda (3 de 3) o inversión completa (6 de 6).
Comunicación: recita los números hasta treinta.

MOTRIZ

M-4 Salto: desde una altura de 30 cm, cayendo sobre las puntas de los pies solamente.
Con los dos pies.

M-10 Se para alternativamente en cada pie, los ojos cerrados.
El examinador hace la demostración.

ADAPTATIVA

A-6 Cubos: contruye tres escalones. En respuesta al modelo de 10 cubos y cuatro escalones.

A-24 Dice el número correcto de dedos de una sola mano y el total. Pregúntesele: "¿Cuántos tienes entre las dos manos juntas?"
A-26 Suma y resta dentro de cinco. La contestación debe ser correcta. Propóngansele problemas concretos, como: "Si tú tuvieses tres centavos y yo te diera otro más", etc.

PERSONAL-SOCIAL

Comunicación: Distingue entre A. M. y P. M.
Y contesta la pregunta: "¿Cuándo comienza la tarde?"

§ 2. EL ORDEN SUCESIVO DE LAS SITUACIONES DE CONDUCTA

Nos ocuparemos en esta sección del problema del mejor orden para administrar las situaciones de prueba, pues dado que ni es económico ni provechoso aplicar todos los tests correspondientes a una edad dada a un determinado niño, también debe practicarse cierta selección en la aplicación de las situaciones de prueba. Algunas de las situaciones descritas en los Capítulos VI, VII y VIII son alternativas, otras están relacionadas con la investigación detallada de un renglón particular de la conducta, otras requieren aparatos especiales, o por otras diversas razones, no siempre son convenientes o esenciales en un examen. En la selección de las situaciones que configuran la Serie Corriente de Situaciones, se retuvieron, en general, aquellas situaciones que abarcaban una amplia escala cronológica, que poseía continuidad de una edad a otra y una considerable representación en los esquemas evolutivos. La lista de situaciones adicio-

---

* Ante meridiem, post meridiem. Se usan mucho con las horas, en inglés, para distinguir entre las de la mañana y las de la tarde. [T.]

nales indica aquellas situaciones que fueron omitidas en la Serie Corriente de Situaciones. Estas situaciones pueden ser omitidas sin una pérdida seria de renglones para la estimación evolutiva; pero si ha de extenderse el examen de modo que incluya también algunas de estas situaciones suplementarias, esto deberá hacerse sin perjuicio de las transiciones y del interés sostenido.

La Serie Corriente de Situaciones agrupa las situaciones sobre un orden básico para los niveles cronológicos desde los 18 meses hasta los 5 años, orden trazado a fin de mantener y contribuir a la continuidad orgánica del examen. Quizás no esté fuera de lugar un breve comentario sobre el fundamento racional de este orden.

La situación preliminar ayuda al niño a ponerse a gusto; una vez logrado esto, el examinador empieza a administrar los tests que le servirán para determinar la escala cronológica de las respuestas del niño. Nuevos tests ayudan luego a estrechar esta escala, definirla y delimitarla, explorando todos los campos de la conducta.

En las edades más tempranas, el *Libro de Figuras* (15 meses - 3 años) resulta, por lo general, atractivo, y puede mostrarse, al principio, como una fácil introducción al examen total. Si al comienzo el niño se halla inhibido, el examinador puede actuar en su lugar y despertar su interés, ganando, al mismo tiempo, su confianza, al no exigir nada de él. El libro de figuras puede volver a presentarse hacia el fin del examen si no se ha podido obtener ninguna respuesta al principio.

A continuación vienen las situaciones con *Cubos* (15 meses - 4 años). Puede decirse, casi, que encierran un atractivo universal, por lo cual, al principio, se permite al niño que haga con ellos lo que le plazca, sin darle instrucciones, hasta tanto se haya despertado su interés, a menos que sea necesario algún comentario para interesarlo. La situación de los cubos es sumamente apropiada para administrar al principio del examen, dado que prácticamente abarca toda la escala cronológica. Mediante el rápido recorrido de las diversas situaciones con cubos, el examinador puede formarse una idea aproximada de la escala cronológica que habrá de abarcar el examen. Si el niño tiene 4 años, por ejemplo, y construye con buen éxito el tren, el puente y la puerta, el examinador no habrá de perder un tiempo e interés preciosos dándole tests para los 2 años; pues lo más probable es que su escala sea 3-4-5 años. Si construye una torre de sólo seis cubos, y no logra imitar el tren ni el puente, es más fácil que su escala se encuentre entre los 18 meses y 3 años. Estos índices no son, por supuesto, infalibles, y el examinador debe cuidar de no formarse una idea demasiado rígida desde el principio del examen, tratando de permanecer listo para acomodarse al examen a medida que éste avanza, hacia arriba o hacia abajo.

L *Taza y Cubos* (15 meses - 2 años) es una situación conveniente para terminar la situación de los cubos en las edades más tempranas. Al niño de corta edad le gusta guardar las cosas. También sirve como antecedente de la otra situación de "meter", a saber la *Bolita y el Frasco* (15 meses - 2 años), que ayuda al niño a desprenderse de los cubos.

Las situaciones de *Dibujo* (15 meses - 5 años) hacen sonar una nueva nota (a los 5 años pueden usarse como situaciones iniciales). Nuevamente permitimos al niño que haga lo que le plazca antes de sugerirle otras variantes. Y si viene de fallar en una prueba de construcción con cubos, he aquí la oportunidad para hacer algo a su entera satisfacción. Se da entonces la serie entera de tareas de dibujo, avanzando desde las más simples hacia las más difíciles, hasta haber determinado el límite superior de la capacidad del niño. Aquí también, sin embargo, es importante la adhesión estricta al orden establecido: imitación-garabato, trazos, círculo, cruz; copia: círculo, cruz, cuadrado, triángulo, diagonales, rombo. El círculo deberá darse entre los trazos y la cruz para hacer la respuesta de la cruz más claramente adaptativa. Al niño incapaz de copiar el círculo no se le pide, de ordinario, que copie la cruz, sino que la imite. Todos estos pequeños detalles contribuyen a la economía y eficiencia del examen. A los 4-5 años es importante pedir al niño que haga el "dibujo" de un hombre, antes de haberse presentado el Hombre Incompleto, de modo que este último no influya en el anterior. Una tarea difícil dada fuera de orden (el rectángulo con diagonales antes del cuadrado o el triángulo, por ejemplo) puede dañar la respuesta del niño, impidiéndole hacerse justicia en una tarea más fácil, perfectamente dentro de su capacidad. Si el interés empieza a disiparse, el *Hombre Incompleto* puede darse más tarde como descanso de las situaciones verbales. Por regla general, las situaciones de dibujo son llevadas perfectamente bien hasta el punto de saturación, y rara vez existe dificultad alguna para efectuar la transición al:

Tablero de Formas (15 meses - 3 años). A los 15 meses sólo se da la forma circular; en todas las demás edades, las tres formas. A los 18 meses, sin embargo, si tras un breve ensayo inicial el niño se limita a apilar las formas una sobre otra, etc., se retiran el cuadrado y el triángulo. Es ésta una de las ocasiones en que se invierte el orden usual de dar prelación a la tarea más fácil.

Las *Formas Coloreadas* (30 meses - 3 años) son presentadas antes de las *Formas Geométricas* (3-4-5 años) a los 3 años, para introducir la segunda situación, haciéndola más aceptable al niño, y también para determinar su facilidad con las Formas Geométricas. Los dos tests combinados son útiles, también, para determinar la capacidad del niño para adaptarse a un cambio en las instrucciones, pasando de colocar forma sobre forma (concordancia) a la acción de señalar (comparación).

Las *Tarjetas de Figuras* (15 meses - 3 años) han sido pospuestas hasta aquí en la esperanza de que ahora el niño se halla lo bastante a gusto para dar respuestas verbales. Se acepta, sin embargo, que señale, si no quiere contestar. A éstas siguen las *Figuras de Stanford* (3-4-5 años). El éxito con las tarjetas de figuras prepara al niño de 3 años para enfrentar las mayores exigencias de las tarjetas de Stanford. Luego sigue, a

los 3-4-5 años, una serie de tests verbales: *Acción-Agente* (3-4-5 años);
Dígitos (2-5 años); *Nombre, Sexo* (3 años); *Preguntas de Compren-
sión-A* (3-4 años); *B* (4-5 años); *Definiciones* (4-5 años); *AM-PM,
Derecha e Izquierda, Dedos, Suma y Resta* (5 años), que pueden ser ma-
tizados, cuando así se crea conveniente, intercalando la *Cuenta* de cubos
(3-4 años), *centavos* (5 años); los *Colores* (3-5 años); *Monedas, Pesos
y Partes Omitidas* (4-5 años). El orden exacto de las situaciones arriba
enumeradas no es de importancia esencial a los 4 y 5 años.

La *Caja de Prueba* (18 meses - 2 años) se usa hacia el fin del examen. Debido a su tamaño llama la atención del niño, renovando su
interés durante algunos minutos, aun cuando ya empiece a mostrarse
algo inquieto. Antes de presentársele el cuadrado, se le permite que
introduzca la varilla una o dos veces a fin de que adquiera un sentimiento de confianza. Los *objetos de Prueba* (18 meses - 30 meses) se presentan luego en rápida sucesión, concluyendo con la *Pelota* (15 meses - 5
años). En este momento el niño puede abandonar la mesa y realizar el
resto de las situaciones de pie, o andando por la pieza: *Lanzamiento*
(18 meses - 5 años), *Instrucciones* con la pelota (18 meses - 2 años), *Preposiciones* con la pelota y la silla (3-4 años), *Pelota dentro de la Caja
de Prueba* (18 meses - 2 años), *Patear* (18 meses - 5 años), *Pararse en un
pie* (3-4-5 años). Los demás tests motores tales como caminar, subir o
bajar las escaleras, treparse a las sillas, correr en puntas de pie, saltar en
largo, en alto, etc., son observados incidentalmente o bien se provocan
oportunamente y sin formalidad; la información suplementaria recogida
indirectamente es siempre de utilidad.

En las edades más tempranas (18 meses - 3 años) la salida de la habitación puede facilitarse, de ordinario, pidiéndole al niño que abra la
puerta; a los 5 años, el test de los *Encargos* pone fin al examen.

SERIE CORRIENTE DE SITUACIONES

18 meses	2 años	3 años	4 años	5 años
Libro	Libro	Libro	Cubos	Dibujo
Cubos	Cubos	Cubos	espontáneo	espontáneo
espontáneo	espontáneo	espontáneo	puente	hombre
torre	torre	torre	puerta	letras
tren	tren	tren	Dibujo	formas
Taza y cubos	puente	puente	espontáneo	hombre incompleto
Bol. y frasco	Taza y cubos	puerta	hombre	pleto
Dibujo	Dibujo	Dibujo	formas	Monedas
espontáneo	espontáneo	espontáneo	homb. incomp.	Contar
garabatos	trazos	hombre	Formas geom.	Pesos
trazos	círculo	formas	Tarj. de Figs.	Acción agente
círculos	cruz	homb. incomp.	de Stanford	Definiciones
Tabl. de formas	Tabl. de formas	Formas color.	Acción Agente	Colores
Tarj. de figs.	Tarj. de figs.	Formas geom.	Dígitos	Tarj. de figs.
Caja de prueba	Dígitos	Tabl. de formas	Preguntas de	de Stanford
Objetos de prueba	Caja de prueba	Tarj. de figs.	comprensión	Partes omitidas
ba	Obj. de prueba	de Stanford	—A	Dígitos
Pelota	Pelota	Acción Agente	Definiciones	A. M.-P. M.
lanzamiento	lanzamiento	Dígitos	Preguntas de	Derecha e izq.
instrucciones	instrucciones	Nombre, sexo	comprensión	Dedos
caja de prueba	caja de prueba	Preguntas de	—B	Suma y resta
patear	patear	comprensión	Colores	Preguntas de
Motriz	Motriz	—A	Partes omitidas	comprensión
		Contar	Contar	—B
		Colores	Monedas	Motriz
		Pelota	Pesos	Encargos
		lanzamiento	Pelota	
		preposiciones	lanzamiento	
		Pararse 1 pie	preposiciones	
		Motriz	Pararse 1 pie	
			Motriz	

SITUACIONES ADICIONALES

18 meses	2 años	3 años	4 años	5 años
Dobla el papel	Da 1, 2 y 3 cubos	Da 1, 2, 3 cubos	Da 1, 2, 3 cubos	Cubos
Señala la nariz,	Doblar el papel	Poner bolitas	Poner bolitas	Poner bolitas
etc.	Oraciones	Dibujo espont.	Trazar	Trazar
Pelota sobre la	Pelota sobre la	Traza rombo	Burbujas	Burbujas
mesa	mesa	Doblar papel	Doblar papel	Formas geom.
	Caja de truco	Tabl. de formas	Tabl. de formas	Tabl. de formas
		de Goddard	de Goddard	de Goddard
		Pesos	Oraciones	Figs. estéticas
		Oraciones	Versos	Oraciones
		Versos	Tarjetas de	Tarjetas de
		Tarjetas de	orientación	orientación
		orientación	Tarjetas humorísticas	Tarjetas humorísticas
		Caja de truco	rísticas	rísticas
		Patear pelota	Laberinto de	Laberinto del
		Barras de equil.	jardín	jardín
		Escopio V	Figuras estéticas	Escopio
			Patear pelota	
			Barras de equil.	
			Escopio V	

§ 3. LA ENTREVISTA

La entrevista preliminar tiene por objeto proporcionar una guía al examinador, sin pretender obtener una reseña completa de la conducta del niño. Dado que generalmente precede al examen y tiene lugar mientras el niño espera, no puede ser larga; pero debe incluir, sin embargo, un breve relato del desarrollo pasado del niño y de sus aptitudes actuales, de sus respuestas a los acontecimientos de rutina y sus intereses y actividades. Es casi seguro, asimismo, que también podrá recoger algo de su posición en el seno familiar y de la actitud de la familia.

Como el niño se halla presente, los tópicos de la conversación se ven, en cierto sentido, limitados, debiendo excluirse toda mención de problemas o dificultades relativos al niño. Los niños de corta edad no prestan, de ordinario, gran atención, y, seguramente, no es gran cosa lo que pueden entender de lo que se está hablando; sin embargo, siempre habrá que andarse con cuidado. Los niños mayores escuchan a intervalos, pero esto no parece perturbarlos o tornarlos conscientes; en realidad, con frecuencia demuestran un secreto placer al oír la enumeración de sus habilidades, especialmente si el examinador da signos de aprobación o satisfacción. A los 4 y 5 años, a menudo puede hacerse que la entrevista suceda al examen, llevándose a cabo mientras el niño permanece en otra habitación.

Reseña general de la entrevista

(Los renglones que siguen a continuación no deben usarse *in toto*, sino con criterio selectivo. Los hemos dispuesto en una serie genética aproximada. Ver formas de registro, § 8).

1. Edad del niño (verifíquese siempre). Situación en la casa. ¿Cuánto tiempo?
2. Conducta motriz.
    Edad de los primeros pasos; camina, se cae, corre.
    Se sienta solo en una sillita; trepa a una silla grande.
    Escaleras; método; subir y bajar.
    Triciclo.
    Brincar, saltar, etc.
    Mano preferida.
3. Conducta del lenguaje.
    Jerga, ademanes.
    Palabras; enumerar o estimar el vocabulario.
    Unión de dos palabras; oraciones simples.
    Contar experiencias.
    Decir el nombre completo.
    Cantos o versos infantiles.
    Señalar las partes del cuerpo; saber lo que dicen el perro, el gato.
    Mandatos simples, en la misma pieza.
    Traer un objeto de otra pieza.
    Realizar dos encargos en otra habitación.

4. Conducta en el juego.
    Actividades favoritas, juguetes.
    Interés por los libros de figuras.
    Conocimiento de figuras, nombrándolas o señalándolas.
    Gusto porque le lean cuentos, clase de cuentos.
    Muñecas: las alza, las acuesta, les da de comer.
    Juego dramático.
    Compañeros de juego imaginarios.
    Sabe hacer algunas letras.
5. Conducta doméstica.
    Se alimenta solo, ayuda, control.
    Baño, regulación, día, accidentes.
    Pide ir al baño; cómo.
    Toma sobre sí la responsabilidad del baño.
    Hábitos higiénicos durante la siesta y la noche.
    Vestirse y desvestirse, enlazar y atar los zapatos, abotonarse.
    Ayuda a la madre en la casa.
6. Conducta emocional.
    Actitud con los extraños.
    Responsabilidad y control.
    Juegos con otros niños.
7. Salud desde el nacimiento.
    Salud general.
    Enfermedades, experiencias insólitas.

Al interrogar a la madre, el examinador debe evitar, en lo posible, indicarle una "respuesta buena". Por ejemplo, es mejor preguntar: "¿Cómo se las arregla con sus necesidades?" que: "¿Va él solo al baño?", y lo mismo: "¿Cómo realiza sus comidas?" o: "¿Le da usted de comer?", son formas mejores de preguntar la misma cosa que: "¿Se alimenta él solo?" "¿Todavía hace siesta?" permite a la madre contestar "No", sin sentir que no se ha desempeñado bien en la educación del niño o sin sentirse tentada de ocultar lo que ella se imagina que es una desviación de los tipos clínicos corrientes. Las preguntas directas se hacen más o menos necesarias, por supuesto, si la madre no responde en la forma deseada a las preguntas más generales.

A menos que la madre haya acudido a la clínica en busca de consejo debido a dificultades de la conducta, en cuyo caso se le dirá que las discutirán en privado, generalmente es conveniente no plantear problemas a la madre con preguntas. Es nuestra experiencia que la pregunta: "¿Es bueno, tiene algún problema con él?" resulta particularmente reveladora. La respuesta usual es: "Sí, es bueno. Claro que como todos los chicos es un poco terco (o travieso, etc.), pero en realidad no es ningún problema". La que así contesta es, con toda probabilidad, una madre tolerante y sensata. La madre que contesta: "Es perfecto, es un ángel; es demasiado bueno", o bien chochea, o tiene un niño excepcionalmente dócil o retardado. La madre que responde sarcásticamente: "Depende de lo que se entienda por 'bueno'", o que inicia una serie de lamentaciones, se halla necesitada de una guía, por lo cual la discusión del problema habrá de posponerse para una ocasión más propicia.

La madre que contesta: "Bueno, sí; pero me gustaría preguntarle sobre tal y cual cosa", es también, probablemente, una madre sensata; por lo menos ha sido capaz de formular su problema en forma no emocional. No deben formularse preguntas específicas tales como: "¿Le dan berrinches, se chupa el pulgar?", etc. La información de esa naturaleza surge espontáneamente cuando la madre se halla dispuesta a pedir ayuda, por lo cual es mejor esperar el curso normal de los acontecimientos.

Los resultados de la entrevista preliminar y del examen determinan la necesidad de entrevistas ulteriores. Al finalizar la sesión, siendo el desarrollo del niño satisfactorio, la madre será informada de esto; en otro caso, se le pedirá que concurra para una segunda entrevista. Al dar a la madre los resultados de un examen evolutivo, habrá que tener un especial cuidado en no expresarlo en función del C. D. o del C. I., ya que muy a menudo son confundidos estos términos o mal interpretados por el lego. El niño normal será descrito como "normal", el superior, como "normal, inteligente", y el retardado, en función de su nivel de madurez y su significación para el pronóstico.

Cuando hay implicados problemas de orientación, la entrevista preliminar y el examen evolutivo no son sino los primeros pasos en un proceso de diagnóstico y terapéutica que habrá de incluir, probablemente, una observación del niño más prolongada y muchas más entrevistas de carácter muy diferente. El propósito general de una entrevista de "problema" no es analizar el problema como tal, sino permitir a la madre la contemplación del problema por sí misma en su adecuada relación con el desarrollo del niño, su personalidad y el medio ambiente, así también como comprender y considerar en forma realista el curso evolutivo de la dificultad.

§ 4. REGISTRO DEL EXAMEN

Para extraer el mayor provecho posible del examen, éste debe ser hábilmente administrado y registrado, de modo tal que más tarde siga siendo útil a los efectos de un estudio comparativo. Desde un punto de vista ideal, el registro tendría que ser completo, incluyendo no sólo las respuestas del niño a las situaciones específicas de prueba, sino también sus observaciones y conducta espontáneas, su comportamiento general para acomodarse al examen, sus referencias a la madre, *qué y* además *cómo* responde, sus modos de eludir o rechazar una situación, su expresión facial, etc. El registro completo requiere la presencia de una persona cuya única tarea sea registrar la conducta del niño. En este caso, el encargado del registro se halla oculto detrás de una pantalla de visión unilateral, realizando un registro minucioso del desempeño del niño. El registrador deberá ser una persona experimentada, capaz de anotar rápidamente (en taquigrafía o escritura abreviada) y de hacerlo con criterio selectivo. Esto implica un conocimiento de lo que constituye conducta inesperada o esperada, así también como de cuáles son las desviaciones significativas. El examinador debe cuidar de que las observaciones del niño resulten claras para el registrador (repitiéndolas), ya que la mayoría de los niños hablan en voz muy baja. La ayuda de un registrador competente ahorra al examinador la necesidad de interrumpir el fluir natural del examen para tomar notas.

Si el examinador se ve obligado a registrar al mismo tiempo que administra el examen, las notas deberán reducirse al mínimo. Todo lo que puede hacerse sin perturbar seriamente el examen, especialmente en los niveles cronológicos más bajos, es registrar una observación o una palabra de tanto en tanto y con la mayor moderación posible. En estos casos, el examinador debe luchar con la distracción provocada por su escritura, siendo muy posible que el niño le pida el lápiz o le pregunte "¿Qué estás haciendo?" También corre el albur de que en un momento de intensidad no pueda registrar la conducta, quedando así irremediablemente perdida. En la mayoría de los casos basta una simple explicación: "Estoy escribiendo", "Esto es mío, aquí tienes tus juguetes". Si el registro amenaza el éxito del examen, será mejor diferir las notas para después, haciéndolas de memoria.

Es posible que un examinador sea lo bastante avezado para retener en la memoria un cuadro completo de la conducta total manifestada en el examen, pero siempre habrá detalles que inevitablemente se perderán. Inmediatamente después del examen y antes de que el cuadro se desvanezca, deberán escribirse algunas notas, y sobre esta base se escribirá o dictará una reseña más completa, lo antes posible, una vez que el niño haya abandonado la clínica. La misma tarea de realizar esta reseña ayudará al examinador a precisar su caracterización del niño.

Otros examinadores preferirán limitarse a computar la actuación del niño en los esquemas evolutivos, o bien durante el mismo examen o inmediatamente después, registrando en detalle sólo una muestra de la conducta, o un episodio que ilustre modos típicos de atención, emoción o desempeño.

§ 5. REQUISITOS AMBIENTALES Y EQUIPO PARA EL EXAMEN

Para la adecuada conducción de un examen hacen falta dos, o preferentemente tres salas, y un baño situado convenientemente. En la Lámina XX se ha reproducido una distribución sencilla. Ante todo, debe haber una sala de recibo. Es en esta sala donde niño y examinador traban conocimiento: aquí el examinador puede hablar con la madre y pueden esperar los amigos o parientes que puedan haber ido acompañando al niño. No es necesario que sea una habitación muy grande, pero deberá estar cómoda y alegremente amueblada, y habrá un número suficiente de sillas para todos, incluyendo una pequeña para el niño, y algunas revistas y dos o tres libros. No deberá haber gran número de juguetes, aunque podrán tenerse algunos en reserva, porque lo que se desea es que el niño se halle completamente dispuesto a abandonar esta sala para dar el examen.

La sala de examen no debe tener mueble alguno fuera de los esenciales. Las paredes pueden ser atrayentes sin estar decoradas llamativamente. Una pieza pequeña parece conducir a una mayor intimidad, en tanto que una habitación demasiado amplia representa una invitación para vagabundear y retozar. El moblaje consiste en la mesa de examen y la silla para el niño, las sillas para la madre y el examinador, y un armario para guardar el material de prueba. El arreglo del cuarto depende, hasta cierto punto, del tamaño y forma que tenga. Si se coloca la silla infantil de espaldas a la pared y delante de la mesa, la silla de la madre a la derecha, la del examinador y el armario a la izquierda, al sentarse, el niño tendrá la sala ante sí, pero se hallará relativamente encerrado. No estará prisionero y podrá ver la puerta que conduce al exterior, pero el acceso a la sala no es del todo libre, y esta distribución, con toda sutileza, habrá de sugerirle, de alguna manera, que debe conservar su lugar.

Estas disposiciones con el niño flanqueado por la madre de un lado y el examinador por el otro, ofrece varias ventajas con respecto a cualquier otra. Hay que reconocer, sin embargo, una desventaja de este sistema y es que no siempre puede ver el examinador todo lo que hace el niño; a veces, su mano derecha puede quedar fuera de la vista o puede volverse hacia la madre ocultando el rostro al examinador. Pero por otra parte, el niño puede sentir la necesidad de excluir al examinador de la escena para hallarse a gusto y es conveniente que pueda hacer esto sin necesidad de abandonar la mesa. Sin cambiar de posición, el examinador puede retroceder o surgir, ser un factor pequeño o un factor decisivo en el cuadro del niño. La precaución que debe tener presente el examinador es la de no interferir con las actividades de la mano izquierda, presentando los materiales por la izquierda.

Cualquier otra posición, en particular la de *vis-a-vis*, no es aconsejable, pues obstruye la visual del registrador y observadores. Además, el examinador se convierte, de esta manera, en una figura demasiado dominante y tiende a embarazar o inhibir al niño al observarlo con toda deliberación.

La silla y mesa infantiles son bajas y apropiadas para su tamaño. La silla de la madre es una silla ordinaria para adultos y la eleva ligeramente sobre el campo de acción. La silla del examinador es baja, a fin de ponerlo más cerca del nivel del niño. El mejor armario es el cerrado, puesto que si los juguetes se hallan a la vista en los estantes, invitarán al niño a levantarse, investigar, procurarse uno, o molestar pidiendo algo que ha visto. Lo ideal es una cómoda pequeña o un armario con cajones, ya que al abrir un cajón no se descubre lo que se guarda en los demás. Los objetos de prueba más grandes pueden disimularse perfectamente en el suelo, detrás del armario. Cualquier otra cosa que haya en la sala sólo será motivo de distracción. De ordinario, el radiador de la calefacción no llama la atención del niño, pero ha ocurrido que tan poca cosa como un artefacto eléctrico en la pared ha sido, en ocasiones, motivo de distracción.

La tercera sala es el cuarto de observación. Está contiguo a la pieza de examen y permite a los observadores seguir el examen a través de una pantalla de visión unilateral, que puede hallarse dispuesta en una puerta común. Si el examen ha de ser registrado, el registrador también se sitúa detrás de la pantalla. Es cada vez más común que también el padre concurra con el niño, y fácilmente puede permitírsele que observe el examen si se dispone de una sola sala de observación. También pueden sacar provecho de esta disposición los estudiantes y visitadores sociales, para poder observar al niño en condiciones relativamente controladas y típicas.

§ 6. OBSERVACIÓN UNILATERAL

Ver es creer. Esta es la máxima fundamental de la educación visual. La pantalla de visión unilateral es un dispositivo que permite ver sin ser visto. Permite al observador ver muchas cosas que de otra manera no podría ver en absoluto. Y lo acerca más a las realidades de la conducta del niño porque elimina las influencias perturbadoras del observador. Por lo tanto, no se la debe considerar solamente como un mero dispositivo de laboratorio, sino como un procedimiento técnico de múltiples usos, tanto para la observación naturalista como controlada, y para demostraciones educacionales. La pantalla de visión unilateral [2] es un ingenioso recurso que permite combinar la más estrecha observación con la mayor naturalidad.

El principio en que se basa la pantalla unilateral es relativamente simple. Posiblemente el lector haya tenido alguna experiencia como ésta: uno va caminando por el soleado sendero de un jardín hacia la puerta de entrada de un porche situado al fin del camino; al abrir la puerta, y

[2] Nuestra propia experiencia con la pantalla unilateral comenzó con la cúpula para registros fotográficos descrita en otro lugar (49, 56; véase también Halverson, H. M.: *American Journal of Psychology*, 1928, *40*, 126-128). La cúpula consiste en una construcción hemisférica de 3,60 m de diámetro, lo bastante grande para poder alojar una cunita portátil, que se coloca en el foco universal de las cámaras montadas en dos de las costillas curvas. Para la construcción de la cúpula, especialmente la parte exterior, contamos con la provechosa ayuda y asesoramiento técnico del profesor Raymond Dodge. Para asegurar a un tiempo una buena ventilación y visibilidad la cúpula fue envuelta con una malla de alambre ordinaria de 16 mm, cuya superficie interior se pintó de blanco. Este hecho, unido a la curvatura de la cúpula y a la luz difusa del interior, dio por resultado un grado de visión unilateral altamente satisfactorio para los observadores situados en el laboratorio oscurecido del exterior. Con posterioridad se instaló un dispositivo algo modificado en la *nurserí* de orientación. Desde entonces hemos experimentado diferentes métodos de reforzar la visión unilateral para condiciones distintas.

para sorpresa nuestra, descubrimos en la oscuridad del porche una persona que antes no habíamos visto, mientras caminábamos por el jardín. Y sin embargo, esta persona nos había estado viendo todo ese tiempo perfectamente. Para construir una casilla de observación unilateral es necesario reproducir estas mismas condiciones. El observador debe encontrarse en una oscuridad parcial; la luz no debe proyectarse directamente sobre la pantalla. El puesto de observación también deberá estar alfombrado para absorber el sonido y la luz. La superficie de la pantalla que da hacia el campo de observación estará pintada de blanco a fin de producir un resplandor difuso, lo cual hará que parezca opaca. De modo que la pantalla sólo será transparente en una dirección.

Este simple principio, base de la pantalla unilateral, ha sido ilustrado en su aplicación efectiva en los grabados de la Lámina XX. En (12) se ve una puerta ordinaria convertida en un dispositivo de visión unilateral, mediante el cambio del panel sólido por una pantalla común de malla tejida de 16. (El mejor procedimiento para el uso de esta pantalla será detallado al final de esta sección.) La puerta puede volverse opaca cerrando el postigo de madera que gira sobre un gozne. Esto sirve para la visión unilateral cuando la Sala 7 ha sido oscurecida corriendo las cortinas y cerrando las persianas de la ventana. Este panel da a la Sala 15 de Examen y coloca al observador a unos pocos pasos del niño y del examinador, permitiéndole observar los menores movimientos y oír las vocalizaciones y conversación del niño. El panel oblongo (14) está construido en forma similar. Da sobre la sala de examen y, hallándose al nivel de los ojos, tanto permite una observación prolongada como la observación casual desde el pasillo oscurecido. Esta disposición accesoria ha demostrado ser conveniente en el curso de nuestra práctica clínica, porque ofrece la posibilidad de dar vistazos más o menos rápidos a un examen con un mínimo de perturbación y requisitos previos.

El panel de observación grande (12), tal como se halla situado en el grabado, es doblemente conveniente, puesto que puede emplearse para mirar en cualquier dirección. Así, el cuarto de observación puede convertirse en sala de examen. Y será la sala de examen la que habrá de oscurecerse ahora, de acuerdo con el principio de la visión unilateral que acabamos de reseñar.

Cuando prevalecen las condiciones favorables de luz, este dispositivo básico de visión unilateral puede ser ampliado y diversificado para toda una variedad de propósitos distintos, tal como se muestra en la Lámina XXI. En ella se ven las disposiciones generales de la *Guidance Nursery at the Yale Clinic of Child Development*. Describiremos rápidamente seis tipos diferentes o variantes de esta pantalla. Una amplia pantalla (1) sirve para una espaciosa habitación con capacidad para treinta taburetes de altura graduable (1a), de manera que un grupo de estudiantes puede reunirse allí como en un anfiteatro, para observar las actividades y demostraciones que tienen lugar en la nurserí principal. Una prolongación en martillo del anfiteatro proporciona una observación directa de los ni-

ños en la unidad de la cocina (2). La pantalla que se encuentra en (3) es
parte de otra amplia sala de observación, incorporada a un cuarto ordinario de nurserí por medio de un delgado tabique que va desde el piso
hasta el cielorraso. La entabladura de este tabique fue decorada con pinturas murales, tal como se describe más abajo.

La pantalla 4 es un dispositivo sumamente simple: consiste meramente en puertas francesas, las cuales se hallan veladas con una estera de
malla fina, medianamente oscura, que oculta parcialmente a los observadores que allí pueden contemplar el patió de juegos.

La pantalla 5 sirve al pequeño puesto de observación colocado estra-
tégicamente en una esquina de la unidad principal de la nurserí, para observadores individuales. Este puesto nos ha resultado particularmente útil
para los padres, en lo referente al trabajo de orientación que se realiza
con ellos.

Ademas de la pantalla corriente (5), esta pieza está equipada con
un espejo transparente de visión unilateral (6) consistente en un panel
situado a 1,60 m del suelo entre el puesto y el baño. (Miroir diaphane
"Argus". Bte. France, Etranger). Visto desde el baño, este panel parece un espejo ordinario, y funciona exactamente como tal, aunque es completamente transparente desde el puesto de observación. No transmite, sin
embargo, la conversación. Otros puestos similares de observación son des-
tinados a los padres para observar las salas de exámenes.

Merecen especial mención las ventajas que posee la visión unilateral
de los padres. La madre de un niño que constituye un problema puede hallarse tan profunda y emocionalmente envuelta en el problema, que sea
incapaz de verlo objetivamente. Entonces se la invita a observar a su
hijo desde el puesto de observación en la *nursery*. En estos casos, la pantalla de visión unilateral suele realizar verdaderos milagros. La simple
acción de la barrera transparente crea una nueva perspectiva, un saludable viraje hacia el desprendimiento y la objetividad psicológicos. Ver
es creer. La madre comienza a ver las cosas bajo una nueva luz. Ésta es,
por cierto, una forma eficaz de educación visual. Ella reduce considerablemente la necesidad de una explicación o exhortación verbal. Desde que
se instalaron las pantallas de visión unilateral hemos tenido que hablar
mucho menos con los padres.

Algunos hospitales han provisto facilidades para la observación unilateral, a fin de ayudar la exposición de los pacientes. Las ventajas· para
la demostración psiquiátrica, así como para la observación, son obvias.
No sólo procura la pantalla condiciones que de otro modo no sería
posible conseguir, sino que tiende a reforzar las impresiones visuales.
Como un aguafuerte o un modelo en miniatura, tiende a vivificar la configuración de los fenómenos.

El maestro que está haciendo su práctica también saca provecho de
las diversas formas de observación unilateral. La disposición unilateral
ha sido usada con buen éxito para demostraciones pedagógicas de las
actividades escolares y de los métodos de enseñanza en los grados de la

escuela primaria. Disposiciones de este tipo ofrecen, también, muchas posibilidades en relación con los museos públicos y otras formas de exhibición educacional. Los periscopios, los anfiteatros disimulados, los espejos de visión única y los cristales de visión unilateral, todos tienen sus usos especiales, pero la simplicidad y flexibilidad de la pantalla unilateral, así como su permeabilidad al aire, el sonido y la luz, le otorgan ventajas específicas. Por fortuna, no hace falta un gasto excesivo de fondos o de ingenio para poner en práctica estas ventajas.

Debe recalcarse que el ocultamiento es un valor subsidiario o negativo de la pantalla unilateral. La pantalla no fue concebida para espiar, sino para el control positivo, educacional y científico de las observaciones. Debemos hacer notar, en cambio, que la visión unilateral protege la reserva de los niños, y en ocasiones la reserva de las personas encargadas de su cuidado y de sus padres. La invisibilidad de los observadores sirve para hacer la observación más seria y significativa. Tiende, también, a realzar la importancia de la conducta observada. La situación del infante, como también la del niño de corta edad, parece verse así favorecida. Y su individualidad es percibida de este modo desde una nueva perspectiva.

PREPARACIÓN DE LAS PANTALLAS DE VISIÓN UNILATERAL

Puede usarse la malla de alambre ordinaria de 16. Puede aplicársele una delgada capa de pintura esmaltada con un pincel de pintor, en la forma regular, siempre que se haga con cuidado para no obstruir la malla. Debe dejarse secar la pintura después de cada mano. La malla de alambre Nº 30 ofrece ventajas bien definidas, especialmente si en lugar del esmalte común se utiliza caseína. La pintura de caseína debe rebajarse con agua hasta adquirir la consistencia de crema chirle, y luego se la aplica con su pulverizador de aire comprimido. De tanto en tanto, debe usarse el pulverizador solamente para enviar aire a través de la pantalla a fin de expulsar cualquier resto de pintura que hubiera podido quedar pegado a la malla. Este proceso se repite cuatro o cinco veces. La pintura de caseína se seca pronto y pueden dársele todas las manos sucesivas en el término de un día.

Lo más conveniente es aplicar la pintura antes de montar las pantallas definitivamente. Si las pantallas ya se hallan en posición, deberá colocarse una barrera absorbente detrás de la pantalla para recoger el rociado de la pintura que pase al través.

La posición del puesto para los observadores es de importancia decisiva. El puesto deberá oscurecerse todo lo posible. A través de la pantalla entrará, de todos modos, luz suficiente para los efectos del registro corriente. La situación ideal para el puesto de observación es la del mismo lado de las ventanas. Habrá que cuidar que no penetre en forma directa la luz de las ventanas o de las lámparas a través de la pantalla. Los rayos directos tienden a descubrir los oculares del observador y los objetos de

colores claros. La invisibilidad se hace más segura con ropas oscuras.
También aumenta la eficacia de visión unilateral si la sala observada se
halla iluminada con luz indirecta en lugar de luz directa.

Las paredes del puesto de observación deberán pintarse de negro o
azul marino. Los cortinados oscuros en las paredes y espesas alfombras en
el suelo ayudan a amortiguar los ruidos ocasionados inadvertidamente
por los observadores. La colocación de un cristal detrás de la pantalla
anula los ruidos, pero generalmente atenta contra la buena ventilación.
El silencio estricto es una regla de suma importancia. Nuestra advertencia
al observador que entre al puesto por primera vez es ésta: "Guarde el
más completo silencio. Aunque no le pueden ver, los niños pueden oírle".

Cuando las condiciones de iluminación no son favorables, pueden
probarse experimentalmente algunas variantes. Dos pantallas, una detrás
de la otra, por lo general producen el deseado aumento de la invisibilidad.
En algunos casos hemos disfrazado la pantalla de visión unilateral con un
atractivo *camouflage* de decorados murales en la superficie exterior (3 b).
En estos decorados debe evitarse el color azul en lo posible, debido al
alto grado de absorción. En la Lámina XXI 3 b se ve una pantalla blanca
en la cual se ha sobreimpuesto un efecto de cúmulos claros. Se ha comprobado que los decorados resultan psicológicamente más eficaces cuando
se hallan colocados inmediatamente debajo de la pantalla. Las figuras
3 b y d de la Lámina XXI muestran un atractivo decorado mural preparado por Lois Maloy. Huelga comentar el motivo preescolar elegido.
Colocado cerca del suelo, al nivel de la vista del niño, el decorado sirve
para desviar su atención de la pantalla. En condiciones favorables, sin
embargo, aun la pantalla simple, sin ninguna clase de embellecimiento,
termina siendo admitida como parte normal del medio infantil, y siempre
que no surjan ruidos misteriosos detrás de la malla pintada, la pantalla
llenará una función permanente en la economía del estudio de la conducta infantil. La visión unilateral agrega intimidad, interés y objetividad a la observación.

§ 7. MATERIALES DE EXAMEN

Muchas de las situaciones de prueba se pueden administrar con materiales simples e improvisados. Es de importancia, sin embargo, observar
las descripciones detalladas para cada uno de los distintos renglones. A continuación damos en detalle estas descripciones, las cuales pueden leerse
refiriéndolas a las ilustraciones del Capítulo V, Láminas XVIII y XIX.

*Los protocolos de registro y los materiales de la Escala del desarrollo
pueden obtenerse a precio de costo, en parte o en su totalidad, mediante
la Psychological Corporation, Quinta Avenida 522, ciudad de Nueva
York* *.

---

* Pueden asimismo obtenerse en la Librería Paidós, representante exclusivo para
la Argentina de la Psychological Corporation. [T.]

PELOTA (grande): Goma blanca, franjas rojas y verdes rodeando la parte media. Diámetro 15 cm. (SR 4526. Seamless Rubber Company, New Haven, Conn.)

PELOTA (pequeña): Goma blanca, franjas rojas y verde rodeando la parte media. Diámetro 6 cm. (SR 4560, Seamless Rubber Company, New Haven, Conn.)

FRASCO: De vidrio 7 cm de altura 2 cm de diámetro en la abertura. (Lámina XVIII, i).

NIÑO HACIENDO BURBUJAS: Papel verde, tamaño carta, con la figura del niña haciendo burbujas. (Lámina XIX, e).

FORMAS COLOREADAS: Cinco figuras rojas pegadas en una tarjeta blanca de 8,5 x 11 pulgadas (21,2 cm x 27,5 cm). Círculo: 5 cm de diámetro (ángulo superior derecho); cuadrado: 5 cm (ángulo superior izquierdo); triángulo: 6,5 cm (inferior izquierdo); semicírculo: 8 cm de diámetro (inferior derecho); cruz de Malta: 7 cm de largo y 2,5 cm de ancho, los brazos en el centro. Cinco figuras rojas de cartón de la misma forma y tamaño. (Lámina XIX, h).

COPIA DE FORMAS: Tarjetas blancas de 8 x 5 pulgadas (20 cm x 12,5 cm) con las siguientes formas perfiladas en negro en el centro de la tarjeta: Círculo: 8 cm de diámetro; cruz: líneas en ángulos rectos, 7,5 cm; cuadrado: 7 cm; triángulo: equilátero, 9,5 cm; rombo: (horizontal) 5,5 cm de lado, ángulo superior de 125°; diagonal: rectángulo 10 x 6,5 cm con dos diagonales y una perpendicular a cada lado, pasando por el centro. (Lámina XIX, c).

CRAYÓN: Madera roja (Eberhard Faber Nº 836). (Lámina XVIII, j).

CUBOS: Diez, de madera blanca, pintados de rojo. El cuadrado, 2,5 cm de lado, (Lámina XVIII, g).

TAZA: Blanca, esmaltada, con asa negra; diámetro superior de 9,5 cm; 6 cm de profundidad. Tamaño 9. (Lámina XVIII, h).

TABLERO DE FORMAS Y FORMAS (Gesell): Tablero de media pulgada (1,25 cm) de 36 x 16 cm, pintado de color verde oscuro. Tres agujeros recortados a igual distancia unos de otros y de los bordes del tablero, a saber: (de izquierda a derecha) Círculo: 8,7 cm de diámetro; triángulo equilátero: 9,3 cm; cuadrado: 7,5 cm. Tres formas blancas de madera correspondientes a los agujeros, cada una de 2 cm de espesor; Círculo: 8,5 cm de diámetro; triángulo equilátero: 9 cm; cuadrado: 7,3 cm. (Lámina XVIII, &).

LABERINTO DEL JARDÍN: Hoja de papel, tamaño carta, con una zona sombreada para indicar el jardín y gruesos trazos dobles para indicar el camino. (Lám. XIX, g).

TABLERO DE FORMAS DE GODDARD Y FORMAS: Tablero de 0,75 pulgadas (1,9 cm) de espesor y de 18 x 12,5 pulgadas (45 cm x 31,25 cm), pintado de marrón oscuro. Diez formas, incluyendo el círculo, triángulo, cuadrado del tamaño usado en el Tablero de formas de Gesell. Las otras formas son del mismo tamaño relativo. (G. H. Stoelting Co., Chicago, Ill.) (Lámina XIII, m, n, o).

TARJETA HUMORÍSTICA: Figura del hombre que pesca un zapato. (Lámina XIX, f).

HOMBRE INCOMPLETO: Papel tamaño carta, verde, con el dibujo incompleto del hombre. (Lámina XIX, d).

TARJETA DE ORIENTACIÓN (Castner): Tres tarjetas de 5 x 8 pulgadas (12,5 x 20 cm), cada una con una hilera de siete figuras. En cada caso, la figura central ha sido dibujada de mayor tamaño y con trazos más gruesos que las demás de la misma hilera. Las demás figuras representan objetos comunes de un interés relativamente neutro. Todas las figuras son de forma simétrica. (Lámina XIX, i).

BOLITAS: Blancas o rojas, chatas de un lado y convexas del otro. 8 mm de diámetro. (Cachous, Bradley-Smith Co., New Haven, Conn.) (Lámina XVIII, j).

CAJA DE PRUEBA, VARILLA Y CUADRADO: Caja de madera, pintada de verde. 38 cm de largo, 24,7 cm de ancho y 17,6 cm de alto. Se abre de un solo lado. Lados 24,7 x 17,6 cm. Parte superior de la caja: 38 x 34,7 c. A 8 cm del extremo cerrado de la caja está el agujero rectangular de 2,5 x 7,6, hallándose el lado más corto del rectángulo paralelo al lado más largo de la caja. A 18 cm del extremo cerrado se halla el agujero circular de 2 cm de diámetro. A 27,5 cm del extremo cerrado hay un agujero rectangular de 3,2 x 3 cm, hallándose el lado más largo del agujero paralelo al lado más largo de la caja. Las medidas para la colocación de los agujeros han de considerarse desde el extremo cerrado de la caja hasta el lado más próximo del agujero. El centro geométrico de todos los agujeros se halla sobre una línea que divide la parte superior en dos secciones iguales. Úsese con la caja de prueba una *varilla* redonda, de madera, pintada de rojo: 10 cm de largo, 1 cm de diámetro. También el *cuadrado* blanco de madera, sobre una misma línea que divide la cara superior, a lo largo, en dos partes, de 2 cm de espesor, 7,3 cm de lado, empleado en el Tablero de Formas de Gesell. (Lámina XVIII, 1).

LIBRO DE FIGURAS: Goosey Gander. (N⁰ 613, Sam'l Gabriel Sons Co., New York). (Lámina XVIII, f).

TARJETA DE FIGURAS (Gesell): 1) Tarjeta blanca de 5,75 x 5,25 pulgadas (14,4 x 13,1 cm), dividida mediante trazos negros en cuatro rectángulos iguales: cada rectángulo contiene un dibujo. Los dibujos representan una taza, un zapato, un perro y una casa. (Lámina XIX, a). 2) Tarjeta blanca de 5,75 x 5,25 pulgadas, divididas mediante trazos negros en seis rectángulos iguales; cada rectángulo contiene un dibujo. Los dibujos representan una bandera, un reloj, una estrella, una hoja, una canasta, un libro. (Lámina XIX, b).

TESTS DE TRAZADO DE CAMINOS DE PORTEUS: Hoja verde, tamaño carta, con los tres primeros laberintos de Porteus reproducidos en ella (rombo, cruz y línea).

CAJA DE TRUCO Y PELOTA: La caja de truco es de 2,5 x 3,5 x 1,5 pulgadas (6,25 x 8,75 x 3,75 cm). Una abertura de forma cuadrada en su parte superior de 3,5 cm permite a una pelota de brillantes colores sobresalir ligeramente. La caja está trabada con un cordel atado a uno de los lados. Por su extremo libre, un lazo pasa a través de un anillo en el centro del fondo de la caja, habiéndose deslizado a través del lazo una pequeña varilla de madera. Para poder sacar la pelota hay que dar tres pasos: 1) hay que deslizar la varilla fuera del lazo; 2) debe tirarse del lazo a través del anillo, y 3) debe levantarse la tapa de la caja. La tapa es de la misma profundidad que la caja. (Lámina XVIII, m).

VARILLA: Vara de sección cuadrada de 1,5 cm, y de 37,5 cm de largo, para alcanzar la pelota de encima de la mesa.

OBJETOS DE PRUEBA: Seis objetos: lápiz, moneda, zapato, llave, cortaplumas cerrado y pelota.

ESCOPIO V: Un cono truncado de cartón de 23,25 cm de largo, con los dos extremos, mayor y menor, abiertos. El cono está construido con dos partes de cartón y es de apariencia plana hasta que uno lo abre presionando hacia adentro con ambas manos. También se incluye una serie de 10 pequeñas tarjetas blancas (7,5 x 12,5 cm), cada una con la figura de un objeto simple y familiar tal como una flor, una taza, una casa, etc. (Ver ref. 89).

BARRAS DE EQUILIBRIO: Tres barras: 2, 4 y 6 cm de ancho, por 250 cm de largo y 10 cm de alto. En cada extremo va una pequeña plataforma cuadrada de modo que el niño se halle a un mismo nivel con la barra al iniciar el cruce y lo mismo al finalizarlo.

Además de lo ya mencionado, puede utilizarse ciertos materiales de la escala de inteligencia de Binet, tal como los describe Terman. (Ver ref. 121).

LÍNEAS: Una tarjeta blanca con dos líneas horizontales en el centro: una línea de 5,6 cm y la otra de 4,1 cm.

PESAS: Dos cubos negros de 2,5 cm. Uno pesa 3 gramos y el otro 15. O cinco pesas de 3, 6, 9, 12 y 15 gramos cada una.

PARTES OMITIDAS: Una tarjeta blanca con cuatro figuras, a las cuales les falta algún rasgo o parte. (Ver ref. 8, fig. 6, p. 29).

FORMAS GEOMÉTRICAS DE KUHLMANN-TERMAN: Una tarjeta blanca con 10 formas geométricas delineadas. Las figuras se hallan dispuestas en 3 filas, habiendo cuatro en cada una de las dos primeras filas y una en cada extremo de la última hilera. (Ver el dibujo de la línea en el texto, p. 196).

TARJETAS DE FIGURAS: Escenas holandesa, de la canoa, del correo, de la sala.

COLORES: Una tarjeta con 4 rectángulos de colores brillantes, simétricamente dispuestos. Primero el rectángulo rojo, luego el amarillo, el azul y el verde.

COMPARACIÓN ESTÉTICA: Una tarjeta con tres parejas de caras de mujer, consistiendo cada pareja de un miembro bonito y otro feo. (Ver ref. 8, fig. 5, p. 23).

§ 8. FORMAS DE REGISTRO

Presentamos en esta sección cuatro formas de registro: un Informe de Presentación, la Entrevista Preliminar, el Esquema Evolutivo * y la Ficha Sumaria. Estas formas, adecuadamente llenadas y acompañadas de los dibujos del niño, representan el registro mínimo de examen; en un segundo examen sería innecesario, el Informe de Presentación. Los registros más completos incluyen las medidas físicas del niño, los resultados del examen físico, la jornada de conducta y un detallado recuento de las respuestas del niño durante el examen.

1. *El Informe de Presentación* debe ser llenado completamente por la persona que solicita el examen y enviado a la Clínica antes de fijar la fecha para el examen. La información suministrada por este medio permite destinar el niño al examinador más interesado en su problema y fijar la cita para una hora que no interfiera con la siesta o las comidas del niño. Las mejores horas para examinar a la mayoría de los niños en edad preescolar son las de la mañana.

El examinador nunca debe dar por sentado que en este informe se han incluido todos los datos pertinentes relativos al niño; conviene verificar muchos puntos, especialmente la fecha de nacimiento y su edad, y pedir al padre o acompañante la aclaración de algunos detalles. Se requerirán el nombre y dirección del médico que lo atiende, de modo que sea posible obtener un informe de primera mano en caso necesario. Puede obtenerse e incluirse en el registro cualquier informe de un examen anterior.

2. *El Registro de la Entrevista* lo hemos tratado de lleno en el § 3. Esta formalidad es llenada por el examinador con el mayor detalle posible e incorporada al registro.

3. *El Esquema Evolutivo.* Nos hemos ocupado extensamente de los esquemas evolutivos en el § 1. Aquí hemos incluido uno de muestra. Se han clasificado los distintos renglones como + o — en la primera columna de la izquierda; cada examinador podrá idear a su gusto otros símbolos para indicar el cuasi-éxito, el desempeño superior, el inferior, etc., que pueden señalarse en la segunda columna de la izquierda. Las líneas de puntos de la derecha proveen espacio para notas y comentarios o para una breve descripción del desempeño. En todos los campos de la conducta se ha dejado espacio libre para los renglones adicionales sin designación.

Para calificar el desempeño de un niño en el examen, deben tenerse en cuenta varios niveles cronológicos adyacentes, hasta que el conjunto de

---

* La Editorial Paidós ha editado este último protocolo para su distribución por separado. [E.]

signos + se torne de signo —. Luego se considera cada campo de la conducta por separado. He aquí un ejemplo:

Si el niño obtiene un total de signos + al nivel de los 3 años en el campo de la conducta motriz, su nivel de madurez en el campo motor será de 3 años. Si el niño obtiene, en el campo de la conducta adaptativa, un total de signos + a los 3 años y uno o dos al nivel de los 42 meses, su nivel de madurez en el campo adaptativo será de 3 + años; si posee casi un total completo de signos + al nivel de los 3 años en el campo del lenguaje, pero uno o dos signos —, su nivel de madurez será, en el campo del lenguaje, de 3 — años. Si los signos + y — se hallan igualmente repartidos entre los 30 y 36 meses en el campo de la conducta personal-social, su nivel de madurez en el campo personal-social será de 30-36 meses. Para evitar una simplificación excesiva es mejor indicar la forma de la distribución cuando existe una marcada irregularidad en la conducta *.

4. *La Ficha Sumaria.* Como su nombre lo indica, es aquí donde se realiza la síntesis del caso: los antecedentes, las observaciones actuales, las predicciones y recomendaciones. Se deja un espacio libre para anotar cualquier desviación significativa en la constitución física del niño, los datos relativos a su situación o historia social, y los relativos a su comportamiento. Brevemente se describe su actuación característica, y los niveles de madurez en los diversos campos de la conducta se describen numéricamente en la columna de la izquierda o se registran sintéticamente en el cuadriculado de arriba, ya en semanas o en meses de desarrollo.

El sumario y caracterización generales deben incluir la descripción del aspecto del niño, su adecuación al examinador y al examen, un comentario sobre la simetría o asimetría de su desempeño y una estimación del niño en función del examen y de su problema. También debe describirse la relación padre-niño. En el Capítulo XIII se han incluido algunas muestras de caracterización junto con un extenso análisis de su objeto y valor.

Bajo el título de Pronóstico y Recomendaciones, el examinador registra el plan del tratamiento a seguir o las disposiciones del caso. Es conveniente incluir también, para una ulterior referencia, una declaración de las predicciones o pronóstico del caso.

---

* En la edición castellana.

INFORME DE PRESENTACIÓN—PREESCOLARES E INFANTES

Este informe deberá ser llenado en su totalidad por el maestro, padre, médico o asistente social y devuelto a la Secretaría de la Clínica con anterioridad a la fecha de la citación del niño. Dicho informe deberá ser acompañado de toda información suplementaria o más detallada sobre el problema que sea dado obtener.

Nombre del niño   Teléfono
     Edad   Calle
Enviado por   Ciudad
Asistente social   Fecha actual

Nombre	Fecha de nacimiento	Nacionalidad	Ocupación	Educación	Nacionalidad de los abuelos
Padre	....	....	....	....	....
Madre	....	....	....	....	....

     Nombre   *Fecha de nacimiento*   *Grado escolar*

HISTORIA DEL NACIMIENTO: Fecha de nac.............   Verificada por .... peso al nacer .... Período: prematuro .... semanas; posmaturo .... semanas; total ...... Complicaciones durante el embarazo: Alumbramiento: Médico (nombre y dirección) .... Casa u Hospital (nombre y dirección) .... Duración de la operación. (Detalles: normal, precipitado, difícil, versión, instrumental): Estado al nacer (lloró inmediatamente, cianótico, resucitado, etc.): Estado durante el primer mes (dificultades en la alimentación, convulsiones, llanto, etc.) ·

HISTORIA DE LA SALUD: (Lista de enfermedades con las fechas respectivas. Fecha y sumario del último examen físico).

HISTORIA EVOLUTIVA: Se sentaba sin apoyo a los ...... meses; caminaba solo a los ...... meses; comenzó a nombrar objetos (pelota, etc.) a los ...... meses; acostumbrado a ir al baño a los ...... meses; tomaba él solo la taza a los ...... meses; comía solo con la cuchara a los ...... meses. Otros detalles:

RAZÓN PARA SU ENVÍO A LA CLÍNICA:

(*Toda* la información solicitada en esta ficha es *importante*. Se ruega no dejar de llenar el otro lado de la hoja.)

(Reverso del Informe de Presentación)

HISTORIA DE LA FAMILIA: (Anotar todos los hechos excepcionales o significativos relacionados con los padres, la vida en el hogar, los parientes, el medio ambiente).

HOGAR ADOPTIVO: (¿Ha estado el niño en un hogar adoptivo? ¿En una institución? (Dar detalles incluyendo los *nombres* de los padres adoptivos y las *fechas* de su ingreso).

HISTORIA SOCIAL: (Condiciones en el hogar y hogar adoptivo, trato dado al niño, oportunidades para jugar con otros niños de la misma edad, etc.).

CARACTERÍSTICAS DE LA CONDUCTA DEL NIÑO: (Cómo describe la madre o madre adoptiva los rasgos sobresalientes de la personalidad del niño).

CONDUCTA DIURNA: (Horas de sueño, comidas, juegos, baños, necesidades higiénicas, etc.). ¿Cuándo tiene lugar, durante el día, el período de juego más largo y feliz del niño?

¿Existe algún problema relativo a la alimentación, al sueño, los juegos, etc.?

¿Se ha realizado algún examen psicológico previo? ¿A cargo de quién?

Dirección

Este informe fué llenado por ....

Se ruega aclarar la relación con el niño...................

CONDUCTA COMPLEMENTARIA DURANTE LA ENTREVISTA

Nombre .... Edad .... Fecha .... CCD Nº ....

Durante la adopción.

Informante:

Relación con el niño:

Conducta motriz (incluyendo la preferencia manual y la forma de manipulación de los objetos).

Conducta del lenguaje (incluyendo ademanes).

Conducta doméstica (alimentación, vestirse, baño, cooperación).

Conducta emocional (dependencia, manejo, compañeros de juegos, desviaciones específicas de la conducta).

Historia de la salud

CLÍNICA DEL DESARROLLO INFANTIL DE YALE

ESQUEMA EVOLUTIVO DE REGISTRO

MOTRIZ   *24 meses*

Corre sin caerse ....
Escaleras: sube y baja solo ....
Pelota grande: la patea ....:...................................
Cubos: torre de 6-7 ....
Libro: vuelve las hojas de a una ....
....
....

ADAPTATIVA

Cubos: torre de 6-7 ....
Cubos: alinea 2 ó más, tren ....
Dibujo: imita un trazo en forma de V ....
Dibujo: imita el trazo circular ....
Oraciones: repite 3-4 sílabas ....
Tablero de formas: coloca las piezas en la tabla separadamen-
te (F) ....
Tablero de formas: adapta en 4 tentativas ....
Caja de prueba: introduce el cuadrado ....
....
....

LENGUAJE

Habla: la jerga ha sido descartada ....
Habla: oraciones de 3 palabras ....
Habla: emplea *yo, mí,* y *tú* ....
Tarjetas de figuras: nombra 3 ó más ....
Tarjetas de figuras: identifica 5 ó más ....
Objetos de prueba: nombra 2 ....
Pelota: 4 instrucciones correctamente ....
....
....

PERSONAL-SOCIAL

Alimentación: inhibe dar vuelta la cuchara ....
Baño: no se moja de noche si se lo levanta ....
Baño: verbaliza las necesidades higiénicas sistemáticamente (i) ....
Vestirse: se quita la ropa sencilla ....
Comunicación: verbaliza las experiencias inmediatas ....
Comunicación: se refiere a sí mismo por su nombre ....
Comunicación: comprende el sentido y pide "otro más" (another) ..
Juegos: le da la taza llena de cubos al examinador ....
Juegos: juega con mimetismo doméstico (muñeca, osito, etc.) ....
Juegos: predominio del juego paralelo ....
....
....

Ficha Sumaria del Caso

CLÍNICA DEL DESARROLLO INFANTIL DE YALE

	Fecha de nac.	Fecha	Examen Nº	Caso Nº
Nombre	Edad	Registrador	Examinador	Med. Nº

Desviaciones físicas:
Desviaciones de la conducta:
Desviaciones sociales:

Lateralidad:

	Bajo	Medio	Alto	
Motriz gruesa				Semanas/meses
Motriz fina				
Adaptativa				
Lenguaje				
Personal-social				
....				
....				
....				
Cuadro general ..				

Lista de ítems:
Clasificación:
Desempeño característico: Complementario
Nivel:

	Motriz gruesa
	Motriz fina
	Adaptativa
	Lenguaje
	Personal-social

Sumario General y Caracterización:

Pronóstico y Recomendaciones:

BIBLIOGRAFIA SELECCIONADA

La bibliografía citada en el texto se ha designado con un número entre paréntesis.

1. ALLPORT, GORDON W. *Personality: a psychological interpretation.* New York: Henry Holt. 1938, xiv, + 587. [Edición castellana: *Psicología de la Personalidad.* Buenos Aires. Paidós. 2ª edic., 1965.

2. AMES, LOUISE B. "The sequential patterning of prone progression in the human infant", *Genet. Psychol. Monogr.,* 1937, *19*, 409-460.

3. ANDRUS, R. "Tentative inventory of the habits of children from two to four years of age". New York: *Teach. Coll. Contr.,* Teachers Coll., Columbia Univ., 1924, Nº 160.

4. BALDWIN, BIRD T., y STECHER, LORLE I. *The psychology of the preschool child.* New York: D. Appleton & Co., 1927, 305.

5. BARKER, M. "Preliminary report on the social-material activities of children", *Child. Develpm. Monogr.* Nº 3. New York: Teachers College, 1930, p. 69.

6. BAYLEY, NANCY. "The development of motor abilities during the first three years", *Monogr. Soc. Res. Child Develpm.,* 1935, Nº 1, p. 26.

7. BIBER, BARBARA. "Children's drawings from lines to pictures", *Cooperative School Pamphlet Nº 6.* New York: Bureau of Educational Experiments, 1934, 43.

8. BINET, ALFRED y SIMON, TH. "Le développement de l'intelligence chez les enfants", *L'année Phychologique,* 1908, xiv, 1-94.

9. —— "La mesure du développement de l'intelligence chez les jeunes enfants", *Societé pour l'étude psychologique de l'enfant.* París, 1895, xxviii + 66 + xxv.

10. BOTT, E. A., BLATZ, W. E., CHANT, NELLIE, y BOTT, HELEN. "Observation and training of fundamental habits in young children", *Genet. Psychol. Monogr.,* July, 1928, 4, 1, 161.

11. BRANDNER, MARGARETE. Der Umgang des Kleinkindes mit Würfeln bis zu den Frühesten Formen des Bauens. En "Das Bilderisch Gestaltende Kind". Editado por Felix Krueger y Hans Volkelt. Munich: C. H. Beck'sche Verlagsbuchhandlung, 1939, 217.

12. BÜHLER, CHARLOTTE y HETZER, HILDEGARDE. *Testing children's development from birth to school age* (Traduc. de Henry Beaumont). New York: Farrar y Rinehart, 1935, 191). [Hay edición castellana: *Tests para la primera infancia.* Ed. Labor, Barcelona, 1934, (T.)]

13. BURNSIDE, LENOIR H. "Coordination in the locomotion of infants", *Gent. Psychol. Monogr.,* 1927, 2, 5, 279-372.

14. CAMERON, NORMAN. "Individual and social factors in the development of graphic symbolization", *J. Psychol.,* 1938, *5*, 165-184.

15. CASTNER, BURTON M. "Prediction of reading disability prior to first grade entrance", *Amer. J. Orthopsychiat.,* Oct. 1935, *5*, 375-387.

16. ——"Handedness and eyedness of children referred to a guidance clinic". *Psychol. Rec.,* 1939, 3, 8, 99-112.

17. ——"The clinical file as an index of research material".

18. COURTNEY, D. M. y JOHNSON, B. J. "Skill in progressive movements of children". *Child Develpm.,* 1930, *1*, 4, 345-347.

19. CUNNINGHAM, BESS V. "An experiment in measuring gross motor development of infants and young children", *J. educ. Psychol.*, 1927, *18*, 458-464.
20. DENNIS, WAYNE. "Laterality of function in early infancy under controlled developmental conditions", *Child Develpm.*, 1935, *6*, 242-252.
21. DESCOEUDRES, ALICE. *Le développement de l'enfant de deux à sept ans.* Paris: Delachaux y Niestlé, S. A., 1921, 232-282.
22. DEWEY, EVELYN. *Behavior development in infants.* New York: Columbia Univ. Press, 1935, viii + 321.
23. DING, E. "Night terrors in children", *Ztschr. f. Kinderforsch.*, 1937, *46*, 283-296.
24. ENDERS, ABBIE C. "A study of the laughter of the preschools child in the Merrill-Palmer School", Papers, Michigan Acad. Sci., Arts & Letters, 1927, 8, 341-356.
25. ENG, HELCA KRISTINE. *Experimental investigations into the emotional life of the child compared with that of the adult.* London, New York: M. Milford, Oxford Univ. Press, 1925, vi + 243.
26. FELDMAN, M. W. *Antenatal and postnatal child physiology.* New York: Longmans, Green & Co., 1920.
27. FOSTER, JOSEPHINE C. y HEADLEY, NEITH E. *Education in the kindergarten.* New York: American Book, 1936, xiii + 368.
28. FOSTER, JOSEPHINE C. y MATTSON, MARION L. *Nursery school education.* New York: D. Appleton-Century, 1939, xii + 361.
29. GATES, G. S. "An experimental study of the growth of social perception", *J. educ. Psychol.*, 1923, *14*, 449-461.
30. GESELL, ARNOLD. *The mental growth of the preschool child. A psychological outline of normal development from birth to the sixth year, including a system of developmental diagnosis.* New York: Macmillan, 1925, xvii + 447.
31. ——*Infancy and human growth.* New York: Macmillan, 1928, xvii + 418.
32. ——*The guidance of mental growth in infant and child.* New York: Macmillan, 1930, ix + 322.
33. ——"Reciprocal interweaving in neuro-motor development. A principle of spiral organization shown in the patterning of infant behavior", *J. Com. Neurol.*, 1930, *70*, 2, 161-180.
34. —— y LORD, ELIZABETH, E. "A psychological comparison of nursery school children from homes of low and high economic status", *Ped. Sem.*, 1927, *35*, 339-356.
35. —— y THOMPSON, HELEN. *Infant behavior: its genesis and growth.* New York: Mc Graw-Hill, 1934, viii + 343.
36. —— y otros. *An atlas, of infant behavior: a systematic delineation of the forms and early growth of human behavior patterns.* Dos volúmenes ilustrados con 3.200 fotografías de movimiento. New Haven: Yale Univ. Press, 1934, 922.
37. —— (con la colaboración de LOUISE B. AMES). "Early evidences of individuality in the human infant", *Sci. Mon.*, Sept. 1937, xiv, 217-218.
38. —— e ILG, FRANCES L. *Feeding behavior of infants.* Philadelphia: Lippincott, 1937, ix + 290.
39. —— y THOMPSON, HELEN. *The psychology of early growth.* New York: Macmillan, 1938, ix + 290.
40. ——, AMATRUDA, CATHERIN S., CASTNER, BURTON M. y THOMPSON, HELEN. *Biographies of child development. The mental growth careers of eighty-four infants and children.* New York: Paul B. Hoeber, Inc., Medical Book Dept. of Harper & Brothers, 1939, xvii + 328.
41. GIESECKE, M. "The genesis of hand preference", *Monogr. Soc. Res. Child Develpm.*, 1936, *1*, 5, 102.
42. GODDARD, H. H. "The formboard as a measure of intellectual development in children", *Train. Sch. Bull.*, 1912, *9*, 49-52.
43. GOODENOUGH, F. L. "Resistant behavior of infants and children", *J. exper. Psychol.*, 1925, *8*, 209-224.

44. —— *Measurement of intelligence by drawings*. Chicago: World Book Co., 1926, ix + 177. [Hay edición castellana: *Test de inteligencia infantil por medio del dibujo de la figura humana*. Buenos Aires, Paidós, 3ª ed., 1964 (T.)]

45. —— *The Kuhlmann-Binet tests for children of preschool age. A critical study and evaluation*. Minneapolis: Univ. Minn. Press. 1928, 146.

46. —— "The emotional behavior of young children during mental tests", *J. juv. Res.*, 1929, *13*, 204-219.

47. —— *Anger in young children*. (Monograph series N⁰ 9) Minneapolis: Univ. Minn. Press, 1930, 278.

48. —— *Developmental psychology. An introduction to the study of human behavior*. New York: D. Appleton-Century Co., 1934, xvii + 619.

49. —— y ANDERSON, JOHN E. *Experimental child study*. New York: The Century Co., 1931, xii + 546.

50. ——, FOSTER, J. C. y VAN WAGENEN, M. J., *Minnesota preschool scale*. (Manual Form A) Minneapolis, Philadelphia: Educ. Test Bureau, Inc., 1932.

51. GRIDLEY, PEARL F. "Graphic representation of a man by four-year-old children in nine prescribed drawing situations", *Genet. Phychol. Monogr.*, 1938, *20*, 183-350.

52. HATTWICK, L. A. "Sex differences in behavior of nursery school children". *Child Develpm.*, 1937, *8*, 343-355.

53. —— y SANDERS, M. K. "Age differences in behavior at the nursery school level", *Child Develpm.*, 1938, *9*, 27-47.

54. —— *Some suggestions for guidance of nursery school children*. Chicago: W. P. A. Nursery School of Chicago, 1938, 39.

55. HETZER HILDEGARDE. "Entwicklungsbedingte Erziehungsschwierigkeiten", *Zeitschr. f. pädagogische Psychol.*, 1929, *30*, Leipzig: Quelle y Meyer. (Scheibner, Stern, Fischer).

56. HETZEL, V. GEORG. "Äussere Körperform", *Handbuch der Anatomie des Kindes* 1938, *1*, 479-524.

57. HEUBNER, O., "Über Zeitfolgen in der psychischen Entwicklung des Säuglings un des jungen Kindes", *Ergeb. d. inn. Med. u. Kinderhk.*, 1918, *16*, 1-31.

58. HICKS, J. A. "The acquisition of motor skill in young children. A study of the effects of practice in throwing at a moving target". *Child Develpm.*, 1930, *1*, 2, 90-103.

59. HOLBROOK, S. M. *A psychological study of a group of three-year-old children*. M. A. Tesis, Yale University, 1922.

60. HOOKER, DAVENPORT. "The origin of the grasping movement in man", *Proc. Amer. Philos. Soc.*, 1938, *79*, 579-606.

61. HULSON, EVA LEAH. "An analysis of the free play of ten four-year-old children through consecutive observations", *J. juv. Res.*, 1930, *14*, 188-208.

62. JAFFA, ADELE/ *The California preschool mental scale*, Syllabus Series, N⁰ 251. Berkeley: Univ. Calif. Press, 1934, 66.

63. JENKINS, LULU MARIE. "A comparative study of motor achievements of children of five, six, and seven years of age", *Teach. Coll. Contr. Educ.* N⁰ 414, 1930, x + 54.

64. JERSILD, ARTHUR T. y BIENSTOCK, SYLVIA F. "A study of children's ability to sing", *J. educ. Psychol.*, 1934, *25*, 481-503.

65. JOHNSON, BUFORD J. *Mental growth of children in relation to the rate of growth in bodily development*. New York: E. P. Dutton, 1925, xix + 160.

66. —— y COURTNEY, D. M. "Tower building", *Child Develpm.*, 1931, 2, 2, 161.

67. ——, *Child psychology*. Baltimore, Md.: Charles C. Thomas, 1932, xii + 439.

68. JONES, HAROLD ELLIS. "Dextrality as a function of age", *J. exper. Psychol.*, 1931, *14*, 125-143.

69. JOHNSON, HARRIET M. *Children in the nursery school*. New York: John Day, 1934, xx + 325.

70. Jones, Mary C. y Burks, Barbara S. "Personality development in childhood". *Monogr. Soc. Res. Child Develpm.*, 1936, *1*, Nº 4, 1-205.

71. Jones, Vernon A. "A study of children's ability to note similarities and differences", *J. educ. Psychol.*, 1926, *16*, 253-260.

72. Kearney, I. *The mental and educational status of a group of kindergarten children*. M. A. Tesis, Yale University, 1923.

73. Kenderdine, Margaret. "Laughter in the pre-school child", *Child Develpm.*, Sept. 1921, *2*, 228-230.

74. Knox, A. A. "A scale based on the work at Ellis Island for estimating mental defect", *J. Amer. Med. Assn.*, Marzo 1914, *lxii*, 741-747.

75. Kuhlmann, F. *A handbook of mental tests*. A further revision and extension of the Binet Simon scale. Baltimore, Md.: Warwick and York, 1922, 208.

76. —— *Tests of mental development: A complete scale for individual examination*. Minneapolis, Minn.: Educational Test Bureau, 1939, xi + 314.

77. Krötzsch, W. *Rhythms und Form in der freien Kindererziehung*. Leipzig: Haase. 1917.

78. Levy, David M. y Tulchin, Simón H. "The resistant behavior of infants and children during mental tests". *J. exper. Psychol.*, 1923, *6*, 304; 1925, *8*, 209-224.

79. Lewin, Kurt. *A dynamic theory of personality*. Selected papers. New York and London: Mc Graw-Hill, 1935, ix + 286.

80. Little, N. F. y Williams, H. M. "An analytical scale of language achievement", *Univ. Ia. Stud. Child Welfare*, 1937, 13, (Nº 2) 47-48; 88-94.

81. Lowenfeld, Viktor. *The nature of creative activity*. New York: Harcourt, Brace, 1939, xvii + 272.

82. McCarthy, D. A. *The language development of the preschool child*, Minneapolis: Univ. Minn. Press, 1930, xiii + 174.

83. McCaskill, Cabra Lou y Wellman, Beth L. "A study of common motor achievements at the preschool ages", *Child Develpm.*, 1938, *9*, Nº 2. 141-150.

84. McGinnis, Esther. "The acquisition and interference of motor habits in young children", *Genet. Psychol. Monogr.*, 6, 3, 1929, 203-311.

85. McGinnis, John M. "Eye-movements and optic nystagmus in early infancy", *Genet. Psychol. Monogr.*, 1930, *8*, 4, 321-430.

86. Meier, Norman C., Daniels, Parmely Clark, Jasper, Constance C. y otros. "Studies in the psychology of art", *Psychol. Monogr.*, 1933, Nº 45, ix + 188.

87. Mengert, Ida G. "A preliminary study of the reactions of two-years-old children to each other when paired in a semicontrolled situation", *J. Genet. Psychol.*, Sept. 1931, *39*, 3, 393-398.

88. Meyer, Edith. "Comprehension of spatial relations in preschool children", *J. genet. Psychol.*

89. Miles, W. R. "Ocular dominance demonstrated by unconscious sighting", *J. exp. Psychol.*, 1929, *12*, 113-126.

90. Mitchell, Lucy Sprague. *Here and now story book*. New York: Dutton, 1921. 366.

91. Muntz, Leonard, *A study of individual differences in two-year-old children*. M. A. Tesis, Yale University, 1921.

92. Murchison, Carl (ed.). *A handbook of child psychology*. Worcester, Mass.: Clark Univ. Press. 1931, xii + 711.

93. ——. *A handbook of child psychology*. Segunda edición revisada. Worcester, Mass.: Clark Univ. Press, 1933, xii + 956. [Hay edición castellana: *Manual de Psicología del niño*. Seix, Barcelona, 1935 (T.)]

94. Murphy, Gardner y Murphy, Lois Barclay. *Experimental social psychology*. New York: Harper y Brothers, 1931, ix + 709.

95. Newhall, S. M. "Identification by young children of differently oriented visual forms", *Child Develpm.*, 1937, *8*, 105-111.

96. Nice, M. M. "Ambidexterity and delayed speech development", *Ped. Sem.*, 1918, *25*, 141-162.

97. ——. "On the size of vocabularis", *Amer. Speech*, 1926-1927, *2*, 1-7.
98. OLSEN, WILLARD C. "Problem tendencies in children". Minneapolis: Univ. Minn. Press. *Institute Child, Weif, Monog.*, 1930, N⁰ 3, pág. 92.
99. OSERETZKY, N. "Methods of investigation of psychomotor activity", *Beik. z. Zsch.f. angew. Psychol.*, 1931, N⁰ 57, pág. 162.
100. PARTEN, MILDRED. "Social participation among pre-school children", *J. abnorm. (soc.) Psychol.*, *27*, 1932-33, 243-269.
101. PIAGET, JEAN. *The language and thought of the child.* New York: Harcourt, Brace, 1926, xxiii + 246.
102. ——. *Judgement and reasoning in the child.* New York: Harcourt, Brace, 1928, viii + 260.
103. ——. *The childs conception of physical causality.* New York: Harcourt, Brace, 1930.
104. PINTNER, RUDOLF y PATERSON, DONALD G. *A scale of performance tests.* New York: D. Appleton y Co., 1923, ix + 218.
105. PORTEUS, S. D., *Porteus tests: The Vineland revisión.* Publicación de la Training School de Vineland, N. J., 1919, N⁰ 16.
106. ——. *Guide to Porteus maze test.* Publicación de la Training School de Vineland, N. J., 1924. N⁰ 25, pág. 35.
107. REYNOLDS, MARTHA M. "Negativism of pre-school children". New York: *Teach. Coll. Contr. Educ.* N⁰ 288, 1928, viii + 126.
108. RICE, CHARLOTTE. "Excellence of production and types of movements in drawing", *Child Develpm.*, 1930, *1*, 1, 1-14.
109. ——. "The orientation of plane figures as a factor in their perception by children", *Child Develpm.*, 1930, *1*, 2, 111-143.
110. ROUMA, G. *Le langage graphique de l'enfant.* Paris: Alcan, 1913, 284. [Hay edición castellana: *El lenguaje gráfico del niño*. Buenos Aires, El Ateneo, 1947 (T.)]
111. SHERBON, FLORENCE BROWN. *The child. His origin, development and care.* New York: Mc Graw-Hill Book Co., 1934, xix + 707.
112. SHIRLEY, MARY M. *The first two years.* Vol. I. Minneapolis: Univ. Minn. Press, 1931, xv + 227.
113. SMITH, M. E. "An investigation of the development of the sentence and the extent of vocabulary in young children", *Univ. Iª Stud.*, 1926, *3*, N⁰ 5, 92.
114. ——, LECKER, G., DUNLAP, J. W. y CURETON, E. E. "The effects of race, sex, and environment on the age at which children walk", *J. Genet. Psychol.*, 1930, *38*, 489-498.
115. STERN, WILLIAM (trad. de Anna Barwell) (Ed. revisada). *Psychology of early childhood up to the sixth year of age.* New York: Holt, 1930, 612.
116. STODDARD, GEORGE D. y WELLMAN, BETH L. *Child psychology.* New York: Macmillan, 1934, xii + 419.
117. STUTSMAN, RACHEL. "Performance tests for children of preschool age", *Genet. Psychol. Monogr.*, 1926, *1*, I, 1-67.
118. ——. *Mental measurement of preschool children, with a guide for the administration of the Merrill-Palmer scale of mental tests.* New York: World Book Co., 1931, x + 368.
119. SWEET, C., WATSON, R. G. y STAFFORD, H. E. "Physiologic changes in posture during the first six years of life", *J. Amer. Med. Ass.*, 1928, *91*, 1519-1520.
120. SYLVESTER, R. H. "The form board test", *Psychol. Monogr.*, 1913, *15*, N⁰ 4, 1-56.
121. TERMAN, LEWIS M. *The measurement of intelligence.* Boston: Houghton Mifflin Co., 1916, xviii + 361.
122. —— y MERRILL, MAUD. *Measuring intelligence. A guide to the administration of the new revised Stanford-Binet tests of intelligence.* Boston: Houghton Mifflin, 1937, xi + 461. [Hay edición castellana: *Medida de la inteligencia*. Madrid, Espasa Calpe, 1950 (T.)]

123. THOMAS, D. S., y otros. "Some new techniques for studying social behavior", *Child Develpm. Monogr.* Nº 1. New York: Columbia Univ. Press, 1929, pág. 213.

124. THOMPSON, HELEN. "Spontaneous play activities of five-year-old children", Paper presented before Amer. Psychol. Ass., Dartmouth Univ., Hanover, N. H. *Psychol. Bull.*, 1936, *33*, 9, 751, (Abs.).

125. ——. "The dynamics of activity drives in young children". Trabajo presentado en el XIe Congrés International de Psychologie, Paris. Publicado por el Onzième Congrès International de Psychologie, Paris, 1937. Paris: 1938, p. 470.

126. TOWN, C. H. "Analytic study of a group of five- to six-year-old children". *Univ. Iª Stud. Child Welf.*, 1921, *1*, Nº 4, 1-87.

127. UPDEGRAFF, RUTH. "Preferential handedness in young children", *J. exp. Educ.* 1932-1933, I, 134-139.

128. ——, y otros. *Practice in preschool education.* New York: McGraw-Hill, 1938. xvi + 408.

129. ——, y otros. "Studies in preschool education, I" *Univ. Iª Stud. Child Welf.*, 1938, *14*, 283.

130. VINCENT, E. L. "Some suggestions for approaching children and their parents", Part. I. *J. Pediat.*, 1937, *11*, 697-742.

131. WASHBURN, RUTH W. "A scheme for grading the reactions of children in a new social situation", *J. genet. Psychol.*, 1932, *40*, I, 84-99.

132. WELLWAN, BETH. "The development of motor coordination in young children". *Univ. Iª Stud. Child Welf.*, 1926, *3*, Nº 4, 93.

133. ——. "Significant factors in the motor coordination of young children", *Psychol. Buil.*, 1928, *25*, 178-179.

134. ——. "Physical growth and motor development and their relation to mental development in children", in *Handbook of child psychology*, Carl Murchison, ed. Worcester, Mass.: Clark Univ. Press, 1931, 242-277.

135. WHIPPLE, GUY M. *Manual of mental and physical tests.* Baltimore: Warwick y York, 1924, xvi + 367.

136. WILL, M. R. "The behavior pattern of throwing and some observations concerning its course of development in children", *Res. Quart. Amer. Ass. for Health & Physical Educ.*, 1938, *3*, 20-24.

137. WILLIAMS, HAROLD M., SILVERS, CLEMENT H. y HATTWICK, MELVIN J. "The measurement of musical developmet, II", *Univ. Iª Stud. Child Welf.*, 1935, *11*, Nº 2, 100.

138. ——. "A qualitative analysis of the erroneous speech sound substitutions of preschool children", *Univ. Iª Stud. Child Welf.*, 1937, *13*, 19-32.

139. ——. "An analytical study of language achievement in preschool children", *Univ. Iª Stud. Child Welf.*, 1937, *13*, 7-18.

140. WOLFF, L. V. "Development of the human foot as an organ of locomotion", *Amer. J. Dis. Children*, 1929, *37*, 1212-1220.

141. WOOLLEY, HELEN T. y CLEVELAND, ELIZABETH. "Performance tests for three-, four-, and five-year-old children", *J. exp. Psychol.*, 1923, *6*, 58-68.

142. *Yale films of child development.* Diez películas cortas y dos de largo metraje sonoras, de 35 y 16 mm. Para una bibliografía completa, véase GESELL y THOMPSON (39, 238-240).